Xpert.press

Springer-Verlag Berlin Heidelberg GmbH

Die Reihe **Xpert.press** des Springer-Verlags vermittelt Professionals in den Bereichen Betriebs- und Informationssysteme, Software Engineering und Programmiersprachen aktuell und kompetent relevantes Fachwissen über Technologien und Produkte zur Entwicklung und Anwendung moderner Informationstechnologien.

Richard Widhalm · Thomas Mück

Topic Maps

Semantische Suche im Internet

Mit 76 Abbildungen und 98 Tabellen

Springer

Richard Widhalm
Prof. Dr. Thomas Mück
Universität Wien
Institut für Informatik und Wirtschaftsinformatik
Rathausstraße 19/9
A-1010 Wien

widhalm@chopin.pri.univie.ac.at
mueck@ifs.univie.ac.at

ISSN 1439-5428
ISBN 978-3-642-62594-7

Die Deutsche Bibliothek – CIP-Einheitsaufnahme
Widhalm, Richard: Topic Maps: Semantische Suche im Internet / Richard Widhalm;
Thomas Mück. – Berlin; Heidelberg; New York; Barcelona; Hongkong; London;
Mailand; Paris; Tokio: Springer, 2002
(Xpert.press)
ISBN 978-3-642-62594-7   ISBN 978-3-642-56285-3 (eBook)
DOI 10.1007/978-3-642-56285-3

Dieses Werk ist urheberrechtlich geschützt. Die dadurch begründeten Rechte, insbesondere die der Übersetzung, des Nachdrucks, des Vortrags, der Entnahme von Abbildungen und Tabellen, der Funksendung, der Mikroverfilmung oder der Vervielfältigung auf anderen Wegen und der Speicherung in Datenverarbeitungsanlagen, bleiben, auch bei nur auszugsweiser Verwertung, vorbehalten. Eine Vervielfältigung dieses Werkes oder von Teilen dieses Werkes ist auch im Einzelfall nur in den Grenzen der gesetzlichen Bestimmungen des Urheberrechtsgesetzes der Bundesrepublik Deutschland vom 9. September 1965 in der jeweils geltenden Fassung zulässig. Sie ist grundsätzlich vergütungspflichtig. Zuwiderhandlungen unterliegen den Strafbestimmungen des Urheberrechtsgesetzes.

http://www.springer.de

© Springer-Verlag Berlin Heidelberg 2002
Ursprünglich erschienen bei Springer-Verlag Berlin Heidelberg New York 2002
Softcover reprint of the hardcover 1st edition 2002

Die Wiedergabe von Gebrauchsnamen, Handelsnamen, Warenbezeichnungen usw. in diesem Werk berechtigt auch ohne besondere Kennzeichnung nicht zu der Annahme, dass solche Namen im Sinne der Warenzeichen- und Markenschutz-Gesetzgebung als frei zu betrachten wären und daher von jedermann benutzt werden dürften.

Umschlaggestaltung: KünkelLopka, Heidelberg
Satz: Reprofertige Vorlagen vom Autor
Gedruckt auf säurefreiem Papier – SPIN: 10797243   33/3142 ud   5 4 3 2 1 0

1 Vorwort

Es mag durchaus sein, dass in bestimmten Lebensbereichen der Weg das Ziel ist. Wie wir meinen, gilt dies mit Sicherheit nicht für die Suche nach Informationen in vernetzten Informationsquellen, wie etwa dem World Wide Web oder dem betriebseigenen Intranet. Hier ist vielmehr ein möglichst kurzer oder zumindest zeiteffizienter Weg gefragt.

Dabei stellen vor allem die große Menge an publiziertem Wissen und die mangelhafte inhaltliche Beschreibung der Wissensfragmente Hindernisse dar. Die Folgen sind hoher Zeitaufwand und unzureichende Qualität der Resultate bei Suchvorgängen.

Zur Lösung dieser Probleme soll das vorliegende Buch einen kleinen Beitrag leisten. Mit Topic Maps wird eine semantische Beschreibung vernetzter Informationsquellen ermöglicht.

Es richtet sich daher an jene Leute, die im Umfeld von Wissens- und Content Management an neuen Lösungswegen zur Organisation von Informationen und an einer effizienten Informationsbereitstellung interessiert sind. Studierenden und Lehrenden sollte gleichermaßen der Zugang zu aktuellen Internettechnologien wie HyTime, XML, XLink/XPointer und XTM erleichtert werden. Allen jenen, die sich für die Implementierung eines Topic Maps-Repositories interessieren, wird ein praktischer Leitfaden geboten. *Zielgruppe*

Bedanken möchten wir uns bei den Mitarbeitern des Springer-Verlags Heidelberg, insbesondere Frau Brygida Georgiadis, Frau Dorothea Glaunsinger und Frau Gabriele Fischer für die gute Betreuung während des gesamten Buchprojektes, sowie bei den Kolleginnen und Kollegen am Institut für Informatik und Wirtschaftsinformatik der Universität Wien für zahlreiche wertvolle Diskussionsbeiträge und ergänzende Vorschläge, insbesondere Frau Prof. Renate Motschnig und Frau Franziska Echtinger. *Danksagungen*

Hinweise   In diesem Buch werden eingetragene Warenzeichen, Handelsnamen und Gebrauchsnamen verwendet. Auch wenn diese nicht als solche gekennzeichnet sind, gelten die entsprechenden Schutzbestimmungen.

Alle Bezeichnungen sind geschlechtsneutral zu lesen.

Die Zubereitung des Heringsschmauses nach Kapitel 3 erfolgt auf eigene Gefahr.

Wir wünschen trotzdem Guten Appetit!

Inhaltsverzeichnis

Einleitung 1

1 Topic Maps – Einführung 5

1.1 Grundlegendes 5
1.2 Topics 6
    1.2.1 Topic Names 8
    1.2.2 Topic Occurrences 9
    1.2.3 Public Subject Descriptor 10
1.3 Assoziationen 11
1.4 Scopes 13
1.5 Facets 14
1.6 Topic Maps 15
1.7 Bounded Object Set 16
1.8 Anwendung und Vergleich 16
    1.8.1 Resource Description Framework 18
1.9 Zusammenfassung 20

2 Grundlagen von XML 21

2.1 Die Geschichte von XML 21
2.2 Der Aufbau und die Bestandteile eines XML-Dokuments 23
    2.2.1 Ein erstes, einfaches Beispiel 23
    2.2.2 Markup 24
    2.2.3 Das Wurzelelement 26
    2.2.4 Namen und Namenstoken 26
    2.2.5 Literaldaten 27
    2.2.6 CDATA-Abschnitte 27
    2.2.7 Kommentare 28
    2.2.8 Zeichenverweise 29
    2.2.9 Aufbau eines Dokuments 29
        2.2.9.1 Prolog 29
        2.2.9.2 Die XML-Deklaration 30

		2.2.9.3 Die Dokumenttypdeklaration	31
		2.2.9.4 Instanz	32
	2.3	Element- und Attributdefinitionen	34
		2.3.1 Elementdeklarationen	34
		2.3.1.1 Mehrdeutigkeiten	35
		2.3.2 Attributdeklarationen	37
		2.3.2.1 String-Attribute	37
		2.3.2.2 Token-Attribute	38
		2.3.2.3 Aufzählungsattribute	39
		2.3.2.4 Vorgabewerte für Attribute	40
	2.4	Wohlgeformtheit	41
	2.5	DTDs	41
		2.5.1 Was ist eine DTD?	41
		2.5.2 Systembezeichner	43
		2.5.3 Öffentliche Bezeichner	43
	2.6	Gültigkeit	45
	2.7	Mehrdeutigkeiten	46
	2.8	Transklusion und Namensräume	47
	2.9	Entities	48
		2.9.1 Übersicht über die Arten von Entities	49
		2.9.2 Interne Entities	50
		2.9.3 Binäre Entities	50
		2.9.4 Externe Entities	52
		2.9.5 Parameter-Entities	52
		2.9.6 Entity-Auflösung	53
	2.10	Organisation von XML-Dokumenten	54
	2.11	XLink	55
		2.11.1 Einfache Links (Simple Links)	56
		2.11.2 Erweiterte Links (Extended Links)	56
		2.11.3 Verhaltensattribute	60
		2.11.4 XLink – Abschlussbeispiel	61
	2.12	XPointer	63
		2.12.1 Der Dokumentbaum	63
		2.12.2 XPath	64
		2.12.3 Erweiterungen durch XPointer	69
	2.13	Bedeutung und Verwendung von XML	70

3 Ein erstes Beispiel 73

3.1	Heringsschmaus in der Theorie	73
3.2	Heringsschmaus in der Praxis	74
3.3	Zusammenfassung	88

4 Topic Maps – Meta DTD 89

- 4.1 Der Begriff Meta-DTD 89
- 4.2 Architectural Support Declaration 91
- 4.3 Topic Map 93
- 4.4 Topic 95
  - 4.4.1 Topic Name 98
  - 4.4.2 Occurrence 100
- 4.5 Assoziation 103
  - 4.5.1 Assoziationsrolle 104
- 4.6 Added Themes 107
- 4.7 Facette 108
  - 4.7.1 Facet Value 109
- 4.8 Konformität 111
- 4.9 Weitere Einzelheiten 112
  - 4.9.1 Allgemeine Definitionen 112
  - 4.9.2 Scopes 114
- 4.10 Syntaktische Struktur einer Topic Map 117
- 4.11 Zusammenfassung 120

5 Der HyTime Standard 123

- 5.1 Was ist HyTime? 123
- 5.2 HyTime Module 125
- 5.3 Struktur von HyTime-Dokumenten 126
  - 5.3.1 Bounded Object Sets 127
    - 5.3.1.1 HyTime BOS 127
    - 5.3.1.2 Application BOS 128
    - 5.3.1.3 Effektives BOS 128
    - 5.3.1.4 Verarbeitungsalgorithmus 128
  - 5.3.2 BOS-Attribute 130
    - 5.3.2.1 HyDoc-Attribute 130
      - 5.3.2.1.1 Maxbos 130
      - 5.3.2.1.2 Boslevel 130
    - 5.3.2.2 Notations-Attribute (HyTime BOS Control Data Attributes) 131
      - 5.3.2.2.1 Boslevel 131
      - 5.3.2.2.2 Inbos 132
      - 5.3.2.2.3 Bosprrty 132
      - 5.3.2.2.4 Subhub 132
  - 5.3.3 Bounded Object Set Exception Specification 133
  - 5.3.4 Das exrefs-Attribut 136
  - 5.3.5 Verwendung von und Überlegungen zu BOS 136
  - 5.3.6 Beispiel 139
- 5.4 Location Addressing 141

5.4.1 Location Types 142
    5.4.1.1 Knoten, die mittels Namen adressiert
    werden: Name-space Locations....................... 142
        5.4.1.1.1 Entities.. 142
        5.4.1.1.2 Identifizierbares externes Element... 143
        5.4.1.1.3 Unidentifizierbares
        Dokumentelement 143
        5.4.1.1.4 Identifizierbares lokales Element ... 143
        5.4.1.1.5 Eigenschaftswert im Grove 143
    5.4.1.2 Koordinatenpositionen..................................... 143
        5.4.1.2.1 Listen... 143
        5.4.1.2.2 Bäume.. 143
        5.4.1.2.3 Scheduled Objects 144
    5.4.1.3 Semantische Positionen 144
        5.4.1.3.1 Eigenschaften von Knoten............... 144
        5.4.1.3.2 Unerreichbare Objekte 144
    5.4.1.4 Multiple Adressen.. 144
5.4.2 Groves... 145
5.4.3 Elemente für das Location Addressing............................. 146
    5.4.3.1 Allgemeine Attribute 146
        5.4.3.1.1 Locsrc 146
        5.4.3.1.2 Impsrc 146
        5.4.3.1.3 Multiple Locations........................ 146
        5.4.3.1.4 Tree Type.. 147
        5.4.3.1.5 Spans... 147
    5.4.3.2 Referenzattribute.. 148
        5.4.3.2.1 Reference Location Address........... 148
    5.4.3.3 Location Addresses.. 148
        5.4.3.3.1 Property Location Address 149
        5.4.3.3.2 Name-space Location Address 149
        5.4.3.3.3 Mixed Location Address................ 149
        5.4.3.3.4 Named Location Address............... 150
        5.4.3.3.5 List Location Address.................... 153
        5.4.3.3.6 Tree Location Address................... 156
        5.4.3.3.7 Path Location Address................... 157
        5.4.3.3.8 Relative Location Address............. 159
        5.4.3.3.9 Data Location Address................... 161
        5.4.3.3.10 Query Location Address 161
        5.4.3.3.11 Hyperlink Location Address 162
        5.4.3.3.12 Hyperlink Anchor Location
        Address 162
5.4.4 Location Ladders und Location Paths 162

5.5	Hyperlinks in HyTime	163
	5.5.1 Traversierung	165
	5.5.2 Hyperlink	166
	5.5.3 Kontextlink	166
	5.5.4 Aggregationslink	167
	5.5.5 Variabler Link	167
	5.5.6 Unabhängiger Link (Independent Link)	169
5.6	Relevanz von HyTime für Topic Maps	169

6 Der Prototyp – Grundkonzept 173

6.1	Phasen des Entwicklungsprozesses für Topic Maps	174
	6.1.1 Analyse	174
	6.1.2 Design	175
	6.1.3 Erstellung	175
	6.1.4 Speicherung	176
	6.1.5 Administration	176
	6.1.6 Publikation	176
	6.1.7 Verwendung	177
6.2	Funktionale Ziele	178
6.3	Technische Ziele	182
6.4	Resultierende Funktionalität des Systems	183
6.5	Technische Realisierung	187
6.6	Klassendiagramm	192
6.7	Technische Grundlagen	193
	6.7.1 Servlets	194
	6.7.2 RMI	197
	6.7.3 JDBC	202
	6.7.3.1 Arten der JDBC-Treiber	203
	6.7.3.1.1 JDBC-ODBC-Bridge	204
	6.7.3.1.2 Native-API partly Java Driver	204
	6.7.3.1.3 JDBC-Net pure Java Driver	204
	6.7.3.1.4 Native-protocol pure Java Driver	205
	6.7.3.2 Beispiel	205
	6.7.4 DOM (Document Object Model)	207
	6.7.4.1 Verarbeitungsparadigmen	207
	6.7.4.2 Elemente des DOM	208
	6.7.4.3 Beispiel	213
6.8	Zusammenfassung	215

7 Konzeptuelles Datenbankschema der TM-Engine 217

7.1	Entitäten und Beziehungen	217
7.2	Eindeutigkeit und Identität	219
7.3	Topics und Topic Maps	222

7.4 Namen 223
7.5 Assoziationen, Occurrences, Facetten 224
      7.5.1 Locations 225
7.6 Added Themes und Entities 228
7.7 Attribute 229
      7.7.1 Namenskonvention 230
      7.7.2 Tabellarische Auflistung der Attribute 230
7.8 Weitere Überlegungen 246
      7.8.1 Zusätzliche Attribute 246
      7.8.2 Welches Paradigma? 248
      7.8.3 Scopes 248
      7.8.4 Location Ladders 248
      7.8.5 Transaktionen 249
7.9 Zusammenfassung 249

8 Die Abfragesprache 251

8.1 Beispiel 251
8.2 Vergleich mit OQL 255
8.3 Topic Maps Metastruktur 257
8.4 Anwendbarkeit von Objektpfaden 262
8.5 Extents bei Topic Maps (und Beispiele) 265
8.6 Die Behandlung von Assoziationen (und Beispiele) 270
      8.6.1 Selektion 271
      8.6.2 Projektion 273
8.7 Die Grammatik 279
8.8 Ausgabe 281

9 Der Pseudocode 283

9.1 Bemerkungen 284
9.2 Erweitertes Klassendiagramm 287
9.3 TM-Parser 287
      9.3.1 Die Klasse ParameterList 287
      9.3.2 Die Klasse DOMnode 288
      9.3.3 Die Klasse DOMnode_queue 289
      9.3.4 Die Klasse TMDocument 290
      9.3.5 Die Methode parse() 290
      9.3.6 Die Methode get_topic() 293
      9.3.7 Die Methode build_queue() 293
            9.3.7.1 Das BOS 293
            9.3.7.2 Initialisierungen 294
            9.3.7.3 Das Einlesen der Topic Maps 297
      9.3.8 Die Methode parse_queue() 300
      9.3.9 Die Methode insert_topic() 301

	9.3.10 Die Methode insert_assoc()	304
	9.3.11 Die Methode insert_facet()	305
	9.3.12 Die Methode insert_addthms()	306
9.4	Die Location-Methoden	306
	9.4.1 Die Methode insert_locations()	306
	9.4.2 Die Methode get_LocationSource()	309
	9.4.3 Die Methode transpose_locations()	311
	9.4.4 Die Methode walk_tree()	313
	9.4.5 Die Methode update_topic_assoc()	314
9.5	Abhängigkeiten der Methoden beim Parsen	314
9.6	Topic Maps-Abfrage	315
	9.6.1 Die Klasse TopicSet	316
	9.6.2 Die Klasse Facet	317
	9.6.3 Die Klasse Assoc	318
	9.6.4 Die Klasse Occurrence	318
	9.6.5 Elementare Methoden	318
	9.6.6 Die Methode do_query()	320
	9.6.7 Die Methode evaluate()	322
	9.6.8 Die Methode get_assocs_for_topics()	324
	9.6.9 Die Methode get_topics()	324
	9.6.10 Die Methode get_topics_for_scope()	326
	9.6.11 Die Methode get_topics_for_added_theme()	326
	9.6.12 Die Methode get_topics_for_addthms()	327
	9.6.13 Die Methode get_topics_for_cassign_addthms()	328
	9.6.14 Die Methode gather_synonyms()	328
	9.6.15 Die Methode build_topic_characteristic_tree()	320
	9.6.16 Die Methode get_assocs()	334
	9.6.17 Die Methode get_facets()	334
	9.6.18 Die Methode get_occurrences()	335
	9.6.19 Die Methode get_URLs()	336
	9.6.20 Die Methode get_scopes()	336
	9.6.21 Die Methode get_additional_scopes()	337
	9.6.22 Die Methode get_topicmap_scopes()	338
	9.6.23 Die Methode output_topics()	339
	9.6.24 Die Methode build_link()	339
	9.6.25 Die Methode proceed_topic_link()	339
	9.6.26 Die Methode get_types()	340
9.7	Zusammenfassung	340

10 Kritik und Erweiterungsmöglichkeiten ... 343

10.1	Kritik und Erweiterungsvorschläge an der TM-Engine	343
	10.1.1 Die Systemarchitektur	343
	10.1.2 Topic Request Broker	344
	10.1.3 Darstellung	345

10.1.4	Die Abfragesprache	345
10.1.5	Caching	346
10.1.6	Datenbankschema	346
10.1.7	HyTime	347
10.1.8	XLink/XPointer	348
10.1.9	Topic Maps	348
10.1.10	Enabling Architectures	348
10.1.11	Repository	348
10.2	Kritik und Erweiterungsvorschläge zum ISO-Standard 13250: Topic Maps	349
10.2.1	Die Sprache und die Organisation von Topic Map Templates	349
10.2.2	Identität eines Topics	351
10.2.3	Einzahl / Mehrzahl	353
10.2.4	Assoziationen im Extent	353
10.2.5	Details des Standards	354
10.2.6	Relationen	355
10.2.7	Inferenz	358
10.2.8	Konsistenz	360
10.2.9	Automatische Generierung von Topic Maps	361
10.2.10	Mögliche weitere Vorgehensweise	363
10.2.11	Teilprozesse	363
10.2.12	Basis-Topics	365

11 XTM (XML Topic Maps) ... 369

11.1	Neuerungen bei XTM	370
11.1.1	Das topicMap-Element	370
11.1.2	Referenzmechanismen	371
11.1.2.1	Das topicRef-Element	371
11.1.2.2	Das subjectIndicatorRef-Element	372
11.1.2.3	Das resourceRef-Element	372
11.1.3	Das topic-Element	372
11.1.3.1	Das instanceOf-Element	372
11.1.3.2	Das subjectIdentity-Element	373
11.1.3.3	Topic Names	374
11.1.3.3.1	Das scope-Element	374
11.1.3.3.2	Das variant-Element	375
11.1.3.4	Das occurrence-Element	376
11.1.4	Das association-Element	377
11.1.4.1	Das member-Element	378
11.1.5	Das mergeMap-Element	378
11.2	XTM-DTD	379
11.3	Published Subject Indicators	383
11.4	Beispiel	385

11.5 XTMP 391
    11.5.1 t-Knoten 392
    11.5.2 a-Knoten 392
    11.5.3 s-Knoten 393
    11.5.4 Zusammenführung von Topic Maps
           in XTMP (Merging) 394
11.6 Fazit 397

Zusammenfassung 399

Glossar 401

Literatur 423

Index 431

Einleitung

> „Der Nachteil der Intelligenz besteht darin,
> dass man ununterbrochen gezwungen ist,
> dazuzulernen."
> George Bernard Shaw (1856–1950),
> anglo-irischer Dramatiker,
> Nobelpreis für Literatur 1925

> „Was wir sind, ist nichts, was wir suchen, ist alles."
> Johann Christian Friedrich Hölderlin (1770–1843),
> deutscher evangelischer Theologe, Lyriker und Dramatiker

Am Beginn des 21. Jahrhunderts ist das World Wide Web bereits einer der umfassendsten Wissensspeicher, den die Menschheit hervorgebracht hat. Derartige oder ähnliche Feststellungen finden sich seit einiger Zeit in praktisch allen Medien. Also ans Werk: wir suchen eine Biographie von Johann Sebastian Bach und geben in der Suchmaschine unserer Wahl den Begriff „Bach" ein. Die hohe Anzahl der gefundenen Seiten zu diesem Wort lässt uns bereits Böses ahnen. Würden wir uns Stunden um Stunden systematisch durch einige tausend Seiten arbeiten, träfen womöglich nicht einmal ein Promille der gelieferten Seiten das gewünschte Thema. Wir werden etwa mit Lageplänen und geografischen Daten einiger Gebirgsgewässer ebenso versorgt wie mit historischen Erläuterungen zu Ortschaften, die auf „-bach" enden und finden auf diesem Wege vielleicht auch noch die Rezeptur von „Asbach Uralt" oder „Krombacher". Sobald wir unsere Anfrage präzisieren und nach „Johann Sebastian Bach" suchen, finden sich in den vorderen Regionen der endlos langen Liste an Web-Seiten endlich Dokumente über den Komponisten, doch einmal finden wir ein Bestellformular für einen fünfbändigen Klassikführer, dann wieder erhalten wir einen Bericht über die Aufführung der Goldberg-Variationen im Konzertsaal und nicht zuletzt finden wir den vielfach vertretenen Künstler in der persönlichen Hit-Parade auf der Seite eines Germanistik-Studenten im zweiten Semester. Die Volltext-Suche der Gegenwart mag erwartungsvolle Benutzer je nach Naturell in unbeherrschbare Wutanfälle oder tiefste Resignation treiben.

Ein erstes Werkzeug zur Behebung dieser Problematik ist unzweifelhaft XML. Dessen Aufgabe ist es, Dokumente zu strukturieren und einzelnen Abschnitten durch eigene, frei definierbare Elementnamen besondere Bedeutung zu verleihen. Das eigentliche Problem liegt jedoch wesentlich tiefer. Für Abfragen der Art „bringe mir alle Biographien von Künstlern, die mit Johann Sebastian Bach befreundet waren" ist auch XML nicht geeignet.

Der im Spätherbst 1999 verabschiedete ISO-Standard 13250 über *Topic Maps* könnte dazu eine Lösung anbieten. Die Idee dahinter ist, dass bestehende Web-Seiten und Dokumente nicht verändert werden, es wird vielmehr eine externe Sicht auf diese Dokumente, die Topic Map, erstellt. Diese definiert und beschreibt *Topics*. Ein Topic kann an sich alles sein, jeder Gegenstand, jedes Thema, jede Person, jedes Wort. Dokumente haben dabei die Aufgabe, Informationen über Topics bereitzustellen. Eine Biographie von Johann Sebastian Bach handelt wahrscheinlich unter anderem von den Topics „Bach", „Brandenburgische Konzerte" und „Toccata". Jedes dieser Topics existiert dann in der Topic Map und verweist auf eine entsprechende Web-Ressource, in diesem Fall auf die Biographie. So werden zahlreiche Topics mit Dokumenten in Verbindung gebracht. Der Standard bietet außerdem die Möglichkeit, die Topics in ein Netz von Assoziationen einzubinden. „Toccata wurde komponiert von Bach" wäre ein Beispiel dafür. Durch die mögliche Suche nach solchen Assoziationen und ihren Eigenschaften und die Navigation innerhalb dieser Wissensstrukturen entsteht für volltextsuchgeschädigte Internet-Nutzer ein neues Instrument: die intelligente Suchmaschine.

Topic Maps sind jedoch nicht nur auf diese hier beschriebene Anwendungsmöglichkeit reduziert. Auch für Knowledge Management im allgemeinen oder für die Verwaltung von Enzyklopädien samt ihrer Indexe, Glossare und Querverweise können Topic Maps sinnvoll eingesetzt werden.

Im Rahmen dieses Buches soll der ISO-Standard 13250 im Detail beleuchtet werden. Darüber hinaus soll das Design einer möglichen Topic Maps-Anwendung vorgenommen werden: die TM-Engine, wie sie weiterhin genannt wird, soll Topic Maps in einem relationalen System reproduzierbar speichern und über eine ebenfalls in dieser Arbeit entworfenen Abfragesprache Benutzeranfragen bearbeiten und Ergebnisse darstellen können. Das Design geht von den technischen und funktionalen Zielen über die Systemarchitektur und das Datenmodell bis zum Entwurf eines an Java angelehnten Pseudocodes.

- **Gliederung**

Im ersten Kapitel werden die Grundkonzepte von Topic Maps vorgestellt, ohne auf die im Standard genau festgelegte Syntax einzugehen. Ziel ist es, dass der Leser zunächst mit den häufig im Rahmen des ISO-Standards verwendeten Begriffen zurechtkommt und ein Bild von den grundsätzlichen Gegebenheiten erhält. Im zweiten Abschnitt folgt eine Einführung in XML, da XML-Kenntnisse nicht vorausgesetzt werden, aber für die weitere Darstellung vonnöten sind.

Vor der detaillierten Erläuterung des Standards wird ein erstes Beispiel einer Topic Map gegeben. Im fünften Kapitel folgt eine Einführung in jene Konzepte von HyTime, die für Topic Maps relevant sind: Topic Maps basieren nämlich auf HyTime, der Hypermedia/Time-based Structuring Language, einem weiteren ISO-Standard (10744), der Mechanismen für das Verbinden von Web-Ressourcen in zeitlicher und räumlicher Sicht bietet und naturgemäß recht umfangreich ist.

Die darauffolgenden Kapitel des Buchs befassen sich mit der TM-Engine. Im Grundkonzept werden die Ziele, die Funktionalität und die Systemarchitektur der Anwendung definiert. Im siebten Kapitel wird das Datenmodell beschrieben. Nachdem anschließend eine Abfragesprache entworfen wurde, werden die Details des Pseudocodes ausführlich behandelt. Dieser Pseudocode ist, wie üblich, nur als Leitfaden für die Implementierung gedacht.

Im zehnten Kapitel werden potentielle Erweiterungsmöglichkeiten für die TM-Engine und den ISO-Standard 13250 diskutiert. Das elfte und letzte Kapitel befasst sich mit der XTM-Spezifikation, einer aktuellen, alternativen Weiterentwicklung des ISO-Standards.

Alle im Rahmen dieser Arbeit verwendeten Bezeichnungen sind geschlechtsneutral zu lesen.

1 Topic Maps – Einführung

1.1 Grundlegendes

Im Herbst 1999 wurde mit dem ISO Standard 13250 der Arbeitsgruppe ISO JTC1/SC34/WG3 einer der wichtigsten Grundsteine zur intelligenten Informationssuche und -verarbeitung im Internet gelegt. Mit Topic Maps ist es möglich, über ein semantisches Netzwerk auf Wissen zuzugreifen. Der ISO Standard beschreibt Topic Maps als Bestandteil eines solchen Netzwerkes. Die grundlegenden Bestrebungen, einen solchen Standard zu entwickeln, reichen bis ins Jahr 1991 zurück, als es einige Bestrebungen gab, Indexe und Indexstrukturen zusammenzuführen. Einer der damals beteiligten Wissenschaftler, Steve Newcomb, meinte dazu:

Geschichte der Topic Maps

> "Indexes, if they have any self-consistency at all, conform to models of the structure of the knowledge available in the materials that they index. But the models are implicit, and they are nowhere to be found! If such models could be captured formally, then they could guide and greatly facilitate the process of merging modelled indexes together." (vgl. [Rat99a], S. 3)

Später versuchte man, den Fokus nicht allein auf das Zusammenführen von literarischen Indexen zu richten, sondern auf Glossare, Thesauri, Kreuzverweise, etc. auszuweiten. All diese Varianten haben gemeinsam, dass sie den Zugriff auf Informationen in einer Weise möglich machen sollen, die das Wissen in den jeweiligen Ressourcen zugänglich macht. Die kleinste Einheit dieses Wissensmodells ist das Topic.

Einige Jahre später wurde erstmals der Begriff *Topic Maps* für die Konzepte und Bemühungen der ISO-Arbeitsgruppe eingeführt, 1999 wurde der von Michel Biezunski, Martin Bryan und Steve Newcomb hauptsächlich verfasste und geprägte Standard fertiggestellt und offiziell verabschiedet.

Standardisierung von Topic Maps

In diesem ersten Kapitel sollen zunächst die Konzepte dieses Standards vorgestellt werden, ohne technisch weiter ins Detail zu gehen.

Topic Maps als externe Wissensbasis

Wie bereits in der Einleitung erwähnt wurde, ist die Idee hinter Topic Maps, ähnlich wie bei Lexika, Glossaren oder Indexen, externe Dokumente (etwa Bilder oder Artikel in einem Lexikon) zu referenzieren und die Grundbestandteile dieses Wissens, die Topics (etwa, worüber ein Artikel in einem Lexikon handelt), miteinander in Verbindung zu bringen und so eine Wissensbasis aufzubauen, die die Suche und Navigation innerhalb dieses Wissens und der (oftmals großen) Menge an zugehörigen Dokumenten erleichtern und die Geschwindigkeit und Qualität dieser Suchvorgänge verbessern soll. Topic Maps sind also semantische Netzwerke, die von den referenzierten Dokumenten getrennt sind. Die Dokumente bleiben von Topic Maps unangetastet, die Topic Maps sind losgelöst und austauschbar.

Gliederung des Standards

Der Standard gliedert sich in folgende Konzepte:

- Topics
- Topic Names
- Topic Occurrences (oder einfach Occurrences)
- Public Subject Descriptor
- Associations
- Scopes
- Facets
- Topic Maps
- Bounded Object Sets

1.2 Topics

Topics als elementare Entitäten

Was ist eigentlich ein *Topic*? Ein Topic ist ein elementares Subjekt im Kontext des modellierten Wissens, eine Entität. Es kann eigentlich alles Beschreibbare sein, eine Person, ein Ausspruch, ein Land, ein Gegenstand, ein Wort, eine Zahl, etc.

Was genau ein Topic ist, kann auch vom konkreten Anwendungsfall abhängen. In einer Softwaredokumentation werden es vermutlich die Funktionen, Parameter, Objekte und Klassen sein, in einer Rezeptsammlung die Zutaten, die Mengen, die unterschiedlichen Tätigkeiten, Gefäße etc.

Topics müssen in Dokumenten nicht explizit erwähnt werden, um trotzdem darin vorkommen zu können. Es ist auch möglich, dass diese Dokumente Topics beschreiben, ohne sie direkt beim Namen zu nennen. Eine Gesetzesnovelle im Bereich des Einkommenssteuerrechts etwa wird den Begriff „Steuererhöhung" aus naheliegenden Gründen nicht enthalten, obwohl er die Semantik einer solchen Novelle zutreffend charakterisieren würde. Eine nachfolgende Volltextsuche greift unter diesen Umständen nicht (vgl. [Müc01]).

Implizite Topics

Betrachten wir ein einfaches Beispiel einer Topic Map:

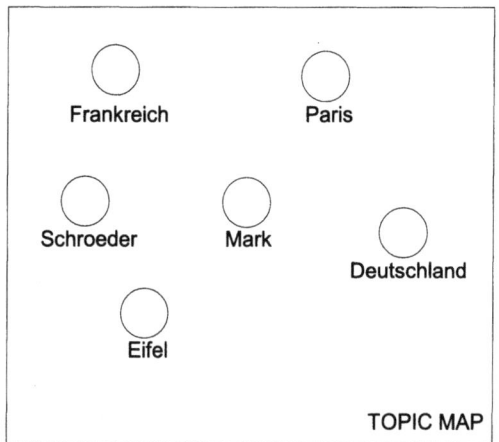

Abbildung 1.1
Beispiel einer Topic Map und ihrer Topics

Ein Topic kann nun einen oder mehrere Typen haben. Schroeder könnte vom Typ Person sein, Deutschland und Frankreich vom Typ Land, Mark vom Typ Waehrung und Eifel vom Typ Gebiet. Schroeder könnte allerdings auch vom Typ Politiker und Politiker wieder vom Typ Person sein usw. Es ist auch denkbar, dass ein Topic, abhängig vom Anwendungsfall, gar keinen Typ hat. Wenn etwa sonst kein Politiker in der Topic Map vorkommt, ist es vielleicht gar nicht notwendig, das Topic des Politikers einzuführen.

Beispiele für Topics

Ein Topic ist die Instanz von 0 bis n Typen, dargestellt durch Kanten mit der Beschriftung „vom Typ", die auf den Typ eines Topics gerichtet sind. Die Typen eines Topics (oder der Typ) sind selbst wieder Topics, die demnach auch deklariert werden müssen, bevor sie für andere Topics als Typ dienen können. Durch Verkettung von Typen kann eine Typhierarchie gebildet werden. Im Gegensatz zu diversen anderen objektorientierten Konzepten sind die Typen bei Topic Maps also sowohl Bestandteil von Klasse-Instanz Beziehungen als auch Typhierarchien.

Eigenschaften von Topics

Abbildung 1.2
Topic Types

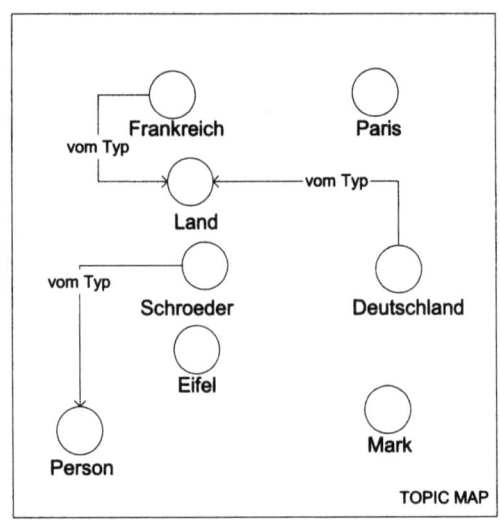

Topics haben Eigenschaften, die man unter dem Begriff *Topic Characteristics*, eben der Charakteristik des Topics, zusammenfasst. Dazu gehören die Namen eines Topics (Topic Names), seine Occurrences und die Rollen, die es in jenen Assoziationen, in denen es eingebunden wird, bekleidet.

1.2.1
Topic Names

Namen für Topics

Namen für Dinge tauchen in vielerlei Form auf: volle Namen, Kurznamen, Abkürzungen, ISBN- oder ähnliche Katalognummern, Verweise, etc. Der Topic Maps Standard versucht, alle Arten von Namen für Topics zu ermöglichen und bietet dazu folgende drei Varianten:

Tabelle 1.1
Arten von Topic Names

Namensart	Beschreibung
Base Name	Der Base Name ist der „eigentliche" Name eines Topics. Jedes Topic muss mindestens einen Base Name haben, kann aber in verschiedenen Gültigkeitsbereichen (Scopes) auch mehrere solcher Namen aufweisen. Zu den Scopes erfahren wir später mehr.
Display Name	Der Display Name ist jene Zeichenfolge, die zur Darstellung eines Topics ausgegeben wird. Die Angabe des Display Names ist optional, ein Topic kann auch mehrere Display Names in verschiedenen Gültigkeitsbereichen (Scopes) haben. Wird kein Display Name angegeben, übernimmt der Base Name diese Rolle.

Namensart	Beschreibung		Tabelle 1.1
Sort Name	Der Sort Name ist jener Name eines Topics, der zur Sortierung in beliebigen sortierten Listen oder Dokumenten herangezogen wird. Die Angabe des Sort Names ist, genau wie beim Display Name, optional. Wird er weggelassen, übernimmt wieder der Base Name seine Rolle.		Fortsetzung

Abbildung 1.3 zeigt die Namen von Topics innerhalb eines Rechtecks unter dem jeweiligen Topic, etwa die Namen „Mark", „D-Mark" und „Deutsche Mark" für Mark. Die Art der Namen ist in diesem Beispiel noch nicht definiert.

1.2.2
Topic Occurrences

Ein Topic kann beliebig viele *Occurrences* aufweisen. Diese stellen Verbindungen zu externen Web-Ressourcen bzw. Dokumenten dar. Bei einem Lexikon wären es wohl die Artikel, Bilder oder im multimedialen Fall Video- oder Audioeinspielungen, die eben zu diesem Topic passen.   *Occurrences eines Topics*

Jede Occurrence kann eine bestimmte Rolle, die sogenannte *Occurrence Role* (oder auch Occurrence Role Type), einnehmen. Occurrence Roles sind wiederum Topics, die zuvor deklariert werden müssen.   *Occurrence Roles*

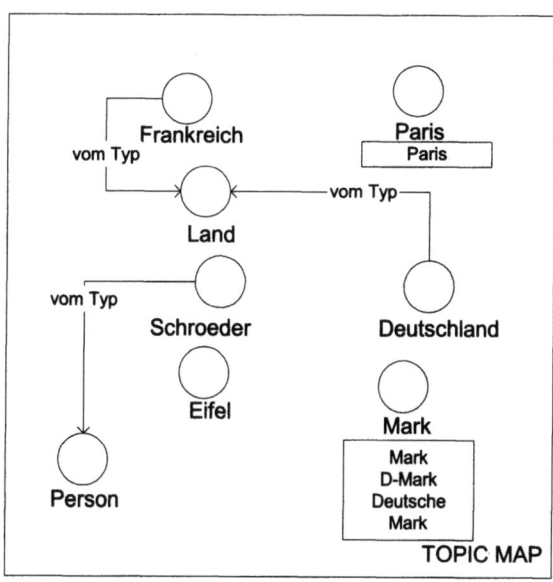

Abbildung 1.3
Topic Names

Beispielsweise könnte das Topic Paris eine Occurrence auf einen Stadtplan im Web beinhalten, als Occurrence Role könnte dann etwa Karte, Stadtplan oder ähnliches gewählt werden. Die Occurrence Role weist der Occurrence also eine gewisse Semantik zu.

Technische Umsetzung

Occurrences werden technisch gesehen entweder mit HyTime oder XLink/XPointer umgesetzt.

In Abbildung 1.4 stellen die strichlierten Linien die Occurrences zu den außerhalb positionierten Web-Dokumenten dar. Occurrence Roles sind in diesem Beispiel undefiniert.

Abbildung 1.4 Occurrences

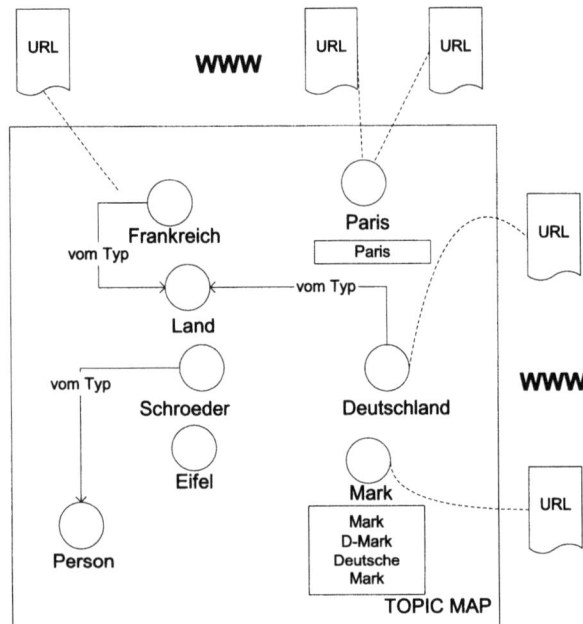

1.2.3
Public Subject Descriptor

Identität eines Topics

Ein Topic verfügt über ein *Identity-Attribut*. Der Wert, der diesem Attribut zugewiesen werden kann, wird auch als *Public Subject Descriptor* bezeichnet und beschreibt das Topic **eindeutig**. Eine ISBN-Nummer etwa könnte dafür in Frage kommen, wenn ein Topic ein Buch beschreibt, oder aber (in den meisten Fällen) eine Sozialversicherungsnummer in Verbindung mit einem standardisierten Ländercode, wenn es um eine Person geht.

Zusammenführen von Topic Maps

Beim Zusammenführen zweier Topic Maps, die Topics beinhalten, deren Identity-Attribute übereinstimmen, werden diese Topics zu einem vereinigt, das dann die Vereinigungsmenge der einzelnen Topic Characteristics, also die Namen, Scopes etc. umfasst. Wenn also beispielsweise zwei Topic Map Autoren ihre Topic Maps vereinigen und beide ein Topic für `Frankreich` verwenden, könnte folgender Fall eintreten: beim dem einen Topic wird der Name „Frankreich", bei dem anderen der Name „France" verwendet, doch die Identity-Attribut der beiden Topics stimmen überein, beispielsweise mit dem Ländercode für Frankreich. Deswegen wird daraus ein Topic mit den beiden Namen „Frankreich" und „France", der neue Gültigkeitsbereich (Scope) bildet sich aus der Vereinigung der Scopes der ursprünglichen Topics.

Hier zeigt sich allerdings auch schon eine Problematik, die in Kapitel 10 noch näher beschrieben wird: nicht für alle möglichen Topics existieren mögliche, eindeutige Public Subject Descriptors. Für die meisten Lebensbereiche gibt es keine global anerkannten Identifikatoren. Oder selbst wenn es solche gäbe, dann müssten sie nicht nur jedem, der eine Topic Map schreiben will, zugänglich, sondern auch bewusst gemacht werden.

Problematik beim Zusammenführen von Topics

Anmerkung: auch ein Sonderfall wurde im Topic Maps-Standard bedacht, was das Zusammenführen von Topics und Topics Maps betrifft: treten zwei Topics mit exakt denselben Namenseigenschaften in den jeweils selben Scopes auf, so werden sie ebenfalls zu einem einzigen Topic mit ihren kumulierten Charakteristiken zusammengefasst.

Identische Namenseigenschaften

1.3 Assoziationen

Associations oder Assoziationen beschreiben Beziehungen zwischen Topics. Dabei wird über die Art der Assoziation bzw. die Eigenschaften der Relation (Symmetrie, Transitivität, Reflexivität) keine Aussage gemacht. Beliebig viele Topics können an einer Assoziation teilhaben. Jedes Topic bekleidet dabei eine *Association Role*, also eine Assoziationsrolle. Relationen könnten sein:

Assoziationen und ihre Eigenschaften

- Paris *ist in* Frankreich
- Eiffelturm *ist in* Paris
- Frankreich *grenzt an* Deutschland
- Eiffel *erschuf* den Eiffelturm
- Eiffelturm *wurde erbaut von* Eiffel

Beispiele für Assoziationen

Eine Assoziation kann maximal einen Typ (*Association Type*) haben, der wiederum ein Topic ist. In unseren Beispielen wären das „ist in", „grenzt an", „erschuf" oder „wurde erbaut".

Assoziationstypen

Assoziationen können symmetrisch sein, etwa wie „grenzt an". Wenn Frankreich an Deutschland grenzt, gilt das auch vice versa. Sie können aber auch transitiven Charakter haben, wie etwa „ist in" als eine Art Ganzes-Teil Relation. Wenn der Eiffelturm in Paris ist und Paris in Frankreich, dann muss der Eiffelturm (geografisch) auch in Frankreich sein.

Eine Assoziation kann natürlichsprachlich aktiv oder passiv formuliert sein, wie die letzten beiden Punkte des Beispiels zeigen. Abbildung 1.5 erweitert unser bisheriges Schema um Assoziationen, die als Rauten dargestellt werden und deren Kanten optional eine Beschriftung in Form der Assoziationsrollen haben. Die Beschriftung der Rauten beschreibt den jeweiligen Assoziationstyp, der durch ein Topic repräsentiert wird. Dieses wird in der Abbildung aus Platzgründen nicht explizit angeführt.

Abbildung 1.5
Assoziationen

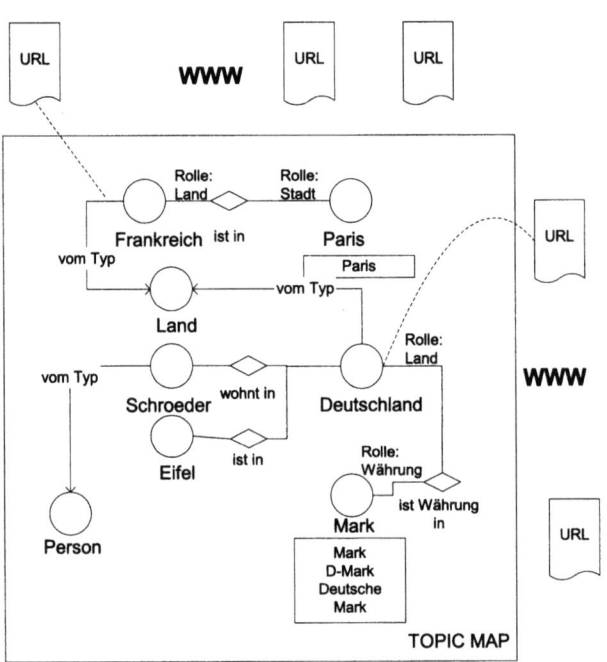

Typisierung von Topics durch Assoziationen

An dieser Stelle soll erwähnt werden, dass auch Topic Types eigentlich eine spezielle Form der Assoziation sind, nämlich eine Klasse-Instanz Relation. Alternativ könnte man eine Assoziation „ist vom Typ" schaffen, die zwei Topics miteinander verbindet, das eine als Klasse, das andere als Instanz. Für eine Abfrageapplikation wäre es allerdings schwierig, hier zu unterscheiden, ob es zusätzlich zu den Topic Types auch derartige Assoziationen gibt und wenn ja, welche das sind.

Jedes Topic, das zu einer Assoziation gehört, kann eine *Assoziationsrolle (Association Role)* haben, die wiederum zuvor als Topic deklariert werden muss. So kann etwa bei `Paris ist in Frankreich` `Paris` die Rolle `Stadt` und `Frankreich` die Rolle `Land` haben.

Assoziationsrollen

1.4 Scopes

Wenn der Autor einer Topic Map seine Topics und Assoziationen editiert, werden mitunter Topics auffallen, die dieselben Namen haben, aber eigentlich eine unterschiedliche Identität (Public Subject Descriptor). Paris könnte etwa einmal als Hauptstadt von Frankreich, aber auch als Held der griechischen Mythologie auftauchen. Eiffel könnte den Erbauer und Namensgeber des Eiffelturms, eine Musikgruppe oder gar die Programmiersprache bedeuten.

Problematik der Namen

Wenn man vor hat, umfangreiche Mengen von Topic Maps in Form von Repositories zusammenzufassen, wird man zwangsläufig auf solche *Homonyme* treffen, also auf Subjekte gleichen Namens, aber unterschiedlicher Bedeutung.

Homonyme

Zur Lösung dieses Problems beinhaltet der Topic Maps Standard das Konzept der *Gültigkeitsbereiche* oder *Scopes*. Topics können so Gültigkeitsbereichen zugeteilt werden und sind dort einmalig. So könnte man die Stadt `Paris` in den Scope `europäische Städte` und den Helden `Paris` in den Scope `Mythologie` ordnen. Diese Scopes bestehen aus mehreren *Themes*. Wenn wir den Held `Paris` dem Scope `Mythologie` zuordnen, so ist damit genau ein Theme beschrieben. Wir könnten ihn auch dem Scope `Griechenland Mythologie` zuordnen, wobei hier der Scope aus zwei Themes, nämlich `Griechenland` und `Mythologie`, besteht. Scopes können beliebig viele Themes umfassen. Diese Themes sind wiederum Topics.

Scopes als Gültigkeitsbereiche

Dem erneut erweiterten Schemagraphen in Abbildung 1.6 haben wir nun auch den Sagenheld `Paris` und die zwei Scopes `Mythologie` und `Geografie` hinzugefügt.

Übrigens kann das Scope-Konzept nicht nur auf Topics angewendet werden, sondern auch auf ihre Namen (Display Name, Sort Name, Base Name) und Assoziationen.

Abbildung 1.6
Scopes

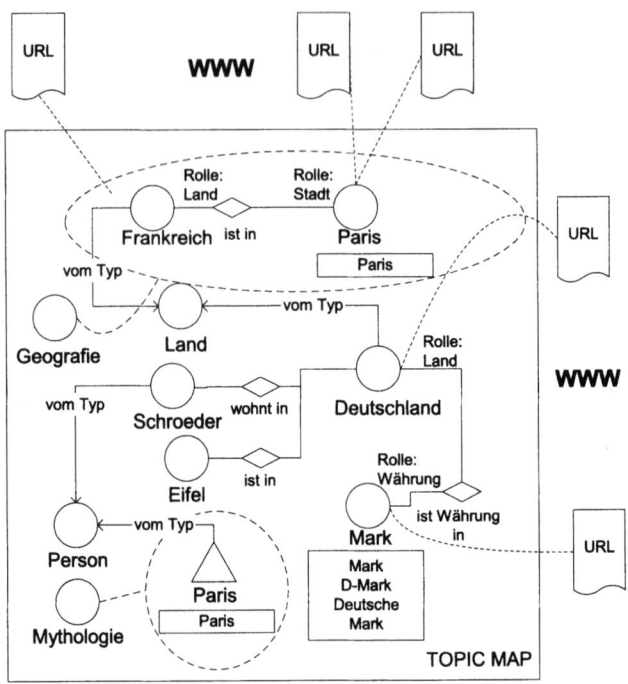

1.5
Facets

Facetten als Eigenschafts-Wert Paare

Schließlich erlauben es die *Facets* oder *Facetten*, beliebigen Informationsobjekten Eigenschafts-Wert Paare zuzuordnen. In der Regel werden diese Facetten Topics zugeordnet, aber auch Assoziationen oder andere Facets sind als Zuordnungsziel denkbar. Dem Topic `Paris` (der Hauptstadt von Frankreich) könnte etwa die Eigenschaft `Einwohnerzahl` mit dem Wert `9,3 Mio.` beigefügt werden. Diese Facet könnte eine weitere Facet haben, etwa `Jahr` mit dem Wert `1999`. 1999 hat Paris also 9,3 Mio. Einwohner gehabt. Dieses Spiel ist beliebig fortsetzbar, da `1999` beispielsweise durch eine weitere Facet `vor/nach Christus` näher spezifiziert werden kann.

Datentypen werden übrigens nicht unterstützt, die Werte sind immer Zeichenketten, entsprechend der Attribut-Regeln von SGML bzw. XML.

1.6 Topic Maps

Die bisher kennengelernten Konzepte werden in Topic Maps zusammengefasst. Topic Maps können selbst Scopes haben, deren Themes dann für alle enthaltenen Elemente gelten. Deswegen ist es durchaus sinnvoll, nicht allzu große Topic Maps zu kreieren, sondern die Elemente auf mehrere Maps aufzuteilen. Die einzelnen Konstrukte werden dabei ohne Reihenfolge oder Hierarchie angegeben. Mehr zum syntaktischen Aufbau einer Topic Map gemäß ISO 13250 folgt im Abschnitt 4.

Topic Maps als beschreibende Dokumente

Die Autoren des Standards empfehlen, sogenannte *Topic Map Templates* zu verwenden, welche die wichtigsten und am häufigsten gebrauchten Topics beinhalten – selbst also Topic Maps sind - und in anderen Topic Maps eingebunden werden, um dort anderen Topics als Typ zu dienen. Hier könnte sich auch ein Geschäftsfeld, ähnlich wie bei den DTDs bei XML und SGML, auftun: Topic Map Templates für bestimmte Anwendungsfelder, Wissensgebiete und Geschäftsbereiche. Solche Topic Map Templates könnten beispielsweise ausschließlich Occurence Roles beinhalten, oder auch Facet Types bzw. Topic Types. Auf diesem Wege kann sich eine weitreichende Hierarchie oder Vernetzung von Topic Maps und Templates bilden.

Topic Map Templates

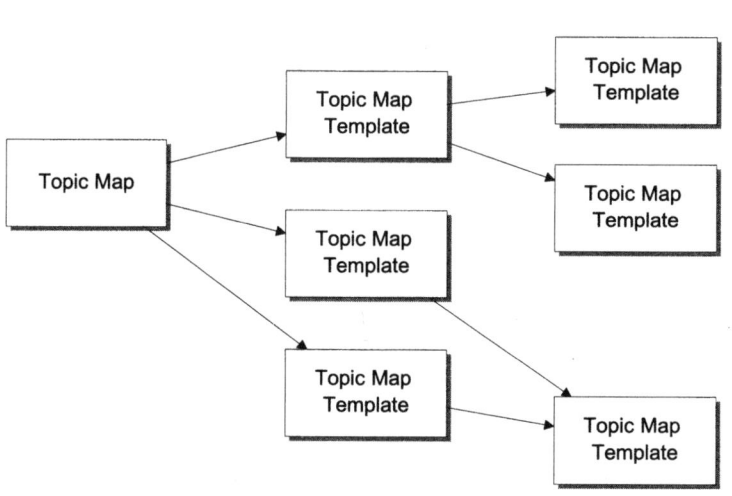

Abbildung 1.7
Topic Map Templates

1.7
Bounded Object Set

Vernetzung von Topic Maps mit Bounded Object Sets

Das Konzept, das einen Ansatz zur Vernetzung von Topic Maps bietet und derartige Vernetzungen strukturell präzisiert, zugleich aber deutlich komplexer darstellt, ist jenes der *Bounded Object Sets*. Ein Bounded Object Set (im Folgenden auch BOS) ist ein Satz an Dokumenten – in unserem Kontext vor allem SGML bzw. XML-Dokumente – die der verarbeitenden Applikation bekannt sind. Eines dieser Dokumente, das sogenannte *Hub Document*, ist dabei der Einstiegspunkt, die „Wurzel" des Bounded Object Sets. Es muss nicht notwendigerweise so sein, dass dieses Hub Document selbst ein Wurzeldokument ist, es ist genauso möglich, dass es in anderen Dokumenten eingebunden wird – diese sind dann nicht Teil des betrachteten Bounded Object Sets. Das BOS entstammt dem HyTime-Standard und wird deswegen auch in Abschnitt 5 noch detaillierter beschrieben.

1.8
Anwendung und Vergleich

Der Wunsch, auf umfassende Mengen an Information, zumeist Dokumentinformation, rascher und – in semantischer Hinsicht – geordneter zugreifen zu können, ist nicht neu. In [Pep99] wird auf zwei Projekte verwiesen, die bereits Gemeinsamkeiten mit Topic Maps aufweisen und die von diesen wohl auch signifikante Unterstützung erfahren könnten:

Beispiel: PWN

Die *polnische Gesellschaft der Verleger (PWN)* ist der größte Herausgeber von Enzyklopädien in Osteuropa. Ihr Konzept der sogenannten „Mutter Enzyklopädie" wurde in [Ksi98] beschrieben. Dort wird der Vergleich mit Platos Höhlengleichnis gezogen. In der ME (Mutter Enzyklopädie) werden „Ideen" von Artikeln, die in einer echten Enzyklopädie erscheinen können oder schon erschienen sind, instantiiert. Die echten Artikel sind die Schatten an der Höhlenwand in Platos Höhle, die von den „Ideen" der ME geworfen werden. Sie können sich von Publikation zu Publikation unterscheiden, das Original ist jedoch dasselbe. Die Artikel in der ME haben keine fest definierte Form, sondern bilden sich aus Links zu ihren Nachfolgern, durch die sie definiert werden, heraus.

Das eigentliche Prinzip dieses Systems ist einfach: Subjekte (die „Ideen"), die sich in vielen verschiedenen Artikeln wiederfinden, werden in der ME gespeichert und können so einfacher gewartet werden, die Wiederverwendbarkeit steht eindeutig im Vordergrund.

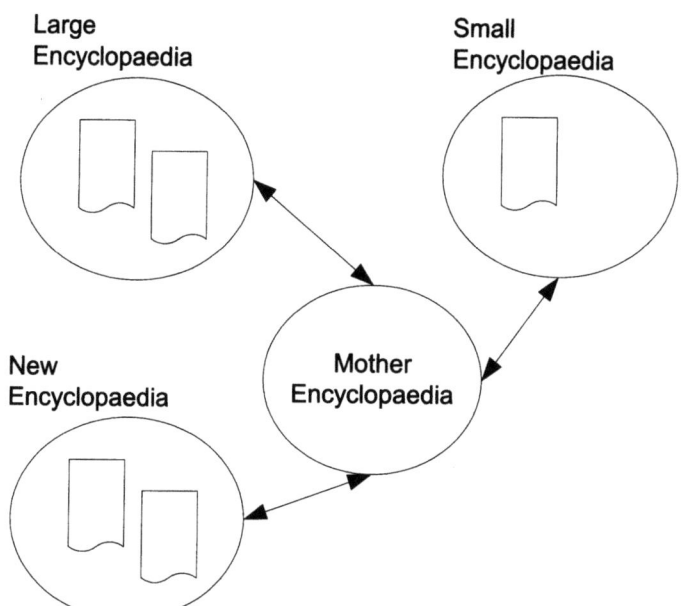

Abbildung 1.8
Beispiel: Mother Encyclopaedia (vgl. [Ksi98], [Pep99], [Pep00])

Ein anderes Beispiel stammt von *Kunnskapsforlaget*, einem norwegischen Verlag (vgl. [Pep00], [Hen97]). Auch in seinem Informationsmodell steht die Wiederverwendbarkeit und der Entwurf neuer Artikel aus bestehendem Material im Mittelpunkt. Die zentralen Informationsobjekte sind dabei das Thema, der Artikel und die Arbeit sowie die Inhaltsobjekte (*Content Objects*): Text, Illustrationen, Montagen und Tabellen. Dabei besteht ein Artikel aus mehreren Content Objects, und auch ein Thema (abstrakte Informationseinheit, die mit dem Topic in Topic Maps vergleichbar ist) wird von Content Objects referenziert. Zu einem Thema gibt es mehrere Artikel, wobei ein Artikel aus mehreren Artikeln als auch ein Thema aus mehreren Themen bestehen kann. Die Arbeit wiederum besteht aus Artikeln. Content Objects können ebenfalls auf andere Content Objects verweisen, die auch nicht unbedingt zum selben Thema gehören müssen.

Beispiel: Kunnskapsforlaget

Auf diese Beispiele lässt sich leicht das Konzept der Topic Maps anwenden: die Topics entsprechen den Themes bzw. den „Ideen" der ME. Topic Maps gehen jedoch noch einen Schritt weiter und bilden ein semantisches Netzwerk von Assoziationen zwischen den einzelnen Topics. Diese Assoziationen ermöglichen eine weitere semantische Einschränkung von gesuchten Topics und deswegen eine flexiblere und effektivere Filterung.

Anwendungsgebiete für Topic Maps

Abbildung 1.9
Beispiel:
Kunnskapsforlaget
(vgl. [Pep99],
[Pep00])

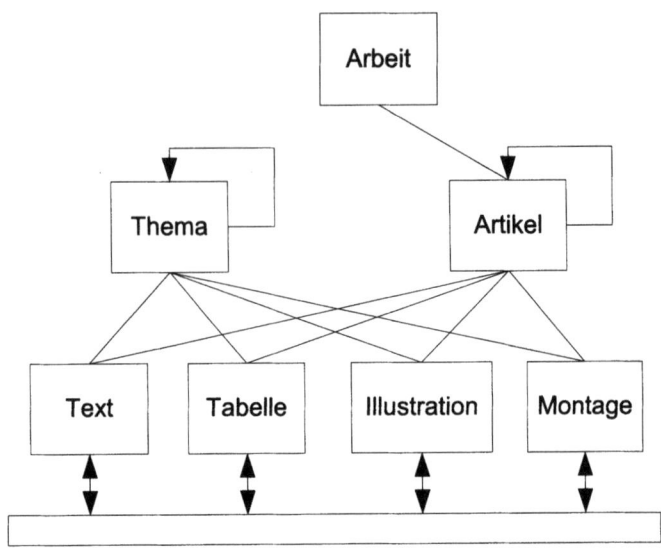

Topic Maps eignen sich somit für die Belange des Dokumentmanagements, für Autorensysteme und Wissensbasen. Indexe, Referenzlisten und Thesauri sind dabei nur untergeordnete Anwendungsgebiete. Letztgenannte sind als Netzwerk von untereinander in Beziehung gesetzten Termen zu verstehen. Die Beziehungen entsprechen dabei bestimmten Beziehungstypen (etwa „genauerer Term für..." oder „verwendet für..." oder „bezieht sich auf..."). Diese Modellierungsmöglichkeit wird von Topic Maps durch Assoziationstypen unterstützt.

1.8.1
Resource Description Framework

Ein alternativer Ansatz: das Resource Description Framework

Das vordergründig wichtigste potentielle Anwendungsgebiet im Kontext der Repräsentation vernetzter Wissensquellen ist vermutlich die semantische Suchmaschine. Auf diesen Bereich zielen unter anderem auch die Proponenten des *Resource Description Framework (RDF)* ab, welches zur inhaltsbasierten Klassifizierung von Web-Ressourcen auf Grundlage von XML dient. Es hat einige Gemeinsamkeiten mit Topic Maps, aber auch wesentliche Unterschiede (vgl. [Pep00], [Las99]).

Hauptkomponenten von RDF

Die RDF Spezifikation umfasst drei Hauptkomponenten:

- das RDF-Datenmodell
- die Syntax, um Instanzen dieses Modells zu schaffen

- die Schemasprache *RDF-Schema*, um Definitionen und semantische Einschränkungen (Constraints) für Klassen von RDF-Objekten zu erstellen

Folgende elementare Objekttypen sind Bestandteil des RDF:

Objekttypen in RDF

- Ressourcen

Ressourcen sind alle Dinge, die durch RDF beschrieben werden können – ganze Dokumente, Teile von Dokumenten oder abstrakte Ressourcen, die nicht explizit in Dokumenten vorkommen. Eine Ressource muss kein online-Objekt sein.

- Eigenschaften

Jede Ressource kann durch Eigenschaften beschrieben werden.

- Statements

Ein Statement ist die Zuweisung einer Eigenschaft (*Prädikat*) mit einem konkreten Wert (*Objekt*) zu einer bestimmten Ressource (*Subjekt*). Jedes RDF-Statement ist als Tripel mit genau einem Prädikat, einem Subjekt und einem Objekt zu sehen. Der Wert einer Eigenschaft einer Ressource kann wiederum eine Ressource sein. Diese Struktur bedingt die Flexibilität von RDF: mit diesem Modell lassen sich binäre Relationen zwischen Ressourcen darstellen. Relationen höherer Stelligkeit müssen über die Möglichkeit der *Reifikation*, also die Aufspaltung der Relation auf mehrere Statements unter der Verwendung von Hilfsobjekten, realisiert werden (vgl. [Las99]).

Vergleicht man Topic Maps mit dem RDF, fallen einige Gemeinsamkeiten auf (siehe auch [Pep00]):

Gemeinsamkeiten von Topic Maps und RDF

- Beide Konzepte verfolgen die Prinzipien der semantischen Annotation und Klassifizierung von Informationsobjekten.
- Dadurch bieten beide Systeme die Grundlage für komplexe Suchabfragen, die auf die Semantik von Ressourcen und der enthaltenen Objekte eingehen können.
- Beide basieren auf standardisierten Markup-Sprachen wie SGML oder XML.
- beide stellen Metastrukturen zur Verfügung, sowie Mechanismen, die es erlauben, Informationen aus diesen Metastrukturen abzuleiten und zu erben (abgeleitete DTDs und Templates bei Topic Maps, Klassen, Vererbungsmechanismen und semantische Einschränkungen für die Vererbung bei RDF-Schema).

Eine RDF Ressource kann mit den Topics der Topic Maps verglichen werden, da sie nicht notwendigerweise ein Web-Dokument sein muss. Die Assoziationen der Topic Maps könnten ebenfalls in RDF dargestellt werden, allerdings nur unter Verwendung der in [Las99] beschriebenen Reifikation. Occurrences könnten als Wert einer bestimmten Occurrence-Eigenschaft angelegt werden, ähnliches gilt für Facets.

Unterschiede der beiden Ansätze

Bei all diesen Vergleichen und Transformationen würde allerdings die Semantik der Topic Maps verloren gehen. Man könnte nicht mehr unmittelbar zwischen Topics und Web-Ressourcen unterscheiden, oder zwischen Occurrences und Facetten. Scopes und Topic Names würden verloren gehen oder müssten über Umwege eingerichtet werden, etwa die Zuordnung entsprechender im Rahmen eines eigenen RDF-Schemas für Topic Maps vordefinierter Eigenschaften.

Es handelt sich bei diesen beiden Standards also um zwei an sich unterschiedliche Metamodelle, die einen ähnlichen Zweck verfolgen. Jedoch lässt sich feststellen, dass sich das Modell des RDF eher an der reinen Beschreibung und Charakterisierung von Ressourcen orientiert, während man mit Topic Maps versucht, ein semantisches Netz aufzubauen und Wissensmanagement zu betreiben.

1.9 Zusammenfassung

In diesem Kapitel wurden zunächst die grundlegenden Konzepte von Topic Maps vorgestellt – Topics, Topic Names, Occurrences, Assoziationen, Association Roles und Scopes. Um den Standard aber im Detail betrachten zu können, müssen wir zunächst etwas weiter ausholen und auch SGML bzw. XML ausreichend verstehen. Der Standard beruht zwar auf SGML, ist aber genauso in XML darstellbar. XML scheint SGML zusehends zu verdrängen und an Popularität, nicht zuletzt wegen seiner höheren Verständlichkeit und Einfachheit im Vergleich zu seinem älteren Konkurrenten, zu gewinnen. Deswegen wenden wir uns im folgenden Abschnitt XML zu und führen einige ihrer Konzepte vor, um uns im darauffolgenden Kapitel einer detaillierteren Betrachtung des ISO 13250 Standards zu widmen.

2 Grundlagen von XML

Nachdem im vorangegangenen Kapitel die Grundlagen zu Topic Maps erläutert wurden, soll nun das notwendige Basiswissen zum Verständnis von *XML (eXtensible Markup Language)* vermittelt werden, da XML im Rahmen dieser Arbeit als Darstellungsvariante für Topic Maps gewählt wurde und neben SGML wohl auch am besten für dieses Vorhaben geeignet ist. Allerdings soll hier nicht eine ausführliche Anleitung zum Erlernen von XML gegeben werden, sondern lediglich ein Überblick über die wichtigsten Konzepte.

2.1 Die Geschichte von XML

Die Geschichte von XML (vgl. [Gol99]) geht zurück bis in die Frühzeit der Textverarbeitungssysteme. Ein gewisser Charles Goldfarb wurde in den späten sechziger Jahren von IBM beauftragt, ein System zur Speicherung, Verwaltung, Abfrage und Publikation von juristischen Dokumenten zu entwerfen. Im Zuge seiner Analysen des Ist-Zustandes fand er heraus, dass es innerhalb der IBM verschiedenste Systeme mit unterschiedlichen Befehlssätzen und Formaten zur Archivierung der Dokumente gab, die untereinander zumeist inkompatibel waren.

Ursprünge der Markup-Sprachen

Gemeinsam mit den beiden Forschern Ed Mosher und Ray Lorie begann er, eine Markup-Sprache zu entwerfen, die nicht nur dem Zweck der Verallgemeinerung von Dokumenten bzw. ihrer Abbildung dienen, sondern überdies benutzerdefinierte Dokumenttypen ermöglichen und das Binden von Dokumenten an gewisse Regeln gewährleisten sollte.

Im Jahr 1969 wurde daraufhin die *Generalized Markup Language* (Verallgemeinerte Auszeichnungssprache) geschaffen. Mit ihr konnten Textabschnitte nicht nur bestimmte Formatvorschriften, sondern auch eine semantische Bedeutung zugeordnet werden, und zwar durch Markups. 1974 veröffentlichte Goldfarb das Konzept eines validierenden Parsers, der Dokumenttyp-Definitionen lesen und somit die Korrektheit eines Dokuments unter Berücksichtigung

GML (Generalized Markup Language)

der Art dieses Dokuments überprüfen konnte – womit eine manuelle Dokumentüberprüfung weithin überflüssig gemacht werden sollte.

SGML (Standardized General Markup Language)

In den Jahren von 1978 bis 1986 arbeitete Charles Goldfarb als technischer Leiter eines Teams von Anwendern, Programmierern und Akademikern an der weiteren Ausarbeitung seiner Konzepte. Schließlich entstand 1986 daraus die *Standardized Generalized Markup Language* (SGML), eine wesentlich umfangreichere und komplexere Variante des Vorläufers GML, die viele spezielle Features für Nischenmärkte beinhaltete und seiner Zeit zweifellos voraus war.

Im Jahr 1989 wurde durch die Initiative der Forscher Tim Berners-Lee und Anders Berglund eine SGML-Anwendung geschaffen, um Informationen unter Verwendung von Hyperlink-Textdokumenten innerhalb der CERN European Nuclear Research Facility übergreifend zu nutzen. So wurde eine SGML-Dokumenttyp-Definition kreiert, die Hypertext Markup Language, auch bekannt unter ihrer Abkürzung HTML.

HTML (Hypertext Markup Language)

Im Vergleich zu der langen Schaffensperiode für SGML wurde HTML in relativ kurzer Zeit ins Leben gerufen und das zugrundeliegende Hypertext-System *World Wide Web* hat sich weltweit durchgesetzt. HTML erbte wichtige Stärken von SGML, die meisten Elementtypen sind verallgemeinert und deskriptiv, keine Formatkonstrukte. HTML-Dokumente können auf Textbildschirmen, grafischen Oberflächen oder über Lautsprecher ausgegeben werden, es ist alles eine Frage der Interpretation des jeweiligen Dokuments. Praktischerweise sind HTML-Files als einfache Textfiles darstellbar und somit auf den meisten Computer-Systemen verarbeitbar. Allerdings erfüllt HTML nur eine der drei Grundvoraussetzungen, die schon für GML ausschlaggebend waren, nämlich die Verallgemeinerung der Dokumentabbildung. Benutzerdefinierte Dokumenttypen oder Regelwerke für dieselben sind mittels HTML nicht bewerkstelligbar.

Nachdem HTML den Markt eroberte, begannen einige Hersteller von Web-Browsern, das starre Dokumentmodell von HTML zu kritisieren und proprietäre Erweiterungen des HTML-Standards zu verbreiten, was den unangenehmen Effekt hatte, dass es bald wieder eine Menge von untereinander inkompatiblen Dokumenten und Quasistandards gab.

CSS (Cascading Stylesheets)

Das W3C-Konsortium unter der Führung von Tim Berners-Lee reagierte auf diesen Trend und entwarf die sogenannten *Cascading Stylesheets*, die mittlerweile grundlegend überarbeitet in der Version 2 vorliegen. Außerdem wurde in einer HTML-Erweiterung dafür gesorgt, HTML-Dokumente zumindest in geringem Ausmaß mit Abstraktionen auszustatten. Doch die rasche Expansion der New Economy und damit der Daten, die weltweit mittels HTML dargestellt wurden, verlangte nach differenzierten Methoden zur Modellierung dieser Daten. Ein idealer Nährboden für XML.

2.2
Der Aufbau und die Bestandteile eines XML-Dokuments

XML vereinigt Eigenschaften von SGML als auch von HTML. Es bietet eine Form der Einfachheit, die an HTML erinnern lässt, jedoch auch eine Komplexität, die nahezu an die der SGML heranreicht. Wie seine beiden Vergleichspartner ist es aber generell der Klasse der Markup-Sprachen zuzurechnen. Das heißt, XML-konforme Dokumente bestehen aus einer Folge von Zeichen und *Markups*. Die Markups befinden sich inmitten der Zeichen und zeichnen einen bestimmten Bereich des Dokuments mit einer Eigenschaft aus, die durch das Markup selbst bestimmt wird. Durch diese Eigenschaft kann das Textstück beschrieben oder für eine bestimmte Art der Verarbeitung gekennzeichnet werden.

Markup

Ein XML-Parser verarbeitet dabei ein Dokument von vorne beginnend und reorganisiert den Text als lineare Struktur, denn Textstücke können in XML auch in „nichtlinearer" Form auftreten, nämlich dann, wenn von flexibler Strukturierung unter Verwendung von Entities Gebrauch gemacht wird. Doch dazu später mehr.

Markups sind nicht erst mit XML oder HTML eingeführt worden. Auch etablierte Formate wie WordPerfect-Code oder RTF-Code (Rich Text Format) verwenden im Grunde genommen Markups zur Steuerung der Ausgabe der in ihnen enthaltenen Information.

2.2.1
Ein erstes, einfaches Beispiel

Wir wollen nun ein erstes Beispiel in XML betrachten. Es handelt sich dabei um eine kleine Adressenliste:

```
<?xml version="1.0"?>

<Adressen>
    <Register id="r_K">
        R
        <Adresse>
            <Nachname>Kaputnik</Nachname>
            <Vorname>Ossi</Vorname>
            <Strasse>Strassengasse 13</Strasse>
            <Ort>Hundsheim</Ort>
            <Land>Oesterreich</Land>
            <Telefonnummer>01234 / 5678
            </Telefonnummer>
        </Adresse>
        <Adresse>
            <Nachname>Klabuster</Nachname>
```

Beispiel einer Adressenliste in XML

```
            <Vorname>Udo</Vorname>
            <Strasse>Torfallee 1</Strasse>
            <Ort>St. Toelpen</Ort>
            <Land>Oesterreich</Land>
        </Adresse>
    </Register>
    <Register id="r_S">
        S
        <Adresse>
            <Nachname>Schmock</Nachname>
            <Vorname>Trudpert</Vorname>
            <Telefonnummer>0123 123 45 67
            </Telefonnummer>
        </Adresse>
    </Register>
</Adressen>
```

Informationsarten und Informationsausprägungen

In dieser Liste befinden sich also drei Personen, jede mit unterschiedlichen Informationsausprägungen (zum Beispiel die konkreten Namen oder Telefonnummern) und unterschiedlichen Informationsarten. Über die dritte Person etwa ist kein Wohnort bekannt, nur deren Telefonnummer, die wiederum bei der zweiten Person fehlt. Offenbar sind die Informationsarten `Telefonnummer`, `Strasse` und `Ort` optional anzugeben.

Dabei fällt auf, dass alle sogenannten *Tags* (durch < und > begrenzte Ausdrücke) an einer nachfolgenden Stelle wiederholt auftreten, allerdings mit einem direkt der eröffnenden, spitzen Klammer folgenden /. Hierbei handelt es sich dann jeweils um ein Start- und Ende-Tag.

2.2.2
Markup

Start-Tag und Ende-Tag

In XML muß jedes *Start-Tag* mit einem zugehörigen *Ende-Tag* abgeschlossen werden. Dazwischen können textueller Inhalt, aber auch weitere Tags auftreten.

Elemente

Beispielsweise wird ein `<Adresse>`-Tag von einem `</Adresse>`-Tag beendet. Dabei handelt es sich dann jeweils um einen vollständigen Markup in XML, wobei `Adresse` per Definition ein *Element* ist. Jedes Element kann wiederum verschiedenste Elemente beinhalten (im Beispiel enthält `Adresse` etwa `Nachname`, `Vorname`, etc.), die allerdings alle auch innerhalb des umhüllenden Elements durch ein Ende-Tag abgeschlossen werden müssen.

Konstrukte wie Tags, Entity-Verweise und Deklarationen werden als Markup bezeichnet. Markup kann in Form von Start-Tags, Ende-Tags, Leer-Element-Tags, Entity-Referenzen, Zeichenverweisen, Kommentaren, CDATA-Abschnittsbegrenzern, Dokumenttyp-Definitionen (DTDs) und Verarbeitungsanweisungen auftreten (vgl. [Gol99], Seite 436).

All diese Konstrukte beginnen in XML entweder mit < oder mit &. Alle anderen sind als Zeichendaten zu interpretieren. Der XML-Parser reagiert insbesondere auf Markups. Zeichenfolgen, die dazwischenliegen, werden in der Regel direkt an die Anwendung weitergereicht. Auf die Konstellation der Markups, die zu den Zeichenfolgen gehören, kann entsprechend reagiert werden (was die Darstellung oder die Semantik des Inhalts betrifft). Leerzeichen, Tabulatur, Carriage Return und Zeilenvorschub werden als Leerraum betrachtet. Leerraum außerhalb von Tags wird vom Parser unverändert beibehalten, Leerraum innerhalb von Tags wird zumeist ignoriert, kann aber auch kombiniert werden. Betrachten wir folgenden Ausschnitt des Beispiels:

```
<Nachname>Schmock</Nachname>
```

Dabei haben die unterschiedlichen Symbole folgende Bedeutung:

Symbol	Bedeutung
`<Nachname>`	Start-Tag des Elements `Nachname`
`Schmock`	Inhalt des Elements `Nachname`
`</Nachname>`	Ende-Tag des Elements `Nachname`
`<`	Öffnendes Begrenzungszeichen für das Start-Tag
`</`	Öffnendes Begrenzungszeichen für das Ende-Tag
`Nachname`	Elementname
`>`	Schließendes Begrenzungszeichen für ein Tag
`/>`	Schließendes Begrenzungszeichen für ein leeres Tag

Tabelle 2.1 Aufbau von Markup

Im obigen Beispiel (Tab. 2.1) nicht enthalten, aber in XML durchaus verbreitet, sind leere Tags, die platzsparenderweise folgendermaßen geschrieben werden können:

Leere Tags

```
<Nachname/>
```

Dieses Konstrukt öffnet ein `Nachname`-Element und schließt es sofort wieder, ohne mit einem Inhalt aufzuwarten.

Ein Element kann über mehrere Attribute verfügen, also Eigenschaften, die einen Wert aufweisen. Ein Attribut wird direkt im Start-Tag eines Elements zugewiesen, sein Name ausgeschrieben und mit = wird ihm ein Wert, der unter Anführungszeichen gesetzt ist, zugeteilt. Ein Beispielattribut könnte folgendermaßen aussehen:

Attribute

```
<Telefonnummer Art = "Festnetz">
```

Die unterschiedlichen Symbole haben dabei folgende Bedeutung:

Tabelle 2.2
Verwendung von Attributen

Symbol	Bedeutung
<	Öffnendes Begrenzungszeichen für das Start-Tag
Telefonnummer	Elementname
Art	Attributname
=	Zuweisungsoperator
"	Begrenzungszeichen für die Zeichenkette
'	Alternatives Begrenzungszeichen
Festnetz	Attributwert
>	Schließendes Begrenzungszeichen für das Start-Tag

Mehrfachangabe von Attributen

Elemente können auch über mehrere Attribute verfügen, diese werden dann hintereinander, durch Leerraum getrennt, innerhalb des Start-Tags angeführt, etwa so:

```
<Telefonnummer id = "Tel-3" Art = "Festnetz" Vorwahl = "ohne" ..... >
```

2.2.3
Das Wurzelelement

Jedes XML-Dokument verfügt über genau ein *Wurzelelement*, alle anderen Elemente müssen von diesem eingeschlossen werden und innerhalb diesem durch ein Ende-Tag beendet werden. In unserem Beispiel ist `<Adressen>` der Anfang des Wurzelelements.

2.2.4
Namen und Namenstoken

Restriktionen für Namen

Namen sind ein elementarer Bestandteil von XML. Logischen Strukturen werden Elementtypnamen zugewiesen, wiederverwendbare Daten bekommen Entity-Namen und bestimmte Elemente IDs.

Erlaubte Zeichen

Ein Name beginnt mit einem Buchstaben oder mit einem oder mehreren Interpunktionszeichen und er setzt sich fort mit Buchstaben, Ziffern, Gedankenstrichen, Unterstrichen, Doppelpunkten oder Punkten – den Namenszeichen. Namen, die mit dem String „xml" beginnen (wobei nicht auf die Groß-/Kleinschreibung geachtet wird), gelten als reservierte Wörter (vgl. [Gol99]).

Demzufolge dürfen keine Namen zugewiesen werden, die beispielsweise mit „XmL", „xml" oder „XML" beginnen. Buchstaben oder Unterstriche können an jeder Position in einem Namen stehen.

Innerhalb eines Namens können Ziffern, Gedankenstriche und Punkte verwendet werden, aber die Namen dürfen nicht mit diesen Zeichen beginnen. Andere Zeichen (Symbole und Leerräume) dürfen nicht Bestandteil eines Namens sein.

Namenstoken sind den Namen ähnlich, allerdings dürfen sie mit Ziffern, Gedankenstrichen, Punkten und dem String „xml" in einer die Groß-/Kleinschreibung betreffenden Abwandlung beginnen. Ein Namenstoken, oder auch Nmtoken, ist eine beliebige Kombination aus Namenszeichen.

Namenstoken

2.2.5
Literaldaten

Im Gegensatz dazu sind Literaldaten jene Zeichenfolgen, die innerhalb von Anführungszeichen vorkommen. Sie stellen den Inhalt interner Entities, Attributwerte oder externe Bezeichner dar.

2.2.6
CDATA-Abschnitte

Diese Textabschnitte werden vom Parser einfach überlesen, das heißt, sie können auch Markups enthalten. Sie dienen hauptsächlich dazu, andere Interpreter mit Information zu versorgen, etwa mit JavaScript-Code, Perl-Statements etc. Zwar könnte man solchen Code auch in XML-Kommentarzeilen einbetten, doch muss der Parser diese an den jeweiligen Sprachinterpreter nicht unbedingt weitergeben. Beispielsweise könnte man beliebigen HTML-Code an irgendeiner Stelle folgendermaßen platzieren:

```
<![CDATA[
     <HTML>
          Testseite
     <P><B> Absatz 1 </B></p>
     </HTML>
]]>
```

Beispiel für einen CDATA-Abschnitt

Wichtig ist, dass CDATA-Abschnitte immer mit `<![CDATA[` beginnen und mit `]]>` enden müssen. Was sich zwischen diesen Symbolketten befindet, wird vom Parser ignoriert, er überprüft darin keine Markups. Die Start- und Endedefinitionen des CDATA-Abschnittes können vereinzelt zu Problemen führen, etwa in jenem Fall:

```
<![CDATA[
     JavaScript: if (field[x[1]]>0) y = z; ...
]]>
```

Probleme bei CDATA-Abschnitten

Hier wäre das Ende des CDATA-Abschnittes mitten in der If-Anweisung, alles, was danach käme, würde auch auf Markup geprüft werden. Die Lösung für dieses Problem sieht etwas umständlich aus:

```
<![CDATA[
        JavaScript: if (field[x[1]]]]><![CDATA[>0) y = z; ...
]]>
```

Man beendet also den ersten CDATA-Abschnitt ordnungsgemäß und beginnt einen zweiten.

2.2.7 Kommentare

Kommentare werden in XML ebenfalls in Form eines Tags dargestellt, doch ist ein Kommentar kein Element im eigentlichen Sinn, es wird von zwei eigenen Marken begrenzt:

```
<!-- Mein Kommentar -->
```

Dabei haben die Symbole nachstehende Bedeutung.

Symbol	Bedeutung
`<!--`	Öffnende Symbolfolge für beliebig langen Kommentartext
`Mein Kommentar`	Kommentartext
`-->`	Schließende Symbolfolge für den Kommentartext

Tabelle 2.3 Aufbau von Kommentaren in XML

Der Kommentartext kann beliebige Zeichen beinhalten. Er kann weiters an beliebigen Stellen außerhalb von Markups auftauchen. Innerhalb von Markups ist kein Kommentar erlaubt.
Gültig ist etwa:

```
<Nachname>Schmock<!--nicht verwandt mit dem beruehmten Opernsaenger--></Nachname>
```

Nicht erlaubt ist hingegen:

```
<Nachname<!--nicht der Vorname-->>Schmock</Nachname>
```

2.2.8
Zeichenverweise

Auf die *Zeichenverweise* soll hier nicht im Detail eingegangen werden. XML wurde entworfen, um sprach- und zeichenneutral eingesetzt werden zu können und unterstützt deswegen ISO 8859/1, Unicode und den noch umfangreicheren ISO/IEC 10646-Standard (vgl. [ISO8859], [ISO10646], [Uni00]). Selbst wenn man Sonderzeichen nicht über Tastatur eingeben kann, so hat man zumindest die Möglichkeit, einen Zeichenverweis anzugeben. Ein Zeichenverweis besteht aus dem Symbol &#, gefolgt von einem ISO-10646 Zeichencode und abgeschlossen durch ein Semikolon (;). Beispielsweise ergibt © das Copyright-Symbol.

Unterstützte Zeichensatzstandards

2.2.9
Aufbau eines Dokuments

Ein XML-Dokument gliedert sich im Wesentlichen in einen *Prolog* und in eine *Dokumentinstanz*. Letztgenannter Begriff verdeutlicht die typisierende Beziehung zwischen einer Dokumenttyp-Definition und einem XML-Dokument. So, wie eben ein bestimmtes Fernsehgerät, zum Beispiel meines, eine Instanz der Klasse „Fernsehgeräte" darstellt, ist eine bestimmte Notiz Instanz einer Klasse eines Dokumenttyps „Notizen", der den Aufbau jeder Notiz im betrachteten Anwendungsbereich beschreibt. Dieser Dokumenttyp wird durch eine Dokumenttyp-Definition beschrieben.

Die Instanz eines Dokuments enthält erwartungsgemäß Elemente, Entities und andere Konstrukte, die wir zum Teil schon kennengelernt haben. Was aber ist Bestandteil des Prologs?

2.2.9.1
Prolog

XML-Dokumente beginnen in der Regel mit einem Prolog, der die XML-Version, sowie den Dokumenttyp bzw. weitere Eigenschaften des Dokuments angibt. Der Prolog setzt sich aus einer XML-Deklaration (die die eben genannte Versionsnummer enthält) und einer Dokumenttypdeklaration zusammen, zwei jeweils optionalen Komponenten. Es ist empfehlenswert, im Prolog eines Dokuments so viel Information über das Dokument wie möglich anzugeben, um die Verarbeitung effizienter zu gestalten.

Abbildung 2.1
Aufbau eines XML-Dokuments

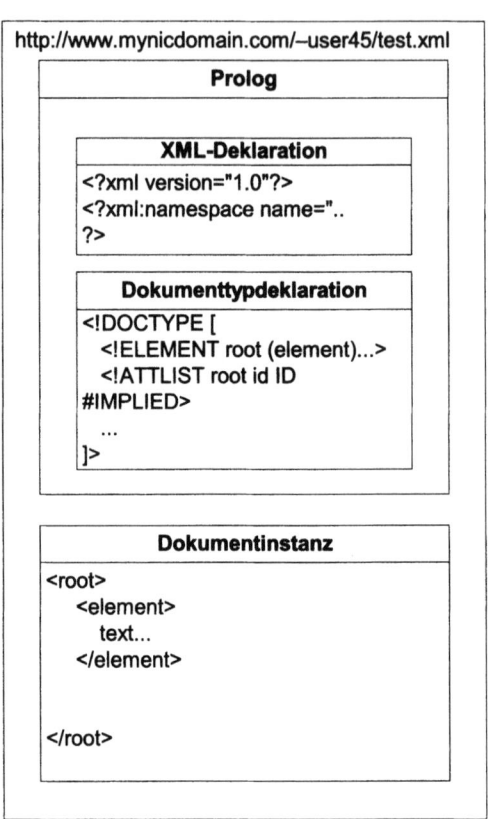

2.2.9.2
Die XML-Deklaration

Die XML-Deklaration ist im oben angeführten Beispiel (Abbildung 2.1) in der ersten Zeile zu erkennen.

```
<?xml version = "1.0"?>
```

In ihrer Minimalform enthält sie, wie bereits erwähnt, die Versionsnummer des verwendeten XML-Standards. Sie kann aber auch andere Informationen enthalten, wie die Codierung oder den Standalone-Vermerk.

```
<?xml version="1.0" encoding="UTF-8" standalone = "yes"?>
```

Codierung — In diesem Beispiel wird wiederum Version 1.0 des XML-Standards verwendet, die Codierung (`encoding`) gibt in diesem Fall an, dass das XML-Dokument in UTF-8 (einer Teilmenge von Unicode) zu interpretieren ist. Will man die Codierung in 7-Bit ASCII-Code (eine Teilmenge von Unicode) haben, kann man das Attribut auch weglassen, da dies die Standardeinstellung ist.

Das Attribut `standalone` schließlich bestimmt, ob das XML-Dokument externe Entities verwendet oder nicht – also ob es für sich selbst stehen kann, oder von anderen Dokumenten abhängt. Doch dazu später mehr.

Standalone-Dokumente

Generell handelt es sich bei dieser Anweisung um eine XML-Verarbeitungsanweisung oder auch *Processing Instruction* (PI). Eine Processing Instruction ist im Prinzip wie ein Element aufgebaut, wird aber nicht nur von einem Paar spitzer Klammern begrenzt, sondern auch von Fragezeichen, also <? und ?>.

Processing Instructions

Eine Processing Instruction wird ganz allgemein vom XML-Parser an die Anwendung weitergegeben, die dann entsprechend darauf reagieren kann. Diese Anweisung kann überall außerhalb von Tags in einem Dokument vorkommen, für den Namen gelten allerdings die XML-Namenskonventionen (siehe Abschnitt 2.2.4).

Das heißt, eine Anwendung kann ganz spezifisch auf diese Processing Instructions reagieren. So könnte etwa Javascript-Code folgendermaßen in ein XML-Dokument eingebettet werden:

```
<?javascript function myFunc() { ... } ?>
```

Hier obliegt es nun der Anwendung (in diesem Fall dem Javascript-Interpreter bzw. dem Web-Browser, der Javascript interpretieren kann), im Fehlerfall entsprechend zu reagieren.

2.2.9.3
Die Dokumenttypdeklaration

Noch vor dem ersten Element der Dokumentinstanz erfolgt optional die *Dokumenttypdeklaration*. Diese sorgt dafür, dass die Struktur der Dokumentinstanz gewissen Regeln entspricht, die jene Dokumenttyp-Definition, auf welche die Deklaration verweist, festlegt.

Beispielsweise könnte durch das Einbinden einer HTML-Dokumenttyp-Definition auch gewöhnlicher HTML-Code in XML dargestellt werden, etwa so:

```
<p>Hier ein Beispiel fuer die Verwendung einer Dokumenttyp-
Definition fuer HTML</p>
<example>
<!DOCTYPE HTML PUBLIC "-//W3C//DTD HTML 4.01//EN"
     "http://www.w3.org/TR/html4/strict.dtd">
 <HTML>
       <TITLE>Titel</TITLE>
       <BODY>
       ein gutes HTML-Dokument
       <H1>   Ueberschrift </H1>
       </BODY>
 </HTML>
</example>
```

HTML-Code in XML dargestellt

Die DOCTYPE-Anweisung

Die DOCTYPE-Anweisung hat folgende allgemeine Form:

```
<!DOCTYPE name externer.zeiger [ interne.untermenge ] >
```

Der externe Zeiger wäre im Beispiel oben PUBLIC "-//W3C//DTD HTML 4.01//EN". Er verweist auf einen öffentlichen Deskriptor der Dokumenttyp-Definition von HTML. Ebenso könnte die Dokumenttyp-Definition (DTD) aber in der durch die eckigen Klammern begrenzten internen Untermenge stehen. In dieser internen Untermenge sind beliebig viele Elemente, Attribute oder Entities verwendbar, ohne eigens eine externe DTD zu benötigen. Werden beide Möglichkeiten ausgeschöpft, so gehen alle Einstellungen und Definitionen aus der internen Untermenge jenen der eingebundenen externen Untermengen vor.

Konsequenzen der Auslassung der DTD

Eine Dokumenttypdeklaration kann natürlich auch komplett weggelassen werden. Allerdings muss man dabei auch auf einige Annehmlichkeiten verzichten (vgl. [Nor00]):

- Es gibt im XML-Dokument keine Verweise auf Entities (außer einige vorgegebene).

- In Elementen, deren Inhalt nur aus anderen Elementen besteht, darf es keinen Leerraum zwischen dem Start-Tag des umhüllenden Elements und dem Start-Tag des ersten enthaltenen Elements geben, da der XML-Parser dann nicht unterscheiden kann, ob er den Leerraum als Information (im PCDATA-Format) werten soll oder nicht.

- Letztlich restriktiviert eine DTD den Dokumentautor, was im Sinne der Fehlervermeidung und Sicherheit oft von Vorteil sein kann – dieser Vorteil kann somit nicht genutzt werden.

Zu dem Aufbau einer DTD mehr in den Abschnitten 2.3. und 2.5.

2.2.9.4
Instanz

Die *Dokumentinstanz* schließlich beinhaltet all jene verbleibenden Elemente, Attribute, Entities und Zeichenfolgen, die Bestandteil des XML-Dokuments sind. Jedes XML-Dokument kann als Baum dargestellt werden, bei dem die einzelnen XML-Elemente die Knoten repräsentieren. Für unser erstes Beispiel eines XML-Dokuments würde der Baum etwa wie in Abbildung 2.2 aussehen.

Man erkennt den Wurzelknoten `Adressen` und alle in ihm verschachtelten Knoten. Diese Darstellungsform ist auch von Bedeutung, wenn vom Parsing von XML-Dokumenten gesprochen wird, denn grundsätzlich bezieht sich das Document Object Model (DOM) auf diese Darstellungsform. XML-Parser, die nach dem DOM vorgehen, bilden einen Baum im Speicher ab und lassen dem Anwendungsprogrammierer die Möglichkeit, das geparste XML-Dokument über einige komfortable Methoden zu verarbeiten. Andererseits ist diese Variante auch sehr speicheraufwendig und kann bei umfangreichen Dokumenten mitunter zu Problemen führen.

Mehr zu XML-Parsern im Abschnitt 6.7.4.

Relevanz für das Document Object Model

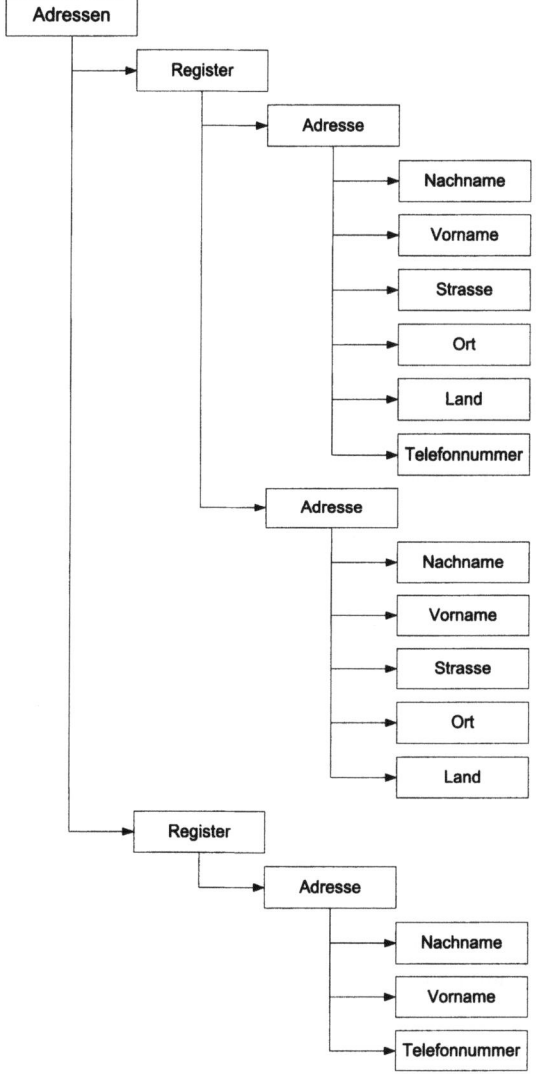

Abbildung 2.2
Aufbau des XML-Beispiels

2.2 Der Aufbau und die Bestandteile eines XML-Dokuments

2.3
Element- und Attributdefinitionen

Dokumenttyp-Definitionen im Detail

Nun haben wir den grundlegenden Aufbau von XML-Dokumenten kennengelernt. Wenn wir tiefer in die Materie einblicken und für ein gewisses Maß an Strukturierung und Ordnung sorgen wollen, kommen wir um die Dokumenttyp-Definition nicht herum. Mit ihr können Elementarten definiert werden, und es kann festgelegt werden, welche Unterelemente in ihnen in welcher Quantität enthalten sein können. Des weiteren können ihre Attribute und deren Datentypen mitsamt der Vorgabewerte eingestellt werden, sowie einiges mehr.

Die Deklarationen, die im Folgenden beschrieben werden, können also direkt in internen Untermengen von XML-Dokumenten oder in externen Mengen untergebracht werden.

2.3.1
Elementdeklarationen

Die Elementdeklaration hat im Allgemeinen folgende Form:

Syntax der Elementdeklaration (vgl. [Nor00])

```
<!ELEMENT name inhalt>
```

name bezeichnet einen Standard-XML-Namen, der mit der bereits vorgestellten Namensregel übereinstimmt. inhalt beschreibt ein Inhaltsmodell, das die Quantität und Reihenfolge der innerhalb des Elements enthaltenen Elemente definiert. Dabei können auch die Schlüsselwörter EMPTY und ANY verwendet werden, wobei ersteres ein leeres Element bezeichnet und letzteres keine Vorgaben gibt. Die Deklaration

```
<!ELEMENT etwas EMPTY>
```

bedeutet, dass das Element etwas immer ein leeres Element ist.

```
<!ELEMENT etwas ANY>
```

besagt, dass das Element etwas beliebig viele Elemente jeglicher Art in einer nicht näher spezifizierten Reihenfolge und Anzahl beinhalten kann.

Reihenfolge von Elementen

Die Reihenfolge von Elementen wird durch eine einfache Auflistung in runden Klammern bestimmt. So bedeutet

```
<!ELEMENT Notiz (Titel, Autor, Datum, Text)>
```

etwa, dass jedes Element `Notiz` jeweils genau ein Element `Titel`, ein Element `Autor`, ein `Datum` und ein Element `Text` beinhalten muss, und zwar genau in dieser Reihenfolge. Grundsätzlich darf innerhalb der Elementdeklarationen Leerraum verwendet werden.

Optionale Elemente können durch den |-Operator angegeben werden:

Optionale Elemente

```
<!ELEMENT Notiz (Titel, Autor, Datum, (Text | Termin))>
```

bedeutet dasselbe wie oben, nur kann diesmal statt einem `Text` wahlweise auch ein `Termin`-Element angegeben werden, allerdings wiederum nur an vierter Stelle. Die Liste der Optionen darf beliebig lang sein, jedoch kann immer nur eines der darin enthaltenen Elemente in der Dokumentinstanz gewählt werden.

2.3.1.1
Mehrdeutigkeiten

Bei der Kombination von Aufzählungen und Optionen in Elementdeklarationen muss allerdings auf eventuelle Mehrdeutigkeiten Acht gegeben werden. Betrachten wir folgendes Beispiel (vgl. [Nor00]):

```
<!ELEMENT E ((A,B)|(A,C))>
```

Da XML-Parser aus Performanzgründen zumeist nicht mehrere Token in den Speicher vorauslesen und dann erst mit Regeln vergleichen, kann der Parser, nachdem er zunächst das Element A innerhalb es Elements E an der richtigen Position eingelesen hat, nicht mehr entscheiden, welches Element danach richtig wäre. Er müsste vorauslesen, und das tun XML-Parser in der Regel nicht (sie haben normalerweise keinen „Lookahead"). Abhilfe schafft folgende Umformulierung:

```
<!ELEMENT E (A, (B|C))>
```

Solche Überlegungen sollten bei allen komplexeren Inhaltsmodellen angestellt werden. Bezüglich der Häufigkeit des Vorkommnisses eines Elements können dem jeweiligen Element folgende Operatoren nachgestellt werden:

Operator	Bedeutung
name?	Das Element name kann einmal oder keinmal vorkommen.
name*	Das Element name kann beliebig oft (also auch gar nicht) vorkommen.
name+	Das Element name muss mindestens einmal vorkommen.

Tabelle 2.4 Operatoren für Elementdeklarationen

Diese Operatoren sind auch von den regulären Ausdrücken her geläufig und dürften demnach plausibel sein. Auch Klammerausdrücken können sie hintangestellt werden, etwa würde (A, B)+ bedeuten, dass mindestens einmal das Element A direkt gefolgt von einem Element B vorkommen muss, aber auch, dass beliebig viele solcher A-B Sequenzen vorkommen können. Betrachten wir folgendes Beispiel:

Beispiel für korrekte Elementdeklarationen

```
<!ELEMENT E (A*, B+)>
<!ELEMENT X (Y?, Z+, Y*)>
```

Folgende Dokumentteile wären dann erlaubt:

```
<E>
     <A> dies ist ein text </A>
     <A></A>
     <B>noch ein text</B>
</E>
<E>
     <B></B>
     <B>xxxxxx</B>
<E>
<X>
     <Z>Zorro</Z>
     <Z>reitet</Z>
     <Y>wieder</Y>
</X>
```

Beispiel für inkorrekte Elementdeklaration

Folgendes Beispiel würde nicht der Elementdeklaration entsprechen:

```
<E>
     <A>dies ist ein text</A>
     <A></A>
</E>
<X>
     <Y></Y>
</X>
<X>
     <Y>erstes</Y>
     <Y>zweites</Y>
     <Z>Zorro</Z>
     <Z>reitet</Z>
     <Z>wieder</Z>
</X>
```

Das Schlüsselwort #PCDATA

Wenn innerhalb eines Elements nur Text erlaubt ist, wird das Schlüsselwort #PCDATA verwendet, etwa so:

```
<!ELEMENT text (#PCDATA)>
```

Auch bei Elementen mit gemischtem Inhalt, also Text und anderen Elementen, ist dieses Schlüsselwort einzusetzen, eben je nach Bedarf im Inhaltsmodell, zum Beispiel:

```
<!ELEMENT gemischt (#PCDATA | vanille | erdbeer | ruebe)*>
```

2.3.2
Attributdeklarationen

Attributdeklarationen bestimmen, welches Element welche Attribute haben kann, welche Datentypen diese Attribute haben, welche Vorgabewerte für diese typisch sind und ob bei der Verwendung eines Elements die Zuweisung eines Wertes zu einem Attribut des Elements verpflichtend oder optional ist. Die allgemeine Form einer Attributdeklaration lautet (vgl. [Nor00]):

```
<!ATTLIST element.name attribut.definitionen>
```

Syntax der Attributdeklaration (vgl. [Nor00])

Eine einzelne Attributdefinition wiederum hat folgende generelle Form:

```
attribut.name attribut.typ vorgabewert
```

Folgende Klassen von Attributtypen sind dabei möglich:

- String-Attribute, die aus beliebig vielen Zeichendaten bestehen.
- Token-Attribute, deren Wert aus ein oder mehreren für XML relevanten Token bestehen.
- Aufzählungsattribute, deren Wert ein Wert aus einer deklarierten Liste von möglichen Werten ist.

2.3.2.1
String-Attribute

Die Werte von String-Attributen sind Zeichenketten. Jedes Attribut, das in einem XML-Dokument, welches keine DTD hat (weder interne noch externe Untermenge), verwendet wird, wird automatisch als String-Attribut behandelt.

Die Deklaration eines String-Attributs kann so aussehen:

```
<!ATTLIST buch isbnnr CDATA>
```

Beispiel:
```
<buch isbnnr="3-6663-1545-0">
```

2.3.2.2
Token-Attribute

Token-Attribute werden abhängig von ihren Werten klassifiziert:

Tabelle 2.5 Datentypen für Token-Attribute (vgl. [Nor00])

Attributtyp	Bedeutung

ID	Dieses Attribut dient als Identifikator für das Element. Innerhalb eines Elements können keine Elemente denselben ID-Attributwert haben. Ein ID-Wert muss überdies den Standardnamensregeln von XML entsprechen und einen deklarierten Vorgabewert haben (entweder #IMPLIED oder #REQUIRED, siehe Abschnitt 2.3.2.4).
	
	`<!ATTLIST buch isbnnr ID #IMPLIED>`
	könnte wie folgt benutzt werden:
	`<buch isbnnr="3-6663-1545-0">`
	
	Diese Eigenschaft kann später für Referenzen (IDREFS) benutzt werden, das heißt, andere Elemente haben Attributwerte, über die sie dieses Element dann ansprechen bzw. referenzieren können.

IDREF	Das IDREF-Attribut ist ein Zeiger auf ein ID-Element. Der Wert muss mit dem ID-Attribut eines anderen Elements übereinstimmen. Demzufolge muss auch das IDREF-Attribut (wie auch das IDREFS-Attribut) den Standardnamensregeln in XML entsprechen.
	
	`<!ATTLIST glossar id ID gehoertzu IDREF>`
	könnte wie folgt benutzt werden:
	`<glossar id="G01" gehoertzu="3-6663-1545-0">`
	
	Die Auflistung mehrerer Attribute muss nicht durch Trennzeichen getrennt werden, sondern erfolgt als einfache Sequenz von XML-Tokens.

IDREFS	Der Wert des IDREFS-Attributs besteht aus mehreren Referenzen oder Zeigern auf ID-Elemente, die durch Leerzeichen voneinander getrennt sind.
	
	`<!ATTLIST glossar versionen IDREFS>`
	könnte wie folgt benutzt werden:
	`<glossar versionen="GV01 GV02">`

Tabelle 2.5 *(Fortsetzung)*

Attributtyp	Bedeutung
ENTITY	Das Attribut ist ein Zeiger auf ein externes Entity, das in der internen oder externen DTD-Untermenge deklariert wurde. Falls innerhalb eines Dokuments ein ENTITY-Attribut verwendet wird, kann dieses Dokument nicht mehr *standalone* sein. Mehr dazu im Abschnitt 2.9, wo Entities näher beschrieben werden.

ENTITIES	Der Wert dieses Attributs besteht aus einem oder mehreren ENTITY-Typwerten, die durch Leerzeichen voneinander getrennt sind. Beispielsweise:
	
	`<!ATTLIST buch abbildungen ENTITIES>`
	`...`
	`<buch abbildungen="bild1.jpg b2.jpg b3.jpg">`

NMTOKEN	Der Wert dieses Attributs ist ein Name-Token-String, der aus einer beliebigen Kombination von Namenszeichen besteht.
NMTOKENS	Der Wert dieses Attributs besteht aus einem oder mehreren NMTOKEN-Typwerten, durch Leerzeichen voneinander getrennt.

2.3.2.3
Aufzählungsattribute

Aufzählungsattribute werden durch Listen möglicher Werte charakterisiert. Jeder dieser optionalen Werte muss ein gültiges Namens-Token (NMTOKEN) darstellen. Beispielsweise:

```
<!ATTLIST person haarfarbe (braun | schwarz | blond | rot)
"schwarz">
```

Beispiel für ein Aufzählungsattribut

Dies gibt die Möglichkeit an, dass das Attribut `haarfarbe` einer Person einen der Werte `braun`, `schwarz`, `blond` oder `rot` annehmen kann und vorgabemäßig `schwarz` ist. Das heißt, wenn ein `person`-Element verwendet und das Attribut `haarfarbe` nicht zugewiesen wird, so ist der Wert des Attributes `schwarz`.

Geht einer Liste von möglichen Werten das Schlüsselwort NOTATION voraus, müssen all die referenzierten Notationen bereits definiert sein (mehr zum Thema Notationen in Abschnitt 2.9.3):

```
<!ATTLIST grafik typ NOTATION (GIF | JPEG | BMP) "JPEG">
```

„Beim Vergleich eines Attributwertes mit den in der Attributdefinition als erlaubt aufgelisteten Werten berücksichtigt der XML-

Interpreter die Groß-/Kleinschreibung nicht, außer für die Typen
CDATA, IDREF, IDREFS" (vgl. [Nor00], Seite 80).

2.3.2.4
Vorgabewerte für Attribute

Am Ende der Attributspezifikation darf ein Vorgabewert für das Attribut festgelegt werden. Wie wir bereits oben gesehen haben, kann dies bei einer Aufzählung einer der darin enthaltenen Werte sein. Bei einem CDATA-Attribut hingegen könnte es irgendein Wert sein, etwa:

```
<!ATTLIST buch verlag CDATA "Verlag UVWXYZ">
```

Findet der Parser also bei einem buch-Element keine Angabe des Attributs verlag, setzt er dafür die angegebene Zeichenkette, also den Wert „Verlag UVWXYZ".

Statt eines konkreten Vorgabewertes kann auch eines von drei verschiedenen Schlüsselwörtern verwendet werden. Diese sind nachfolgend in Tabelle 2.6 dargestellt. Für jedes Attribut kann nur eines dieser Schlüsselwörter verwendet werden.

Normalisierungsprozess   Schließlich muss noch bemerkt werden, dass der Wert eines Attributs nicht notwendigerweise jener Wert ist, der zwischen zwei Anführungszeichen angegeben wurde. Jeder Attributwert unterliegt

Tabelle 2.6
Schlüsselwörter für die verpflichtende Angabe von Attributen

Schlüsselwort	Bedeutung
#REQUIRED	Dieses Schlüsselwort bedeutet, dass die Angabe des Attributs verpflichtend ist. Beispielsweise: `<!ATTLIST buch isbnnr CDATA #REQUIRED>`
#IMPLIED	Dieses Schlüsselwort bedeutet, dass der XML-Parser der Applikation mitteilen muss, dass kein Wert angegeben wurde. Das weitere Vorgehen bleibt dann der Applikation überlassen. Beispielsweise: `<!ATTLIST person haarfarbe (braun| schwarz | blond | rot) #IMPLIED>` Die Verwendungsmöglichkeiten für diesen Typ sind vielfältig, etwa könnte eine Applikation dafür sorgen, dass das Element person das Attribut haarfarbe von einem Elternelement erbt.
#FIXED	Durch Angabe dieses Schlüsselworts wird festgelegt, dass das betreffende Attribut einen bestimmten Wert auf jeden Fall haben muss, sonst ist das Dokument ungültig. Beispielsweise: `<!ATTLIST form method CDATA #FIXED "POST">`

einem XML-typischen *Normalisierungsprozess*, der Leerräume „glättet" (Carriage Returns durch Leerzeichen ersetzt), doppelte Anführungszeichen entsprechend ersetzt und Entity- sowie Zeichenverweise auflöst. Es soll hier nicht näher auf die Vorgangsweise bei der Normalisierung eingegangen werden.

2.4 Wohlgeformtheit

Mit den bereits vorgestellten Möglichkeiten der Deklaration von Elementen, Attributen und den noch folgenden Entities kann eine Aussage über die Wohlgeformtheit eines XML-Dokuments getroffen werden.

Ein XML-Dokument ist wohlgeformt, wenn nachstehende syntaktische Bedingungen erfüllt werden (vgl. [Bra00], [Nor00]):

- Es enthält mindestens ein Element.
- Es hat ein ausgezeichnetes Wurzelelement (auch Dokumentelement), das alle anderen Elemente beinhaltet.
- Es verfügt über einen einleitenden Prolog.
- Seine Elemente sind korrekt ineinander verschachtelt (wenn ein Element Y innerhalb eines Elements X beginnt, muss es enden, bevor X endet).
- Die Namen in den zusammengehörigen Start- und Ende-Tags stimmen überein.
- Attributnamen sind innerhalb eines Elements eindeutig.
- Die XML-Syntax laut [Bra00] wird innerhalb des Dokuments eingehalten.
- Entities werden deklariert, bevor sie benutzt werden.

Bedingungen für die Wohlgeformtheit eines XML-Dokuments

2.5 DTDs

2.5.1 Was ist eine DTD?

Bis jetzt wurden die möglichen Inhalte von Dokumenttyp-Definition vorgestellt, ebenso wie Gründe, warum die Verwendung von DTDs sinnvoll sein kann. Jede Markup-Sprache, so auch beispielsweise HTML, beruht auf einer DTD, die den Autor eines Dokuments, das

Aufbau eines XML-Dokuments

in dieser Sprache abgefasst ist, zu der jeweiligen Syntax bzw. Struktur zwingt, um zu gewährleisten, dass Applikationen, die diese Sprachen bzw. die Dokumente verstehen wollen, sie auch verstehen können und damit das Interpretieren dieser Dokumente durch möglichst restriktive Regeln innerhalb der DTDs auch beschleunigt werden kann. HTML verfügt etwa über eine sehr „freie" DTD, die dem Anwender beim Verfassen seiner Dokumente vergleichsweise wenig Zwänge auferlegt – sicher mit ein Grund, warum sich HTML so stark durchgesetzt hat.

DTDs legen also fest, welche Elemente in einem XML-Dokument vorhanden sein müssen, ob sie optional oder zwingend erforderlich sind, wie sie zu anderen Elementen in Beziehung stehen und welche Attribute sie haben. Eine DTD charakterisiert also eine Markup-Sprache und wird mit XML beschrieben. XML ist demnach eine Klasse von verschiedensten Sprachen, die jeweils durch eine eigene DTD definiert sind. HTML wäre eine dieser verschiedenen Sprachen (es gibt eine Unzahl von weiteren XML-Anwendungen wie MathML, EBML, SOAP, WML, etc.).

Die einfachste Form einer Dokumenttypdeklaration lautet:

Einfache Syntax der Dokumenttypdeklaration (vgl. [Nor00])

```
<!DOCTYPE DTD.name [ interne.untermenge ]>
```

Der Name der DTD muss dabei dem Namen des Wurzelelements der Dokumentinstanz entsprechen. In diesem Fall haben wir es mit einem sogenannten *Standalone-Dokument* zu tun. Bei einem Standalone-Dokument gibt es keine externe Untermenge der DTD, sondern allenfalls eine interne. Das heißt aber nicht, dass in dieser keine Verweise auf externe Entities vorkommen dürfen. Das Dokument ist also durchaus offen für die Außenwelt, aber eben nicht abhängig von einer externen DTD und somit standalone. Ein entsprechender Hinweis kann, wie wir bereits gesehen haben, auch in der XML-Deklaration durch die Attributzuweisung `standalone="yes"` angegeben werden.

Die Zuordnung der externen DTD-Untermenge erfolgt über einen Systembezeichner (Schlüsselwort `SYSTEM`) oder einen öffentlichen Bezeichner (Schlüsselwort `PUBLIC`).

Vollständige Syntax der Dokumenttypdeklaration (vgl. [Nor00])

```
<!DOCTYPE DTD.name öffentlicher.bezeichner
system.bezeichner [ interne.untermenge ]>
```

2.5.2
Systembezeichner

Um die DTD(s) zu bestimmen, kann in einigen Fällen ein Systembezeichner verwendet werden, oder auch ein *URI (Universal Resource Identifier)*, der etwa ein *URL (Universal Resource Locator)*, ein UNC-Filename oder ähnliches sein kann, wie folgende Beispiele zeigen:

```
<!DOCTYPE buch SYSTEM "/usr/home/buecher/buch.dtd">
<!DOCTYPE buch SYSTEM
"http://intranetserver.mynicdomain.com/~xyz107/buch.dtd">
<!DOCTYPE buch SYSTEM "../buch.dtd">
```

Die allgemeine Form einer URL ist übrigens:

Syntax einer URL

```
schema://login-name:passwort@host:port//pfad
```

Dabei sind einige Teile optional, etwa der Login-Name, das Passwort und der Port für den gewünschten Host, streng genommen auch der Pfad. Das Schema ist das jeweilige Protokoll, beispielsweise HTTP, FTP, NNTP, FILE, etc.

2.5.3
Öffentliche Bezeichner

Ein öffentlicher Bezeichner ist der offiziell aufgezeichnete Bezeichner für eine DTD. Der Verfasser einer DTD kann diese bei der GCA, der Graphics Communications Association, nach ISO/IEC 9070 offiziell registrieren lassen (vgl. [ISO9070Reg]).

Registrierung von DTDs gemäß ISO9070

Folgende allgemeine Form kennzeichnet einen öffentlichen Bezeichner (vgl. [Nor00]):

```
Registrierung // Eigentümer // DTD-Beschreibung // Sprache
```

Die Bedeutung der einzelnen Abschnitte ist dabei folgende:

Abschnitt	Bedeutung
Registrierung	Ist ein Pluszeichen (+), wenn der Eigentümer gemäß ISO 9070 registriert ist, andernfalls ein Minuszeichen (-).
Eigentümer	Der Name des Eigentümers der DTD.
DTD-Beschreibung	Eine einfache Textbeschreibung der DTD. Sie kann an sich beliebig lang sein, sollte aber einfach, kurz und klar verständlich gehalten werden.
Sprache	Ein zweistelliger Sprachcode aus dem ISO 639 Standard (vgl. [ISO639]).

Tabelle 2.7 Aufbau von öffentlichen Bezeichnern

Ein Beispiel für einen möglichen öffentlichen Bezeichner:

```
-//Richard Widhalm//PTML - Beschreibungssprache für die
Anatomie peruanischer Tukane//EN
```

SGML Katalog-dateien
Die öffentlichen Bezeichner entstammen eigentlich dem SGML-Standard. Öffentliche Bezeichner werden mit Hilfe sogenannter *Katalogdateien* registriert und erkannt, welche sich am selben Ort wie die zugehörigen Dokumenttyp-Definitionen befinden. Dieser Mechanismus ist auch unter dem Namen *SGML Open Catalog (SOC)* bekannt. Ohne tiefer in diese Materie einzudringen, sei nur erwähnt, dass solch eine Katalogdatei im Wesentlichen aus einer Auflistung von öffentlichen Bezeichnern und den zugehörigen DTD-Dateien besteht.

Kombination von DTDs
Durch die Kombination von internen und externen DTD-Untermengen können bereits existierende Dokumenttyp-Definitionen den eigenen Vorstellungen nach angepasst werden, ohne eine eigene Dokumenttyp-Definition erstellen und vielleicht unter hohem Aufwand darin vorhandene Fehler suchen zu müssen. Die interne Untermenge ist also beim Verarbeiten des Dokuments und dem Überprüfen seiner Gültigkeit höher priorisiert als die externe Untermenge.

An dieser Stelle wollen wir für unser einleitendes Beispiel aus Abschnitt 2.2.1, einer kleinen Adressenliste, eine entsprechend simple DTD erstellen, der Einfachheit halber als interne Untermenge. Dies könnte zum Beispiel so aussehen:

DTD für das Adressen-Beispiel

```
<!-- PROLOG -->

<?xml version="1.0"?>

<!DOCTYPE Adressen [
        <!ELEMENT Adressen (Register)*>
        <!ELEMENT Register (#PCDATA | Adresse)*>
        <!ELEMENT Adresse (Nachname, Vorname, Strasse?,
Ort?, Land?, Telefonnummer?)>
        <!ELEMENT Nachname (#PCDATA)>
        <!ELEMENT Vorname (#PCDATA)>
        <!ELEMENT Strasse (#PCDATA)>
        <!ELEMENT Ort (#PCDATA)>
        <!ELEMENT Land (#PCDATA)>
        <!ELEMENT Telefonnummer (#PCDATA)>
        <!ATTLIST Register id ID #REQUIRED>
]>

<!-- INSTANZ -->

<Adressen>
        <Register id="r_K">
                R
```

```
            <Adresse>
                    <Nachname>Kaputnik</Nachname>
                    <Vorname>Ossi</Vorname>
                    <Strasse>Strassengasse 13</Strasse>
                    <Ort>Hundsheim</Ort>
                    <Land>Oesterreich</Land>
                    <Telefonnummer>012345 / 
6789</Telefonnummer>
            </Adresse>
            <Adresse>
                    <Nachname>Klabuster</Nachname>
                    <Vorname>Udo</Vorname>

                <Strasse>Torfallee 1</Strasse>
                    <Ort>St. Toelpen</Ort>
                    <Land>Oesterreich</Land>
            </Adresse>
    </Register>
    <Register id="r_S">
            S
            <Adresse>
                    <Nachname>Schmock</Nachname>
                    <Vorname>Trudpert</Vorname>
                    <Telefonnummer>0123 123 45 
67</Telefonnummer>
            </Adresse>
    </Register>
</Adressen>
```

DTD für das Adressen-Beispiel (Fortsetzung)

In den Kommentarzeilen werden der Prolog bzw. die Dokumentinstanz abgegrenzt und noch einmal verdeutlicht. Der Inhalt des `<!DOCTYPE>`-Statements könnte genauso gut in einer externen DTD abgelegt und mit einem System- oder einem öffentlichen Bezeichner eingebunden werden.

Im Element `Adresse` müssen zuerst ein `Nachname` gefolgt von einem `Vornamen` vorkommen, schließlich sind `Strasse`, `Ort`, `Land` und `Telefonnummer` optional anzugeben. Das ? am Ende des jeweiligen Bezeichners bestimmt aber auch, dass zum Beispiel nicht zwei `Telefonnummern` vorkommen dürfen und dass die `Strasse`, falls angegeben, immer vor `Ort`, `Land` und `Telefonnummer` kommen muss, `Ort` immer vor `Land` und `Telefonnummer` usw. Das Element `Register` verfügt über ein gemischtes Inhaltsmodell, hier können Text genauso wie beliebig viele `Adresse`-Elemente vorkommen.

2.6
Gültigkeit

Das obige Beispiel wird von einem XML-Prozessor oder XML-Parser als *wohlgeformt* erkannt. Es wird darüber hinaus aber auch als *gültig* verstanden, weil die Dokumentinstanz in ihrem Aufbau mit der in der internen Untermenge eingebundenen DTD übereinstimmt.

Bedingungen für die Gültigkeit

- Ein XML-Dokument ist gültig, wenn die Dokumentinstanz in ihrem Aufbau allen eingebundenen Untermengen der Dokumenttyp-Definiton (DTD) hinsichtlich deren Einschränkungen entspricht.
- Ein gültiges XML-Dokument ist immer wohlgeformt.

Validierung von XML-Dokumenten

Für die Verarbeitung von XML-Dokumenten existiert eine Vielzahl an Programmen. Einige davon können die Dokumente lediglich einlesen und prüfen demnach nur die Wohlgeformtheit, andere können überdies die Gültigkeit überprüfen, sie *validieren* XML-Dokumente.

2.7 Mehrdeutigkeiten

Die Problematik der Mehrdeutigkeiten wurde ja bereits angesprochen. Weist ein Dokument eine umfassende Menge an optionalen Aufzählungslisten auf, ist es wichtig, dieses Dokument im Hinblick auf Mehrdeutigkeiten zu analysieren. Dass diese nicht unbedingt am ersten Blick erkennbar sind, zeigt folgendes kleine Beispiel, das [Nor00] entnommen ist. Es sei erneut darauf hingewiesen, dass das wichtigste Kriterium für XML-Parser seit jeher die Schnelligkeit ist, weswegen sie sich zumeist keine gelesenen Element-Tokens für den Vergleich mit den folgenden Elementen merken und somit nicht „vorausschauen" können.

Das Beispiel stellt den Schlussteil eines Buches dar, der aus einer beliebigen Menge Anhänge, einem Glossar und einem Index bestehen kann, aber nicht muss. Insgesamt soll jedoch mindestens ein Element vorkommen, egal welches. In einem ersten Versuch schreiben wir folgendes:

Beispiel für Mehrdeutigkeiten (vgl. [Nor00], S.159)

```
<!ELEMENT Schluss (Anhang*, Glossar?, Index?)>
```

Hier wurden zwar die Mengenbezeichner für die einzelnen Unterelemente von `Schluss` korrekt angegeben, aber das Element `Schluss` kann noch immer ein Leerelement sein. Also betrachten wir eine zweite Lösungsmöglichkeit:

```
<!ELEMENT Schluss ( (Anhang+, Glossar?, Index?) |
        (Anhang*, Glossar, Index?) |
        (Anhang*, Glossar?, Index) )>
```

Dieses Mal sind wir nach dem Motiv vorgegangen, alle Möglichkeiten in Form einer optionalen Liste zu formulieren.

Es gibt also folgende drei Möglichkeiten:

- ein oder mehrere Anhänge, ein oder kein Glossar, ein oder kein Index
- keine, ein oder mehrere Anhänge, ein Glossar, ein oder kein Index
- keine, ein oder mehrere Anhänge, ein oder kein Glossar, ein Index

Wir haben zwar sichergestellt, dass mindestens ein Element aus der Elementmenge {Anhang, Glossar, Index} im Schluss vorkommen muss, doch die Definition sieht nicht nur unübersichtlich aus, sie ist für den Interpreter auch mehrdeutig. Wenn er ein Anhang-Element liest, kann er nicht entscheiden, was als nächstes kommen soll: soll ein Glossar folgen oder nicht?

Übersichtlicher und zielführender ist folgende Lösung:

```
<!ELEMENT Schluss ( (Anhang*, Glossar?, Index?) |
          (Glossar, Index?) |
          (Index) )>
```

Es gibt nun also folgende Fälle:

- ein oder mehrere Anhänge, ein oder kein Glossar, ein oder kein Index (so wie im obigen Beispiel)
- kein Anhang, ein Glossar, ein oder kein Index
- kein Anhang, kein Glossar und ein Index

Die meisten Fälle werden also durch die erste Option abgedeckt, wenige durch die zweite (alle, wo kein Anhang, aber ein Glossar vorkommt und beliebig viele Index-Elemente) und sehr wenige durch die dritte (alle, bei denen kein Anhang, kein Glossar und genau ein Index vorkommen).

2.8 Transklusion und Namensräume

Transklusion steht für *Transversale Inklusion* und bedeutet, dass einem Hypertext-Link von seiner Quelle zu seinem Ziel gefolgt wird und dieses Ziel an die Stelle des Verweises kopiert wird, als wäre es physisch dort eingefügt worden.

Bei solchen Transklusionen kann es zu Namenskonflikten kommen, aber nicht nur bei Transklusionen. Wenn es im Quelldokument dieselben Elemente mit unterschiedlichen Attributen wie im kopierten Abschnitt des Zieldokuments gibt, werden die Attribute vermischt, allerdings kommt es in jedem Fall bei redundanten Elementdeklarationen zu Problemen. Für diesen Fall gibt es in XML das Konzept der Namensräume.

Namensräume

Jedes Dokumentenschema (jede DTD) wird dabei einem Namensraum zugewiesen. Innerhalb des Namensraums sind alle Deklarationen eindeutig. Dazu gibt es eine eigene Verarbeitungsanweisung, die gleich nach der XML-Deklaration und vor der Dokumenttypdeklaration eingefügt wird:

```
<?xml version="1.0"?>
<?xml:namespace name="http://www.mynicdomain.com/"
href="http://www.mynicdomain.com/~user/xml/adressen.dtd"
          as="b"?>
```

Folgende Attribute sind dabei von Interesse:

Tabelle 2.8 Namespace-Attribute

Attribut	Bedeutung
name	Der Eigentümer des Namensraums.
href	Der Ort des eigentlichen Schemas.
as	Bezeichnet ein Präfix, das vor jedem Element oder Attribut dieses Namensraums verwendet werden kann.

Gleichlautende Elemente oder Attribute können durch den Präfix eindeutig bezeichnet werden, etwa durch:

```
<b:meinElement>
```

2.9 Entities

Einer der wichtigsten Grundbestandteile von XML wurde bis jetzt noch nicht behandelt, nämlich die *Entities*. Entities sind die grundlegenden Objekte in XML, egal, ob es sich dabei um die eigentlichen XML-Dokument-Entities handelt, oder um Elemente der Dokumentinstanz oder interne und externe Entities, auf die ein Dokument verweist. Entities sind die kleinste physische Einheit eines XML-Dokuments, und die bisher kennengelernten Konstrukte helfen dem Autor nur, diese physische in eine für ihn verständliche logische Struktur abzubilden.

2.9.1
Übersicht über die Arten von Entities

Es lassen sich folgende Typen von Entities abgrenzen:

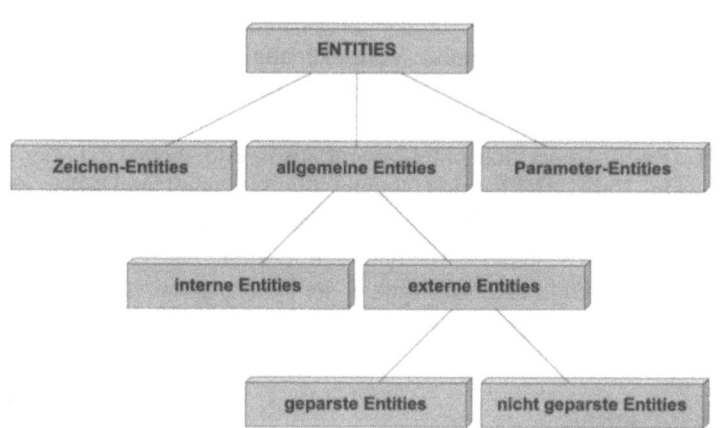

Abbildung 2.3
Übersicht über die Arten von Entities

Prinzipiell unterteilen sich Entities also in die Gruppen der *Zeichen-*, *Parameter-* und der *allgemeinen Entities*. Bei letzteren kann man wiederum zwischen *internen* und *externen Entities* unterscheiden. Externe Entities wiederum können in *geparste* und *nicht geparste* geteilt werden. Geparste Entities enthalten Zeichendaten, nichtgeparste Binärdaten. Schließlich ist es üblich, dass geparste allgemeine Entities als interne und externe Entities bezeichnet werden, und nichtgeparste allgemeine Entities einfach nur als binäre Entities.

Entities werden prinzipiell zur flexibleren Dokumentorganisation verwendet. Oft sind sie Abkürzungen, die auf größere Dokumentabschnitte verweisen, mitunter aber auch auf binäre Daten (Bilder, Audioinformationen) oder Sonderzeichen. Beispielsweise könnte man sich durch die Definition von Entities für häufig gebrauchte Wörter Schreibarbeit ersparen und dem Dokument eine höhere Lesbarkeit verleihen, etwa wie in nachfolgendem Beispiel.

Verweise auf Dokumentabschnitte

```
<!ENTITY dtd "document type definition">
```

Überall, wo die Abkürzung `dtd` im Dokument auftaucht, tauscht der Parser sie durch die Langbezeichnung aus. Jemand könnte sein Dokument allerdings auch in mehrere Kapitel unterteilen, für jedes Kapitel ein eigenes XML-Dokument schaffen und schließlich ein übergeordnetes XML-Dokument anlegen, in welchem er die Kapitel als

Entities einbindet und vielleicht nur mehr in die richtige Reihenfolge bringt. Abbildungen, die in diesen Kapiteln in den Text eingestreut werden würden, würden wiederum in Form eines Entity-Verweises vorkommen, sie wären binäre Entities. Ein Autor könnte häufig benötigte Textabschnitte als Entities deklarieren, etwa Lieferbestimmungen, Copyrighthinweise, eine Firmenhistorie, Listen von Referenzkunden eines Unternehmens, Preislisten etc.

In [Gol99] wird folgender Vergleich angestellt: „Man könnte sich ein Entity auch wie eine Schachtel mit einem Beschriftungsaufkleber vorstellen. Auf den Aufkleber ist der Name des Entitys geschrieben. Der Inhalt der Schachtel besteht aus irgendeinem Text oder Daten. Die Entity-Deklaration erzeugt die Schachtel und klebt einen Aufkleber mit dem Namen darauf. Manchmal enthält die Schachtel XML-Text, der geparst (gemäß den Regeln der XML-Notation) werden soll, und manchmal enthält sie Daten, die nicht geparst werden sollen." (vgl. [Gol99], Seite 488)

2.9.2
Interne Entities

Betrachten wir zunächst interne Entities. Ihre Werte sind bereits in ihrer Definition enthalten, es gibt kein separates physisches Speicherobjekt (Datei), beispielsweise:

```
<!ENTITY copyright "Unerlaubte Vervielfältigung wird
unbarmherzig verfolgt.">
```

Das Entity kann durch den Präfix & referenziert werden, etwa könnte Folgendes im XML-Dokument auftauchen:

```
<p>(c) 1992-2000 The Software Company Ltd., &copyright </p>
```

Der resultierende Text wäre dann:

```
(c) 1992-2000 The Software Company Ltd., Unerlaubte
Vervielfältigung wird unbarmherzig verfolgt.
```

Interne Entities werden geparst und dürfen keine direkten oder indirekten Verweise auf sich selbst haben.

2.9.3
Binäre Entities

Wie bereits erwähnt wurde, enthalten binäre Entities nichtgeparste Daten (Grafik, Sound, usw.). Wird ein binäres Entity deklariert, muss in jedem Fall eine entsprechende *Notation* angegeben werden.

Eine Notation beschreibt das Dateninhaltsmodell nichtgeparster Daten und somit, wie die betreffenden Binärinformationen interpretiert werden sollen.

Bevor eine Notation in einer Entity-Deklaration verwendet werden kann, muss sie deklariert werden. Bei der Notationsdeklaration kommen wiederum die bereits vorgestellten Konzepte der öffentlichen bzw. Systembezeichner zum Tragen. Eine einfache Form mit einem Systembezeichner wäre folgende:

Notationen

```
<!NOTATION notation.name SYSTEM " ">
```

Einfache Form der Notation

Die Applikation erhält keine Informationen über das Datenformat der Notation und muss selbst über die Dateninterpretation entscheiden. Folgende Deklaration wäre etwas präziser:

```
<!NOTATION GIF SYSTEM "GIF">
```

Hier wird nicht unmittelbar ein Programm für die Verarbeitung der Daten, die dieser Notation entsprechen, angesteuert; die weitere Verarbeitung wird hier zwar ebenfalls der Applikation überlassen, die allerdings ein Mindestmaß an Unterstützung für die Entscheidung, was zu tun ist, erhält, nämlich den String „GIF", der auf ein Grafikformat hindeutet.

In der Regel wird man aber bei Verwendung eines Systembezeichners eine Applikation angeben, die für die Verarbeitung der Daten aufgerufen wird, etwa:

Angabe der verarbeitenden Applikation

```
<!NOTATION TIFF SYSTEM "C:\Programme\PaintShop Pro 5\psp.exe">
```

Bei den gängigen Formaten empfiehlt es sich eher, einen der registrierten öffentlichen Bezeichner zu verwenden. Die Notation sieht dann allgemein so aus:

```
<!NOTATION notation.name PUBLIC "öffentlicher.bezeichner" "hilfsanwednung">
```

Syntax der Notations-deklaration (vgl. [Nor00])

Wobei hier ebenfalls eine Anwendung angegeben werden kann, die eigentlich durch einen Systembezeichner referenziert wird. Das Schlüsselwort SYSTEM kann in diesem konkreten Fall jedoch weggelassen werden. Ein öffentlicher Bezeichner wäre beispielsweise:

```
<!NOTATION JPEG PUBLIC "+//ISO/IEC 10918:1993//NOTATION Digital Compression and Coding of Continuous-tone Still Images (JPEG)//EN">
```

Nachdem nun die Notation deklariert wurde, kann sie bei einer Entity-Deklaration verwendet werden:

```
<!ENTITY titelbild SYSTEM "head.jpg" NDATA JPEG>
```

Allerdings nicht nur in einer Entity-Deklaration, sondern auch in einer Attributdeklaration:

```
<!ELEMENT Ansicht EMPTY>
<!ATTLIST Ansicht
          Datum CDATA #IMPLIED
          Perspektive (vorne | hinten | seitlich) "vorne"
          URL CDATA #REQUIRED
          Type NOTATION (JPEG | BMP | TIFF) "JPEG">
```

Definitionsreihenfolge

Wichtig zu beachten ist die Tatsache, dass Notationen deklariert werden müssen, bevor sie verwendet werden können, das heißt, der Parser muss sie vorher lesen. Da die interne DTD-Untermenge vor der externen Untermenge gelesen wird, muss eine Notation, die in der internen Untermenge verwendet wird, auch dort deklariert werden.

Es erscheint deshalb ratsam, wichtige und häufig verwendete Notationsdeklarationen in einer eigenen Datei zusammenzufassen und diese in jedem Dokument in der internen Untermenge als Entity einzubinden.

2.9.4
Externe Entities

Im Gegensatz zu internen Entities, die in sich abgeschlossen sind, sind externe Entities an einer separaten Position und werden über einen Verweis referenziert. Dieser Verweis kann ein öffentlicher Bezeichner oder ein Systembezeichner sein. Die Konzepte dieser beiden Arten von Bezeichnern wurden bereits ausführlich diskutiert (siehe Abschnitte 2.5.2 und 2.5.3).

2.9.5
Parameter-Entities

Ein Parameter-Entity unterscheidet sich von den anderen Entities dadurch, dass Verweise auf dieses nur innerhalb einer DTD erfolgen können. Es wird daher hauptsächlich für Abkürzungen innerhalb der

DTDs verwendet. Ein Parameter-Entity wird durch ein Prozentzeichen (%) in der Deklaration gekennzeichnet:

```
<!DOCTYPE Katalog [
    <!ENTITY % Typen "(Text | Abschnitt | Bemerkung)*">
    <!ELEMENT Warengruppe (%Typen; | Ware)*>
    <!ELEMENT Ware (%Typen;, Preis)>
]>
```

Beispiel für ein Parameter-Entity

Auch externe Parameter-Entities sind möglich:

```
<!ENTITY % Typen SYSTEM "types.ent">
```

2.9.6 Entity-Auflösung

Im Folgenden sollen kurz die Regeln für die Entity-Auflösung behandelt werden, das heißt, wo sie interpretiert und wo sie ignoriert werden. Entity-Verweise können an folgenden Stellen auftreten:

Stelle des Entity-Verweises	Bedeutung
Im Element-Inhalt	Eine Entity-Referenz zwischen Start- und Ende-Tag eines Elements.
Im Attributwert	Eine Entity-Referenz innerhalb eines Attributwertes oder eines Vorgabewertes für das Attribut.
Als Name im Attributwert	Eine Entity-Referenz als Name in einem Attributwert. Das heißt, das Attribut referenziert dieses Entity über dessen Namen.
Im Entity-Wert	Eine Entity-Referenz innerhalb eines Parameter-Entities oder im Entity-Wert in der Entity-Deklaration.
In der DTD	Eine Entity-Referenz erfolgt in der internen oder externen Untermenge der DTD, aber nicht innerhalb eines Entity- oder Attributwertes.

Tabelle 2.9 Stellen des Auftretens von Entity-Verweisen (vgl. [Bra00], [Nor00])

Welche Entity-Typen nun an welcher Stelle vorkommen können und ob sie dort auch interpretiert werden, zeigt folgende Matrix:

Tabelle 2.10 Verhalten bei verschiedenen Entity-Verweisen (Vgl. [Bra00])

Stelle des Entity-Verweises	Entity-Typ				Zeichenverweis
	Parameter	Intern	Extern	Nicht-analysiert	
Im Element-Inhalt	Ignorieren	Einsetzen	Einsetzen bei Auswertung	Verboten	Einsetzen
Im Attribut-wert	Ignorieren	Einsetzen	Verboten	Verboten	Einsetzen
Als Name im Attribut-wert	Ignorieren	Verboten	Verboten	Warnung	Ignorieren
Im Entity-Wert	Einsetzen	Durchreichen	Durchreichen	Verboten	Einsetzen
In der DTD	Einsetzen bei Auswertung	Verboten	Nicht erlaubt	Verboten	Verboten

Der Ersatztext für ein Entity kann wiederum Zeichenverweise, Verweise auf Parameter-Entities oder Verweise auf allgemeine Entities enthalten. Zeichenverweise und Verweise auf Parameter-Entities im Wert eines Entity werden aufgelöst, allgemeine Entity-Verweise ignoriert. Der Ersatztext darf Zeichendaten und Markup enthalten (außer bei Parameter-Entities) (vgl. [Bra00], [Nor00]).

2.10 Organisation von XML-Dokumenten

Die Eigenschaften der Entities ermöglichen einen flexiblen Aufbau von umfangreichen Web-Sites oder Web-Applikationen, die auf XML basieren. Es könnte dabei globale Dokumente geben, die in anderen Dokumenten eingebunden werden. Die globalen Dokumente wiederum könnten Verweise auf Entities enthalten, die in den meisten Dokumenten benötigt werden, etwa Firmenlogos, Anschriften, etc. Selbst die DTDs könnten in allgemeinere und speziellere aufgesplittet werden, so wie es etwa bei komplexen DTDs wie der Text Encoding Initiative (TEI) der Fall ist (vgl. [Spe99]).

2.11 XLink

Da auch XML-Dokumente Hypertext enthalten, gibt es in der Form des XLink-Standards auch eine Möglichkeit, Dokumente und Einheiten von Dokumenten miteinander zu verlinken. Wir werden später noch die Linking-Mechanismen des HyTime-Standards kennenlernen, da Topic Maps ja auf diesem beruhen, allerdings existieren auch bereits Topic Map-DTDs, die XLink und XPointer unterstützen. XLink liegt zur Zeit in der Version 1.0 vor [DeR00].

Die aus HTML bekannten Hypertext-Fähigkeiten sind vergleichsweise trivial bzw. stark eingeschränkt. Mittels des <A>-Tags können ausschließlich Links mit genau zwei Enden in einer bestimmte Richtung traversiert werden. Ein Hyperlink ist in diesem Umfeld also nichts anderes als eine Verknüpfung zwischen zwei Textpassagen (oder auch Bildern), die von der ersten weg zur zweiten führt, wie etwa das folgende Beispiel zeigt:

Hyperlinks in HTML

```
<A href="http://www.mynicdomain.com">Klicken sie hier, um zum Ziel zu gelangen</A>
```

XLink sieht wesentlich komplexere Formen von Links vor und geht einige Schritte weiter. Ein Link kann beliebig viele Enden haben. Auch Links mit nur einem Ende sind möglich. Ein Link muss nicht in eine bestimmte Richtung gehen. Er kann in eine, in alle, in mehrere oder in keine Richtung weisen. Die Richtung, falls vorhanden, bestimmt nicht notwendigerweise den Kontext des Links mit. Das Ende eines Links muss nicht mehr bloß ein Einsprungpunkt in einer Web-Ressource oder die gesamte Ressource sein, sondern kann ein willkürlicher Bereich daraus sein, dessen kleinste Elemente XML-Elemente sind. Das Verhalten des Links kann explizit aus einer Menge möglicher Verhaltensweisen definiert oder aus den Rollen der verlinkten Informationen abgeleitet werden. Es beschränkt sich jedenfalls nicht mehr nur auf ein *fetch-and-replace*, wie man es in HTML gewohnt ist. Fetch-and-replace bedeutet, dass eine neue Web-Ressource geholt und dadurch die alte, gerade im Browser angezeigte, ersetzt wird.

Hyperlinks in XLink

XLink definiert folgende generische Elemente für Links: `simple`, `extended`, `group` und `document`.

2.11.1
Einfache Links (Simple Links)

Einfache Links sind die XLink-Analoga zu den Hyperlinks aus HTML. Sie werden durch das `type`-Attribut aus XLink mit dem Wert „simple" gekennzeichnet oder treten direkt in einem `xlink:simple`-Element auf. Obiges Beispiel würde dann so aussehen:

```
<A href="http://www.mynicdomain.com"
xlink:type="simple"></A>
```

Jeder einfache Link kann auch als erweiterter Link dargestellt werden. Schematisch sieht ein einfacher Link so aus:

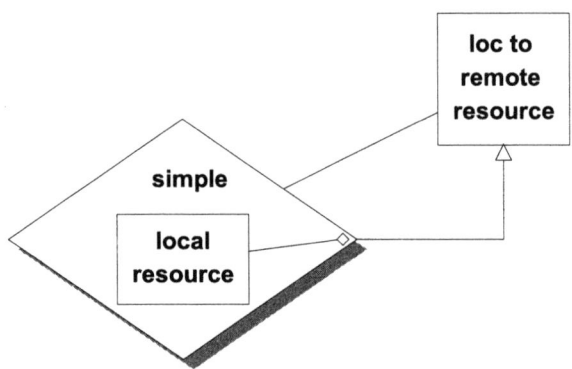

Abbildung 2.4
Einfacher Link, allgemein (vgl. [DeR00])

Die Pfeilspitze gibt die Traversierungsrichtung an. Der Link ist *inline*, er enthält also in seinem Inhalt eine an dem Link beteiligte Ressource.

2.11.2
Erweiterte Links (Extended Links)

Extended Links umfassen die gesamte XLink-Funktionalität. Sie können zudem *out-of-line-Links* sein, also Links, die keinen Content enthalten, der selbst als verlinkte Ressource innerhalb dieses Links Bedeutung hat. Deshalb werden Extended Links häufig bei externen Linklisten verwendet (Linkverzeichnisse, Indexe, etc.), oder aber auch dann, wenn man über keinen Schreibzugriff auf die beteiligten Ressourcen verfügt.

Folgende Beispielgrafik zeigt einen out-of-line-Link mit fünf beteiligten Ressourcen:

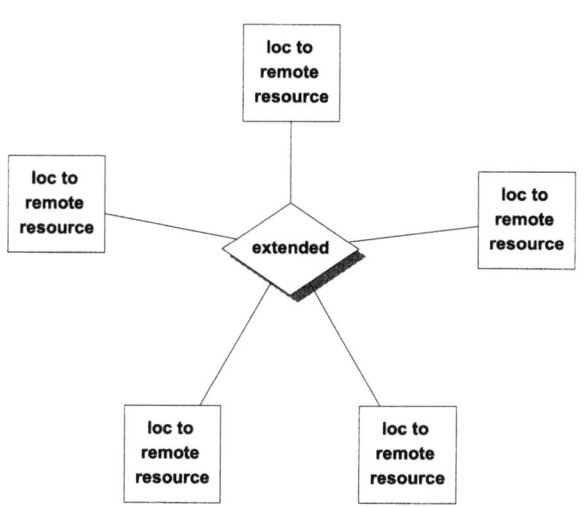

Abbildung 2.5
Erweiterter Link
(out-of-line),
allgemein
(vgl. [DeR01])

Das Gegenteil zu einem out-of-line-Link ist ein sogenannter *Inline-Link*, in dessen Content selbst eine Ressource enthalten ist, die verlinkt wird. Nachstehender Graph erweitert den oben schematisch dargestellten Link durch eine weitere Ressource, die in dem Content des Links enthalten ist und ihn dadurch zu einem Inline-Link macht.

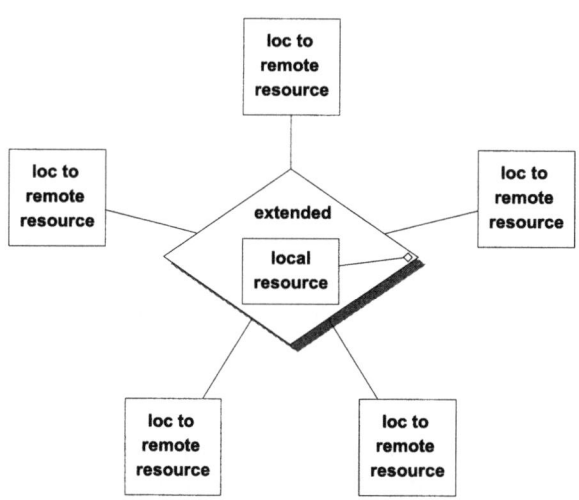

Abbildung 2.6
Erweiterter Link
(inline), allgemein,
(vgl. [DeR01])

Extended Links werden, ähnlich wie bei den einfachen Links, durch ein Element mit dem type-Attribut vom Wert „extended" oder durch ein Element „xlink:extended" gekennzeichnet. Sie enthalten eine Mixtur folgender Elemente, deren Reihenfolge und Anzahl willkürlich wählbar ist:

Tabelle 2.11
XLink-Elemente

Element	Bedeutung
locator	Locator-Elemente adressieren eine externe Ressource, die an dem Link partizipiert.
arc	Arc-Elemente beschreiben die Traversierung innerhalb der an dem Link partizipierenden Ressourcen.
title	Title-Elemente beschreiben Links in einer für Menschen verständlicheren Art und Weise.
resource	Resource-Elemente enthalten lokale Ressourcen, die ebenfalls an dem Link partizipieren und ihn zu einem Inline-Link machen.

Die hier beschriebenen Elemente müssen nicht den Namen selbst als generischen Identifikator (Elementnamen) haben, sondern es reicht, wenn sie ein type-Attribut aus dem XLink-Namensraum aufweisen (xlink:type), das als Wert einen der angeführten Elementnamen hat, etwa xlink:type="arc".

Das Locator-Element

Im Content bzw. Inhalt von Extended-Links muss sich mindestens ein Locator-Element befinden. Ein Extended-Link kann semantische Attribute enthalten, gemeint sind das role-Attribut bzw. das title-Attribut. Mehr dazu später. Das Locator-Element kann ebenfalls diese beiden semantischen Attribute sowie das href-Attribut enthalten, das den URI der Ressource angibt. Das Arc-Element hat neben den semantischen Attributen auch die Traversierungsattribute (from und to) sowie die Verhaltensattribute (show und actuate).

Traversierung im erweiterten Link

Das from-Attribut bezeichnet diejenigen an dem Link partizipierenden Ressourcen, welche eine Traversierung initialisieren können (die Start-Ressourcen), während das to-Attribut jene Ressourcen beschreibt, zu denen traversiert wird (End-Ressourcen). Die semantischen Attribute beschreiben die Art und Rollen der Ressourcen innerhalb des Links. So kann ein Link zum Beispiel mehrere Personen miteinander verbinden, doch einige davon haben die Rolle „Vater" und andere vielleicht die Rolle „Sohn". Eine Traversierungsregel könnte etwa lauten, immer von Vätern zu Söhnen zu traversieren. Werte von from- und to-Attributen müssen also mit Werten von role-Attributen von Locator-Elementen korrespondieren, die sich im selben Extended-Link wie das betreffende Arc-Element befinden.

Partizipieren an einem Extended-Link übrigens mehrere Ressourcen, dann muss die Applikation über die Art der Traversierung entscheiden. Es könnte beispielsweise ein Popup-Menu mit der Liste der verlinkten Ressourcen erscheinen, wonach der Benutzer eine davon auswählt.

Abbildung 2.7 zeigt fünf Ressourcen, die an einem Extended-Link teilnehmen, zwei haben die Rolle A, zwei B und eine C. Dazu kommen folgende Arc-Elemente:

Beispiele für die Traversierung (vgl. [DeR01])

```
<go xlink:type="arc" xlink:from="A" xlink:to="B" />
<go xlink:type="arc" xlink:from="C" xlink:to="B" />
```

Die Pfeilspitzen geben an, von welchen Start-Ressourcen aus zu welchen End-Ressourcen traversiert werden kann.

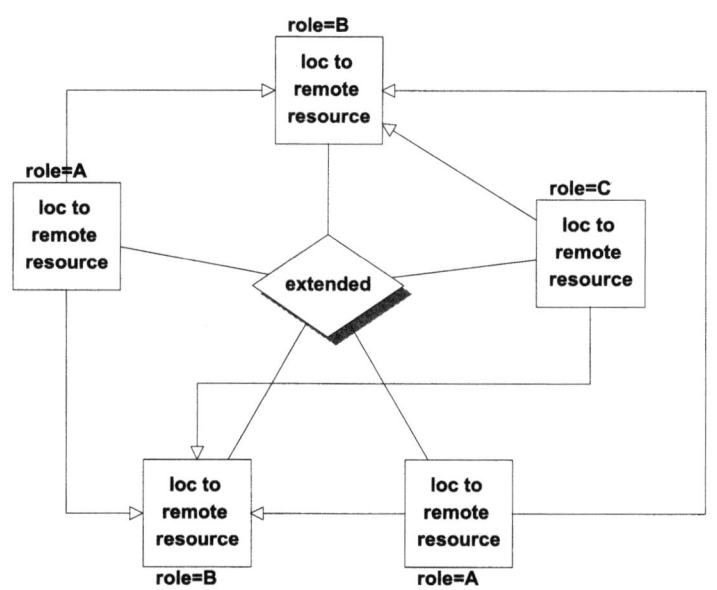

Abbildung 2.7
Beispiel eines erweiterten Links

Werden innerhalb eines Extended-Links keine Arc-Elemente angegeben, so wird angenommen, dass alle Ressourcen, die über Locator-Elemente (über das `href`-Attribut) an dem Link teilnehmen, zu allen anderen, die daran teilnehmen, führen. Der Fall, dass in einem Arc-Element kein `from`-Attribut angegeben wird, ist äquivalent zur Angabe eines `from`-Attributs mit allen Ressourcen des Links, die über ein Locator-Element angesprochen werden. Analoges gilt für das `to`-Attribut.

Grundverhalten bei Traversierungen

2.11.3
Verhaltensattribute

Nachdem wir die semantischen Attribute `role` und `title` sowie das `href`-Attribut kennengelernt haben, sollen hier noch die Verhaltensattribute beschrieben werden. Sie können in Arc-Elementen und auch in einfachen Links verwendet werden. Es handelt sich dabei um die Attribute `show` und `actuate`.

Das `show`-Attribut legt fest, wie die Darstellung der End-Ressourcen beim Traversieren eines Links erfolgt. Tabelle 2.12 zeigt die Wert, die für dieses Attribut laut XLink-Spezifikation möglich sind.

Tabelle 2.12
Das show-Attribut

Wert	Bedeutung
new	Eine Applikation, die zu einer End-Ressource traversiert, soll diese in einem neuen Window oder Frame darstellen. Dies kann in HTML in ähnlicher Weise unter Verwendung des `target`-Attributs erfolgen.
replace	Die End-Ressource soll geladen und im selben Fenster oder Frame wie die aufrufende Ressource dargestellt werden. Dies ist das Standard-Verhalten eines Links in HTML.
embed	Die End-Ressource soll geladen werden und an der Stelle des Aufrufes eingebettet werden. Typischerweise handelt es sich dabei nicht um vollständige Dokumente, sondern um Bilddateien oder ähnliches.
undefined	Von XLink aus soll keine Vorschrift über die Art der Darstellung gemacht werden. Der Applikation bleibt es überlassen, entsprechend zu reagieren. Denkbar ist dabei auch die Definition von ergänzenden Attributen zu Arc-Elementen oder zusätzlichem Markup in dem betreffenden Link.

Das `actuate`-Attribut bestimmt das Timing der Traversierung von der Start-Ressource zu der End-Ressource. Folgende Werte sind laut XLink-Spezifikation möglich:

Tabelle 2.13
Das actuate-Attribut

Wert	Bedeutung
onLoad	Eine Applikation traversiert sofort zur End-Ressource, wenn die Start-Ressource geladen wurde. Sinnvoll ist dies etwa bei eingebetteten Elementen, wie Bilddateien etc.
onRequest	Eine Applikation traversiert zur End-Ressource, wenn ein bestimmtes Event, etwa ein Mausklick des Benutzers, eintrifft.
undefined	Es bleibt wiederum der Applikation überlassen, sinnvolles Timing anzuwenden.

2.11.4
XLink – Abschlussbeispiel

Die Details der Attribute von XLink sollen allerdings nicht weiter zum Verständnis von Topic Maps und dem Prototypen zur semantischen Suche vonnöten sein. XLink wird hier deswegen etwas tiefergehend behandelt, da auch der *HyTime*-Standard in Kapitel 5 näher erläutert wird, nicht zuletzt deswegen, weil Topic Maps schlichtweg eine Anwendung von HyTime sind. HyTime existiert allerdings bereits seit 1992 und ist selbst wieder eine SGML-Anwendung. XLink könnte HyTime im Zuge des XML-Booms nicht zuletzt wegen seiner Einfachheit bald verdrängen.

Abschließend sei hier noch ein kleines XLink-Beispiel angeführt. Ein ähnliches Beispiel findet sich auch in [Jel99]. Es geht dabei um eine einfache Zuordnung von drei Mitarbeitern einer Firma zu zwei derer Filialen. Der erste, Herr Neumann, arbeitet in Filiale 1, Herr Koerschgen wechselweise in Filiale 1 und 2 und Herr Voss ausschließlich in Filiale 2. Eine Möglichkeit, dies zu realisieren, wäre, da die einzelnen Beziehungen jeweils dieselben Bedeutungen haben, alles in einem Extended-Link zusammenzufassen, wie die Grafik und das Listing darunter zeigen:

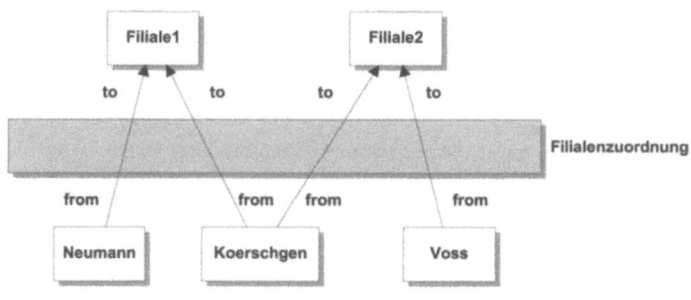

Abbildung 2.8
Beispiel zu Links

```
<filialplan version="1">
 <filiale id="Filiale1">Filiale Fischstrasse 13</filiale>
 <filiale id="Filiale2">Filiale Handelskai 26</filiale>
 <mitarbeiter id="Neumann">Albin Neumann</mitarbeiter>
 <mitarbeiter id="Koerschgen">Knut Koerschgen</mitarbeiter>
 <mitarbeiter id="Voss">Egbert Voss</mitarbeiter>

 <xlink:extended title="Filialenzuordnung"
           role="Filiale_von"
      xmlns:xlink="http://www.w3.org/XML/XLink/0.9">
     <xlink:arc from="Neumann" to="Filiale1"/>
     <xlink:arc from="Koerschgen" to="Filiale1"/>
     <xlink:arc from="Koerschgen" to="Filiale2"/>
     <xlink:arc from="Voss" to="Filiale2"/>
 </xlink:extended>
</filialplan>
```

Eine andere Möglichkeit ist, die Beziehungen auf mehrere Links (etwa 3 oder 4) aufzuspalten, wie Abbildung 2.9 zeigt.

Abbildung 2.9
Abgewandelts Beispiel

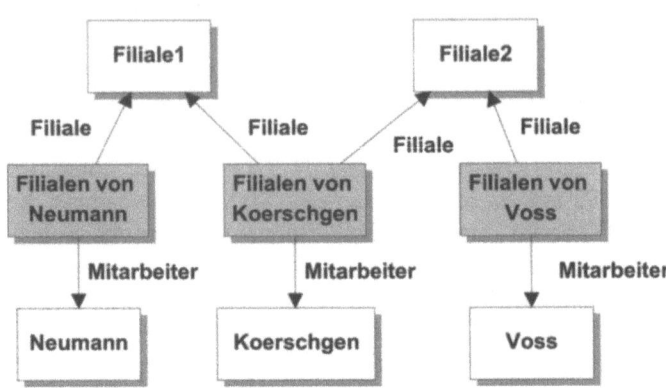

```
<filialplan version="1"
xmlns:xlink="http://www.w3.org/1999/xlink">
<filiale id="Filiale1">Filiale Fischstrasse 13</filiale>
<filiale id="Filiale2">Filiale Handelskai 26</filiale>
<mitarbeiter id="Neumann">Albin Neumann</mitarbeiter>
<mitarbeiter id="Koerschgen">Knut Körschgen</mitarbeiter>
<mitarbeiter id="Voss">Egbert Voss</mitarbeiter>

<xlink:extended title="Filialen von Neumann"
role="Filialen">
 <xlink:locator href="#xpointer(id(Neumann))"
role="Mitarbeiter"/>
 <xlink:locator href="#xpointer(id(Filiale1))"
role="Filiale"/>
</xlink:extended>

<xlink:extended title="Filialen von Koerschgen"
role="Filialen">
 <xlink:locator href="#xpointer(id(Koerschgen))"
role="Mitarbeiter"/>
 <xlink:locator href="#xpointer(id(Filiale1))"
role="Filiale"/>
 <xlink:locator href="#xpointer(id(Filiale2))"
role="Filiale"/>
</xlink:extended>

<xlink:extended title="Filialen von Voss" role="Filialen">
 <xlink:locator href="#xpointer(id(Voss))"
role="Mitarbeiter"/>
 <xlink:locator href="#xpointer(id(Filiale2))"
role="Filiale"/>
</xlink:extended>
</filialplan>
```

Beide Versionen dieses beispielhaften Filialplans sind zulässig und bedeuten inhaltlich dasselbe. Letztlich würde der Unterschied wohl nur darin bestehen, dass eine Applikation ein wenig anders in der Darstellung oder Abarbeitung der beiden Versionen reagieren würde. In der ersten Version werden Arc-Elemente verwendet, die zusammen einen Link bilden. In der zweiten Version werden drei Links mit Locator-Elementen, die Verweise auf bestimmte XML-Elemente mit XPointer benutzen, verwendet.

2.12 XPointer

Dies führt uns zu dem bereits öfter erwähnten XPointer-Standard des W3C (vgl. [DeR01]). Mit den Fähigkeiten von XPointer lassen sich verschiedene Elemente oder Teilabschnitte von Dokumenten mittels Hyperlinks referenzieren. Dies stellt eine Erweiterung zu den URIs (unter anderem URLs) dar, die wir bereits kennengelernt haben und die wohl am gebräuchlichsten bleiben werden. Während XLink also generell bestimmt, welche Ressourcen wie und mit welchen Rollen verbunden werden, legt XPointer fest, welche Teile von diesen Ressourcen genau eingebunden werden sollen.

Teilabschnitte von Dokumenten adressieren

Auch hier lassen sich wiederum Vergleiche zu den im HyTime-Standard (vgl. Abschnitt 5) eingeführten Location Addressing-Mechanismen anstellen. XPointer ist zwar ein separater Vorschlag, der noch dazu *XPath (XML Path Language)* umfasst (vgl. [ClD99]). Dennoch muss er, genauso wie XLink, im direkten Kontext zu XML gesehen werden. Würde man sich irgendwann einmal im Vergleich HyTime oder XML als Grundlage einer überarbeiteten Version des Topic Maps-Standards zugunsten letzterer Alternative entscheiden, so würden nicht nur XLink, sondern auch XPointer und XPath HyTime verdrängen. An sich ist auch eine Kombination der beiden Methoden möglich. Man könnte dann den Dokumentautoren überlassen, mit welcher Grundlage sie lieber arbeiten, doch die Verarbeitung würde diese Höhe an Flexibilität mitunter verlangsamen und erschweren.

2.12.1 Der Dokumentbaum

Wie wir bereits in Abschnitt 2.2.9. erfahren haben, ist die Struktur jedes XML-Dokuments als Baum darstellbar. Diese Tatsache ist nicht nur Grundlage für das DOM (Document Object Model) zur Verarbeitung von XML-Dokumenten, sondern auch für XPointer und die Pfadausdrücke aus XPath. Selbst kleinste Abschnitte eines Dokumentes, auch Textabschnitte (CDATA-Abschnitte), zählen dabei als eigener Knoten, etwa wie in folgendem Beispiel:

```
<Abschnitt><Titel>Abrakadabra<Untertitel>Simsalabim</Untert
itel></Titel>   <P>Zaubern...</P>
<P>...muss man koennen</P></Abschnitt>
```

Der Dokumentbaum (oder auch Elementbaum) zu diesem kleinen Auszug aus einem Dokument sieht so aus:

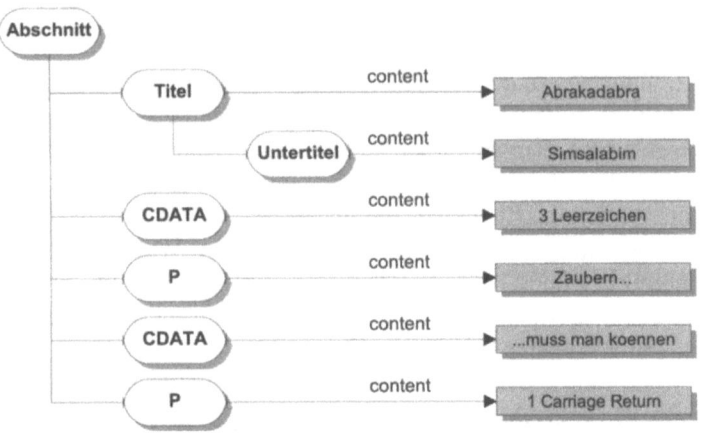

Abbildung 2.10
Beispiel für einen Dokumentbaum

Die abgerundeten Kästchen in der linken Bildhälfte bedeuten dabei Elemente, in der rechten Hälfte sind jeweils die zugehörigen Contents, also deren Inhalte, abgebildet.

Solche Schemen sind die Grundlage für die Positionsbezeichnungen in XPointer und die sogenannten *erweiterten Zeiger* (die häufig auch als XPointer bezeichnet werden). XPointer ist eine ergänzende Erweiterung von XPath, weswegen es zunächst notwendig ist, die Grundlagen zu letztgenanntem Standard zu erläutern.

2.12.2
XPath

XPath bietet die Möglichkeit, ausgehend von einem *Kontextknoten*, in der Regel ein Ausgangsknoten im Dokumentbaum, in der Dokumentstruktur zu navigieren und Knoten auszuwählen. Die Ergebnismenge eines XPath-Ausdruckes ist eine Knotenmenge. XPath wird nicht nur in XPointer, sondern auch innerhalb der XSL Transformations (vgl. [Cla99]) sowie der Abfragesprache XQuery (vgl.

[Cha01]) verwendet und ist somit ein fundamentales Konzept der XML-Domäne.

Grundbestandteil von XPath sind Ausdrücke, von denen die sogenannten Location Paths (nicht zu verwechseln mit den HyTime-Location Paths, siehe Kapitel 5) die gebräuchlichsten sind. Ein solcher Pfad besteht aus mehreren, durch / getrennten Schritten. Jeder Schritt stellt dabei den Kontext für den nachfolgenden Schritt dar. Jeder Schritt besteht aus folgenden drei Komponenten:

Komponente	Bedeutung
Achse	Die Achse definiert das (genealogische) Verhältnis zwischen dem (oder den) Kontextknoten und dem Schritt.
Knotentest	Der Knotentest filtert Knoten, die entlang der Achse gefunden wurden, entsprechend ihres Namen oder Typs heraus.
Prädikat	0 bis n Prädikate schränken die Ergebnismenge zusätzlich ein, indem sie Eigenschaften von Knoten abfragen.

Tabelle 2.14 Komponenten eines Schrittes

Beispiel:
`child::topic[position()=3]`

Beispiel eines Schrittes in einem Pfad

In diesem Beispiel ist `child::` die Achsenbezeichnung, `topic` der Knotentest und `[position()=3]` ein Prädikat. Dieser Pfad würde das dritte `topic`-Element direkt unter dem Kontextknoten (der hier nicht angegeben ist) liefern.

Aus folgenden Achsenbezeichnungen kann gewählt werden:

Achse	Bedeutung
child	Bezeichnet die Kindelemente des Kontextknotens.
descendant	Bezeichnet alle Nachfahren des Kontextknotens (nicht nur die Kinder).
parent	Bezeichnet den unmittelbaren Vorfahren des Kontextknotens.
ancestor	Bezeichnet alle Vorfahren des Kontextknotens.
preceding	Bezeichnet alle Elemente, die sich vor dem Kontextknoten befinden.
following	Bezeichnet Elemente, die sich nach dem Kontextknoten befinden.
preceding-sibling	Bezeichnet alle Elemente, die sich vor dem Kontextknoten befinden (auf gleicher Ebene).

Tabelle 2.15 Relative Positionsbezeichnungen bei XPointer

Tabelle 2.15 (Fortsetzung)	Achse	Bedeutung
	following-sibling	Bezeichnet alle Elemente, die sich nach dem Kontextknoten befinden (auf gleicher Ebene).
	self	Bezeichnet den Kontextknoten selbst.
	descendant-or-self	Bezeichnet den Kontextknoten und alle Nachfahren.
	ancestor-or-self	Bezeichnet den Kontextknoten und alle Vorfahren.
	attribute	Bezeichnet alle Attribute eines Kontextknotens, falls dieser ein Elementknoten ist und ist andernfalls leer.
	namespace	Bezeichnet alle Namespaceknoten eines Kontextknotens, falls dieser ein Elementknoten ist und ist andernfalls leer.

Betrachten wir zur Verdeutlichung den folgenden Beispielbaum:

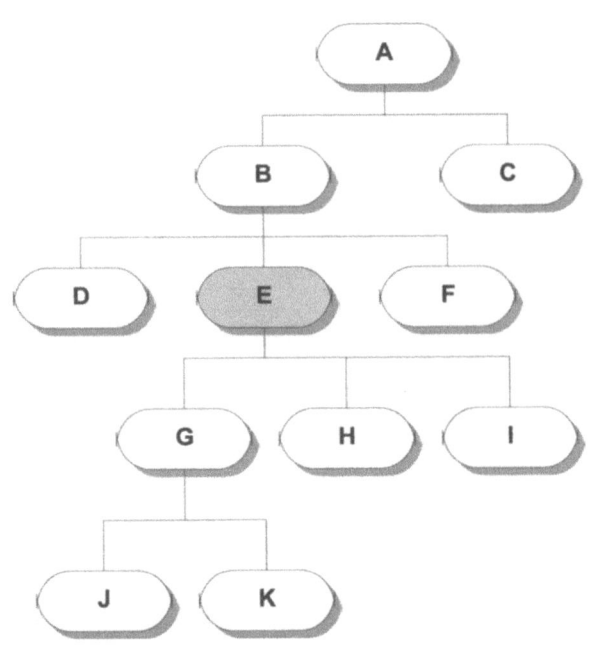

Abbildung 2.11
Beispiel eines Dokumentbaums

Wir betrachten alle oben vorgestellten Achsen und ihre Bedeutung in diesem Beispiel, das heißt, jene Knoten, welche die Achsen bezeichnen, wenn man vom Knoten E ausgeht (E ist der Kontextknoten).

2 Grundlagen von XML

Schlüsselwort	Ergebnis
child	G, H, I
descendant	G, H, I, J, K
parent	B
ancestor	A, B
preceding	A, B, D
following	F, G, H, I, J, K, C
preceding-sibling	D
following-sibling	F
self	E
descendant-or-self	E, G, H, I, J, K
ancestor-or-self	A, B, E
attribute	Keine Angabe
namespace	Keine Angabe

*Tabelle 2.16
Beispiele für die Verwendung von Achsen*

Jede dieser Achsen bestimmt zugleich einen Knotentyp. Die `attribute`-Achse bezieht sich ausschließlich auf Attributknoten, die `namespace`-Achse auf Namespaceknoten und alle weiteren auf Elementknoten. Der Knotentest kann nun der Attribut-, Namespace- oder Elementname sein, aber auch ein Knotentyp gefolgt von `()`. Die Angabe von `text()` beispielsweise bestimmt alle Textknoten, `comment()` alle Kommentare. Der Asterisk `*` steht stellvertretend für beliebige Knoten.

Knotentests

Nachfolgende Prädikate werden in eckige Klammern geschlossen. Ein Prädikat ist ein Ausdruck, der verschachtelte algebraische und logische Ausdrücke, weitere Pfadausdrücke und Funktionsaufrufe beinhalten kann. Für eine detaillierte Ausführung dieser Konzepte sei auf [DeR00] verwiesen.

Prädikate

Beispiele:
```
child::topic[attribute::scope = "Mythologie"]
descendant::*[child::topname[
       child::dispname[child::text() != ""]]]
```

Beispiele kompletter Pfadausdrücke

Das erste Beispiel liefert alle `topic`-Elemente, die Kind des Kontextknotens sind und deren `scope`-Attribut den Wert „Mythologie" hat. Das zweite Beispiel liefert alle Nachfahren des Kontextknotens, die `topname`-Elemente als Kinder haben, welche wiederum `dispname`-Elemente als Kinder haben, deren Textinhalt nicht leer ist.

XPath-Funktionen Die Prädikate bieten ein Anwendungsfeld für die in XPath integrierten Standardfunktionen, von denen einige nachfolgend beschrieben werden sollen.

Tabelle 2.17 Einige der XPath-Funktionen

Funktion	Bedeutung
`last()`	Liefert die Größe des Kontext. Beispielsweise die Anzahl der Knoten in einer ausgewählten Knotenmenge.
`position()`	Liefert die Position des Kontext innerhalb einer Auswahl von Knoten.
`id(string)`	Liefert Elemente des Kontext mit einem ID-Attribut, das mit dem übergebenen String übereinstimmt.
`name(node set)`	Liefert den Namen des ersten Elements der übergebenen Knotenmenge.
`substring(string, number, number)`	Liefert einen Teilstring des übergebenen Strings. Die erste Zahl gibt die Startposition des Teilstrings an, die zweite seine Länge.

Beispiel zur Anwendung von Funktionen

Beispiel:
`child::*[self::assoc or self::topic or self::addthms or self::bosspec][position()=last()]`

Dieses Beispiel liefert das letzte `assoc`-, `topic`-, `addthms`-, oder `bosspec`-Element, das Kind des Kontextknoten ist. Es existiert noch eine Menge weiterer Funktionen zur Behandlung von Strings und mathematischen Zusammenhängen, hier sei auf [DeR00] verwiesen.

Abgekürzte Syntax

Schließlich muss noch festgehalten werden, dass es für einige Konstrukte in XPath eine abgekürzte Form der Syntax gibt. So ist die Achse `child::` die Standardachse, das heißt, bei Weglassen der Achsenbezeichnung in einem Schritt eines Pfadausdrucks wird automatisch `child::` eingefügt. Dadurch ergibt sich die Möglichkeit, im Dokumentbaum eines XML-Dokuments ähnlich wie in einem hierarchischen File-System zu navigieren. `topic/topname/basename[2]` beispielsweise liefert das jeweils zweite `basename`-Element innerhalb eines jeden `topname`-Elements innerhalb jedes `topic`-Elements. Ein einfacher Punkt steht für die Achse `self`, ein doppelter für die Achse `parent`. Die einfache Angabe einer Zahl als Prädikat steht für die Positionsangabe. Die Attributachse kann mit @ gewählt werden. Das vorige Beispiel würde in unabgekürzter Form so aussehen:

`child::topic/child::topname/child::basename [position()=2]`.

Der Ausdruck ../@scope würde das scope-Attribut des unmittelbaren Vorfahren des Kontextknoten liefern. Die einfache Angabe einer Zahl z statt eines Pfades oder Teilpfades ergibt den z-ten Kindknoten des Kontextknotens. topicmap/4/1/2 ergibt etwa das zweite Element innerhalb des ersten Elements innerhalb des vierten Elements innerhalb jedes topicmap-Elements. Nicht zuletzt wählt //name alle Nachfahren des Kontextknotens, die name-Elemente sind, aus.

2.12.3
Erweiterungen durch XPointer

XPointer ergänzt nun XPath um einige Konzepte und Funktionen. Zunächst definiert es die Dokumentwurzel als den Ausgangskontext jedes XPath-Ausdrucks, die Kontextposition ist standardmäßig 1. Hauptaugenmerk gilt allerdings der Einführung der Konzepte der Punkte, die zwischen den Knoten eines Dokuments liegen, und Bereiche, die von Start- und Endpunkten begrenzt werden. Diese Konstrukte sind aus dem *DOM*, dem *Document Object Model* (vgl. [LeH01]), übernommen worden.

Folgende Funktionen werden zur Verwendung in Pfadausdrücken in XPointer eingeführt:

Tabelle 2.18
XPointer-Funktionen

Funktion	Bedeutung
range-to (location-set)	Diese Funktion wird als Schritt in einem Pfadausdruck verwendet und definiert zusammen mit seinem Kontextknoten einen Bereich. xpointer (id („topic-5")/range-to(id („topic-27"))) selektiert alle Knoten vom Element mit der ID „topic-5" ausgehend bis zum Element mit der ID „topic-27".
string-range (location-set, string, number, number)	Diese Funktion liefert Teilstrings aus den Textinhalten der übergebenen Knotenmenge – in Form einer Knotenmenge. Der zu suchende Teilstring wird übergeben, optional auch eine Startposition und Länge des zu liefernden Strings. Beispielsweise liefert string-range(//basename,"Jo",1,100) alle Teilstrings der Form „Jo" und die nachfolgenden 98 Zeichen, sofern sie innerhalb von basename-Elementen, die sich an irgendeiner Stelle im XML-Dokument (dargestellt durch //) befinden können, auftauchen.

Tabelle 2.18 (Fortsetzung)	Funktion	Bedeutung
	`here()`	Diese Funktion bezeichnet das Element, das den XPointer-Ausdruck beinhaltet, als Ausgangskontext für nachfolgende Schritte.
	`origin()`	Diese Funktion legt jene Link-Ressource, an der das Traversieren begonnen hat, als Ausgangskontext für nachfolgende Schritte fest.

XPointer-Ausdrücke können beispielsweise in XLink innerhalb eines `href`-Attributes eines Lokator-Elements verwendet werden.

Beispiel für die Verwendung eines XPointer-Ausdrucks in einem XLink-Hyperlink

```
<topic id="t-univie">
    <topname>
            <basename>Universitaet Wien</basename>
    </topname>
    <occurrence xlink:type="simple"
    xlink:href=
    "#xpointer(here()/../following_sibling::*[1])" />
</topic>
<university:description>
        The University of Vienna…
</university:description>
```

Der einfache Link im Topic „t-univie" springt zunächst mittels `here()` zum `occurrence`-Element, wechselt im nächsten Schritt eine Ebene höher zum `topic`-Element und wählt danach mit `following_sibling::*[1]` das nachfolgende `university:description`-Element aus.

2.13
Bedeutung und Verwendung von XML

Dem Thema XML wurde an dieser Stelle umfassender Raum beigemessen – dies nicht ohne Grund. XML ist, was seine Verwendung als Datenaustauschformat und Dokumenttypgenerierungssprache betrifft, im Begriff, sich als Standard zu etablieren. Es gibt bereits zahlreiche Anwendungen von XML, individuelle Markup-Languages, die für bestimmte Zwecke geschaffen wurden. Exemplarisch seien MathML als mathematische Sprache, BSML (Bioinformatic Sequence Markup Language) zur Darstellung von genetischen Sequenzen und Zusammenhängen, VXML (Visual XML) zur Beschreibung von Web-Sites und ihrer Veröffentlichung in VRML oder TMX (Translation Memory Exchange), zum Austausch von Vokabulardaten zwischen Übersetzungs- und Lokalisierungspaketen genannt. Die Liste der Anwendungen ließe sich beliebig fortsetzen. Nicht zuletzt aber sind die WML (Wireless Markup Language) im Zusammenhang mit WAP-fähigen mobilen Endgeräten (vgl. [WML01]), sowie SOAP, das Simple Object Access Protocol (vgl. [Box00], [Min99]), oder auch XML-Rpc, die Remote Procedure Call-Aufrufe und deren Formate definieren, zu erwähnen. Beispielsweise legt das SOAP-Protokoll, das eine Protokollebene über HTTP angesiedelt ist und einem Webserver einige Fähigkeiten eines Object Request Brokers verleihen kann, für sämtliche Methodenaufrufe die Signaturen, aber auch die Ausnahmeereignisse zur Fehlerbehandlung fest. XML könnte also auch bald die allgemein anerkannte Basis für verteilte Methodenaufrufe und somit für verteilte, objektorientierte Programmierung werden.

Darüber hinaus werden bereits so komplexe Formate wie PostScript oder PDF in XML übersetzt. Doch XML wird zusehends nicht mehr nur für gängige Datenformate verwendet, sondern auch für den Transport von Daten zwischen unterschiedlichen Datenbanken und Datenbanksystemen. Hier gilt es jedoch noch, Schwachpunkte, die DTDs bei der Abbildung von relationalen Datenbankschemata haben, vorerst durch diverse Hilfsmaßnahmen zu übergehen. Gemeint ist hier vor allem die Problematik der Datenbank-Constraints, die die Datenintegrität, -gültigkeit und –konsistenz gewährleisten. Keine DTD kann eine CHECK-constraint einer Datenbank übernehmen, die überprüft, ob sich der Wert eines numerischen Feldes innerhalb einer vorgegebenen Schranke befindet, keine DTD kann die Integrität der Daten prüfen. Wie soll eine 1:N-Beziehung dargestellt werden, etwa „eine Filiale beschäftigt mehrere Mitarbeiter, aber ein Mitarbeiter ist genau in einer Filiale angestellt"? Wie kann eine DTD verhindern, dass in zwei verschiedenen Filial-Elementen zwei gleiche Mitarbeiter-Elemente vorkommen? Man könnte einen Namensraum für jede Datenbanktabelle anlegen und dann über die ID kontrollieren, dass der Mitarbeiter eben nur einmal vorkommt, aber dann dürfte dieser auch nirgendwo anders vorkommen. Wenn man die Relationen der Datenbank lediglich mit XLink darstellt, ist es ebenfalls schwierig, eine Aussage über die Datenintegrität zu treffen. Freilich wird es beim Austausch zwischen zwei Datenbanken, die beide über ein normalisiertes Datenbankschema verfügen, in der Regel nicht zu Zwischenfällen kommen, aber sobald die XML-Datei nach dem Export aus der ersten und vor dem Import in die zweite Datenbank verändert wird, kann die Datenintegrität verlorengehen.

Interoperabilität mit XML

Zur diesbezüglich stärkeren Einschränkung von XML dient *XML-Schema* (vgl. [Tho01], [Bir01]), das eine umfangreichere Variante zur Dokumentbeschreibung darstellt als vergleichsweise eine DTD. XML-Schema ermöglicht über die von den DTDs bekannten Definitionskonstrukten hinaus die Anlage benutzerdefinierter, komplexer

XML-Schema

Datenstrukturen, Datentyphierarchien in Verbindung mit Vererbungsmechanismen, die Einführung von Schlüsselattributen und Referenzschlüsseln und bietet darüber hinaus eine Menge vordefinierter Datentypen an.

XML und SGML   XML unterscheidet sich von SGML dahingehend, dass es einige Themen restriktiver behandelt. So gibt es in XML keine Attribute für Notationen, externe Entities können in Attributwerten nicht referenziert werden, Verarbeitungsanweisungen müssen mit einem Namen beginnen etc. Eine genauere Auflistung der Differenzen sowie Wege zur Übernahme von SGML-Dateien nach XML lassen sich unter [Cla97] finden.

Der Topic Maps Standard ISO 13250 basiert auf HyTime. HyTime basiert auf SGML. Doch im Allgemeinen will man sich, was Topic Maps betrifft, nicht auf SGML oder XML festlegen. Die Mehrheit der Beispiele von Topic Maps, die sich im Internet finden lassen, ist in XML verfasst. Die Unterschiede zwischen SGML und XML sind im Zusammenhang mit Topic Maps nicht gravierend. Dieses Buch versucht, beide Standards zu berücksichtigen. Gleiches gilt für die Alternativen HyTime und XLink/XPointer. Welche Konzepte für die Lokalisierung von Ressourcen im Rahmen des später vorgestellten Applikationsprototypen tatsächlich umgesetzt werden sollen, wird in Abschnitt 7.5.1 erwähnt.

Die Einführung in XML und das Verständnis für die vorgestellten Konzepte ist aber auch deswegen wichtig, weil der Topic Maps Standard gewissermaßen als XML-DTD dargestellt wird (bzw. in Form von sogenannten *Architectural Forms* in SGML). Für alle Konzepte dieses Standards werden wir Element- und Attributdeklarationen kennenlernen.

3 Ein erstes Beispiel

Wir haben in den vorangegangenen Kapiteln die Grundkonzepte von Topic Maps und von XML behandelt. Beide Themenkreise wurden von kleineren Beispielen begleitet, die die Augenscheinlichkeit der jeweiligen Problematik unterstreichen sollten. Wir wissen zwar zu diesem Zeitpunkt noch nicht, wie Topic Maps in XML dargestellt werden bzw. kennen die entsprechende DTD nicht, aber wir wollen uns zuvor schon an einem praktischen Beispiel ansehen, wie eine Topic Map in XML etwa aussehen könnte und was auf den Autor einer Topic Map zukommt.

3.1 Heringsschmaus in der Theorie

Zu diesem Zweck wollen wir ein einfaches Kochrezept für Heringsschmaus betrachten. Unweigerlich taucht die Frage auf, ob nicht ein größeres, komplexeres Beispiel an dieser Stelle sinnvoller wäre, doch es zeigt sich, dass bereits ein derart einfaches Exempel zu einem sehr umfangreichen Ergebnis führen kann.

Betrachten wir zunächst das zugrundeliegende Rezept, das im Wesentlichen aus einer Auflistung der Ingredienzien sowie den nötigen Vorgängen zur Fertigstellung des Gerichts besteht:

Rezept für Heringsschmaus
1 Glas Bohnen
2 große Äpfel
3 große Essiggurkerl
1 große Zwiebel
1 Glas Russen (Heringe)
1 Hand voll Kraut
1 kleines Glas Mayonnaise
Prise Pfeffer, Salz
½ kg Kipfler (Kartoffeln)

Beispiel: Rezept für Heringsschmaus

Die Kartoffeln kochen, schälen und würfelig schneiden. Die Gurkerl ebenfalls würfelig schneiden und alles in eine Schüssel geben. Zwiebel hacken und zugeben. Bohnen zugeben. Die Heringe und das Kraut wassern, die Heringe würfelig schneiden und beides dem Inhalt der Schüssel beimengen. Die Äpfel schälen, würfelig schneiden und zugeben. Schließlich die Mayonnaise und die Gewürze zugeben und alles gut verrühren.

3.2
Heringsschmaus in der Praxis

Zusätzliche Annahmen

Was sich als Rezept wohl auf einem kleinen Notizzettel unterbringen lässt, nimmt als Topic Map bedeutend größere Ausmaße an. Wie umfangreich eine Topic Map tatsächlich wird, hängt jedoch auch davon ab, welche Qualität der Autor den Anwendern dieses Wissens bieten möchte. In unserem Beispiel gehen wir davon aus, dass wir auch erklären wollen, dass Heringsschmaus nach dieser Rezeptur eine wienerische Spezialität zur Aschermittwochszeit ist, dass Heringe in Wien „Russen" genannt werden und Essiggurken „Gurkerl". Wir wollen aber auch feststellen, dass das Rezept in Deutsch ist, Deutsch in Österreich, Deutschland und der Schweiz gesprochen wird, Wienerisch ein Dialekt von der deutschen Sprache ist und nur in Wien, das in Österreich liegt, gesprochen wird. Etwas abschweifend wird noch die Problematik der Sprache dargestellt: was heißt „finnisch" auf Finnisch? Sind Deutsch, Englisch und Finnisch „Sprachen" oder „Languages"? Was heißt das Wort „Sprache" in der jeweiligen Sprache? Es lässt sich an diesen Fragen schon erkennen, dass man versuchen wird müssen, eine einzige übergeordnete Sprache zu finden (wofür sich Englisch anbieten würde), mit der man die Wörter aller anderen Sprachen zur Erklärung in Verbindung setzen wird. Bei diesem Vorhaben stellt sich wiederum die Frage, ob es dann überhaupt noch sinnvoll ist, andere Sprachen zu verwenden. Da man noch lange nicht davon ausgehen können, dass alle Anwender von Topic Maps perfekt Englisch verstehen, muss diese Frage wohl bejaht werden.

Ineinander verschachtelte Topic Maps mit Hilfe des TMCFC-Entity

Ohne auf die technischen Details einzugehen, sei erwähnt, dass das Beispiel eine Besonderheit des ISO Standards nutzt: in der aktuellen Literatur wird nicht darauf eingegangen, dass sich laut Standard zwar nicht unmittelbar, aber über einen Umweg (gemeint ist das `TMBrid`-Element im `TMCFC`-Entity, TMCFC steht dabei für Topic Map Context Free Content und erlaubt alle Elemente – also auch andere Topic Maps) Topic Maps ineinander verschachteln lassen, nämlich indem sich Topic Maps im Inhalt übergeordneter Topic

Maps befinden. Dieser Weg scheint sinnvoll, da einer Topic Map ebenfalls Themes von Scopes zugeordnet werden können (siehe Kapitel 4) und somit eine Trennung von Topics über Topic Maps hinweg in Bezug auf deren Gültigkeitsbereiche erfolgen kann.

In der obersten Topic Map des Beispiels befinden sich nun drei Topic Maps. Bei zwei dieser Topic Maps würde sich auch die Verwendung als Template anbieten, das heißt, man würde sie dann als externe Entities einbinden. Gemeint sind die erste und die letzte Topic Map. Die erste enthält generelle Informationen, zum Beispiel bezüglich der verwendeten Sprachen, bei der letzten geht es thematisch um Lebensmittel, es wird erklärt, welche Typen einige der verwendeten Lebensmittel haben, etwa dass Bohnen Hülsenfrüchte sind usw. In der Praxis würden solche Topic Maps vermutlich umfassender sein und wiederum auf mehrere Templates verteilt werden müssen, denn die Topics „Einzahl" und „Mehrzahl" gehören thematisch wohl kaum zur Lebensmittel-Topic Map, da sie ein ganz grundlegendes Problem ansprechen.

Strukturierung des Beispiels in mehrere interne Topic Maps

Warum ist nun an dieser Stelle ein vergleichsweise umfangreiches Beispiel platziert, das im weiteren Verlauf nicht mehr weiterverfolgt wird? Nun, zum einen soll veranschaulicht werden, welche Kenntnisse einem unwissenden System wie einer Topic Maps-Applikation oder Datenbank, die noch keine Basis-Topics kennt, bei einem simplen Kochrezept vermittelt werden müssen. Zum anderen soll die Problematik des Topic Map-Design transparenter werden. Welche Alternativen gäbe es noch, um das Wissen über das Heringsschmausrezept in Form einer Topic Map abzubilden? In dem Beispiel selbst sind verschiedene Methoden für gleiche Probleme benutzt worden, etwa bei der Auflistung der Ingredienzien: die Menge und Maßeinheit der Zutaten kann über Assoziation oder Facetten zugewiesen werden, die Lokalisierung erfolgt im Beispiel zumeist über die eindeutige ID in XML, kann aber auch über die XLink/XPointer-Methoden oder HyTime geschehen. Gerade diese Vielfalt an Designmöglichkeiten erschwert nicht nur die Übersichtlichkeit umfassender Topic Maps, sondern auch die Effektivität und die Geschwindigkeit der Verarbeitung, da es immer eine Reihe von Möglichkeiten geben kann, wie man im Grunde einfache Aussagen wie „ein Glas Bohnen in die Schüssel" in Topic Maps ausdrücken kann.

Hintergrund für dieses Beispiel

Schließlich wird auch noch eine externe Topic Map namens „mass.xml" eingebunden, welche lediglich die Erklärung der Maßeinheiten enthält und diese auch in Relation setzt. Aussagen wie „Ein Kilogramm hat 1000 Gramm" werden hier getroffen. Betrachten wir die abstrakte Dokumentstruktur des Beispiels, ergibt sich das Schema aus Abbildung 3.1.

Einbinden einer externen Topic Map für Maßeinheiten

Abbildung 3.1
Struktur des
Hyperdokuments
des Beispiels
„Heringsschmaus"

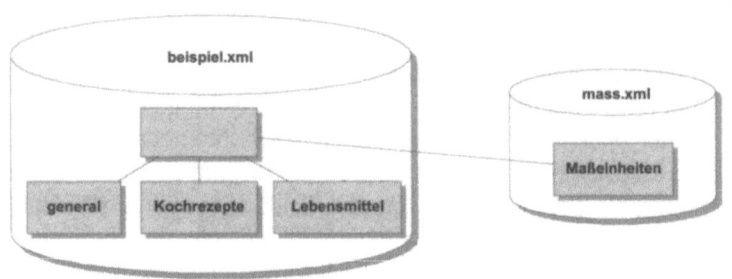

Eingeleitet werden beide Files des Beispiels mit jenem Block, der eine HyTime-spezifische Verarbeitungsinformation bereitstellt, auf die hier vorerst nicht näher eingegangen werden soll (er ist an dieser Stelle im zweiten Teil des Beispiels auch nicht völlig korrekt, da er SGML-spezifisch ist: in XML gibt es keine Attribute für Notationen). Hier nun also der erste Teil, „mass.xml":

```xml
<?xml version="1.0"?>
<?IS10744:arch
  name="TOPICMAP"
  public-id="ISO/IEC 13250:1999//NOTATION AFDR ARCBASE
       Topic Maps//EN"
  dtd-public-id="ISO/IEC 13250:1999//DTD AFDR Meta-DTD
        Topic Maps//EN"
  dtd-system-id="topicmap.mtd"
  form-att="TM"
  renamer-att="TMNames"
  suppressor-att="sTM"
  ignore-data-att="TMIgnD"
  doc-elem-form="topicmap"
  bridge-form="TMBrid"
  auto="ArcAuto"
>
<topicmap id="Masseinheiten" addthems="Deutsch">
 <topic id="Stueck"></topic>
 <topic id="Glas"></topic>
 <topic id="Hand voll"></topic>
 <topic id="Prise"></topic>
 <topic id="Gramm"></topic>
 <topic id="Kilogramm"></topic>
 <assoc linktype="Relation">
 <assocrl id="RL_Gramm" anchrole="Kleinere
      Einheit">Gramm</assocrl>
 <assocrl id="RL_Kilogramm" anchrole="Groessere
      Einheit">Kilogramm</assocrl></assoc>
 <facet linktype="Relationsmass">
 <fvalue facetval="1">
      <nameloc>RL_Kilogramm</nameloc> </fvalue>
 <fvalue facetval="1000">
      <nameloc>RL_Gramm</nameloc> </fvalue>
 </facet></topicmap>
```

Die gesamte Topic Map ist im Gültigkeitsbereich `Deutsch`. Dieser ist hier allerdings noch nicht definiert, er wird erst in der anderen Topic Map eingeführt. Der Algorithmus, der später zum Parsen von Topic Maps vorgestellt wird, berücksichtigt solche Irrtümer in der Reihenfolge, aber prinzipiell ist solch eine Vorgangsweise trotzdem problematisch, da man nicht immer davon ausgehen kann, dass Anwendungen solche Irrtümer in der Reihenfolge tolerieren. Man sollte eigentlich auf Topics erst dann verweisen, wenn sie bereits deklariert wurden. Dies kann allerdings zu zweierlei Problemen führen: einerseits kann es sein, dass Autoren von Topic Maps eine große Anzahl anderer Topic Maps kennen und einbinden müssen, wenn sie ihr Wissen richtig mit dem bestehenden Wissen der anderen Topic Maps verbinden wollen (etwa eine Topic Map für Sprachen, eine für Relationen, eine für Vorgänge bzw. Prozessabbildungen, eine für Dialektausdrücke, eine für historische Begebenheiten, eine geografische, womöglich noch in diverse Sub-Templates unterteilt, etc.). Andererseits kann der Fall eintreten, dass der Autor sich diese Arbeit gar nicht antun will und die Begriffe letztendlich „in der Luft hängen", das heißt, nicht vollständig definiert sind. Verfassen und publizieren dann mehrere Autoren Topic Maps in Deutsch im Internet, dann kann es sein, dass ebenso oft der Begriff „Deutsch" als Topic neu eingeführt wird. Wenn alle Autoren dann wenigstens dasselbe Identity-Attribut verwenden, ist dies weitestgehend unbedenklich, aber trotzdem liegt darin eine Hauptproblematik der Topic Maps: es gibt nicht für alle, sondern nur für sehr wenige Topics entsprechende Public Subject Descriptors, die öffentlich zugänglich und anerkannt sind.

Der zweite Teil enthält nun das wirkliche Kochrezept, unter anderem auch die Reihenfolge der Kochvorgänge (durch Vorgänger-Nachfolger-Relationen ausgedrückt).

Einige Merkmale des Beispiels

```
<?xml version="1.0"?>
<!--DTD
<?IS10744:arch
name="TOPICMAP"
public-id="ISO/IEC 13250:1999//NOTATION AFDR ARCBASE Topic Maps//EN"
dtd-public-id="ISO/IEC 13250:1999//DTD AFDR Meta-DTD Topic Maps//EN"
dtd-system-id="topicmap.mtd"
form-att="TM"
renamer-att="TMNames"
suppressor-att="sTM"
ignore-data-att="TMIgnD"
doc-elem-form="topicmap"
bridge-form="TMBrid"
auto="ArcAuto">

<!DOCTYPE topicmapdoctype [
```

```
<!NOTATION TOPICMAP  PUBLIC "ISO/IEC 13250:1999//NOTATION
AFDR ARCBASE      Topic Maps//EN">
<!ATTLIST TOPICMAP  ArcFormA NMTOKEN     "TM"
ArcNamrA NMTOKEN     "TMNames"
ArcSuprA NMTOKEN     "sTM"
ArcIgnDA NMTOKEN     "TMIgnD"
ArcDocF NMTOKEN      #FIXED "topicmap"
ArcDTD   CDATA       "TMDTD"
ArcQuant CDATA       #FIXED "NAMELEN 12"
ArcDataF NMTOKEN     #FIXED "TMBridN"
ArcBridF NMTOKEN     #FIXED "TMBrid"
ArcAuto (ArcAuto|nArcAuto) "ArcAuto">

<!ENTITY masseinheiten SYSTEM "mass.xml"    NDATA
     TOPICMAP>]>

<topicmap xmlns:xlink="http://www.w3.org/1999/xlink">
 <topicmap id="general">
 <topic id="language" identity="language">
  <topname scope="English">
      <basename>language</basename></topname>
  <topname scope="Finnish">
      <basename>kieli</basename>
      <basename>puhe</basename>
      <dispname>kieli</dispname>
      <sortname>kieli</sortname></topname>
 </topic>
 <topic id="English" identity="English" types="language">
  <topname>
      <basename>English</basename></topname>
 </topic>
 <topic id="Finnish" identity="Finnish" types="language">
  <topname>
      <basename>Finnish</basename></topname>
 </topic>
 <topic id="Deutsch" identity="German" types="Sprache">
  <topname>
      <basename>Deutsch</basename></topname>
 </topic>
 <topic id="Sprache" identity="language" scope="Deutsch">
  <topname>
      <basename>Sprache</basename>
  </topname>
 </topic>
 <topic id="Wienerisch" types="Dialekt" scope="Wien">
  <topname>
      <basename>Wienerisch</basename></topname>
 </topic>
 <topic id="hochdeutsch" types="Dialekt"
      scope="Deutschland Oesterreich Schweiz">
  <topname>
      <basename>hochdeutsch</basename></topname>
 </topic>
 <topic id="Wien" types="Stadt Hauptstadt">
  <topname scope="Deutsch">
      <basename>Wien</basename></topname>
  <topname scope="English">
      <basename>Vienna</basename></topname>
 </topic>
```

```xml
<topic id="Oesterreich">
 <topname>
	<basename>Oesterreich</basename></topname>
</topic>
<topic id="Deutschland">
 <topname>
	<basename>Deutschland</basename></topname>
</topic>
<topic id="Schweiz">
 <topname>
	<basename>Schweiz</basename>
 </topname>
</topic>
<topic id="Dialekt">
 <topname>
	<basename>Dialekt</basename>
 </topname>
</topic>
<assoc linktype="ist-Hauptstadt">
 <assocrl anchrole="ist Hauptstadt">Wien</assocrl>
 <assocrl anchrole="von">Oesterreich</assocrl>
</assoc>
<assoc linktype="wird-gesprochen">
 <assocrl type="Sprache" href="Deutsch"></assocrl>
 <assocrl anchrole="Ort">
	<nameloc multmem="list">Oesterreich Deutschland
	Schweiz</nameloc>
 </assocrl>
</assoc>
<assoc linktype="wird-gesprochen">
 <assocrl type="Dialekt" href="Wienerisch"></assocrl>
 <assocrl anchrole="Ort">Wien</assocrl>
</assoc>
</topicmap>

<topicmap id="Kochrezepte" addthems="Deutsch">
<topic id="Kochrezept" types="Rezept">
 <topname>
	<basename>Kochrezept</basename></topname>
</topic>
<topic id="Aschermittwoch">
 <topname>

	<basename>Aschermittwoch</basename></topname>
</topic>
<topic id="Fischgerichte">
 <topname>
	<basename>Fischgerichte</basename></topname>
</topic>
<topic id="KRZ-Heringsschmaus" type="Kochrezept"
	scope="Aschermittwoch Fischgericht">
 <topname>
	<basename>Heringsschmaus</basename>
	<dispname>Heringsschmaus nach Omas
	Rezept</dispname>
	<occurs occrl="Bericht">
	http://www.faschingsbraeuche.at/aktuell/hering.htm
	</occurs>
 </topname>
```

```xml
  </topic>
  <assoc linktype="Zutat">
   <assocrl type="Kochrezept">KRZ-Heringsschmaus</assocrl>
   <assocrl anchrole="Zutat">Bohnen</assocrl>
   <assocrl anchrole="Masseinheit">Glas</assocrl>
   <assocrl anchrole="Menge">
        <bibloc>1</bibloc></assocrl>
  </assoc>
  <assoc linktype="Zutat">
   <assocrl type="Kochrezept">KRZ-Heringsschmaus</assocrl>
   <assocrl anchrole="Zutat">Apfel</assocrl>
   <assocrl anchrole="Masseinheit">Stueck</assocrl>
   <assocrl anchrole="Menge">
        <bibloc>2</bibloc></assocrl>
  </assoc>
  <assoc linktype="Zutat">
   <assocrl type="Kochrezept">KRZ-Heringsschmaus</assocrl>
   <assocrl anchrole="Zutat">Gurkerl</assocrl>
   <assocrl anchrole="Masseinheit">Stueck</assocrl>
   <assocrl anchrole="Menge">
        <bibloc>3, gross</bibloc></assocrl>
  </assoc>
  <assoc linktype="Zutat">
   <assocrl type="Kochrezept">KRZ-Heringsschmaus</assocrl>
   <assocrl anchrole="Zutat">Zwiebel</assocrl>
   <assocrl anchrole="Masseinheit">Stueck</assocrl>
   <assocrl anchrole="Menge">
        <bibloc>1, gross</bibloc>
   </assocrl>
  </assoc>
  <assoc linktype="Zutat">
   <assocrl type="Kochrezept">KRZ-Heringsschmaus</assocrl>
   <assocrl anchrole="Zutat">Heringe</assocrl>
   <assocrl anchrole="Masseinheit">Glas</assocrl>
   <assocrl anchrole="Menge">
        <bibloc>1</bibloc>
   </assocrl>
  </assoc>
  <assoc linktype="Zutat">
   <assocrl type="Kochrezept">KRZ-Heringsschmaus</assocrl>
   <assocrl anchrole="Zutat">Kraut</assocrl>
   <assocrl anchrole="Masseinheit">Hand voll</assocrl>
   <assocrl anchrole="Menge">
        <bibloc>1</bibloc></assocrl>
  </assoc>
  <assoc linktype="Zutat">
   <assocrl type="Kochrezept">KRZ-Heringsschmaus</assocrl>
   <assocrl anchrole="Zutat">Mayonnaise</assocrl>
   <assocrl anchrole="Masseinheit">Glas, klein</assocrl>
   <assocrl anchrole="Menge">
        <bibloc>1</bibloc></assocrl>
  </assoc>
  <assoc linktype="Zutat">
   <assocrl type="Kochrezept">KRZ-Heringsschmaus</assocrl>
   <assocrl anchrole="Zutat">Pfeffer</assocrl>
   <assocrl anchrole="Masseinheit">Prise</assocrl>
   <assocrl anchrole="Menge">
        <bibloc>1</bibloc>
   </assocrl>
```

```xml
     </assoc>
     <assoc linktype="Zutat">
      <assocrl type="Kochrezept">KRZ-Heringsschmaus</assocrl>
      <assocrl anchrole="Zutat">Salz</assocrl>
      <assocrl anchrole="Masseinheit">Prise</assocrl>
      <assocrl anchrole="Menge">
          <bibloc>1</bibloc></assocrl>
     </assoc>
     <assoc linktype="Zutat">
      <assocrl type="Kochrezept">KRZ-Heringsschmaus</assocrl>
      <assocrl id="HS_Kipfler" linktype="Zutat">Kipfler
      </assocrl></assoc>
     <facet linktype="Masseinheit">
      <fvalue facetval="Kilogramm">
          <nameloc><nmlist>HS_Kipfler</nmlist></nameloc>
      </fvalue></facet>
     <facet linktype="Menge">
      <fvalue facetval="0.5">
          <nameloc><nmlist>HS_Kipfler</nmlist></nameloc>
      </fvalue>
      <fvalue facetval="etwas" xlink:href=
"#xpointer(id(HS_Senf))">
      </fvalue></facet>
     <assoc linktype="Zutat">
      <assocrl type="Kochrezept">KRZ-Heringsschmaus</assocrl>
      <assocrl id="HS_Senf" linktype="Zutat">Senf</assocrl>
     </assoc>
     <facet linktype="fuer wieviele Personen">
      <fvalue facetval="4">
          <nameloc>KRZ-Heringsschmaus</nameloc>
      </fvalue></facet>
    <topic id="Vorgaenger">
     <topname>
          <basename>Vorgaenger</basename></topname>
    </topic>
    <topic id="Nachfolger">
     <topname>
          <basename>Nachfolger</basename>
     </topname>
    </topic>
    <topic id="Dauer">
     <topname>
          <basename>Dauer</basename>
     </topname>
    </topic>
    <topic id="Vorgang">
     <topname>
          <basename>Vorgang</basename>
     </topname>
    </topic>
    <topic id="Taetigkeit">
     <topname>
          <basename>Taetigkeit</basename></topname>
    </topic>
    <topic id="VN-Relation">
     <topname>
          <basename>Vorgaenger-Nachfolger-Relation</basename>
     </topname></topic>
    <topic id="t-hacken">
```

```xml
      <topname>
          <basename>hacken</basename></topname>
</topic>
<topic id="t-wuerfelig">
 <topname>
      <basename>wuerfelig-schneiden</basename>
      <dispname>wuerfelig schneiden</dispname></topname>
</topic>
<topic id="t-zugeben">
 <topname>
      <basename>zugeben</basename></topname>
</topic>
<topic id="t-verruehren">
 <topname>
      <basename>verruehren</basename></topname>
</topic>
<topic id="t-ziehen">
 <topname>
      <basename>ziehen lassen</basename></topname>
</topic>
<topic id="t-kochen">
 <topname>
      <basename>kochen</basename></topname>
</topic>
<topic id="t-schaelen">
 <topname>
      <basename>schaelen</basename></topname>
</topic>
<topic id="t-wassern">
 <topname>
      <basename>wassern</basename></topname>
</topic>
<assoc id="VG-1" type="Vorgang">
 <assocrl type="Taetigkeit">t-kochen</assocrl>
 <assocrl linktype="Subjekt">Kipfler</assocrl>
</assoc>
<assoc id="VG-2" type="Vorgang">
 <assocrl type="Taetigkeit">t-schaelen</assocrl>
 <assocrl linktype="Subjekt">Kipfler</assocrl>
</assoc>
<assoc id="VG-3" type="Vorgang">
 <assocrl type="Taetigkeit">t-wuerfelig</assocrl>
 <assocrl linktype="Subjekt">Kipfler</assocrl>
</assoc>
<assoc id="VG-4" type="Vorgang">
 <assocrl type="Taetigkeit">t-wuerfelig</assocrl>
 <assocrl linktype="Subjekt">Gurkerl</assocrl>
</assoc>
<assoc id="VG-5" type="Vorgang">
 <assocrl type="Taetigkeit">t-zugeben</assocrl>
 <assocrl linktype="Subjekt">Kipfler</assocrl>
 <assocrl linktype="Gefaess">Schuessel</assocrl>
</assoc>
<assoc id="VG-6" type="Vorgang">
 <assocrl type="Taetigkeit">t-zugeben</assocrl>
 <assocrl linktype="Subjekt">Gurkerl</assocrl>
 <assocrl linktype="Gefaess">Schuessel</assocrl>
</assoc>
<assoc id="VG-7" type="Vorgang">
```

```xml
 <assocrl type="Taetigkeit">t-hacken</assocrl>
 <assocrl linktype="Subjekt">Zwiebel</assocrl>
</assoc>
<assoc id="VG-8" type="Vorgang">
 <assocrl type="Taetigkeit">t-zugeben</assocrl>
 <assocrl linktype="Subjekt">Zwiebel</assocrl>
 <assocrl linktype="Gefaess">Schuessel</assocrl>
</assoc>
<assoc id="VG-9" type="Vorgang">
 <assocrl type="Taetigkeit">t-zugeben</assocrl>
 <assocrl linktype="Subjekt">Bohnen</assocrl>
 <assocrl linktype="Gefaess">Schuessel</assocrl>
</assoc>
<assoc id="VG-10" type="Vorgang">
 <assocrl type="Taetigkeit">t-wassern</assocrl>
 <assocrl linktype="Subjekt">Heringe</assocrl>
</assoc>
<assoc id="VG-11" type="Vorgang">
 <assocrl type="Taetigkeit">t-wuerfelig</assocrl>
 <assocrl linktype="Subjekt">Heringe</assocrl>
</assoc>
<assoc id="VG-12" type="Vorgang">
 <assocrl type="Taetigkeit">t-zugeben</assocrl>
 <assocrl linktype="Subjekt">Heringe</assocrl>
 <assocrl linktype="Gefaess">Schuessel</assocrl>
</assoc>
<assoc id="VG-13" type="Vorgang">
 <assocrl type="Taetigkeit">t-wassern</assocrl>
 <assocrl linktype="Subjekt">Kraut</assocrl>
</assoc>
<assoc id="VG-14" type="Vorgang">
 <assocrl type="Taetigkeit">t-zugeben</assocrl>
 <assocrl linktype="Subjekt">Kraut</assocrl>
 <assocrl linktype="Gefaess">Schuessel</assocrl>
</assoc>
<assoc id="VG-15" type="Vorgang">
 <assocrl type="Taetigkeit">t-schaelen</assocrl>
 <assocrl linktype="Subjekt">Apfel</assocrl>
</assoc>
<assoc id="VG-15b" type="Vorgang">
 <assocrl type="Taetigkeit">t-wuerfelig</assocrl>
 <assocrl linktype="Subjekt">Apfel</assocrl>
</assoc>
<assoc id="VG-16" type="Vorgang">
 <assocrl type="Taetigkeit">t-zugeben</assocrl>
 <assocrl linktype="Subjekt">Apfel</assocrl>
 <assocrl linktype="Gefaess">Schuessel</assocrl>
</assoc>
<assoc id="VG-17" type="Vorgang">
 <assocrl type="Taetigkeit">t-zugeben</assocrl>
 <assocrl linktype="Subjekt">Mayonnaise</assocrl>
 <assocrl linktype="Gefaess">Schuessel</assocrl>
</assoc>
<assoc id="VG-18" type="Vorgang">
 <assocrl type="Taetigkeit">t-zugeben</assocrl>
 <assocrl linktype="Subjekt">Salz</assocrl>
 <assocrl linktype="Subjekt">Pfeffer</assocrl>
 <assocrl linktype="Gefaess">Schuessel</assocrl>
</assoc>
```

```xml
<assoc id="VG-19" type="Vorgang">
 <assocrl type="Taetigkeit">t-verruehren</assocrl>
 <assocrl linktype="Subjekt">Schuessel</assocrl>
</assoc>
<topic id="Schuessel"></topic>
<assoc id="VNR-1" type="VN-Relation">
 <assocrl type="Vorgaenger">
      <nameloc><nmlist>VG-1</nmlist></nameloc>
 </assocrl>
 <assocrl type="Nachfolger">
      <nameloc><nmlist>VG-2</nmlist></nameloc>
 </assocrl></assoc>
<assoc id="VNR-2" type="VN-Relation">
 <assocrl type="Vorgaenger">
      <nameloc><nmlist>VG-2</nmlist></nameloc>
 </assocrl>
 <assocrl type="Nachfolger">
      <nameloc><nmlist>VG-3</nmlist></nameloc>
 </assocrl>
</assoc>
<assoc id="VNR-3" type="VN-Relation">
 <assocrl type="Vorgaenger">
      <nameloc><nmlist>VG-3</nmlist></nameloc>
 </assocrl>
 <assocrl type="Nachfolger">
      <nameloc><nmlist>VG-5</nmlist></nameloc>
 </assocrl>
</assoc>
<assoc id="VNR-4" type="VN-Relation">
 <assocrl type="Vorgaenger">
      <nameloc><nmlist>VG-4</nmlist></nameloc>
 </assocrl>
 <assocrl type="Nachfolger">
      <nameloc><nmlist>VG-6</nmlist></nameloc>
 </assocrl></assoc>
<assoc id="VNR-5" type="VN-Relation">
 <assocrl type="Vorgaenger">
      <nameloc><nmlist>VG-7</nmlist></nameloc>
 </assocrl>
 <assocrl type="Nachfolger">
      <nameloc><nmlist>VG-8</nmlist></nameloc>
 </assocrl>
</assoc>
<assoc id="VNR-6" type="VN-Relation">
 <assocrl type="Vorgaenger">
      <nameloc><nmlist>VG-10</nmlist></nameloc>
 </assocrl>
 <assocrl type="Nachfolger">
      <nameloc><nmlist>VG-11</nmlist></nameloc>
 </assocrl></assoc>
<assoc id="VNR-7" type="VN-Relation">
 <assocrl type="Vorgaenger">
      <nameloc><nmlist>VG-11</nmlist></nameloc>
 </assocrl>
 <assocrl type="Nachfolger">
      <nameloc><nmlist>VG-12</nmlist></nameloc>
 </assocrl></assoc>
<assoc id="VNR-8" type="VN-Relation">
 <assocrl type="Vorgaenger">
```

```xml
        <nameloc><nmlist>VG-13</nmlist></nameloc>
 </assocrl>
 <assocrl type="Nachfolger">
        <nameloc><nmlist>VG-14</nmlist></nameloc>
 </assocrl></assoc>
<assoc id="VNR-9" type="VN-Relation">
 <assocrl type="Vorgaenger">
        <nameloc><nmlist>VG-5 VG-6 VG-8 VG-12 VG-14
                VG-9</nmlist></nameloc>
 </assocrl>
 <assocrl type="Nachfolger">
        <nameloc><nmlist>VG-15</nmlist></nameloc>
 </assocrl>
</assoc>
<assoc id="VNR-10" type="VN-Relation">
 <assocrl type="Vorgaenger">
        <nameloc><nmlist>VG-15</nmlist></nameloc>
 </assocrl>
 <assocrl type="Nachfolger">
        <nameloc><nmlist>VG-15b</nmlist></nameloc>
 </assocrl>
</assoc>
<assoc id="VNR-11" type="VN-Relation">
 <assocrl type="Vorgaenger">
        <nameloc><nmlist>VG-15b</nmlist></nameloc>
 </assocrl>
 <assocrl type="Nachfolger">
        <nameloc><nmlist>VG-16</nmlist></nameloc>
 </assocrl>
</assoc>
<assoc id="VNR-12" type="VN-Relation">
 <assocrl type="Vorgaenger">
        <nameloc><nmlist>VG-16</nmlist></nameloc>
 </assocrl>
 <assocrl type="Nachfolger">
        <nameloc><nmlist>VG-17 VG-18</nmlist></nameloc>
 </assocrl></assoc>
<assoc id="VNR-13" type="VN-Relation">
 <assocrl type="Vorgaenger">
        <nameloc><nmlist>VG-17 VG-18</nmlist></nameloc>
 </assocrl>
 <assocrl type="Nachfolger">
        <nameloc><nmlist>VG-19</nmlist></nameloc>
 </assocrl>
</assoc>
<assoc id="VNR-14" type="VN-Relation">
 <assocrl type="Vorgaenger">
        <nameloc><nmlist>VG-19</nmlist></nameloc>
 </assocrl>
 <assocrl type="Nachfolger">
        <nameloc><nmlist>t-ziehen</nmlist></nameloc>
 </assocrl>
</assoc>
<facet type="Dauer">
 <fvalue facetval="45 Minuten">VG-1</fvalue>
 <fvalue facetval="10 Minuten">VG-2</fvalue>
</facet>
</topicmap>
```

```
<topicmap id="Lebensmittel" scope="Deutsch">
<!--Verschiedene Arten der Relation Einzahl/Mehrzahl-->

<topic id="Einzahl">
 <topname>
      <basename>Einzahl</basename></topname>
</topic>
<topic id="Mehrzahl">
 <topname>
      <basename>Mehrzahl</basename>
 </topname></topic>
<assoc linktype="Menge-von">
 <assocrl type="Einzahl">Bohne</assocrl>
 <assocrl type="Mehrzahl">Bohnen</assocrl>
</assoc>
<topic id="Bohnen" types="Huelsenfruechte">
 <topname>
      <basename>Bohnen</basename></topname>
</topic>
<topic id="Bohne" types="Huelsenfrucht">
 <topname>
      <basename>Bohne</basename></topname>
</topic>
<topic id="Huelsenfruechte">
 <topname>
      <basename>Huelsenfruechte</basename></topname>
</topic>
<topic id="Huelsenfrucht">
 <topname>
      <basename>Huelsenfrucht</basename></topname>
</topic>
<topic id="Apfel" types="Kernobst Einzahl">
 <topname>
      <basename>Apfel</basename></topname>
</topic>
<topic id="Aepfel" types="Kernobst Mehrzahl">
 <topname>
      <basename>Aepfel</basename>
 </topname>
</topic>
<topic id="Kernobst" types="Obst">
 <topname>
      <basename>Kernobst</basename></topname>
</topic>
<topic id="Obst">
 <topname>
      <basename>Obst</basename></topname>
</topic>
<topic id="Zwiebel">
 <topname>
      <basename>Zwiebel</basename></topname>
</topic>
<topic id="Gurkerl" types="Einzahl">
 <topname id="TN_Gurkerl1">
      <basename>Essiggurkerl</basename>
      <sortname>Essiggurkerl</sortname>
      <dispname>Essiggurkerl</dispname>
 </topname>
 <topname id="TN_Gurkerl2">
```

```xml
            <basename>Gurkerl</basename>
            <sortname>Gurkerl</sortname>
            <dispname>Gurkerl</dispname>
   </topname>
   <topname id="TN_Gurkerl3" scope="hochdeutsch">
            <basename>Essiggurke</basename>
            <sortname>Essiggurke</sortname>
            <dispname>Essiggurke</dispname>
   </topname>
 </topic>
 <topic id="Kraut">
  <topname>
            <basename>Kraut</basename></topname>
 </topic>
 <topic id="Mayonnaise">
  <topname>
            <basename>Mayonnaise</basename></topname>
 </topic>
 <topic id="Pfeffer" types="Gewuerz">
  <topname>
            <basename>Pfeffer</basename></topname>
 </topic>
 <topic id="Salz" types="Gewuerz">
  <topname>
            <basename>Salz</basename></topname>
 </topic>
 <topic id="Gewuerz">
  <topname>
            <basename>Salz</basename></topname>
 </topic>
 <topic id="Senf">
  <topname>
            <basename>Senf</basename></topname>
 </topic>
 <topic id="Heringe" types="Fisch Einzahl">
  <topname scope="Wienerisch">
            <basename>Russen</basename></topname>
  <topname>
            <basename>Heringe</basename></topname>
 </topic>
 <topic id="Kipfler" types="Kartoffel Kartoffelsorte"
         scope="Wienerisch">
  <topname>
            <basename>Kipfler</basename></topname>
 </topic>
 <topic id="Kartoffelsorte">
  <topname>
            <basename>Kartoffelsorte</basename></topname>
 </topic>
 <topic id="Kartoffel">
  <topname>
            <basename>Kartoffel</basename></topname>
 </topic>
 <addthms addthems="Wienerisch" cassign="TN_Gurkerl1
        TN_Gurkerl2"></addthms>
 </topicmap>
</topicmap>
```

3.3 Zusammenfassung

Ein erstaunliches Stück Arbeit also, das auf einen Topic Map-Autor zukommt. Das voluminöse XML-Format tut sein übriges dazu. Ein wichtiges Ziel für die Durchsetzung dieses Standards scheint es also zu sein, Werkzeuge zu schaffen, die helfen können, den Aufwand zur Erstellung von Topic Maps zu minimieren. Diese Werkzeuge sollten nun aber nicht nur in grafischer und geschwindigkeitsbezogener Hinsicht umfassende Datenmengen verarbeiten können, sie sollten auch auf einen Fundus von bereits vordefinierten, relativ allgemeingültigen Topics und Assoziationen zurückgreifen können, ähnlich wie ein Thesaurus. In welcher Form solch ein Fundus zur Verfügung gestellt wird, ob online oder quasi als lokale Kopie eines Wörterbuches, ist anwendungsabhängig.

Um dieses Beispiel und die Umsetzung der Topic Maps-Konzepte nachvollziehen zu können, wird im folgenden Abschnitt die technische Komponente des Standards, die sogenannte Meta-DTD, durchleuchtet.

4 Topic Maps – Meta DTD

In den vorangegangenen Kapiteln sind die Grundkonzepte von Topic Maps sowie XML vorgestellt und im Rahmen eines ersten, größeren Beispiels veranschaulicht worden. Die Grundvoraussetzungen für eine detailliertere Betrachtung des ISO Standard 13250 sind also vorhanden.

Dieser Standard wurde von der JTC1/SC34 hervorgebracht. JTC1 steht dabei für Joint Technical Comitee 1, einem Komitee innerhalb der ISO, das generell für Fragen der Informationstechnologie zuständig ist. Ein Unterkomitee davon ist das SC34, das Subcomittee 34, deren Aufgabengebiete wortwörtlich als „Document description and processing languages" (vgl. [ISO13250]) bezeichnet werden.

JTC1/SC34

4.1
Der Begriff Meta-DTD

In formeller Hinsicht handelt es sich bei diesem Standard um eine sogenannte *Meta-DTD*. Eine Meta-DTD besteht aus einer Menge von *Architectural Forms* (vgl. [ISO10744], Annex A.3), die beliebig kombiniert, erweitert und restriktiviert werden und so zu einer von verschiedenen möglichen DTDs beitragen können. Solche Architectural Forms wiederum sind einzelne Element- oder Attributdeklarationen oder auch Verarbeitungsanweisungen, die für sich selbst gesehen keine DTD bilden können, sondern nur in Verbindung mit anderen Architectural Forms und beliebigen weiteren, anwendungsabhängigen Definitionen. Eine solche Systemarchitektur wird auch als *Enabling Architecture* bezeichnet.

Architectural Forms

Der Topic Maps-Standard legt nun solche Architectural Forms fest, die jeweils für sich einen logischen Abschnitt der im Standard vorgestellten Konzepte widerspiegeln. Es gibt eine Architectural Form für Topics, eine für Assoziationen, eine für Facets, usw. Auch der HyTime-Standard, der dem ISO-Standard zugrunde liegt, beruht auf Architectural Forms.

Topic Maps-Anwendungen Eine Topic Maps-Anwendung kann sich nun aus diesen einzelnen Abschnitten jene wählen, die sie selbst verwendet und umsetzt, beziehungsweise diese auch erweitern oder modifizieren. Eine Topic Maps-Anwendung ist also auch dann eine Topic Maps-Anwendung, wenn sie nicht alle Architectural Forms berücksichtigt. So könnte es für eine Applikation, die nur dazu dient, Indexe oder Listen von Hyperlinks, die zu Dokumenten führen, zu verwalten, interessant sein, lediglich die Konzepte der Topics und Occurrences umzusetzen, nicht aber jene der Assoziationen oder Facets.

Der Standard selbst sieht folgende Hauptanwendungsgebiete vor (vgl. [ISO13250]):

Hauptanwendungsgebiete für Topic Maps

- Qualifikation von Inhalten, die in Informationsobjekten enthalten sind, um eine Navigation in Form von Indexen, Kreuzreferenzlisten oder Glossaren zu ermöglichen.
- Verbindung von Topics zu einem Netzwerk, in dem navigiert werden kann. Auf diese Weise können Wissensbasen oder Thesauri generiert werden.
- Erstellung von verschiedenen Sichten auf dieselben Informationsobjekte – etwa für die Informationsfilterung bezogen auf verschiedene Benutzerprofile, Rechte und Interessen.
- Assemblierung von „virtuellen Informationsobjekten", die aus bestehenden Objekten zusammengesetzt werden.
- Strukturierung von Informationsobjekten.

HyTime als Grundlage Bereits mehrmals wurde der HyTime-Standard erwähnt, der den Topic Maps zugrunde liegt. Er wird erst im nächsten Abschnitt näher beschrieben. Wichtig sind davon vor allem die Konzepte des BOS (Bounded Object Set) und die Mechanismen zur Adressierung und Lokalisierung von Informationsobjekten. Darüber hinaus müssen auch die Link-Mechanismen betrachtet werden, obwohl sie bei Topic Maps nur „indirekt", nämlich in abgeleiteter Form, auftauchen. An sich erlaubt der Topic Maps-Standard aber auch jede andere Form der Adressierung von Ressourcen, etwa die Verwendung von XLink/XPointer.

Es folgen nun die einzelnen Architectural Forms des Standards, jeweils mit einer Beschreibung der vorgestellten Elemente und Attribute.

4.2 Architectural Support Declaration

Zunächst ist für die Identifikation eines Dokuments als Topic Map, und zwar als Hub Document innerhalb eines Bounded Object Sets, also als Einstiegs- oder „Wurzel"-Element einer hierarchisch verknüpften Dokumentenmenge, eine sogenannte *Architectural Support Declaration* vonnöten. Diese sieht in SGML so aus:

Topic Map als Hub Document

```
<!NOTATION TOPICMAP
    PUBLIC "ISO/IEC 13250:1999//NOTATION AFDR ARCBASE
           Topic Maps//EN"
>
<!ATTLIST #NOTATION TOPICMAP
    ArcFormA  NAME              TopicMap
    ArcNamrA  NAME              TMNames
    ArcSuprA  NAME              sTopMap
    ArcIgnDA  NAME              TMIgnD
    ArcDocF   NAME              #FIXED  topicmap
    ArcDTD    CDATA             "TMDTD"
    ArcQuant  CDATA             #FIXED  "NAMELEN 12"
    ArcDataF  NAME              #FIXED  TMBridN
    ArcBridF  NAME              #FIXED  TMBrid
    ArcAuto   (ArcAuto|nArcAuto) nArcAuto
>
<!NOTATION AFDRMeta
    PUBLIC "ISO/IEC 10744//NOTATION AFDR Meta-DTD
Notation//EN"
>
<!ENTITY TMDTD
    PUBLIC "ISO/IEC 13250:1999//DTD AFDR Meta-DTD
           Topic Maps//EN"
    CDATA AFDRMeta
>
```

Architectural Support Declaration für Topic Maps in SGML (vgl. [ISO 13250], Annex B)

Hier werden also grundlegende Werte für ein Topic Map-Dokument angegeben. Es wird die Notation (ähnlich wie in XML) für Topic Maps eingeführt. Dieser Notation werden Attribute zugeordnet, die allgemeiner Natur sind und im Prinzip zum Wesen von Topic Maps als Enabling Architecture beitragen. Etwa legt das durch die *Architectural Forms Definition Requirements* (vgl. [ISO 10744], Annex A.3) festgelegte Attribut `ArcFormA` einen Attributnamen fest, hier `TopicMap`. Wenn nun irgendein Element innerhalb einer Topic Map das Attribut `TopicMap` aufweist, verhält sich dieses Element wie ein Derivat des Elements mit dem Namen, der im Wert des Attributs `TopicMap` angegeben ist. Beispielsweise könnte es ein Element `Ding` geben, das nachstehend beschrieben wird.

Topic Maps-Notation

Beispiel: Anwendung einer Architectural Form

```
<!ELEMENT Ding ANY>
<!ATTLIST Ding
    TopicMap        CDATA           Fixed   "topic",
    id              ID              #IMPLIED,
    identity        CDATA           #IMPLIED,
    linktype        CDATA           #IMPLIED
>
```

Dieses Element würde dann von einer Topic Maps-Applikation als Topic erkannt werden, da es das Attribut `TopicMap` mit dem konstanten Wert „topic" enthält. Des weiteren sei das Attribut `ArcNamrA` erwähnt, das auf das Attribut `TMNames` zeigt. In diesem werden Synonyme für Attributnamen definiert. Beispielsweise könnte obiges Element erweitert werden:

```
<!ELEMENT Ding ANY>
<!ATTLIST Ding
    TopicMap        CDATA           Fixed   "topic",
    TMNames CDATA   Fixed           "identity Identitaet linktype art"
    id              ID              #IMPLIED,
    Identitaet      CDATA           #IMPLIED,
    art             CDATA           #IMPLIED
>
```

Das Attribut `Identitaet` übernimmt nun die Rolle des `identity`-Attributs, das Attribut `art` jene des `linktype`-Attributs. `TMNames` enthält also eine Auflistung von Paaren von Attributnamen, wobei der erste der ursprüngliche Name und der zweite der Ersatzname ist.

Auffallend ist, dass diese Definition nicht XML-tauglich ist, da in XML eine Notation keine Attribute haben kann. Für XML schlägt der Standard folgende Einleitung des Hub Documents vor:

Prolog für Topic Maps in XML (vgl. [ISO 13250], Annex B)

```
<?IS10744:arch
    name="TopicMap"
    public-id="ISO/IEC 13250:1999//NOTATION AFDR ARCBASE
                Topic Maps//EN"
    dtd-public-id="ISO/IEC 13250:1999//DTD AFDR Meta-DTD
                Topic Maps//EN"
    dtd-system-id="/etc/architectures/TM.mtd"
    form-att="TopicMap"
    renamer-att="TMNames"
    suppressor-att="sTopMap"
    ignore-data-att="TMIgnD"
    doc-elem-form="topicmap"
    bridge-form="TMBrid"
    auto="nArcAuto"
?>
```

Die weiteren Einzelheiten der Architectural Support Declaration sollen an dieser Stelle außer Acht gelassen werden. Erwähnenswert ist zuletzt noch, dass dort auch die Notation für die Architectural Forms Definition Requirements deklariert wird.

4.3 Topic Map

Die Architectural Form der Topic Map entspricht einem HyTime-Dokument. Das Element `topicmap` kann kontextfreien Inhalt aufweisen, in erster Linie Topics, Assoziationen, Facets, `bosspec`-Elemente und `addthms`-Elemente, aber auch sogenannte *Bridging Elements*, also beliebige Elemente. Das Parameter-Entity TMCFC (Topic Map Context Free Content) legt fest, welche Elemente innerhalb einer Topic Map vorkommen dürfen. Die Reihenfolge der Vorkommnisse ist dabei irrelevant.

Topic Map als HyTime-Dokument

In welcher Reihenfolge Topics, Assoziation oder Facetten innerhalb einer Topic Map vorkommen, ist angesichts des Elementtyps egal – im Sinne der referentiellen Integrität, die wegen der Typ- oder Scope-bedingten Abhängigkeiten zwischen Topics benötigt wird, aber nicht.

Reihenfolge

Das `topicmap`-Element selbst enthält das bemerkenswerte Attribut `addthms`. Dieses referenziert beliebig viele Topics, die dem Scope dieser Topic Map hinzugefügt werden, also Themes sind. Jedes Element, das prinzipiell einem Scope zugeteilt werden kann und das innerhalb dieser Topic Map vorkommt, also etwa die Topics oder Assoziationen dieser Topic Map, hat dann in seinem Scope ebenfalls diese zugewiesenen Themes. Der Scope einer Topic Map bzw. eines `topicmap`-Elements überträgt sich auf die beinhalteten Elemente.

Das addthems-Attribut

Dies hat vor allem den Vorteil, dass nicht jedem Element diese Themes einzeln zugewiesen werden, sondern über ganze Topic Maps eine semantische Einschränkung getroffen werden kann.

Vom HyTime-Element `HyDoc` wurden beim `topicmap`-Element auch noch die Attribute `maxbos`, `boslevel` und `grovplan` geerbt. Die ersten beiden legen fest, bis zu welcher Tiefe der Dokumenthierarchie des Bounded Object Sets Dokumente eingebunden werden. Die Funktionsweise dieser beiden Attribute wird näher in Abschnitt 5.3.2. beschrieben. Letzteres Attribut dient der Unterstützung der Adressierung in HyTime.

Von HyDoc geerbte Attribute

Architectural Form des topicmap-Elements (vgl. [ISO13250], 5.1.)

```
<!entity %
    TMCFC              -- Topic map context-free content --
                       "topic|assoc|facet|bosspec|addthms|TMBrid"
>
<!element
    TMBrid             -- Topic map bridge element --
    - O
    ANY
>

<!element
    topicmap           -- Topic map document element --
                       -- Clause: 5.1 --
    - O
    (%TMCFC;)*
>
<!attlist
  topicmap
    HyTime             -- HyTime architectural form name --
       NAME
       HyDoc           -- HyTime document element. (This
                          attribute definition is redundant; it
                          appears here as an aid to
                          understanding.) --
       addthems        -- Added themes --
                       -- Themes to add to all scopes that govern
                          the assignments of topic names,
                          occurrences, and roles played in
                          associations in this topic map
                          document. --
       CDATA           -- Reference --
                       -- Reftype: topic+ --
       #IMPLIED        -- Default: No themes added via this
                          attribute. --
    -- bos --          -- HyTime bounded object set --
                       -- HyTime Clause: 6.5.1 --
       maxbos          -- Maximum bounded object set level --
                          Bounding level of HyTime bounded
                          object set when document is a hub or
                          subhub. --
       NUMBER          -- Constraint: Depth of nested entities
                    to include in BOS (0=no limit, 1=hub only)
                          --
       0
       boslevel        -- Bounded object set level --
                       -- Default BOS level used by data
                          entities declared in hub document. --
            NUMBER      -- Constraint: Depth of nested entities
                           to include in BOS (0=no limit, 1=this
                           entity only) --
       #IMPLIED        -- Default: No HyTime BOS --
    -- bosspcat --     -- BOS exception specification attributes
                          --
                       -- HyTime Clause: 6.5.3 --
       bosspec         -- Bounded object set exception
                          specification --
                       -- Adjustments to be made to the bounded
                          object set. -
```

```
         IDREFS           -- Reference --
                          -- Reftype: bosspec+ --
                          -- Constraint: Must be internal
reference
                          --
         #IMPLIED         -- Default: No BOS exception
specification
                          --
-- dgrvplan --            -- HyTime document grove plan --
                          -- HyTime Clause: 7.1.4.1 --
    grovplan              -- Grove plan --
                          -- Grove plan for HyTime extended SGML
                             document grove --
         CDATA            -- Reference --
                          -- Reftype: grovplan --
         #IMPLIED         -- Default: HyTime default grove plan --
>
```

Architectural Form des topicmap-Elements (Fortsetzung)

4.4 Topic

Ein Topic ist in formaler Hinsicht eine Anwendung des HyTime-varlink, deswegen ist in diesem Zusammenhang auch oft von einem *Topic Link* die Rede. Die enthaltenen Occurrences sind seine Anker. Ein `topic`-Element kann beliebig viele `topname` und `occurs`-Elemente beinhalten. Über die `topname`-Elemente werden die verschiedenen Arten von Namen eines Topics festgelegt, über die `occurs`-Elemente die Occurrences. Folgende, optional definierbaren Attribute können im `topic`-Element angegeben werden:

Topic Link

Attribut	Beschreibung
`id`	Dieses Attribut unterstützt die Adressierung von Topics. Die ID eines Topics ist zugleich die ID des XML-Elements und ist innerhalb seines zugehörigen XML-Dokuments eindeutig.
`identity`	Das `identity`-Attribut enthält als Zeichenkette den Public Subject Descriptor. Er beschreibt die Identität des Topics in einer eindeutigen Weise, und zwar global in Zeit und Raum. Es könnte sich dabei etwa um eine ISBN-Nummer bei Büchern oder eine Kombination von standardisiertem Ländercode und Sozialversicherungsnummer bei Personen handeln, oder um eine andere international standardisierte Identifikationsmöglichkeit. Zwei Topics mit demselben `identity`-Attributwert werden zu einem einzigen vereint, wenn Topic Maps zusammengeführt werden. Das `identity`-Attribut kann auch eine Referenz auf ein Topic enthalten. Es muss

Tabelle 4.1 Attribute von Topics

	Attribut	Beschreibung
Tabelle 4.1 (Fortsetzung)		andererseits aber nicht maschineninterpretierbar sein und kann beliebig gewählt werden. Zwei zusammengeführte Topics werden behandelt, als ob sie eines wären, und haben als Charakteristik die Vereinigungsmenge der Charakteristiken der beiden ursprünglichen Topics (Namen, Scopes, etc.)
	`types`	Dieses Attribut ist eine durch einzelne Leerzeichen getrennte Liste von beliebig vielen referenzierten Topics, die die Typen dieses Topics darstellen. Auf diese Weise lässt sich eine Klasse-Instanz Relation bewerkstelligen, die alternativ auch über eine gleichbedeutende Assoziation innerhalb der Topic Map realisiert werden könnte. Es wird im Standard darauf hingewiesen, dass die durch dieses Attribut geschaffene Beziehung zwischen Topics keine Superklasse-Subklasse Beziehung ist, für solch eine Art der Relation müsse eine eigene Assoziation mit entsprechendem Typ (und einer entsprechenden Semantik) geschaffen werden (vgl. [ISO 13250]).
	`scope`	Dieses Attribut referenziert eine Liste von Topics, ähnlich wie das `types`-Attribut. Allerdings sind diese Topics jene Themes, die den Scope des Topics im betrachteten Kontext bilden. Zu dem Scope eines Topics sind jedoch nicht nur diese Themes zu zählen, sondern auch jene, die der übergelagerten Topic Map über ein `addthems`-Attribut beziehungsweise über ein `addthms`-Element, oder die dem Topic unmittelbar über ein `addthms`-Element zugewiesen werden. Es wäre auch denkbar, dass ein benutzerdefiniertes Element (etwa `<hugo>`) mehrere Topics beinhalten würde, welche über ein auf dieses Element verweisendes addthms-Element Themes zu ihren Scopes zugewiesen bekommen würden, was im der Übersichtlichkeit und Strukturiertheit des Dokuments durchaus zuträglich wäre.
	`linktype`	Dieses Attribut erlaubt es lediglich, einen anderen HyTime-Linktyp als den Generic Identifier für diesen Topic Link gemäß HyTime einzustellen.

Mindestinhalt eines Topics

Der Standard gibt des weiteren eine Einschränkung an, die leider nicht in formaler Syntax, sondern nur in natürlichsprachlicher Form vorliegt: ein gültiges Topic (ein gültiger Topic Link) muss zumindest eines der folgenden Dinge aufweisen: einen Namen, eine Occurrence oder eine Rolle, die es im Rahmen einer Assoziation spielt.

Für die korrekte Verarbeitung von Topics durch HyTime-Applikationen ist nebenbei wichtig, dass ein Topic, das keine Occurrences und damit kein `anchspec`-Elemente, also keinen Anker, enthält, nicht als *varlink*, sondern als `HyBrid`, also als Bridging Ableitung im Sinne von HyTime, angelegt wird. Deswegen auch die Wahlmöglichkeit beim `HyTime`-Attribut, das festlegt, was ein Topic Link im Sinne von HyTime wirklich ist.

Topics ohne Occurrence

```
<!element
  topic             -- Topic link --
                    -- Clause: 5.2.1 --
  - O
  ( topname | occurs)*
>
<!attlist
  topic
    HyTime          -- HyTime architectural form name --
      (varlink|HyBrid)
      varlink       -- Constraint: varlink must be specified
                       when occurrences exist. If topic has no
                       occurrences, it must be declared as a
                       HyTime bridge element (HyBrid). --
    id              -- Unique identifier --
      ID #REQUIRED
    identity        -- Subject identity --
                    -- Reference to information (one or more
                       subject descriptors) that confers
                       understanding of the identity of the
                       subject of this topic link. --
      CDATA         -- Reference --
      #IMPLIED      -- Default: No subject descriptors; the
                       subject must be inferred from the
                       topic's characteristics. --
    types           -- Topic types --
                    -- Topics whose subjects are the classes
                       of topics of which this topic is an
                       instance. --
      CDATA         -- Reference --
                    -- Reftype: topic+ --
      #IMPLIED      -- Default: No class-instance topic
                       associations are established via this
                       attribute. --
                    -- Note: Some might still be specified by
                       topic association links, however. --
    scope           -- Scope --
                    -- The themes that are added to the
                       scopes of all the names and occurrences
                       specified by this topic link. --
      CDATA         -- Reference --
                    -- Reftype: topic+ --
      #IMPLIED      -- Default: No themes are added by this
                       attribute. --
    linktype        -- Hyperlink type --
      NAME #IMPLIED    -- Default: Generic identifier -->
```

Architectural Form für das Topics (vgl. [ISO13250], 5.2.1)

4.4.1
Topic Name

Arten von Namen

Ein `topname`-Element wird von einem `topic`-Element umhüllt. Es enthält selbst wiederum die Elemente `basename`, `dispname` und `sortname`. Die Bedeutung dieser drei Namenstypen wurde bereits in Abschnitt 1.2.1 erläutert. Der Base Name ist der eigentliche Name des Topics, der Display Name wird hingegen zur Darstellung verwendet (etwa eine abgekürzte Form des Base Names, wenn dieser relativ lang ist), der Sort Name zur Sortierung.

Jedes `topname`-Element muss mindestens ein `basename`-Element beinhalten, kann aber auch mehrere dieser Elemente umfassen. Die Anzahl der `dispname` und `sortname`-Elemente ist beliebig. Der Base Name hat die Funktion des Vorgabenamens. Wenn also weder Display noch Sort Name angegeben werden, fungiert der Base Name in der entsprechenden Rolle. Der Base Name wie auch der Sort Name müssen durch Zeichenketten repräsentiert werden, der Display Name hingegen kann auch eine grafische Darstellung in einer entsprechend vordefinierten Notation sein.

Scopes von Namen

Jedem der vier Namenselemente kann ein eigener Scope über das `scope`-Attribut zugewiesen werden. Wird dem `topname`-Element ein Scope (mehrere referenzierte Topics als Themes) zugeteilt, so gilt dieser auch kumulativ für die in diesem Element enthaltenen Namen – diese können zusätzlich weitere Themes in ihren `scope`-Attributen angeben. Neben der rekursiven Definition von Scopes hat die Zusammenfassung von Namen unter einem `topname`-Element noch einen weiteren Grund: es zeigt an, dass die darunter vereinten Namen korrespondieren. Ein Topic kann in verschiedenen Gültigkeitsbereichen (Scopes) jeweils einen eigenen Base Name und einen zugehörigen Display Name haben. Diese können so in mehreren verschiedenen `topname`-Elementen zusammengeführt werden, welchen dann wiederum der jeweilige Scope zuteilbar ist.

Identische Topics

Der Topic Maps-Standard erlaubt das Vorkommen zweier Topics nicht, welche exakt dieselben Namenseigenschaften in den selben Scopes haben. Tritt dieser Fall auf, müssen die Topics zu einem einzigen Topic mit der Vereinigungsmenge der Charakteristiken der beiden ursprünglichen Topics zusammengeführt werden. Es kann zwar für eine Applikation aufwendig sein, einen solchen Tatbestand nachzuweisen, andererseits wird dadurch die eindeutige Identifikation eines Topics über seinen Namen und den entsprechenden Scope ermöglicht.

Anmerkung: diese Beschränkung kann allerdings auch zu einem unerwünschten Ergebnis führen. Werden die Topic Maps zweier Autoren zusammengeführt und kommen dabei zwei Topics mit demselben Namen, ohne Scope (man spricht bei einem nicht vorhandenen Scope auch vom unbeschränkten Gültigkeitsbereich (unconstrained scope)), aber mit zwei unterschiedlich definierten Subject Descriptoren (gemeint sind die Werte des identity-Attributs) vor, dann entsteht ein Widerspruch. Einerseits sind die Topics dann identisch, weil sie dieselbe Namenscharakteristik im selben Scope haben, andererseits verschieden, weil sie verschiedene Subject Descriptors und damit verschiedene Identitäten haben. Der Standard gibt hier nur die Empfehlung an den Autor einer Topic Maps-Applikation, in so einem Fall eine Warnmeldung auszugeben und Benutzer-Interaktion zuzulassen – oder zusätzliche Themes zu den Scopes der betreffenden Topics über das externe addthms*-Element hinzuzufügen.*

Konflikte bei der Übereinstimmung

Architectural Forms für Namen (vgl. [ISO 13250], 5.2.2)

```
<!element
    topname              -- Topic name --
                         -- Clause 5.2.2--
    O O
    (basename+, dispname*, sortname* )
                         -- If dispnames or sortnames are not
                            specified, applications use basenames
                            for display and sorting purposes. --
>
<!attlist
    topname
    scope                -- Scope --
                         -- Reference to a set of themes (topic
                            links) to be added to the scopes of
                            the name characteristics specified by
                            the contained basename, dispname, and
                            sortname elements.  Scopes are sets of
                            themes that collectively define the
                            limited context within which
                            characteristics are validly applicable
                            to the topic. --
        CDATA            -- Reference --
                         -- Reftype: topic+ --
        #IMPLIED         -- Default: No themes are added via this
                            attribute. --
>
<!element
    (basename | sortname)
                         -- Base name --
                         -- and --
                         -- Name to be used as sort key --
    - O
    (#PCDATA)            -- String to be used as name --
>
<!element
```

Architectural Forms für Namen (Fortsetzung)

```
        dispname        -- Display name --
        - O
        (#PCDATA|TMBrid)*
                        -- String (or notation data) to be
                           displayed as name --
>
<!attlist ( basename | sortname | dispname)
        scope           -- Scope --
                        -- References to a set of themes (topic
                           links) to be added to the scope of the
                           name characteristic specified in the
                           content. --
        CDATA           -- Reference --
                        -- Reftype: topic+ --
        #IMPLIED        -- Default: No themes are added via this
                           attribute. --
>
```

4.4.2
Occurrence

Ein `occurs`-Element wird von einem zugehörigen `topic`-Element umhüllt. Es entspricht einem `anchspec`-Element aus HyTime innerhalb eines varlinks (siehe Abschnitt 5.5.5). Eine Occurrence adressiert also eine Ressource, wobei der Standard keine Einschränkung auf die Art oder das Format dieser Ressource vornimmt – dies wird Applikationen überlassen. Ressourcen können auch offline-Ressourcen sein. Folgende Attribute können dem `occurs`-Element zugewiesen werden:

Tabelle 4.2 Attribute von Occurrences

Attribut	Beschreibung
scope	Dieses Attribut weist dem Scope der Occurrence eine Liste von zusätzlichen Themes zu. Zusätzlich deswegen, weil die Occurrence ohnehin schon die Scopes der direkt übergelagerten `topicmap`- bzw. `topic`-Elemente übernimmt, aber auch jene der auf sie selbst verweisenden `addthms`-Elemente.
occrl	Für die Occurrence Role kann mit diesem Attribut ein Name angegeben werden. Wird es ausgelassen, übernimmt der Generic Identifier (in der Regel der Elementname) diese Rolle.
type	Dieses Attribut referenziert genau ein Topic, nämlich jenes, welches diese Occurrence semantisch charakterisieren kann und ihren Typ beschreibt. Wird dieses Attribut nicht befüllt oder hat das referenzierte Topic keine darstellbaren Daten, übernimmt das `occrl`-Attribut diese Rolle. Die Tatsache, dass ein Topic im Gegensatz zu einem XML-Attribut viele verschiedene Namen in verschiedenen Scopes haben kann, verleiht diesem Mechanismus eine höhere Flexibilität als dem `occrl`-Attribut.

Attribut	Beschreibung
linktrav	Dieses Attribut wird vom anchspec-Element aus HyTime geerbt (siehe Abschnitt 5.5.5.).
listtrav	Dieses Attribut wird vom anchspec-Element aus HyTime geerbt (siehe Abschnitt 5.5.5.).
multmem	Dieses Attribut wird vom anchspec-Element aus HyTime geerbt (siehe Abschnitt 5.5.5.).
emptyanc	Dieses Attribut wird vom anchspec-Element aus HyTime geerbt (siehe Abschnitt 5.5.5.).

Tabelle 4.2 (Fortsetzung)

Ein `occurs`-Element beinhaltet laut Standard die verschiedenen Elemente der Lokalisierungsmechanismen aus HyTime (`%loc;`). Diese werden in Abschnitt 5.4 beschrieben. Allerdings steht es dem Anwender frei, hier auch andere Adressierungsmechanismen zu verwenden, zum Beispiel XLink/XPointer.

```
<!element
  occurs            -- Topic occurrence --
                    -- Clause: 5.2.3 --
  - O
  (%loc;)*
>
<!attlist
  occurs
  HyTime            -- HyTime architectural form name --
    NAME
    #FIXED
    anchspec
  scope             -- Scope --
                    -- Reference to themes that are added to
                       the scope within which the occurrences
                       are applicable to the topic
                       characterized by the containing topic
                       link.--
    CDATA           -- Reference --
                    -- Reftype: topic+ --
    #IMPLIED        -- Default: No themes are added to the
                       scope by means of this attribute. --
  occrl             -- Occurrence role name --
                    -- Note: Not displayed for the topic map
                       user if the topic referenced by the
                       type attribute has displayable
                       characteristics within the user's
                       scope. --
    NAME
    #IMPLIED        -- Default: GI of element is treated as
                       occurrence role name. --
  type              -- Occurrence role type -
```

Architectural Form für Occurrences (vgl. [ISO13250], 5.2.3)

Architectural Form
für Occurrences
(Fortsetzung)

```
                              -- Reference to the topic that names
                                 and/or otherwise characterizes the
                                 occurrence role.  The characteristics
                                 of the referenced topic, if
                                 appropriate, will be displayed to the
                                 user instead of the value of the occrl
                                 attribute. --
             CDATA             -- Reference --
                              -- Reftype: topic --
             #IMPLIED          -- Default: No topic characterizes the
                                 occurrence role, unless this element
                                 an occurrence (with an occurrence role
                                 whose meaning is instance) of a topic
                                 whose subject is the nature of the
                                 occurrence role.  The value of the
                                 occrl attribute will be displayed as
                                 the occurrence role name. --
          linktrav             -- Hyperlink traversal rules --
                              -- Traversal between anchors of
     hyperlinks:
                                 A any traversal or departure (EID)
                                 D departure after internal arrival
                                 E traversal after external arrival
                                 I traversal after internal arrival
                                 N no traversal after internal arrival
                                 P no internal arrival
                                 R return traversal after internal
                                   arrival --
             NAMES             -- Lextype:
   ("A"|"EI"|"ER"|"ED"|"EN"|"EP"|"ERD"|
   "I"|"ID"|"D"|"N"|"P"|"R"|"RD") --
             A
          listtrav             -- List traversal rules --
                              -- Traversal between members of list
     anchors:
                                 A adjacent (both left and right)
                                   traversal
                                 L left traversal
                                 N no traversal
                                 R right traversal
                                 W wrapping traversal --
             NAMES             -- Lextype:
   ("A"|"AW"|"L"|"LW"|"N"|"R"|"RW") --
             N                 -- Default: Show the whole list --
          multmem
             (single|list|corlist)
             list
          emptyanc
             (error|noterror)
             error
          HyNames
             CDATA
             "anchrole occrl"
   >
```

4.5 Assoziation

Ähnlich wie beim Topic spricht man auch bei der Assoziation oft von einem *Association Link*, da auch dieses Element ein variabler Link aus HyTime ist (varlink). Das assoc-Element wird unmittelbar von einem topicmap-Element umhüllt, es beinhaltet mindestens ein assocrl-Element, welches wiederum dem anchspec-Element aus HyTime entspricht und beliebig viele Anker des Links adressiert. Das assoc-Element fasst diese Anker zusammen und verleiht der Assoziation einen Gültigkeitsbereich und einen Typ, ist also hauptsächlich für die semantische Einschränkung der Assoziation selbst zuständig. Folgende Attribute können bei diesem Element definiert werden:

Attribut	Beschreibung
scope	Hier gilt wiederum dasselbe wie bei allen bisher vorgestellten scope-Attributen. Es können in Listenform (Zeichenfolge, in der die Topics durch einfache Leerzeichen getrennt sind) Themes angegeben werden, die dem Gültigkeitsbereich (Scope) dieser Assoziation hinzugefügt werden. Wiederum wäre es auch hier sinnvoll, Assoziationen mit dem gleichen Scope in einem Topic Maps-kontextfreien Überelement zusammenzufassen, welches die betreffenden Themes über ein addthms-Element zugeordnet bekommt.
linktype	Dieses erlaubt es lediglich, einen anderen Link-Typ für diese Assoziation als den Generic Identifier (den Elementnamen) einzustellen.
type	Dieses Attribut referenziert genau jenes Topic, welches den Typ der Assoziation bestimmt. Es wird also eine Klasse-Instanz Relation ausgedrückt, die Klasse der Assoziation wird bestimmt. Wiederum könnte diese Beziehung alternativ dazu als Assoziation innerhalb der Topic Map dargestellt werden, diese Assoziation müsste dann einer Klasse-Instanz Beziehung sinngemäß entsprechen. Eine Alternative dazu wäre, eine Occurrence des klassifizierenden Topics mit einem Link zu dieser Assoziation und einer entsprechenden Occurrence Role zu verwenden. Wird kein type-Attribut angegeben, das auch über eine darstellbare Namenscharakteristik verfügt, so übernimmt das linktype-Attribut die Rolle der semantischen Beschreibung der Assoziation.

*Tabelle 4.3
Attribute von Assoziationen*

Die angegebenen Attribute sind alle optional.

Architectural Form für Assoziationen (vgl. [ISO13250], 5.3.1)

```
<!element assoc          -- Association link --
                         -- Clause: 5.3.1 --
                       - O (assocrl)+ >
<!attlist assoc
    HyTime               -- HyTime architectural form name --
       NAME
       #FIXED
       varlink
    scope                -- Scope --
                         -- Reference to themes that are added to
                            the scope within which the association
                            is applicable. --
       CDATA             -- Reference --
                         -- Reftype: topic+ --
       #IMPLIED          -- Default: Scope is unconstrained. --
    linktype             -- Hyperlink type. --
                         -- Mnemonic name for the association
                            type. --
                         -- Note: Not displayed for the topic map
                            user if the topic referenced by the
                            type attribute has displayable
                            characteristics within the user's
                            scope. --
       NAME
       #IMPLIED          -- Default: Generic identifier --
    type                 -- Association type --
                         -- Topic whose subject is the class of
                            association of which this association
                            is an instance. --
       CDATA             -- Reference --
                         -- Reftype: topic --
       #IMPLIED          -- Default: No type is specified by this
                            attribute. --
                         -- Note: A type might exist by virtue of
                            the fact that this association link is
                            an occurrence (where the occurrence
                            role means "instance") of a topic
                             whose subject is the nature of the
                            association, however. --
>
```

4.5.1
Assoziationsrolle

Das `assocrl`-Element, das vom `anchspec`-Element des HyTime-varlinks abgeleitet ist, adressiert eine Ressource, die an der Assoziation, zu der es gehört, teilnimmt. Diese Adressierung entstammt wieder den HyTime-Adressierungs- bzw. Lokalisierungsmechanismen, kann aber auch, je nach Anwendungsfall, abgewandelt werden. Mittels eines `assocrl`-Elements können eine oder mehrere Ressourcen adressiert werden. Tauchen innerhalb eines `assoc`-Elements mehrere `assocrl`-Elemente auf, so können diese auch mehrmals die gleiche Ressource adressieren – dies ist wichtig, da es ja Assoziationen von Topics zu sich selbst geben kann. Allerdings darf kein Topic mehrmals mit derselben Rolle an einer Assoziation teilnehmen.

Die innerhalb eines `assoc`-Elements befindlichen Ankerdefinitionen haben kein eigenes `scope`-Attribut, der Scope wird vom `assoc`-Element selbst vorgegeben. Folgende optionalen Attribute können dem `assocrl`-Element zugeordnet werden:

Attribut	Beschreibung
anchrole	Dieses Attribtut entspricht dem `linktype`-Attribut beim Topic und legt einen mnemonischen Namen für die Assoziationsrolle fest.
type	Dieses Attribut referenziert wieder genau ein Topic, das diese Assoziationsrolle klassifiziert. Wird es nicht angegeben, übernimmt wieder das `anchrole`-Attribut die Aufgabe der semantischen Einschränkung.
linktrav	Dieses Attribut wird vom anchspec-Element aus HyTime geerbt (siehe Abschnitt 5.5.5.).
listtrav	Dieses Attribut wird vom anchspec-Element aus HyTime geerbt (siehe Abschnitt 5.5.5.).
multmem	Dieses Attribut wird vom anchspec-Element aus HyTime geerbt (siehe Abschnitt 5.5.5.).
emptyanc	Dieses Attribut wird vom anchspec-Element aus HyTime geerbt (siehe Abschnitt 5.5.5.).

Tabelle 4.4 Attribute von Assoziationsrollen

```
<!element
   assocrl         -- Association role --
                   -- Clause: 5.3.2 --
   - O
   (%loc;)+        -- Reftype: topic+ --
>
<!attlist
   assocrl
   HyTime          -- HyTime architectural form name --
     NAME
     #FIXED
     anchspec
   anchrole        -- Anchor role --
                   -- Note: Not displayed for the topic map
                      user if the topic referenced by the
                      type attribute has displayable
                      characteristics within the user's
                      scope. --
     NAME
     #IMPLIED      -- Default: GI of element is treated as
                      anchor role. --
```

Architectural Form der Assoziationsrollen (vgl. [ISO13250], 5.3.2)

Architectural Form der Assoziations- rollen (Fortsetzung)

```
            type                 -- Association role type --
                                 -- Reference to the topic that names
                                    and/or otherwise characterizes the
                                    association role.  The characteristics
                                    of the referenced topic, if
                                    appropriate, will be displayed to the
                                    user instead of the value of the
                                    anchrole attribute. --
                CDATA            -- Reference --
                                 -- Reftype: topic --
                #IMPLIED         -- Default: No topic characterizes the
                                    association role, unless this element
                                    is an occurrence (with an occurrence
                                    role whose meaning is instance) of a
                                    topic whose subject is the nature of
                                    the association role.  The value of
                               the anchrole attribute will be displayed as
                                    the association role name. --
            linktrav             -- Hyperlink traversal rules --
                                 -- Traversal between anchors of
                                    hyperlinks:
                                    A any traversal or departure (EID)
                                    D departure after internal arrival
                                    E traversal after external arrival
                                    I traversal after internal arrival
                                    N no traversal after internal arrival
                                    P no internal arrival
                                    R return traversal after internal
                                       arrival --
                NAMES            -- Lextype:
           ("A"|"EI"|"ER"|"ED"|"EN"|"EP"|"ERD"|
            "I"|"ID"|"D"|"N"|"P"|"R"|"RD") --
                A
            listtrav             -- List traversal rules --
                                 -- Traversal between members of list
                                    anchors:
                                    A adjacent (both left and right)
                                       traversal
                                    L left traversal
                                    N no traversal
                                    R right traversal
                                    W wrapping traversal --
                NAMES            -- Lextype:
           ("A"|"AW"|"L"|"LW"|"N"|"R"|"RW") --
                N                -- Default: Show the whole list --
            multmem
               (single|list|corlist)
               list
            emptyanc
               (error|noterror)
               error
        >
```

4.6
Added Themes

Ein weiteres Feature wird in Form des `addthms`-Element angeboten. Über dieses Element können sogenannte *Added Themes* zugeteilt werden. Ein Added Theme ist ein Theme (also ein Topic), das den Gültigkeitsbereich (Scope) eines Elements in einer Topic Map erweitert bzw. näher beschreibt, also zu seinem Scope hinzugefügt wird. Der Vorteil dieser Methodik besteht darin, dass der Scope nicht innerhalb des betreffenden Elements definiert werden muss, sondern auch extern definiert werden kann. Man könnte sich sogar eine Trennung zwischen mehreren Topic Maps vorstellen, in der einige lediglich Topics und Assoziationen beinhalten und die anderen nur mehr die betreffenden Scopes zuweisen.

Ziel dieser Zuweisung kann nun einerseits eine gesamte Topic Map sein, die über ein Entity mit entsprechender Notation deklariert wurde. In diesem Fall werden die Themes allen Elementen dieser Topic Map zugeordnet, allen Topics, Assoziationen, Occurrences etc., die darin enthalten sind. Die betroffenen Entities werden dann im `tmdocs`-Attribut des `addthms`-Elements referenziert, das heißt, deren ID (`id`-Attribut) muss mit der angegebenen ID im `tmdocs`-Attribut übereinstimmen. Das Ziel der Zuweisung können allerdings auch einzelne Elemente sein, dafür kommen `topic`-, `topname`-, `basename`-, `dispname`-, `sortname`-, `occurs`- und `assoc`-Elemente in Frage. Auch diese können über ihre ID referenziert werden, und zwar im `cassign`-Attribut des `addthms`-Elements. Das `addthems`-Attribut referenziert die Themes, die zugewiesen werden.

Konstrukte, denen Added Themes zugeordnet werden können

Das `cassign`-Attribut und das `tmdocs`-Attribut sind voneinander unabhängig. Werden beide spezifiziert, bildet das `tmdocs`-Element also nicht den Ursprung der Lokalisierung für die im `cassign`-Attribut adressierten Elemente (den Location Source), sondern zeigt zusätzlich auf die angegebenen Entities für die Topic Maps, die die im `addthems`-Attribut angegebenen Themes zugewiesen bekommen.

Kombination der Attribute cassign und tmdocs

Der Inhalt des `addthms`-Elements ist nicht spezifiziert und wird von Topic Maps-Applikationen nicht beachtet.

Architectural Form von Added Themes (vgl. [ISO 13250], 5.4)

```
<!element
    addthms             -- Themes to be added --
                        -- (To scopes specified by topic map
                           documents and/or by topic links and/or
                           association links.) --
                        -- Clause: 5.4 --
    - O
    (TMBrid)*           -- No content defined by the Topic Maps
                           architecture --

>
<!attlist
    addthms             -- Themes to be added --
                        -- Clause: 5.4 --
        addthems        -- Added themes --
                        -- Themes to be added to the scopes
                           specified by the tmdocs and cassign
                           attributes --
            CDATA       -- Reference --
                        -- Reftype: topic+ --
            #REQUIRED
        tmdocs          -- Topic map document entities --
            ENTITIES    -- Constraint: Must be one or
                           more document entities of
                           topic map documents. --
            #IMPLIED
        cassign         -- Characteristic assigners --
-- Elements that assign characteristics
 to topics.  The themes specified by the
                           addthms attribute are to be added to
                           the scopes within which the
                           characteristics they specify are
                           regarded as valid --
            CDATA       -- Reference --
                        -- Reftype: (topic | topname | basename |
                           dispname | sortname | occurs | assoc)+
                           --
            #IMPLIED
>
```

4.7
Facette

Facetten bieten, wie bereits geschildert, eine Möglichkeit, Eigenschafts-Wert Paare zu Elementen von Topic Maps zuzuweisen. Das facet-Element wird vom topicmap-Element umhüllt, ist vom HyTime-varlink abgeleitet und beinhaltet ein oder mehrere fvalue-Elemente, die ihrerseits vom anchspec-Element aus HyTime abgeleitet sind und jene Ressourcen, welche die angegebene Kombination von Eigenschaft und Wert zugewiesen bekommen, adressieren.

Vom Aufbau ist das Element also stark mit der Assoziation verwandt. Wiederum umfasst es ein `type`-Attribut, welches genau jenes Topic referenziert, das den Typ der Facette darstellt, sowie ein `linktype`-Attribut, das einen Namen für den Typ des Facet Links vergibt und als Ersatzwert für das `type`-Attribut dienen kann.

```
<!element
    facet                -- Facet link --
                         -- Clause: 5.5.1 --
    - O
    (fvalue)+
>
<!attlist facet
    HyTime               -- HyTime architectural form name --
        NAME
        #FIXED
        varlink
    linktype             -- Hyperlink type. --
                         -- Mnemonic name for the property (facet
                            type). --
                         -- Note: Not displayed for the topic map
                            user if the topic referenced by the
                            type attribute has displayable
                            characteristics within the user's
                            scope. --
        NAME
        #IMPLIED         -- Default: Generic identifier --
    type                 -- Facet type --
                         -- Topic whose subject is the property of
                            the property/value pair(s) being
                            assigned to the anchor(s). --
        CDATA            -- Reference --
                         -- Reftype: topic --
        #IMPLIED         -- Default: No facet type topic is
                            specified by this attribute. --
                         -- Note: A facet type topic might exist
                      by virtue of the fact that this facet link
                            is an occurrence (where the occurrence
                            role means "instance") of a topic whose
                            subject is the nature of the property,
                            however. --
>
```

Architectural Form von Facets (vgl. [ISO 13250], 5.5.1)

4.7.1
Facet Value

Der Facettenwert ist das Ankerelement innerhalb eines `facet`-Elements, also vom `anchspec`-Element aus HyTime abgeleitet. Zusätzlich definiert es den Wert für jene Eigenschaft, die durch das umhüllende `facet`-Element beschrieben wird (vor allem durch dessen Typ).

Folgende Attribute können optional eingestellt werden:

Tabelle 4.5 *Attribute von Facet Values*

Attribut	Beschreibung
facetval	Beinhaltet den Wert des Eigenschafts-Wert Paares, das über dieses Konstrukt definiert und zugewiesen wird. Wird dieses Attribut nicht angegeben, wird der Generic Identifier des `fvalue`-Elements herangezogen.
type	Wie üblich wird auch hier über das `type`-Attribut genau ein Topic referenziert, das den Facettenwert klassifiziert.
linktrav	Dieses Attribut wird vom `anchspec`-Element aus HyTime geerbt (siehe Abschnitt 5.5.5.).
listtrav	Dieses Attribut wird vom `anchspec`-Element aus HyTime geerbt (siehe Abschnitt 5.5.5.).
multmem	Dieses Attribut wird vom `anchspec`-Element aus HyTime geerbt (siehe Abschnitt 5.5.5.).
emptyanc	Dieses Attribut wird vom `anchspec`-Element aus HyTime geerbt (siehe Abschnitt 5.5.5.).

Architectural Forms von Facet Values (vgl. [ISO13250], 5.5.2)

```
<!element
    fvalue                  -- Facet value --
                            -- Clause: 5.5.2 --
    - O
    (%loc;)*
>
<!attlist
    fvalue
        HyTime              -- HyTime architectural form name --
            NAME
            #FIXED
            anchspec
        facetval            -- Facet value name --
                            -- Token is value of property being
                               assigned. --
            NAME
            #IMPLIED        -- Default: Facet value name is GI of
                               element. --
        type                -- Facet value type --
                            -- Reference to a topic whose subject is
                               the significance of the facet value
                               name. --
            CDATA           -- Reference --
                            -- Reftype: topic --
            #IMPLIED        -- Default: No facet value type topic is
                               specified by this attribute. --
                            -- Note: A facet value type topic might
                               exist by virtue of the fact that this
                               fvalue element is an occurrence (where
                               the occurrence role means "instance")
                               of a topic whose subject is the
                               significance of the facet value name,
```

```
    linktrav              however. --
                       -- Hyperlink traversal rules --
                       -- Traversal between anchors of
                          hyperlinks:
                          A any traversal or departure (EID)
                          D departure after internal arrival
                          E traversal after external arrival
                          I traversal after internal arrival
                          N no traversal after internal arrival
                          P no internal arrival
                          R return traversal after internal
                            arrival --
       NAMES            -- Lextype:
("A"|"EI"|"ER"|"ED"|"EN"|"EP"|"ERD"|
"I"|"ID"|"D"|"N"|"P"|"R"|"RD") --
       A
    listtrav             -- List traversal rules --
                       -- Traversal between members of list
                          anchors:
                          A adjacent (both left and right)
                            traversal
                          L left traversal
                          N no traversal
                          R right traversal
                          W wrapping traversal --
       NAMES            -- Lextype:
("A"|"AW"|"L"|"LW"|"N"|"R"|"RW") --
       N                 -- Default: Show the whole list --
    multmem
       (single|list|corlist)
       list
    emptyanc
       (error|noterror)
       noterror
    HyNames
       CDATA
       "anchrole facetval"
>
```

Architectural Forms von Facet Values (Fortsetzung)

4.8 Konformität

Ein abschließender Abschnitt des Topic Maps-Standards legt fest, unter welchen Umständen ein Dokument ein Topic Map-Dokument ist. Wenn ein Dokument mit allen in diesem Standard vorgestellten Konstrukten konform geht, es ein SGML-Dokument im Sinne von ISO 8879 (vgl. [ISO8879]) und ein HyTime-Dokument im Sinne von ISO/IEC 10744 (vgl. [ISO10744]) ist, dann handelt es sich dabei um ein Topic Map-Dokument (vgl. [ISO 13250]). An dieser konkreten Stelle im ISO 13250 Standard wird XML noch nicht erwähnt, entgegen einigen anderen Erläuterungen des Standards, in denen dies sehr wohl der Fall ist.

Topic Maps- Eine Topic Map-Applikation, die Topic Maps verwenden kann, ist
Applikationen des weiteren eine Applikation, die
allgemein

- die im Standard definierte Syntax parsen kann
- die im Standard vorgestellten Konstrukte identifizieren kann und die
- im Rahmen des Anwendungszwecks diese Konstrukte semantisch so behandelt, wie es im Standard vorgeschrieben wird.

Eine Topic Maps-Applikation, die Topic Maps erzeugen soll, muss Topic Maps mit der in diesem Standard vorgestellten Syntax und Semantik exportieren können (vgl. [ISO13250]).

4.9
Weitere Einzelheiten

4.9.1
Allgemeine Definitionen

In der SGML-spezifischen Meta-DTD des Annex A aus [ISO13250] sind noch einige allgemeinere Definitionen enthalten, von denen vor allem Folgende interessant sind:

Allgemeine Attribut-
zuweisungen
(vgl. [ISO 13250])

```
<!attlist
-- Common --
-- HyTime common attributes --
-- HyTime Clause A.5.2, 7.8 --
   #ALL
   id                 -- Unique identifier --
      ID
      #IMPLIED       -- Default: None --
-- refloc --          -- Reference Location Address --
                     -- HyTime Clause: 7.8 --
   #ALL
   loctype           -- Reference location addresses type --
                     -- Each named attribute treated as if it
                        were an IDREF to a location addres
                        element. --
                  -- Constraint: The declared values of named
                     attributes must be lexically compatible with
                     their specified interpretation. --
                  -- Note: The declared value CDATA always meets this
                              requirement. --
      CDATA          -- Lextype: (ATTORCON,("IDLOC"|"TREELOC"|

"PATHLOC"|"RELLOC"|
```

```
                 ("QUERYLOC",NOTATION)))+ --
        #IMPLIED       -- Constant --
                       -- Default: All references use SGML
                       -- IDREFs, and each
                            IDREF in an IDREFS attribute is
                            considered separately --
   rflocsrc            -- Reference location source --
                       -- Associates referential attributes
                          with their location sources. --
        CDATA          -- Lextype: (ATTORCON,ATTORCON)+ --
                       -- Constraint: Attributes named must be
                            referential attributes. --
        #IMPLIED       -- Constant --
                       -- Default: All referential attributes
                            have this element as their location
                            source. --
-- rflocspn --         -- Reference location span --
                       -- HyTime Clause: 7.8 --
     #ALL
   rflocspn            -- Reference location span --
                       -- Names pairs of referential attributes
                            that address spans when both
                            attributes are
                            specified. --
        CDATA          -- Lextype: (ATTORCON,ATTORCON)+ --
                       -- Constraint: Attributes named must be
                            referential attributes. --
        #IMPLIED       -- Constant --
>
```

Allgemeine Attribut-zuweisungen (Fortsetzung)

Dies ist eine Attributzuweisung zu allen Elementen innerhalb der Meta-DTD. Es lässt sich hier erkennen, dass jedes Element ein ID-Attribut haben kann, welches eine eindeutige Identifikation des Elements ermöglicht. Dies ist vor allem für die Assoziationen und Facetten, aber auch für Added Themes wichtig.

ID-Attribut für alle Konstrukte

Weiterhin seien noch die Lokalisierungselemente betrachtet:

Lokalisierungs-elemente

```
<!entity %
    loc            -- Location address forms --
"anchloc|bibloc|dataloc|fcsloc|linkloc|listloc|mixedloc|nam
eloc|nmsploc|pathloc|proploc|queryloc|relloc|treeloc"
>
```

Diese werden im nächsten Abschnitt näher beschrieben. Es sind die Lokalisierungselemente, die im Inhalt von `assocrl`-, `occurs`- und `fvalue`-Elementen verwendet werden können. Alternativen dazu sind, wie bereits erwähnt, XLink/XPointer oder die einfache Angabe eines Hyperlinks durch einen URL, ohne ein eigens dafür vorgesehenes Element.

4.9.2
Scopes

Bei Topic Maps gibt es eine Reihe von Möglichkeiten, einem Element Themes zu seinem Scope hinzuzufügen, nämlich:

Arten der Scope-Zuweisung
- direkt mittels des `scope`-Attributs
- über das `scope`-Attribut eines umhüllenden Elements (z. B. der Scope von `topname` für `basename`)
- über das `addthems`-Attribut der umhüllenden Topic Map
- über das `addthms`-Element an einer beliebigen Stelle

Effektiver Scope eines Elements
Der tatsächliche Scope eines Elements ergibt sich kumulativ aus allen Themes, die den Elementen oberhalb des betrachteten Elementes im Dokumentbaum (in der Elementhierarchie) und ihm selbst zugeordnet sind. Zugewiesene Themes können sich nicht überschreiben, ersetzen oder ausschließen. Dazu wollen wir ein einfaches Beispiel betrachten:

Beispiel einer Topic Map
```
<!entity othermap SYSTEM "other.xml" TOPICMAP>
<topicmap id="tm1" addthems="Zeit">
 <topic id="t-Monat">
  <topname id="tn-Monat">
     <basename id="bn-Monat">Monat</basename></topname>
  </topic>
  <topic id="t-Juli" linktype="Monat" scope="Zeitraum">
   <topname id="tn-Juli" scope="Deutsch">
      <basename id="bn-Juli">Juli</basename>
      <dispname id="dn-Juli"
           scope="Abkuerzung">Jul</dispname>
      <sortname id="sn-Juli">Juli</sortname>
   </topname>
  <occurs id="o-Juli">www.mynicdomain.com/~calendar</occurs>
  </topic>
  <topic id="t-Juni" linktype="Monat">
   <topname id="tn-Juni">
      <basename id="bn-Juni">Juni</basename>
      <dispname id="dn-Juni">Jun</dispname>
      <sortname id="sn-Juni">Juni</sortname>
   </topname>
   <occurs id="o-Juni"
scope="Kalender">www.mynicdomain.com/~calendar</occurs>
  </topic>
  <assoc id="a-JuniJuli" linktype="ist_vor"
         scope="Vorgaenger Nachfolger">
   <assocrl linktype="Vorgaenger">t-Juni</assocrl>
   <assocrl linktype="Nachfolger">t-Juli</assocrl>
  </assoc>
  <addthms addthems="Abkuerzung" cassign="dn-Juni"/>
  <addthms addthems="Zeit" tmdocs="othermap"/>
  <addthms addthems="Monat" cassign="t-Juli">
</topicmap>
```

Mit den bisher vorgestellten Grundlagen sollte es kein Problem sein, dieses einfache Beispiel zu verstehen. Allerdings werden einige Topics referenziert, die im Beispiel aus Platzgründen nicht deklariert werden. Wir nehmen also an, dass Topics wie `Vorgaenger` oder `Abkuerzung` bereits festgelegt sind. Unser Augenmerk richtet sich auf sämtliche `scope`-Attribute und `addthms`-Elemente.

Annahmen zum Beispiel

Betrachten wir etwa das Element mit der eindeutigen ID `dn-Juli`. Es handelt sich dabei um den Display Name des Topics `t-Juli`, welches den Monat Juli repräsentiert. Wie sieht der Scope dieses Display Names aus?

Scope für das Element mit ID `dn-Juli`

Zunächst gehört auf jeden Fall das Topic `Zeit`, welches jener Topic Map, zu der das Juli-Topic gehört, über das `addthms`-Attribut im `topicmap`-Element zugewiesen wird, dazu. Auf dem weiteren Weg durch die Elementhierarchie bis zu dem Display Name wird das Topic `t-Juli` gefunden. Diesem wird über ein `addthms`-Attribut das Theme `Monat` zugeordnet, welches deswegen ebenfalls zum Scope unseres Display Names zählt. Weiters hat das Topic ein `scope`-Attribut mit dem Wert `Zeitraum`, dem somit dritten gefundenen Theme.

Auf dem weiteren Weg finden wir den Topic Name `tn-Juli`, dessen `scope`-Attribut das vierte Theme liefert, nämlich `Deutsch`. Innerhalb dieses Elements befindet sich nun auch der betrachtete Display Name, ihm ist ebenfalls ein `scope`-Attribut zugeordnet, dessen Wert das fünfte und letzte Theme offenbart, nämlich `Abkuerzung`. Auf dem beim Wurzelelement beginnenden Pfad (`tm1` → `t-Juli` → `tn-Juli` → `dn-Juli`) finden wir zusammenfassend folgende Menge an Themes: `Zeit`, `Monat`, `Zeitraum`, `Deutsch`, `Abkuerzung`. Das ist der Scope des Display Names `dn-Juli`.

Anhand dieses kleinen Beispiels lässt sich erkennen, dass die Möglichkeiten zur Definition des Scopes eines Konstrukts Implikationen auf die Performanz einer Topic Maps-Applikation haben werden. Abbildung 4.1 zeigt, welches Element in diesem Beispiel letztendlich welche Themes in seinem Scope hat. Dabei ist in der linken Hälfte der Dokumentbaum zu erkennen und rechts, mit strichlierten Linien verbunden, die jeweiligen Scopes der Elemente.

Angemerkt sei hier, dass die drei `addthms`-Elemente am Ende der Topic Map keinen Scope haben, weil sie nicht zu jenen Elementen gehören, die einen Gültigkeitsbereich laut ISO 13250 haben – sie sind nur ein Hilfsmittel, um Scopes zuzuweisen, und nicht selbst eine Entität jener Wissensbasis, die durch Topic Maps aufgebaut wird. Dazu gehören letztendlich nur Assoziationen, Topics (und deren Unterelemente, die Namen und Occurrences) und Facetten.

`addthms`-Elemente haben keinen Scope

4.9 Weitere Einzelheiten ▪ 115

Erwähnenswert ist weiters, dass die zweite Topic Map (`othermap`), die über ein Entity eingebunden wird, das Theme `Zeit` verliehen bekommt, und mit ihr jedes Topic Map-relevante Element, das in ihr enthalten ist. Diese zweite Topic Map ist in Abbildung 4.1 nicht dargestellt.

Abbildung 4.1
Scopes im Dokumentbaum

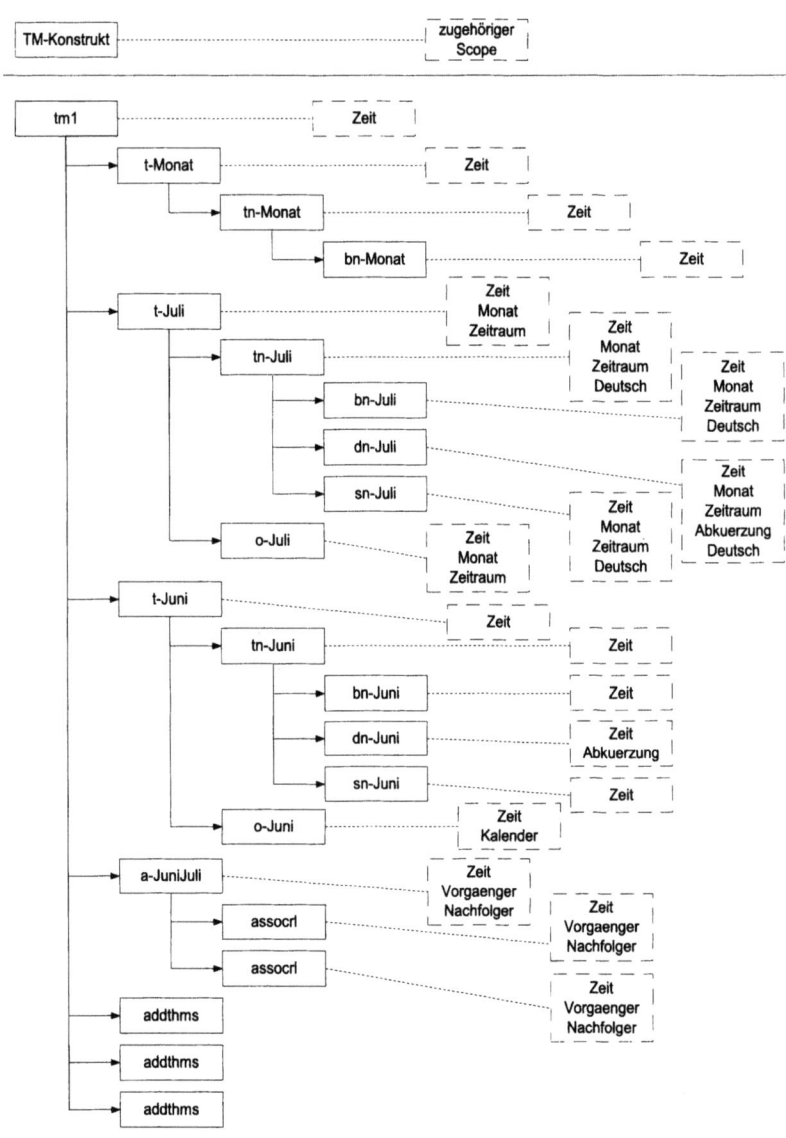

4.10
Syntaktische Struktur einer Topic Map

Abschließend sollen die strukturellen Eigenschaften von Topic Maps genauer betrachtet werden. Es gibt zwei Sichtweisen auf die Struktur. Die eine ist, zu betrachten, welche Arten von Objekten im Rahmen von Topic Maps wie miteinander verbunden werden können. Das Resultat dieser Betrachtung ist eine Art Metagraph von Topic Maps. Dieser wird in Abschnitt 8.3 vorgestellt, wo es darum geht, die semantische Struktur einer Topic Map zu verstehen, um das Wissen, das in ihr enthalten ist, auch entsprechend abfragen und auswerten zu können.

Sichten der Strukturierung

Die zweite Sicht ist jene, die an dieser Stelle beleuchtet wird, nämlich die syntaktische Struktur. Sie soll verdeutlichen, aus welchen Elementen eine Topic Map in ihrer Darstellungssprache aufgebaut ist.

Das besondere an der syntaktischen Struktur ist, dass an der Spitze das `topicmap`-Element steht, welches das `HyDoc`-Element aus dem HyTime-Standard ableitet und somit ein HyTime-Dokument darstellt, also nach außen hin gewissermaßen die äußerste Ebene repräsentiert.

Die Topic Map als HyTime-Dokument

Ein SGML- oder XML-File kann prinzipiell mehrere solcher Topic Maps-Dokumente enthalten, zusätzlich zu beliebigem anderen Inhalt. Darüber hinaus bildet sich noch eine Dokumentstruktur heraus, die über externe Entities konstruiert wird – in diesem Fall sind es die aus HyTime geerbten Bounded Object Sets.

Hyperdokumente mit mehreren Topic Maps

Der Beispielgraph in Abbildung 4.2 zeigt zwei XML-Dokumente, die Topic Maps beinhalten, aber auch anderen Content, der hier nicht näher beschrieben ist und von einer Topic Maps-Applikation in der Regel auch übergangen werden sollte, außer es handelt sich um Inhalte, die die Applikation aufgrund ihrer Art und Funktionalität sinnvoll verarbeiten kann oder muss.

In Abbildung 4.2 verweist das linke XML-Dokument auf das rechte und bindet es über ein externes Entity ein. Das resultierende Bounded Object Set, das für eine Topic Maps-Applikation relevant ist, besteht also aus den vier in den beiden XML-Dokumenten enthaltenen Topic Maps-Dokumenten, sofern keine weiteren das BOS betreffenden Einschränkungen vorgenommen wurden. Wie ein komplexerer Dokumentbaum aussehen kann, ist in Abbildung 5.3 beziehungsweise Abbildung 9.3 zu sehen.

Abbildung 4.2
Topic Maps als
Hyperdokument

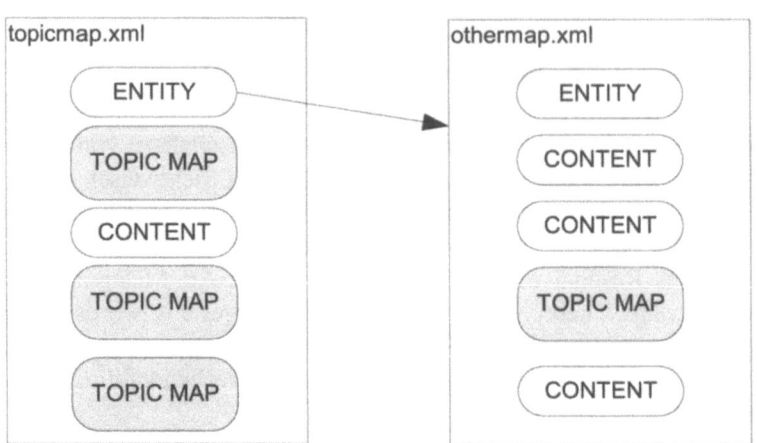

Topic Map Context
Free Content

Die topicmap-Elemente beinhalten nun alle weiteren, bisher kennengelernten Konstrukte, das sind in erster Linie die Elemente topic, assoc, facet und addthms, aber auch kontextfreien Inhalt, der im Standard mit dem Parameter-Entity %TMCFC% beschrieben wird, was für *Topic Map Context Free Content* steht (unter kontextfreiem Inhalt versteht man in diesem Zusammenhang Elemente, die nicht unmittelbar mit Topic Maps zu tun haben – der Standard besagt einfach, dass es alle beliebigen Elemente sein können). Abbildung 4.4 zeigt, welche Elemente in welchen enthalten sind. Die Reihenfolge ist dabei nicht maßgeblich.

Anmerkung: das bosspec-Element wurde bis jetzt noch nicht vorgestellt. Es entstammt dem HyTime-Standard und wird im nächsten Kapitel beschrieben (Abschnitt 5).

Dabei besagt allgemein die Relation

Abbildung 4.3
Legende

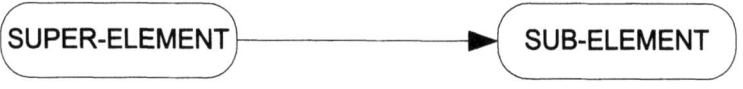

dass das SUB-ELEMENT im SUPER-ELEMENT enthalten ist, und zwar unmittelbar eine Stufe unterhalb in der Elementhierarchie.

Das Parameter-Entity %LOC% wurde bereits vorgestellt, es beschreibt die HyTime-Adressierungselemente, kann aber auch durch andere Adressierungselementmengen ersetzt werden.

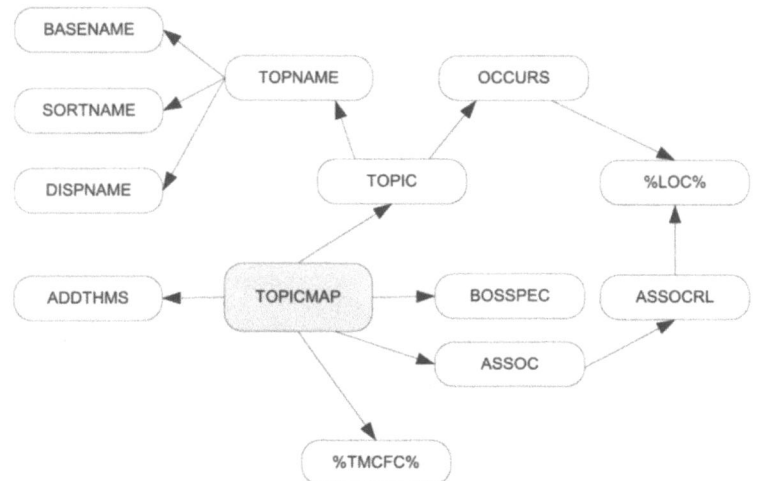

Abbildung 4.4
Syntaktische Topic Maps Metastruktur

Die Tatsache, dass kontextfreier Inhalt jedes beliebige Element umfassen kann, erlaubt streng genommen einige interessante Lücken, die durch das Regelwerk von SGML bzw. XML entstehen. Könnte man einzelne Elementarten bei der Elementdeklaration für den Inhalt des deklarierten Elements ausschließen, würden diese Lücken nicht entstehen.

So aber ist es rein syntaktisch möglich, innerhalb von Topic Maps wiederum Topic Maps anzulegen, die man in gewissem Sinne als Sub-Topic Maps bezeichnen könnte. Darauf wird im Standard ISO 13250 weder in positiver noch in negativer Weise eingegangen. Auch im Beispiel aus Kapitel 3 kann man erkennen, was der Vorteil dieser Tatsache ist: man kann Topic Maps-Elemente sinnvoll in Gruppen und Hierarchien von Gruppen zusammenfassen und diesen jeweils eigene Themes für ihre Scopes zuteilen. Topic Maps können also mehrere Sub-Topic Maps enthalten, welche ihrerseits Elemente umfassen, die dadurch semantisch klar voneinander abgetrennt sind.

Vor- und Nachteile des Berücksichtigens von Topic Map-Konstrukten in eigentlich kontextfreien Bereichen

Eine andere Art, wie diese semantische Differenzierung und Gliederung durchgeführt werden könnte, ist die Zusammenfassung mehrerer Elemente mit gleichem Gültigkeitsbereich innerhalb eines kontextfreien Elements, zum Beispiel <hugo>. Dieses wäre unmittelbar in der Topic Map enthalten und könnte so über ein addthms-Element Themes zugeteilt bekommen. Hier allerdings setzt der Standard eine Beschränkung, da addthms-Elemente ihre Themes nicht kontextfreien Elementen zuordnen dürfen, obwohl dieser Ansatz die Arbeit mit Topic Maps unter gewissen Umständen erleichtern könnte.

Zusammenfassung von Topics in kontextfreiem Bereich zur Zuweisung eines gemeinsamen Scope

Wir erweitern den Graphen aus Abbildung 4.4 nun also um die Konsequenzen, die aus der Tatsache, dass Topic Maps in Topic

Maps enthalten sein können, entstehen. Die strichlierten Linien zeigen eine weitere Problematik, zu der der Standard nur indirekt Stellung bezieht: in kontextfreiem Inhalt könnte sich unterhalb doch wieder Topic Maps-relevanter Inhalt befinden:

Beispiel für kontextfreien Inhalt

```
<topicmap>
        <topic>...</topic>
        <hugo>
                <fred>
                        <topic> ... </topic>
                </fred>
        </hugo>
</topicmap>
```

Genau genommen bleibt es der Applikation überlassen, ob sie auch kontextfreien Inhalt nach relevanten Elementen durchsucht. Wird dies aber nicht standardisiert, kann ein Autor einer Topic Map nie sicher sein, ob alle Applikationen seine Konstrukte in gleicher Weise verarbeiten werden.

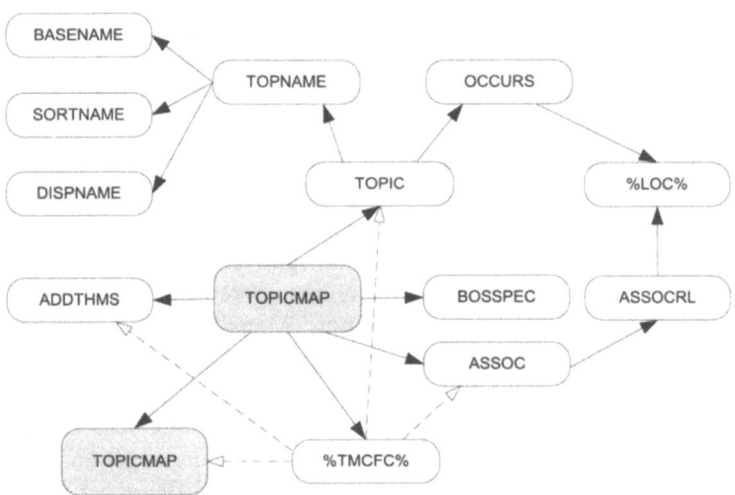

*Abbildung 4.5
Erweiterte Topic Maps-Metastruktur*

4.11
Zusammenfassung

In diesem Abschnitt wurde der ISO 13250 Standard in syntaktischer und semantischer Hinsicht betrachtet. Die notwendigen Grundlagen, um eine gültige Topic Map zu verfassen, sind damit gegeben. Es wurden die Konzepte der Architectural Forms, der Enabling Architecture und der Added Themes, die Elemente `topicmap`, `topic`, `topname`, `basename`, `sortname`, `dispname`, `occurs`, `assoc`, `assocrl`, `facet`, `fvalue` und `addthms` vorgestellt. Weiters wurden die Mechanismen der Scope-Zuteilung sowie die syntaktische Struktur eines Topic Map-Dokuments besprochen.

Was jetzt noch fehlt, bevor an die Schaffung einer Topic Maps-Applikation gedacht werden kann, sind die Konzepte von HyTime, die auch in den Topic Maps-Standard einfließen. Diese werden im nächsten Kapitel beschrieben.

5 Der HyTime Standard

HyTime ist die verkürzte Bezeichnung des Standards „ISO/IEC 10744:1992, Hypermedia/Time-based Structuring Language". Topic Maps sind eine HyTime-Anwendung, das heißt, sie verwenden einen zweckentsprechenden Ausschnitt dieses Standards. Im folgenden Abschnitt wird genau diese relevante Teilmenge von HyTime dargestellt, eine vollständige Beschreibung dieses umfangreichen Standards ist hier aus Platzgründen nicht möglich, es sei an dieser Stelle auf [ISO10744] verwiesen.

5.1 Was ist HyTime?

HyTime ist, ähnlich wie Topic Maps, eine *Enabling Architecture*, dargestellt in Form einer *Meta-DTD*, mit einer Vielzahl von *Architectural Forms*. Das Datenaustauschformat ist SGML. Wie bei einer Enabling Architecture üblich, können die Generic Identifiers (die Namen der Elemente) für die verschiedenen Konstrukte frei vergeben werden. Dieses Konzept ist bereits bekannt, das `topic`-Element zum Beispiel muss auch nicht `<topic>` heißen, sondern kann einen beliebigen anderen Elementnamen bzw. Generic Identifier haben. Die einzelnen Elementarten und Attributformen von HyTime können individuell kombiniert, weggelassen und erweitert werden, wobei die Sinnhaftigkeit solcher Modifikationen im jeweiligen Anwendungsfall zu prüfen wäre.

Enabling Architecture

Der Standard existiert seit 1992 und deckt eine Menge von *hypermedialen* Aspekten ab, wie etwa komplexes Hyperlinking, Einbindung jeglicher Art von Inhalt in Informationsobjekte (Grafik, Video, Text, etc.), virtuelle Zeit, Scheduling-Mechanismen, Synchronisation usw. Hypermedial meint dabei die Verwendung von Konzepten aus den Beriechen Hypertext und Multimedia.

Hypermediale Aspekte

Gründe für den Einsatz von HyTime (vgl. [ISO10744], [DeG98])

HyTime erweitert SGML in vielerlei Hinsicht, nachstehende Themen sind dabei hervorzuheben:

- Adressierung

Jede in SGML oder in einer anderen Darstellungsvariante vorliegende Information wird adressierbar und lokalisierbar.

- Validierung

HyTime unterstützt die Überprüfung von Attributwerten und Elementinhalten hinsichtlich willkürlich wählbarer, anwendungsbezogener lexikalischer Modelle. Referenzen können so beschränkt werden, dass sie nur bestimmte Arten von Informationsobjekten referenzieren können.

- Wiederverwendbarkeit

HyTime unterstützt die Wiederverwendbarkeit Informationskomponenten durch eine Vielzahl komplexer Linkmöglichkeiten. Vor allem durch *out-of-line-Links*, die es ermöglichen, Ressourcen zu verwenden, auf die man unter Umständen kein Schreibrecht hat, das heißt man muss die Ressource selbst nicht verändern. HyTime erweitert zudem die „Objektorientiertheit" von SGML: Elemente können syntaktische und semantische Eigenschaften von einer Menge von DTDs, die als *Base Architectures* bezeichnet werden, erben.

- Linking und Scheduling

HyTime lässt die Generierung von Links zwischen Ressourcen in zeitlicher (Scheduling) und räumlicher Hinsicht zu. Es bestimmt dabei aber in keiner Weise, wie grafische oder audiovisuelle Daten dargestellt werden sollen, sondern allein, wie sie verbunden sind und mit welcher Start-Zeit und Dauer sie mit anderen Ressourcen synchronisiert werden können. Im HyTime-Standard selbst wird einleitend folgendes festgehalten:

> "HyTime supports the classic bibliographic model of information referencing, whereby it is possible to represent links to anything, anywhere, at any time, in a variety of ways. The extension of this model to the computerized information age, known as 'integrated open hypermedia' (IOH), is the field of application of HyTime... This International Standard defines a language and underlying model for the representation of hyperdocuments that link and synchronize static and dynamic (time-based) information contained in multiple conventional and multimedia documents and information objects" (vgl. [ISO 10744], Introduction).

HyTime kann mit beliebigen anderen Formaten und Technologien verbunden oder kombiniert werden. Es bestimmt nicht, welche Elemente durch eine Applikation realisiert oder verstanden werden müssen, damit man von einer HyTime-Applikation sprechen kann.

5.2 HyTime Module

HyTime gliedert sich in fünf verschiedene Module. Jedes davon hat seine verbindlichen und optionalen Elemente und Attribute. Nur das Basismodul muss von einer HyTime-Applikation umgesetzt werden, die anderen Module sind optional und ihr Einsatz von der Art der Applikation abhängig.

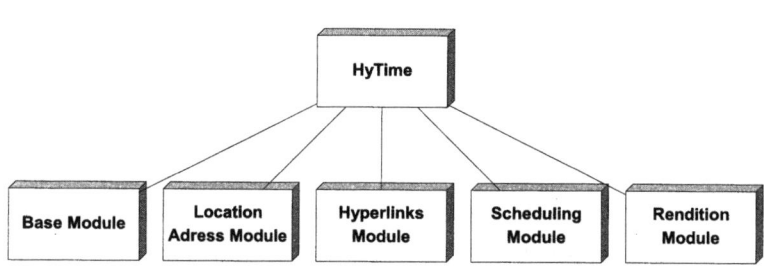

Abbildung 5.1
HyTime Module

Die fünf Module sollen hier kurz beschrieben werden:

Modul	Beschreibung
Base Module	Das Basis Modul beinhaltet einige grundlegende Konzepte von HyTime, etwa den Koordinatenraum, der zur Darstellung von zeitlichen und räumlichen Daten dient, Mechanismen für die Relation zwischen Attributen und den Inhalt von Elementen zu semantischen Werten und die sogenannten Access Policies. Besonders erwähnenswert ist, dass in diesem Modul auch die Organisation der Hyperdokumente beschrieben wird, die Bounded Object Sets.
Location Address Module	Dieses Modul erlaubt die Lokalisierung und Identifikation von Informationsobjekten, vor allem in jenen Fällen, in denen die SGML-Referenzierung über ein ID-Attribut nicht mehr ausreicht. Prinzipiell lassen sich folgende Arten der Adressierung unterscheiden: Namensadressen, semantische Adressen, Adressen im Koordinatenraum und multiple Adressen (Gruppen von Adressen, die selbst eben als eine Adresse auftreten). Die Adressierung ist die Basis für das Hyperlink-Modul, da die Anker der Links ebenfalls über Adressen manifestiert werden.

Tabelle 5.1
Beschreibung der HyTime Module (vgl. [ISO10744])

Tabelle 5.1 (Fortsetzung)	Modul	Beschreibung
	Hyperlinks Module	Dieses Modul legt Mechanismen für das Linking, also die Herstellung von Verbindungen zwischen Informationsobjekten fest.
	Scheduling Module	Dieses Modul erlaubt es, Events entlang Achsen eines Koordinatenraums absolut oder relativ zu positionieren, das heißt auch, in Relation zu stellen. Die Bemaßung dieser Achsen kann in zeitlicher, räumlicher oder frei definierbarer Weise erfolgen.
	Rendition Module	Dieses Modul ist für die korrekte Darstellung und Wiedergabe der Informationsobjekte in HyTime und die Traversierung verantwortlich, vor allem, was die Reihenfolge in zeitlicher und räumlicher Hinsicht, aber auch die Arten der Informationsverbindung (Linking) betrifft. Im Scheduling Module definierte Koordinatenräume können, bezogen auf darin abgebildete Informationsobjekte und Ereignisse, auf andere Koordinatenräume transponiert und so einem Darstellungskontext angepasst werden (Event Projection).

Für Topic Maps sind in erster Linie die Bounded Object Sets des Basis Moduls, sowie das Location Address Module und das Hyperlinks Module interessant, aus letzterem aber eigentlich nur der *varlink*. Deswegen werden in diesem Abschnitt auch nur diese Bestandteile von HyTime beschrieben. Natürlich können auch andere HyTime-Konstrukte in Topic Maps eingebunden werden, die Applikation muss letztlich wissen, wie sie diese sinnvoll verarbeitet.

5.3 Struktur von HyTime-Dokumenten

Groves Ein HyTime-Dokument wird in SGML dargestellt, besteht aber semantisch gesehen aus Operationen auf Knoten von *Groves*. Grove steht für *Graph Representation Of property ValuEs* und stellt im Prinzip einen Baum dar, dessen Knoten Eigenschafts-Wert Paare zugeordnet werden können, sogenannte *Property Sets*. Ein Grove dient ähnlich wie der XML-Dokumentbaum, der durch das Document Object Model (vgl. 6.7.4) beschreib- und navigierbar wird, zur Strukturbeschreibung eines Dokuments. *Grove Plans* haben dann die Aufgabe, aus SGML-Code Groves zu konstruieren oder verschiedene Sichten auf bestehende Groves zu bieten. Diese Pläne legen im Wesentlichen fest, welche Objekte aus dem SGML-Code für die Verarbeitung berücksichtigt oder weggelassen werden sollen.

Wenn in HyTime von Location Addressing gesprochen wird, so meint man damit eigentlich die eindeutige Identifikation von Knoten in einem Grove, dies anhand von Namensräumen, Koordinatenräumen, in semantischer Hinsicht oder bezogen auf bestimmte Eigenschaften der Knoten. Syntaktisch gesehen bestehen HyTime-Dokumente ebenso wie XML-Dokumente aus Elementen, Attributen, Entities und Daten – unabhängig von dieser Graphendarstellung.

Location Addressing in Groves

5.3.1 Bounded Object Sets

HyTime behandelt Hyperdokumente. Damit ist eine Menge von HyTime-Dokumenten oder anderen Dokumenten gemeint, die miteinander in einem Netzwerk verflochten sind. Beginnend mit einem Dokument, dem sogenannten *Hub Document*, bildet sich ein Dokumentbaum heraus, der dadurch entsteht, dass dieses erste Dokument andere Dokumente über externe Entity-Verweise einbindet. Diese Dokumente binden wieder andere Dokumente ein, wodurch sich in weiterer Folge stark verflochtene Hyperdokumente herausbilden können. Abgesehen von den praktischen Problemen, die bei der Verarbeitung großer Hyperdokumente auftreten, könnten in weiter entfernten Hierarchiestufen des entstehenden Dokumentbaums auch Dokumente eingebunden werden, die semantisch nur mehr wenig mit dem Ursprungsdokument in Zusammenhang stehen. Es besteht also der Wunsch, solche Dokumentbäume gezielt abzugrenzen, damit der Aufwand beim Suchen, Parsen und Verarbeiten der Dokumente nicht zu groß wird. So einen abgegrenzten Dokumentbaum nennt man ein *Bounded Object Set (BOS)*.

Hyperdokumente und Hub Documents

HyTime unterscheidet grundlegend zwischen drei Arten von BOS:

5.3.1.1 HyTime BOS

Jedes HyTime-Hyperdokument hat genau ein Hub Document, an dem die Verarbeitung des Hyperdokuments startet. Es ist normalerweise jenes Dokument, das der Benutzer auf irgendeine Art und Weise zur Verarbeitung direkt auswählt. Das HyTime BOS ist nun jenes BOS, das der Autor eines HyTime-Hyperdokuments direkt oder indirekt selbst bestimmt, und zwar durch die Benutzung der entsprechenden Elemente und Attribute, die in HyTime für solche Zwecke zur Verfügung stehen.

5.3.1.2
Application BOS

Dieses BOS ist jenes, das eine Applikation abweichend von den Festlegungen (Attribute und Elemente) aus dem HyTime-Dokument bestimmen kann. Wird das `boslevel`-Attribut des `HyDoc`-Elements (in unserem Fall also des `topicmap`-Elements) nicht gesetzt, so gibt es kein HyTime BOS, und die Applikation muss jedenfalls entscheiden, welche Dokumente dem BOS angehören werden. Es könnte beispielsweise Applikationen geben, die versuchen, alle erreichbaren Dokumente einzubinden.

5.3.1.3
Effektives BOS

Das effektive BOS ist jenes BOS, das aus den Vorgaben eines der beiden obigen Konzepte entsteht. Genauer gesagt ist es in der Regel eine Teilmenge davon, da es Dokumente geben kann, die laut Definition innerhalb HyTime oder seitens der Applikation zwar zum BOS gehören würden, aber, aus welchen Gründen auch immer, nicht erreichbar sind (Nichtverfügbarkeit, Unberechtigter Zugriff, etc.). Damit fehlen natürlich alle weiteren Dokumente, die im gedachten Dokumentgraph diesem Dokument nachfolgen.

Das effektive BOS ist also jenes, das zu einem bestimmten Zeitpunkt von einer Applikation tatsächlich konstruiert wurde. Die Applikation muss jeden Link-Anker, der von jedem bis jetzt eingebundenen Dokument ausgeht, kennen, um entscheiden zu können, ob ein verlinktes Dokument zu dem BOS gehört oder nicht. Kann darüber an irgendeiner Position keine Aussage getroffen werden, unterscheidet sich das effektive BOS vom Application BOS oder HyTime BOS. Es bleibt der Applikation überlassen, ob sie dies stillschweigend hinnimmt oder den Benutzer darüber unterrichtet. Allen drei BOS ist gemeinsam, dass sie mindestens ein Hub Document besitzen.

5.3.1.4
Verarbeitungsalgorithmus

Die Verarbeitung der einzelnen Dokumente im Dokumentbaum und die Konstruktion des BOS aus diesem wird auch als *Entity-Tree Discovery Process* bezeichnet. Der HyTime-Standard gibt keine verpflichtende Regel für einen Algorithmus für die Konstruktion des BOS vor, empfiehlt allerdings einen solchen. Er besteht aus drei Schritten:

Verarbeitung und Erkennung des BOS für ein Hyperdokument

Entity-Tree Discovery Process laut HyTime-Standard (vgl. [ISO10744])

1. Skelett des BOS erstellen

1.1. Für jedes Entity im Hub Document, dessen `subhub`-Attribut den Wert „subhub" hat, diesen Algorithmus rekursiv noch einmal starten. Das BOS eines Subhub Documents wird zum BOS des aktuellen Dokumentes hinzugefügt. Ein Dokument, das von seinem Vater-Dokument mit einem `subhub`-Attribut vom Wert „subhub" eingebunden wird, dessen Vater-Dokument aber selbst kein Hub oder Subhub Document ist, wird dabei nicht berücksichtigt.

1.2. Den Entity-Tree des Hub Documents (oder des Subhub Documents) rekursiv durchsuchen und jedes Entity dem BOS hinzufügen, sofern es nicht ein Hub oder Subhub Document ist, da es dann ja schon im BOS nach Schritt 1.1. wäre. Während dieses Vorganges darf das kleinere der beiden folgenden Attribute nicht überschritten werden: das `maxbos`-Attribut des Hub oder Subhub Documents und das `boslevel`-Attribut der Entity-Deklaration im Hub Document. Hat irgendeine Entity-Deklaration ein `inbos`-Attribut mit dem Wert „inbos", dann wird es bzw. das Dokument, auf das es sich bezieht, in jedem Fall in das BOS miteinbezogen, egal, wie die `maxbos`- oder `boslevel`-Attribute aussehen.

2. Alle Änderungen durch `bosspec`-Elemente, die von dem `bosspec`-Attribut eines Dokumentelements (in unserem Kontext HyDoc oder eben `topicmap`), dessen `inbos`-Attribut den Wert „notinbos" hat, referenziert werden, müssen mit berücksichtigt werden. `bosspec`-Elemente, deren `inbos`-Attribut selbst den Wert „inbos" hat, adressieren in ihrem Inhalt Objekte, die dem BOS zugefügt werden müssen. Dies erfordert eine weitere Traversierung des Entity-Baumes.

3. Weitere, in `bosspec`-Elementen festgehaltene Änderungen am BOS durchführen, sofern das `inbos`-Attribut der `bosspec`-Elemente den Wert „notinbos" hat.

Wir werden in Kapitel 9 noch einen Algorithmus kennenlernen, der lediglich einen rekursiven Durchlauf durch den Entity- bzw. Dokumentbaum benötigt.

5.3.2
BOS-Attribute

Bereits im vorigen Kapitel sind die Attribute aufgetaucht, die für die Begrenzung des BOS zuständig sind. Diese sollen nun beschrieben werden.

5.3.2.1
HyDoc-Attribute

Die `HyDoc`-Attribute sind Attribute des `HyDoc`-Elements – in unserem Fall des `topicmap`-Elements. Zu erwähnen sind hier das `maxbos`- und das `boslevel`-Attribut.

5.3.2.1.1
Maxbos

Maximum Bounded Object Set Level

Das `maxbos`-Attribut (*Maximum Bounded Object Set Level*) spezifiziert die nominelle maximale Rekursionstiefe im Entity-Tree Discovery Process. Dieser Wert gilt für alle Entities, die im Hub Document deklariert werden, außer für Subhub Documents und für Entities, dessen `inbos`-Attribut den Wert „inbos" hat. Es kann auch von den Bestimmungen eines `bosspec`-Elements oder des `bosspec`-Attributs des `HyDoc`-Elements (des `topicmap`-Elements) außer Kraft gesetzt werden. Ist der Wert dieses Attributs 0, bedeutet dies, dass es keine Beschränkung der Rekursionstiefe gibt, ist er 1, so wird nicht rekursiv abgestiegen, bei 2 wird genau eine Rekursionsstufe erreicht, usw.

Der Vorgabewert dieses Attributs ist 0, das heißt, wenn es nicht explizit angegeben wird, dann wird das BOS durch dieses Attribut nicht beschränkt.

Der `maxbos`-Wert hat dem `boslevel`-Attributwert eines Entities gegenüber höhere Priorität, wenn der `boslevel`-Wert ein größeres BOS bewirken würde.

5.3.2.1.2
Boslevel

Das `boslevel`-Attribut des `topicmap`-Elements legt einen Vorgabewert für die `boslevel`-Attribute der eingebundenen Entities fest. Dieser gilt, wenn diese Entities selbst keinen solchen Wert festlegen. Untenstehendes Listing ist die Architectural Form (in SGML) für die `HyDoc`-Attribute:

Architectural Form für HyDoc-Attribute (vgl. [ISO10744], 6.5.1)

```
<![ %bos; [
<!attlist
   -- bos --          -- HyTime bounded object set --
                      -- Clause: 6.5.1 --
   (HyDoc)

   maxbos             -- Maximum bounded object set level --
                      -- Bounding level of HyTime bounded
                      -- object set when
                         document is a hub or subhub. --
      NUMBER          -- Constraint: depth of nested entities
                         -- to include
                         in BOS (0=no limit, 1=hub only) --
      0

   boslevel           -- Bounded object set level --
                      -- Default BOS level used by data
                      -- entities declared
                         in hub document. --
      NUMBER          -- Constraint: depth of nested entities
                         -- to include in BOS (0=no limit, --
                         -- 1=this entity only) --
      #IMPLIED        -- Default: No HyTime BOS --
>
]]><!-- bos -->
```

5.3.2.2
Notations-Attribute (HyTime BOS Control Data Attributes)

Im Folgenden werden jene Attribute beschrieben, die die eingebundenen Entities (bzw. ihre Notationen) aufweisen können. Das bedeutet, jedem eingebunden Entity können bei der Einbindung durch eine Entity-Deklaration BOS-spezifische Eigenschaften zugewiesen werden. Sie werden auch als *HyTime BOS Control Data Attributes* bezeichnet. Diese Attribute können jeder beliebigen HyTime-Notation zugeteilt werden (siehe Schlüsselwort `ALL` in der untenstehenden Architectural Form). Es sind die vier Attribute `boslevel`, `inbos`, `bosprrty` und `subhub`.

5.3.2.2.1
Boslevel

Dieses Attribut legt die maximale Rekursionstiefe für den Entity-Tree Discovery Process (siehe Abschnitt 5.3.1.4) fest, beginnend mit dem eingebundenen Entity. Wenn es nicht festgelegt wird, wird der Wert des `boslevel`-Attributs des `HyDoc`-Elements herangezogen.

5.3.2.2.2
Inbos

Willkürlich Einbeziehung einer Topic Map in ein BOS

Das `inbos`-Attribut legt fest, ob das Entity eingebunden wird oder nicht. Es geht allen anderen Attributen vor, das bedeutet, dass beim Entity-Tree Discovery Process in jedem Fall jeder Entity-Knoten des Dokumentbaums abgearbeitet werden muss, da jedes Entity auf einer beliebigen Hierarchieebene mit einem positiven `inbos`-Attribut eingebunden wird. Entities, die einem auf diese Weise eingebundenen Entity im Entity-Tree nachfolgen, werden nur dann eingebunden, wenn sie in einem durch die jeweiligen `maxbos`- und `boslevel`-Attribute festgelegten gültigen BOS-Bereich sind (außer, sie haben auch ein `inbos`-Attribut mit dem Wert „inbos").

Ist der Wert dieses Attributs „notinbos", so wird das Entity nicht eingebunden, auch wenn es in einem gültigen Bereich wäre. Der HyTime-Standard schweigt leider zu der Frage, ob die Nachfolger eines solchen Entities im Entity-Tree dann auch nicht eingebunden werden, falls sie sich noch im gültigen Bereich befinden, oder ob sie dann doch wieder miteinbezogen werden. Anzunehmen ist aber wohl eher der letztere Fall, da sich das `inbos`-Attribut nicht in den durch `maxbos`- und `boslevel`-Attribut gebildeten gültigen Bereich einmischen, sondern nur willkürlich einzelne Entities ein- oder ausschalten will. Die mit diesem Attribut getroffenen Einstellungen sind den Auswirkungen sämtlicher `bosspec`-Elemente untergeordnet. Letztgenannte Elemente haben somit höchste Priorität.

5.3.2.2.3
Bosprrty

Mit Hilfe dieses Attributs, das die Werte „foregrnd" für Vordergrund und „backgrnd" für Hintergrund annehmen kann, wird festgelegt, ob ein Entity (und alle Entities, die sich hierarchisch darunter befinden) vor allen anderen verarbeitet wird (Vordergrund) oder nicht (Hintergrund). Kritische Dokumente können so für die Bearbeitung vorgezogen werden, egal, in welcher Reihenfolge sie grundsätzlich auftauchen. Es kann dafür aber nur diese binäre Prioritätsskala verwendet werden, nicht etwa eine mehrstufige. Hier entstehen also unter Umständen gleichberechtigte Abarbeitungsreihenfolgen.

5.3.2.2.4
Subhub

Für Subhub-Dokumente wird ein eigenständiges BOS gebildet.

Ein Entity, dessen `subhub`-Attribut bei der Einbindung den Wert „subhub" hat, unterliegt nicht dem aktuellen Entity-Tree Discovery Process. Für dieses und seine Nachfolger wird ein eigener Verarbeitungsprozess gestartet, in dem das Subhub Document seine eigenen maxbos- und boslevel-Attribute bestimmt. Subhub Documents können weitere Subhub Documents umfassen.

Es folgt die Architectural Form für die HyTime BOS Control Data Attributes, die soeben besprochen wurden:

```
<!-- HyTime BOS Control Data Attributes -->
<![ %bos; [
<!attlist #NOTATION
-- bosdatt --       -- HyTime BOS control data attributes --
                    -- Clause: 6.5.2 --
   #ALL
   boslevel         -- BOS level --
                    -- Bounded object set level for the entity --
      NUMBER        -- Constraint: depth of nested entities
                       to include in BOS (0=no limit, 1=this
                       entity only) --
      #IMPLIED      -- Default: value of boslevel attribute
                       -- of HyDoc element. --

   inbos            -- Include in BOS --
                    Unconditional include in, or exclude
                    from, BOS --
      (inbos|notinbos)
      #IMPLIED      -- Default: inclusion controlled by BOS
                       -- level --

   bosprrty         -- Bounded object set priority --
                    -- Default BOS priority of objects in
                       entity tree rooted at this entity. --
      (foregrnd|backgrnd)
      foregrnd

   subhub           -- Is entity a subhub? --
      (subhub|nosubhub)
      nosubhub
>]]><!-- bos -->
```

Architectural Forms zu den HyTime BOS Control Data Attributes (vgl. [ISO 10744], 6.5.2)

5.3.3
Bounded Object Set Exception Specification

Abschließend werden die BOS-Exceptions als weitere Parameter, die das BOS verändern, betrachtet. Sie haben höchste Priorität, wann immer also eine BOS-Exception ausnahmeregelnd auf ein Entity wirkt, gilt diese Regelung, egal, welche maxbos-, boslevel- oder inbos-Attribute in der betreffenden Umgebung gesetzt sind.

Dazu kommt zunächst ein bosspec-Attribut im HyDoc-Element (topicmap-Element) vor, das entsprechende bosspec-Elemente referenziert. Diese Elemente können an beliebiger Stelle im Dokument stehen und durch ihre Attribute die finalen Einstellungen

Individuelle Ausnahmen für die Generierung des BOS

bosspec-Attribut und bosspec-Elemente

für jene Entities, die im Content des `bosspec`-Elements referenziert werden. Diese Definition erfolgt in Bezug auf das BOS des Hyperdokuments, dessen `HyDoc`-Element das `bosspec`-Attribut beinhaltet.

Zunächst sei die Architectural Form für das `bosspec`-Attribut im `HyDoc`-Element (`topicmap`-Element) angeführt:

Architectural Form für BOS Exceptions (vgl. [ISO 10744], 6.5.3)

```
<![ %bosspec; [
<!attlist
-- bosspcat --          -- BOS except specification attributes --
                        -- Clause: 6.5.3 --
   (HyDoc)
   bosspec              -- Bounded object set exception
                           -- specification -
                        -- Adjustments to be made to the bounded
                        object set. --
        IDREFS          -- Reference --
                        -- Reftype: bosspec+ --
                     -- Constraint: must be internal reference --
        #IMPLIED        -- Default: no BOS exception
                           -- specification -
>
]]><!-- bosspec -->
```

Das `bosspec`-Element verfügt über die beschreibenden Attribute `boslevel`, `inbos`, `bosprrty`. Ihre Bedeutung ist die gleiche wie die der Notations-Attribute in Abschnitt 5.3.2.2. Dazu kommt noch das `id`-Attribut, das einen referenzierbaren Namen beinhaltet, der vom `bosspec`-Attribut des `HyDoc`-Elements (`topicmap`-Element) zum Verweis verwendet werden kann.

Die referenzierten `bosspec`-Elemente übergeordneter Dokumente haben dabei Vorrang. Das letzte Wort sprechen demnach die `bosspec`-Elemente, die das Hub Document referenziert, sie wirken also auch stärker als die `bosspec`-Elemente, die in Subdokumenten verwendet werden.

BOS Pfade

Das `bosspec`-Element verweist in seinem Content auf jene Entities, denen die Attribute zugeordnet werden sollen, die das `bosspec`-Element selbst aufweist. Dabei verwendet es sogenannte BOS Paths (BOS Pfade), die zur Lokalisierung dieser Entities dienen. Ein BOS Pfad besteht aus einer Abfolge von Entities. Das erste davon ist ein Entity, das im aktuellen Dokument deklariert wird, das zweite wird in dem Dokument deklariert, das durch das erste Entity eingebunden wurde, das dritte Entity der Liste wird im zweiten Dokument deklariert usw. Werden mehrere solcher Pfade verwendet, muss jeder unter Anführungszeichen gesetzt werden, um sie abzutrennen.

Es folgt nun die Architectural Form für das `bosspec`-Element:

```
        <!-- Bounded Object Set Exception Specification -->
<![ %bosspec; [
<!element
    bosspec              -- Bounded object set exception
                            specification --
                         -- Clause: 6.5 --
                         -- Used to affect the HyTime BOS by
                            overriding the inclusion or exclusion
                            and priority of the entities identified
                            by the BOS path or paths
                            given as content. --
    - O
    (#PCDATA)            -- Lextype: ((ENTITY,(csname|literal)*)|

                            (GRPO,ENTITY,(csname|literal)*,GRPC)+)

                         -- Constraint: If parentheses are used, each
                            parenthesized list is a separate BOS path. --
                         -- Constraint: Each word or literal in a BOS path is
                            the name of an entity declared in the entity
                            identified by the previous word, literal, or entity
                               name. --

-- Attributes [base]: bosspec --
-- CommonAttributes [GenArc]: dafe, dvlatt, etfullnm, id,
   irefmodl, ireftype, lextype, opacity --
-- CommonAttributes [base]: activity, conloc, dtxtatt,
   valueref --
-- CommonAttributes [locs]: refctl, refloc, reftype,
   rflocspn --
-- Referrers [base]: HyDoc:bosspec --
>
<!attlist
    bosspec              -- Bounded object set exception
                            specification --
                         -- Clause: 6.5 --
    boslevel             -- BOS level --
                         -- The BOS level from the last entity
                            named in each specified BOS path to
                            be affected by this
                               bosspec. --
        NUMBER           -- Constraint: depth of nested entities
                            to include in BOS (0=no limit,
                            1=last entity only) --
        1

    inbos                -- Include in BOS --
                         -- Unconditionally include or exclude
                            objects declared by the last entity
                            named in each BOS path, to the BOS level
                            specified by this
                               bosspec's boslevel attribute. --
    (inbos|notinbos)
        #IMPLIED         -- Default: BOS unaffected --
```

Architectural Form für das bosspec-Element (vgl. [ISO 10744], 6.5.3)

Architectural Form für das bosspec-Element (Fortsetzung)

```
         bosprty      -- Bounded object set priority --
                      -- Unconditionally specify the BOS
                         priority of objects declared by the last
                         entity named in each BOS path, to the
                         BOS level specified by this
                         bosspec's boslevel attribute. --
                      -- Note: The semantic of the bosprrty
                         attribute is not affected by the
                         value of the inbos attribute (that is,
                         whether it is explicitly "inbos" or the
                         value is implied). --
         (foregrnd|backgrnd)
         #IMPLIED     -- Default: no priority change --
>
]]><!-- bosspec -->
```

5.3.4
Das exrefs-Attribut

Sollen externe Entities eingebunden werden?

Ein weiteres Attribut ist in diesem Zusammenhang von Interesse, da es das BOS beschränken kann. Es handelt sich dabei um ein allgemeines Notations-Attribut, das im HyTime-Standard nicht im Kontext mit BOS erwähnt wird, aber trotzdem Auswirkungen auf dieses hat: das `exrefs`-Attribut. Es kann jedem Entity zugewiesen werden und die Werte „exrefs" oder „nexrefs" annehmen. Im letzteren Fall darf es keine externen Entities geben. Genau solche werden nicht eingebunden, egal, welche Attribute sonst in welcher Weise auch immer eingestellt sind. Der erste Fall ist der voreingestellte Fall und erlaubt beliebiges Einbeziehen externer Entities.

5.3.5
Verwendung von und Überlegungen zu BOS

Überschaubarkeit des BOS

Die Mechanismen zur Konstruktion und Verwaltung von Bounded Object Sets sind also, wie gezeigt wurde, nicht trivial. Es fragt sich auch, ob eine etwas einfachere, dabei auch weniger mächtige Version nicht einige Vorteile brächte. Ein Autor eines Dokuments kann zwar für einen bestimmten Zeitpunkt und einen bestimmten Status von Dokumenten genau vorausberechnen, welche Dokumente durch seine Zusammenstellung von BOS-Elementen und Attributen eingebunden werden. Dabei sollte jedoch eine der Existenzgrundlagen von HyTime nicht außer Acht gelassen werden: die außergewöhnliche Dynamik des Internets. Wenn nun eines der Dokumente, das der Autor gerne miteinbeziehen würde, gelöscht oder durch ein anderes ersetzt wird, ist auch die von ihm erzeugte BOS-Struktur möglicherweise modifiziert, vor allem, wenn er viele unterschiedliche Attribute und `bosspec`-Elemente verwendet.

Der oben genannte Aspekt bringt noch eine weitere Variante der Bounded Object Sets ins Spiel: der Autor muss sich auch mit dem Gedanken vertraut machen, dass ein anderer HyTime-Dokumentautor sein Dokument in dessen Hyperdokument (und dessen BOS) miteinbeziehen wird. Er kann nicht wissen, welche BOS-Bestimmungen dieser Autor festlegen wird – mitunter wird er sie so definieren, dass Dokumente in den unteren Regionen des Entity-Trees dadurch nicht mehr Element des BOS sind, etwa weil der andere Autor einen anderen `maxbos`-Wert wählt. Abbildung 5.2 zeigt diesen Sachverhalt: Dokument A verwendet einige Subdokumente über Entity-Verweise, Dokument B verwendet Dokument A (und dessen Subdokumente), legt aber eine andere BOS-Strategie fest, wodurch die zwei grau markierten Dokumente nicht mehr im BOS enthalten sind. Dies könnte aber für die Plausibilität, Richtigkeit und Konsistenz von Dokument A fatale Folgen haben.

Das BOS referenzierter Dokumente

Man könnte diese Problematik umgehen, indem man jedes Dokument, das man für wichtig befindet, über ein Entity mit dem `inbos`-Attribut vom Wert „inbos" einbindet. Dann hat aber die ganze BOS-Strategie wesentlich an Sinn verloren und man könnte gleich beim Hub Document das `maxbos`-Attribut auf den Wert 0 (keine Einschränkung) setzen. Das wiederum hätte zur Folge, dass die Anzahl der eingebundenen Dokumente nicht mehr kontrolliert werden könnte. Es entsteht ein Dilemma, das kaum zufriedenstellend gelöst werden kann. Entwirft man also ein Hyperdokument, sollte man unbedingt darauf achten, was passiert, wenn jemand anders dieses Dokument in seinem Dokument verwenden will – Konsistenz und Plausibilität müssen gewährleistet sein. Es empfiehlt sich wohl, möglichst überschaubare Hyperdokumente zu entwerfen, die zunächst nicht allzu viele Subdokumente einbeziehen, und das BOS möglichst offen zu gestalten, das heißt, die Begrenzung des Hyperdokuments schon durch eine gezielte Auswahl der Subdokumente vorzunehmen.

Ratsam ist auch, jedes fertig geschaffene Hyperdokument mit einer Schablone zu testen, die dieses Hyperdokument (und vielleicht auch andere) referenziert. Diese Schablone kann ein übergeordnetes Hyperdokument sein, mit dem man nun experimentieren und jegliche BOS-Einstellung ausprobieren kann, um nachzuvollziehen, ob das eigene Hyperdokument noch immer sinngemäß funktioniert.

Tests mit Schablonen

Eine andere Möglichkeit wäre, jede Topic Map, die nicht aus eigener Feder stammt, sicherheitshalber als Subhub einzubinden. Dann verliert man aber wieder die Kontrolle für diesen Teil des BOS.

Abbildung 5.2 zeigt die angesprochene Problematik beim Referenzieren von fremden HyTime-Dokumenten schematisch.

Abbildung 5.2
Problematik von Bounded Object Sets

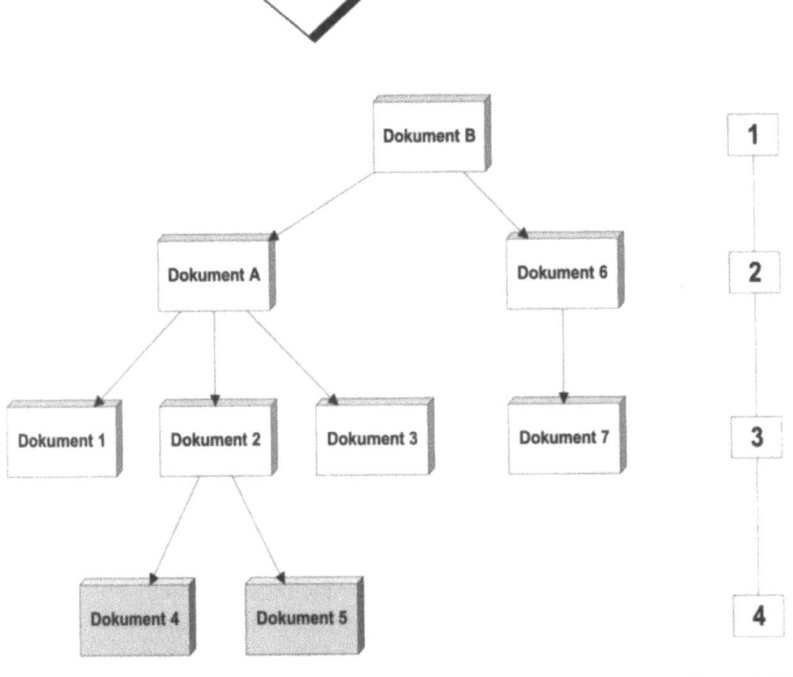

5.3.6
Beispiel

Im Folgenden wollen wir uns zum besseren Verständnis der BOS-Konzepte ein Beispiel vor Augen führen:

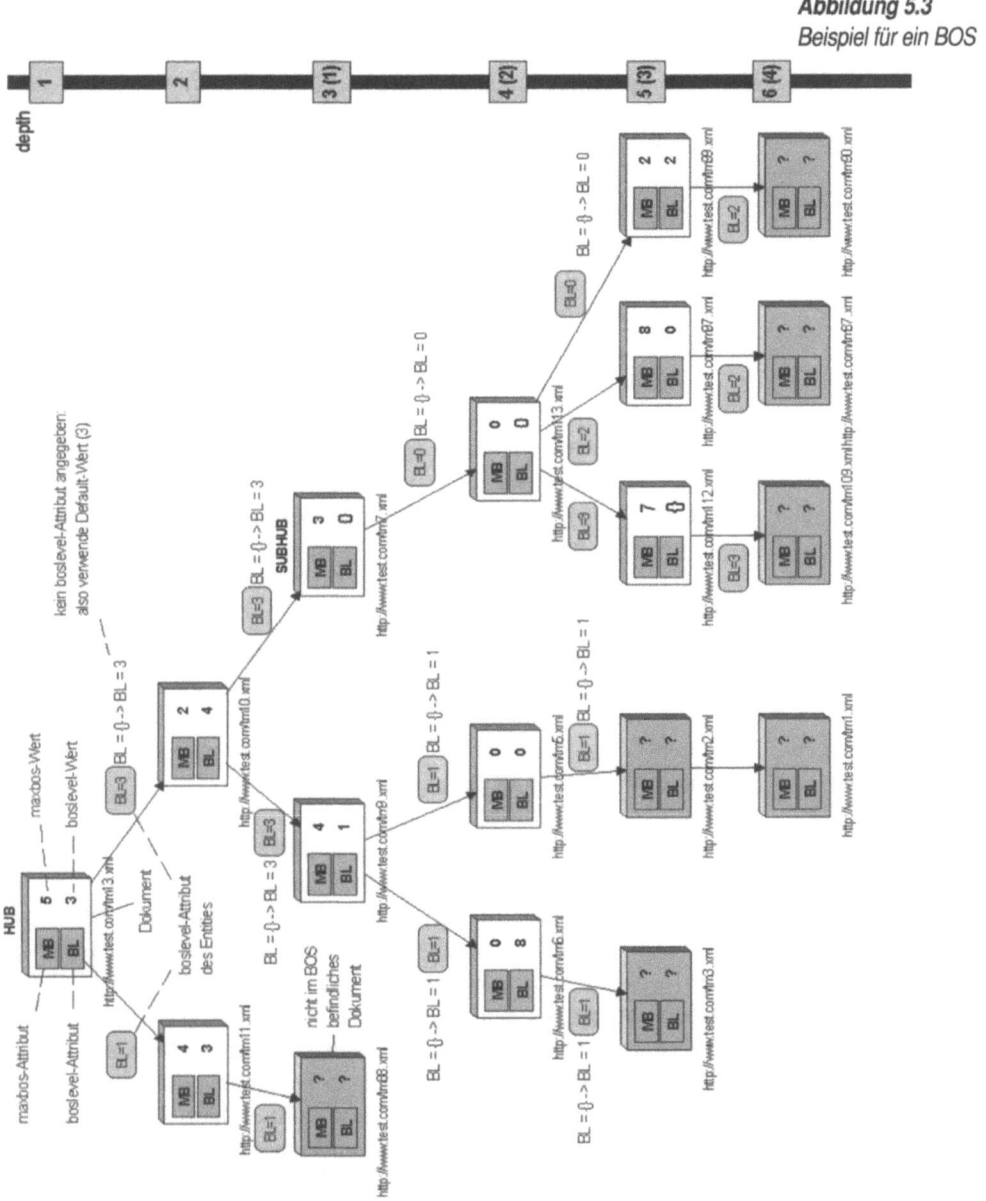

Abbildung 5.3
Beispiel für ein BOS

5.3 Struktur von HyTime-Dokumenten

Dieses Beispiel berücksichtigt nicht alle BOS-spezifischen Mechanismen und greift damit schon ein wenig voraus, denn der Prototyp, der im Rahmen dieser Arbeit skizziert werden soll, greift ebenfalls nicht auf alle Mechanismen zurück – dies auch im Hinblick auf die im vorigen Teilabschnitt angeführten Argumente.

Das Beispiel berücksichtigt vor allem die `maxbos`- und `boslevel`-Attribute der `topicmap`-Dokumente sowie die `boslevel`-Attribute der eingebundenen Entities. Nicht beachtet werden `inbos`-Attribute und `bosspec`-Konstrukte. Jedes Rechteck steht für ein Dokument, das oberste für das Hub Document. In jedem Rechteck stehen die Attribute dieses Dokuments (`maxbos` und `boslevel`). Die Pfeile, die zu den untergeordneten Dokumenten führen, welche über Entities eingebunden werden, werden von kleinen abgerundeten Rechtecken begleitet, die den effektiven boslevel festlegen. Dieser ist entweder der Wert des `boslevel`-Attributs des Entities oder, wenn keiner angegeben ist, der `boslevel`-Wert des einbindenden Dokuments (in letzterem Fall steht neben dem Kästchen dann ein erklärender Text, etwa BL={} -> BL=3).

Subhub im Beispiel

Ganz rechts wird die Rekursionstiefe angeführt. Ab der dritten Stufe des Hub Documents kommt hier eine zweite Zahl in Klammern hinzu: an dieser Stelle wird ein Subhub Document eingebunden wird, die eingeklammerte Zahl steht für die Rekursionstiefe des Verarbeitungsprozesses dieses Subhub Documents. Dabei beginnt die Nummerierung immer mit 1.

Unter den Rechtecken, die für die Dokumente stehen, ist jeweils ein fiktiver URL angegeben, der sie unterscheiden soll. Ist ein Rechteck nicht eingefärbt, bedeutet dies, dass es ins BOS des Hub Documents (tm13.xml) eingebunden ist, ist es hingegen grau unterlegt, ist es nicht im BOS enthalten.

Beispiel für einen Pfad durch das BOS

Im Folgenden wird `boslevel` einfach als BL und `maxbos` als MB bezeichnet. Betrachten wir zunächst den Weg von tm13.xml nach tm5.xml in der vierten Ebene. Zunächst wird tm10.xml in tm13.xml eingebunden. In tm13 wird tm10 kein eigener BL zugeordnet, also wirkt der default-BL von tm13, und zwar 3. Der MB von tm10 ist 2, dieser ist jedoch irrelevant, da tm10 nicht als Subhub deklariert wurde. Es gilt also weiter ein MB von 5 bezogen auf tm13, das Hub Document. Der default-BL von tm10 ist 4. Dies ist größer als der BL von 3, der vom Hub Document festgelegt wurde, also bleibt 3 aktuell und nicht 4. Es ist nicht erlaubt, dass der BL eines Subdokuments zu einem größeren Hyperdokument führt, als es das Hub Document zulassen würde. Weil für das Entity von tm9, das in tm10 eingebunden wird, kein BL definiert wurde, gilt der default-BL, der von 4 auf 3 geändert wurde. Der MB von tm9 ist wie-

140 ■ *5 Der HyTime Standard*

der uninteressant, da es kein Subhub Document ist, der default-BL von 1 ist aber sehr wohl interessant, da er das BOS genauso weit einschränkt wie der default-BL von tm13 (das heißt genau auf die nächste Ebene). tm5 kann also noch in tm9 eingebunden werden. Hier ist der MB wieder uninteressant, der BL ist 0, also unbeschränkt, dies wird jedoch vom Wert 1 überschrieben, den wir von tm9 mitbekommen haben. Damit darf tm5 also kein Dokument mehr einbinden, obwohl der MB des Hub Documents 5 ist und noch eine Ebene erlauben würde (tm2). Der BL ist mit 1 aber niedriger und auf die aktuelle Ebene (4) beschränkt. Diese wird noch dazu auch vom BL, den tm10 vom Entitiy in tm13 bekommt, nämlich 3, beschränkt, das heißt für tm10 gilt der BL 3. Dies beinhaltet tm10, tm9, tm6 und tm5, aber nicht mehr tm2.

Wir betrachten einen weiteren Weg, und zwar von tm13 nach tm97. Die Schritte nach tm10 sind uns ja bereits bekannt, tm10 hat einen BL von 3 bekommen. Doch nun wird tm7 als Subhub eingebunden, das bedeutet, dass tm7 sein eigenes BOS konstruiert, das Teil vom BOS von tm13 wird. MB und BL werden hier also neu definiert. Der MB ist 3, der default-BL undefiniert. Im undefinierten Fall wird dann der default-Wert 0 angenommen. tm113 wird in tm7 eingebunden, mit unbegrenztem BL und einem MB von 3. tm113 wieder bindet drei Dokumente ein, tm112, tm97 und tm99. Wir befinden uns nun in Ebene 3 des Subhub-BOS (wie die Zahl in Klammer am seitlichen vertikalen Balken auch angibt). tm97 wird mit einem spezifischen BL von 2 eingebunden, das heißt, wäre der MB größer, dürfte es durchaus noch tm87 auf Ebene 4 des Subhubs (Ebene 6 des Hubs) einbinden. Doch der MB von tm7 erlaubt nur 3 Ebenen, also ist nach die Erweiterung zu Ende.

Weiteres Beispiel für einen Pfad durch das BOS

Die weiteren Ergebnisse sollten mit Hilfe dieser beiden Beispielpfade durch den Entity-Tree nun selbständig herleitbar sein. Über die praktische Sinnhaftigkeit des BOS-Konzeptes in der standardisierten Form möge sich der geneigte Leser ein eigenes Urteil bilden.

5.4 Location Addressing

Viele ältere Hypertext-Konzepte haben keine Unterscheidung zwischen den Ankern eines Links und dem Link selbst vorgenommen, auch HTML gehört dazu. Die Position des Links selbst war immer genau ein Anker des Links. Ein *Anker* ist ein Endpunkt eines Links, der eine Web-Ressource repräsentiert (in HyTime können es mehrere Ressourcen sein). Dieser Anker wird mit anderen Ankern des Links, also den anderen Web-Ressourcen, verbunden.

Anker

In HyTime verbindet ein Hyperlink ein oder mehrere Anker miteinander und muss selbst nicht an einem der Anker positioniert sein – kann also selbst in einem eigenen Dokument liegen und benötigt auch keine Schreibrechte auf ein Dokument, das einen der Anker beinhaltet. Abbildung 5.4 zeigt die schematische Darstellung eines solchen Links.

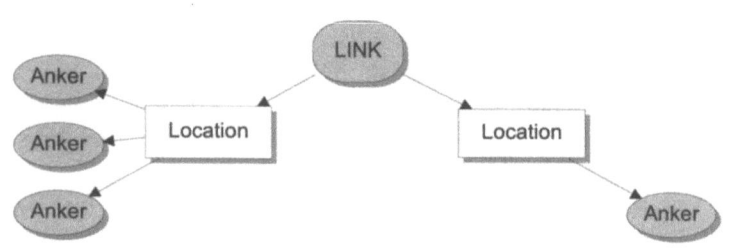

Abbildung 5.4
Schema eines Hyperlinks

Im Location Addressing Module von HyTime geht es nun um die Definition dieser Anker (die Location Addresses von HyTime werden in Abbildung 5.4 durch die Location-Rechtecke schematisch repräsentiert). SGML hat bisher nur die Möglichkeit geboten, Anker über ihr id-Attribut und ein referenzierendes, übereinstimmendes Attribut vom Typ IDREF oder IDREFS in einem Link zu identifizieren. In HyTime gibt es hingegen eine Vielzahl von Möglichkeiten, Anker zu bestimmen. Das geht von Dokumenten bis zu einzelnen Ausschnitten aus dem Inhalt von Elementen, Spannen, Bäumen, Listen und Kombinationen von alledem.

5.4.1
Location Types

Die verschiedenen Arten von Lokationen können folgendermaßen kategorisiert werden:

5.4.1.1
Name-space Location Addresses
Knoten, die mittels Namen adressiert werden: Name-space Locations

5.4.1.1.1
Entities

Können entweder über ein Attribut vom Typ ENTITY und dem Namen des Entities adressiert werden, oder über eine Name-space Location Address.

5.4.1.1.2
Identifizierbares externes Element

Ein Element mit einem `id`-Attribut und Wert, das sich in einem anderen Dokument befindet, wird mit einer Name-space Location Adress adressiert.

5.4.1.1.3
Unidentifizierbares Dokumentelement

Ein Wurzelelement eines Dokumentes, das über kein `id`-Attribut verfügt, wird ebenfalls über eine Name-space Location Address lokalisiert.

5.4.1.1.4
Identifizierbares lokales Element

Ein Element im aktuellen Dokument, das selbst keine Location Address ist, aber ein `id`-Attribut hat, wird einfach über ein `IDREF`-Attribut und nicht über eine Location Address referenziert.´

5.4.1.1.5
Eigenschaftswert im Grove

Elemente werden über einen Eigenschaftswert im Grove adressiert, mittels der *Property Location Address*.   *Property Location Address*

5.4.1.2
Koordinatenpositionen

5.4.1.2.1
Listen
      List Location Address

Knoten aus einer Knotenliste werden über ihre Position in dieser Liste adressiert, mittels einer *List Location Address*.

5.4.1.2.2
Bäume

- Knoten aus einem Baum werden adressiert über ihre Position innerhalb des Baums (*Tree Location Address*).   *Tree Location Address*
- oder über ihre Position innerhalb einer Tabelle von Pfaden von der Baumwurzel zu den Blättern (*Path Location Address*).   *Path Location Address*

Relative Location Address — oder über ihr genealogisches Verhältnis zu anderen Knoten im Baum (*Relative Location Address*)

5.4.1.2.3
Scheduled Objects

FCS Location Address — Objekte, die in bestimmten Regionen eines Koordinatenraums vorkommen und dort in Relation zu anderen Objekten stehen, können entweder über eine Position in diesem Koordinatenraum (*FCS Location Address*) oder über eine absolute Datum-Zeit Angabe identifiziert werden. Diese Funktionalität benötigt aber auch das Scheduling Module von HyTime als Voraussetzung.

5.4.1.3
Semantische Positionen

5.4.1.3.1
Eigenschaften von Knoten

Query Location Address — Elemente können über eine Abfrage gegen ihre Eigenschaften adressiert werden (*Query Location Address*).

5.4.1.3.2
Unerreichbare Objekte

Bibliographic Location Address — Es können auch Objekte lokalisiert werden, die im Rahmen des verwendeten Systems überhaupt nicht erreichbar sind, etwa Bücher einer Bibliothek. Hier ist jede Art von Objekt denkbar. Es wird die *Bibliographic Location Address* verwendet.

5.4.1.4
Multiple Adressen

Multiple Location Address — Des weiteren können die oben beschriebenen Adressen beliebig kombiniert und gruppiert werden, etwa in Form einer *Multiple Location Address*.

Wir haben nun eine Menge von Location Addresses aufgelistet, die wir jedoch nicht alle detailliert betrachten werden. Nicht alle sind für die Zwecke von Topic Maps wirklich notwendig oder unverzichtbar, sie sind jedoch laut der im Topic Maps-Standard verwendeten Syntax anwendbar.

5.4.2
Groves

Immer wieder werden im HyTime-Standard *Groves (Graph Representation Of property ValuEs)* erwähnt. Hier eine genauere und von Beispielen unterstützte Beschreibung von Groves und ihren Konzepten zu bieten, würde den Rahmen sprengen. Es soll lediglich erklärt werden, was sich hinter diesem Begriff verbirgt.

Jede Notation von Dokumenten, egal ob SGML, XML, JPEG, oder andere, kann durch Groves beschrieben werden. Groves umfassen dabei Knoten, welche gemäß der Dokumentstruktur über Kanten verbunden sind und sogenannte *Property Sets*, die Eigenschaften und zugehörige Werte für diese Knoten abbilden. Groves bewegen sich dabei auf einem sehr abstrakten Niveau, sie bilden sozusagen das Metamodell der betreffenden Notation.

Property Sets

Es gibt beispielsweise einen Standard-Grove für SGML, der die Grundbestandteile von SGML (Elemente, Attribute, Entities, Content, etc.) deklariert. HyTime unterstützt nun sogenannte *Grove Plans*. Ein Grove Plan unterstützt die willkürliche Begrenzung oder Erweiterung eines bestehenden Groves. Ein eigener Grove wird dann anhand dieses Plans konstruiert. So ein Grove könnte beispielsweise bestimmte SGML-Elemente bewusst nicht enthalten, da sie in der entsprechenden Anwendung nicht benötigt werden.

Grove Plans

Anmerkung: Groves sind beispielsweise mit dem DOM (Document Object Model) vergleichbar, das eine objektorientierte Sicht auf XML-Dokumente bietet. Kritiker des DOM weisen jedoch darauf hin, dass Groves viel flexibler und genauer spezifiziert sind, da das DOM Mehrdeutigkeiten zulässt (etwa, ob ein String von 4 Zeichen in 4 Objektknoten oder nur einem resultiert, dies bleibt der Anwendung überlassen) (vgl. [Pre99]).

Warum wird dieses Thema hier überhaupt angeschnitten? Topic Maps basieren auf HyTime und HyTime verwendet Groves. Jede Adressierung, jede Location Address operiert daher eigentlich auf Groves, die den jeweiligen Dokumenten zugrunde liegen. Dennoch ist es für Autoren von Topic Maps nicht wirklich notwendig, über dieses Thema Bescheid zu wissen, da sogar der HyTime-Standard extra darauf hinweist, dass sämtliche Lokalisierungsmechanismen so konstruiert sind, dass sie „in etwa" das tun, was intuitiv erwartet werden würde.

Transparenter Zugriff auf Groves

5.4.3
Elemente für das Location Addressing

5.4.3.1
Allgemeine Attribute

Es gibt eine Reihe von Möglichkeiten beziehungsweise Elementen für das Location Addressing. Alle diese Elemente verfügen über eine Vielzahl allgemeiner Attribute, die wiederum durch Architectural Forms definiert werden und auf alle Adressierungsarten anwendbar sind. Dazu zählen unter anderem:

5.4.3.1.1
Locsrc

Location Source Attribute — Das `locsrc`-Attribut (*Location Source Attribute*) legt den Ursprung der Adresse fest. Es kann dabei eine andere Lokationsadresse, ein anderes Dokument (über ein zuvor deklariertes Entity) oder dasselbe Dokument referenzieren. Der Ursprung einer Adresse legt den Grove fest, aus dem die Adresse dann Knoten bzw. Elemente auswählt. Es kann der gesamte Grove des Dokuments oder ein Teil davon sein.

5.4.3.1.2
Impsrc

Implied Location Source — Wird im `locsrc`-Attribut kein Wert festgelegt oder auf ein Dokument verwiesen, so spricht man von einem implizierten Ursprung (*Implied Location Source*). Das `impsrc`-Attribut kann über eine Reihe von konstanten Werten festlegen, wie sich die Applikation in diesem Fall verhalten soll. Normalerweise ist bei Nichtangabe eines Location Source die Wurzel des Dokuments der Ursprung der Adresse. Wird auf ein anderes Dokument verwiesen, so ist dessen Wurzel der Ursprung der Adresse. Es kann über dieses Attribut allerdings auch eingestellt werden, dass der Ursprung die Grove-Wurzel des Dokuments ist, oder dass die Wurzel über ein spezielles Attribut (das `referatt`-Attribut) explizit bestimmt wird.

5.4.3.1.3
Multiple Locations

Mengen oder Sammlungen — Über das `set`-Attribut kann eingestellt werden, ob bei einer Adresse, die mehrere Elemente adressiert, Elemente auch mehrfach vorkommen können (Wert wäre „notset") oder nicht (Wert wäre „set")

Der Standardwert ist „notset". Das ordering-Attribut legt fest, ob die Anordnung der Elemente signifikant ist (Wert: „ordered") oder nicht („noorder"). Der Standardwert ist „ordered".

5.4.3.1.4
Tree Type

Über das treetype-Attribut wird festgelegt, ob der Baum, der als Location Source adressiert wird, ein *Subnode-* oder *Content-Tree* ist. Ein Content-Tree wird von den Elementen eines SGML- oder XML-Dokuments und ihrem Inhalt gebildet, ein Subnode-Tree beinhaltet zusätzlich noch die Attribute und Typen der Elemente als Eigenschaften.

Subnode-Trees und Content-Trees

5.4.3.1.5
Spans

Mit dem spanloc-Attribut kann eine Location Address zu einer *Span Location Address* gemacht werden, was bedeutet, dass sie eine Sequenz von Objekten adressiert. Jene Elemente, welche die Adresse, die das spanloc-Attribut mit dem Wert „spanloc" hat, referenziert, bilden die Begrenzer der Sequenz. Es werden allerdings nur diejenigen Objekte in die Sequenz mit aufgenommen, deren Kindobjekte ausnahmslos auch darin enthalten sind und die selbst nicht ein Kindobjekt eines anderen in der Sequenz enthaltenen Objekts sind.

Span Location Address

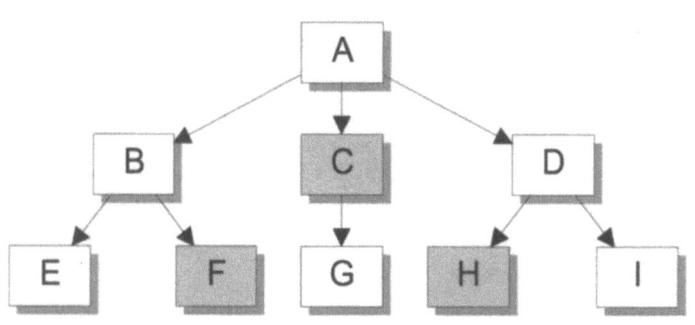

Abbildung 5.5
Beispiel einer Span Location
(vgl. [ISO 10744], 7.6)

In obigem Beispiel adressiert die Location Address als Begrenzer die Elemente F und H. Sie wird als Span Location Address qualifiziert, also ergibt die Sequenz die Elemente F, C und H. B, D und A kommen nicht hinein, weil einige ihrer Kinder außerhalb der

Begrenzer liegen (E und I). G wird auch nicht berücksichtig, da es selbst Kind eines Objekts in der Sequenz ist, nämlich von C.

Die Location Address, die durch das `spanloc`-Attribut zu einer Span Location Address wird, muss eine gerade Anzahl von Elementen adressieren. Jedes Paar wird dann als eigene Teilsequenz betrachtet. Die Elemente müssen alle Teil desselben Baums, der durch den Location Source der Location Address angegeben wird, sein.

5.4.3.2
Referenzattribute

Referenzattribute dienen dazu, Referenzen herzustellen und näher zu definieren. Diese Referenzen werden in der Regel durch Attribute vom Typ IDREF oder ENTITY hergestellt und können, wie die Referenzattribute, in jedem beliebigen Element vorkommen, das heißt nicht nur in den Location Addresses.

Referenzattribute

Das `reftype`-Attribut definiert eine Liste von Generic Identifiers, die festlegt, welche Elementtypen nur für die Referenzierung in Frage kommen. Das `refrange`-Attribut sagt aus, in welche Richtung die Referenzierung innerhalb des Dokuments geschieht (vorwärts, rückwärts, usw.). Das `reflevel`-Attribut gibt schließlich die maximale Länge eines Location Paths an (mehr zu Location Paths in Abschnitt 5.4.4.).

5.4.3.2.1
Reference Location Address

Die *Reference Location Address* ist keine eigentliche Location Address: sie wird nicht durch ein eigenes Element repräsentiert, sondern durch Attribute, die jedes beliebige Element in SGML haben kann. Diese Attribute ermöglichen es, dass beliebige Attribute des jeweiligen Elements, die ansonsten referenzierende Attribute wären (vom Typ IDREF oder ENTITY), sich auf eine Location Address an einer anderen Stelle beziehen. Die Möglichkeiten dafür sind recht umfangreich und sollen hier aus Platzgründen nicht näher beschrieben werden.

5.4.3.3
Location Addresses

Es folgt nun eine Auflistung und kurze Beschreibung der verschiedenen Location Addressing Elemente. Lokale Elemente müssen nicht über solche Konstrukte adressiert werden. Soferne sie über eine ID verfügen, kann auf sie direkt durch die Angabe dieser ID an Stelle einer Location Address verwiesen werden. Analoges gilt auch für Entities.

5.4.3.3.1
Property Location Address

Property Location Addresses adressieren einen Wert einer Eigenschaft eines Knoten in einem Grove. Der Location Source ist dabei der oder die Knoten, die diese Eigenschaft haben. Dazu wird das `proploc`-Element verwendet.

5.4.3.3.2
Name-space Location Address

Diese Adressen werden durch das `nmsploc`-Element repräsentiert. Sie adressieren Elemente über ihren Namen innerhalb eines Namensraumes, ihr Location Source ist ein Knoten in einem Grove, der eine Namensraum-Eigenschaft besitzt, also einen Namensraum definiert oder einem Namensraum angehört.

5.4.3.3.3
Mixed Location Address

Diese Adresse wird durch das `mixedloc`-Element realisiert. Dieses kann andere Location Addresses beinhalten, die sie zu einer Adresse vereint. Sie kann natürlich auch weitere `mixedloc`-Elemente beinhalten. Auf diese Weise lassen sich komplex strukturierte Adressbäume aufbauen.

Beispielsweise:

```
<mixedloc>
        <proploc>....</proploc>
        <nmsploc>....</nmsploc>
        <treeloc>....</treeloc>
        <mixedloc>
           <treeloc>...</treeloc>
           <nameloc>...</nameloc>
        </mixedloc>
        ...
</mixedloc>
```

Beispiel für eine Mixed Location Address

5.4.3.3.4
Named Location Address

Diese Adresse wird durch das `nameloc`-Element realisiert. Dieses Element ist eine spezielle Abwandlung des `mixedloc`-Elements, hat also dieselben Attribute wie dieses, darf aber nur `nmlist`- und `nmquery`-Elemente beinhalten. Ersteres ist das *Name List Element*, das wiederum eine Abwandlung der Name-space Location Address darstellt. Das `nmlist`-Element hat in seinem Inhalt eine durch einfache Leerzeichen getrennte Liste von Entity-Namen oder Element-IDs. Erwähnenswert ist dabei sein Attribut `docorsub`, das das Entity des Dokuments angibt, in dem die aufgelisteten Namen zu finden sind. Es sei gleichbedeutend dem `locsrc`-Attribut des `nameloc`-Elements. Was allerdings passiert, wenn beide verschiedene Werte haben, wird im HyTime-Standard nicht explizit diskutiert. Vermutlich muss sich hier die Applikation für eine Variante entscheiden und einem Attribut höhere Priorität beimessen. Das `nametype`-Attribut legt fest, ob die Namen Elementnamen (Wert: „element") oder Entitynamen (Wert: „entity") sind. Das `nmquery`-Element ist eine Abwandlung des `queryloc`-Elements.

Ein `nameloc`-Element könnte beispielsweise so aufgebaut sein:

Beispiel für eine Named Location Address

```
<nameloc id="nl-1" locsrc="entity_3">
  <nmlist id="nli-1" nametype="element">
    id-3 id-4 id-12</nmlist>
  <nmlist id="nli-2" nametype="entity">
    el-200 el-201</nmlist>
</nameloc>
```

Hier werden die Elemente `id-3`, `id-4` und `id-12` sowie die Entities `el-200` sowie `el-201` im durch das Entity mit dem Namen „entity 3" spezifizierten Dokument adressiert.

Da das `nameloc`-Element häufig verwendet wird, sei hier gleich die Architectural Form dafür angegeben, um für die Implementierung besser gerüstet zu sein:

Architectural Forms für Named Location Addresses (vgl. [ISO10744], 7.9.5, 7.9.6, 7.11.2)

```
                     <!-- Named Location Address -->
<![ %nameloc; [
<!element
   nameloc           -- Named Location Address --
                     -- Clause: 7.9.5 --
                     -- Assigns a local ID to one or more
                     -- named objects --
   - O
   (nmlist|nmquery)*

-- Attributes [locs]: nameloc --
-- OptionalAttributes [locs]: multloc, spanloc, treetype --
```

Architectural Forms für Named Location Addresses (Fortsetzung)

```
-- CommonAttributes [GenArc]: dafe, dvlatt, etfullnm, id,
   ireftype, lextype, opacity --
-- CommonAttributes [base]: activity, conloc, dtxtatt,
   valueref --
-- CommonAttributes [locs]: refctl, refloc, reftype,
   rflocspn --
>
<!attlist
   nameloc            -- Named Location Address --
                      -- Clause: 7.9.5 --

   HyBase    NAME     #FIXED mixedloc
>
]]><!-- nameloc -->

                     <!-- Name List Specification -->
<![ %nameloc; [
<!element
   nmlist             -- Name list specification --
                      -- Clause: 7.9.6 --
          -- Addresses elements or entities in an
             SGML document --
   - O
   (#PCDATA)          -- Reference --
                      -- Lextype: (IDREF|ENTITY)* --

-- Attributes [locs]: nmlist, proplat, locsrc, impsrc --
-- OptionalAttributes [locs]: multloc, referatt, spanloc,
   treetype --
-- CommonAttributes [GenArc]: dafe, dvlatt, etfullnm, id,
   ireftype, lextype, opacity --
-- CommonAttributes [base]: activity, conloc, dtxtatt,
   valueref --
-- CommonAttributes [locs]: refctl, refloc, reftype,
   rflocspn --
>
<!attlist
   nmlist             -- Name list specification --
                      -- Clause: 7.9.6 --

   HyBase    NAME     #FIXED nmsploc
   impsrc    NAME     #FIXED grovert
   HyBnames  CDATA    #FIXED "locsrc docorsub
                             namespc nametype
                                #MAPTOKEN elements element
                                #MAPTOKEN entities entity"

   nametype           -- Name-space from which nodes are
                         selected --
      (entity|element)
      entity

   docorsub           -- Document or subdocument location
                         source --
      ENTITY
      #IMPLIED

   notspace           -- If nmspace name is invalid? --
      NAME            -- Lextype: ("ERROR"|"IGNORE") --
      ERROR
```

5.4 Location Addressing

Architectural Forms für Named Location Addresse (Fortsetzung)

```
         notname            -- If name is not valid in nmspace? --
             NAME           -- Lextype: ("ERROR"|"IGNORE") --
             ERROR
   >
   <!entity % proplat "INCLUDE">
   <!entity % locsrc "INCLUDE">
   <!entity % impsrc "INCLUDE">
   ]]><!-- nameloc -->


                     <!-- Name List Query Location Address -->
   <![ %nameloc; %queryloc; [
   <!element
         nmquery            -- Name list query location address --
                            -- Clause: 7.11.2 --
                          -- Locates elements or entities by
                          querying their properties. --
         - O
         (%HyCFC;)*

   -- Attributes [locs]: locsrc, nmquery, impsrc --
   -- OptionalAttributes [locs]: multloc, referatt, spanloc,
      treetype --
   -- CommonAttributes [GenArc]: dafe, dvlatt, etfullnm, id,
   ireftype, lextype, opacity --
   -- CommonAttributes [base]: activity, conloc, dtxtatt,
      valueref --
   -- CommonAttributes [locs]: refctl, refloc, reftype,
      rflocspn --
   >
   <!attlist
         nmquery            -- Name list query location address --
                            -- Clause: 7.11.2 --

         HyBase   NAME      #FIXED queryloc
         HyBnames CDATA     #FIXED "locsrc qdomain"

         qdomain            -- Query domain --
             CDATA          -- Reference --
             #IMPLIED       -- Default: implied as described for
                               impsrc --

         notation           -- Query notation --
             NAME           -- Lextype: NOTATION --
             #REQUIRED

         notfound           -- No data found --
             NAME           -- Lextype: ("ERROR"|"IGNORE") --
             ERROR
   >
   <!entity % locsrc "INCLUDE">
   <!entity % impsrc "INCLUDE">
   ]]><!-- nmquery -->
```

5.4.3.3.5
List Location Address

Diese Adresse wird durch das `listloc`-Element realisiert. Sie gehört zu den koordinatenbezogenen Adressen und wählt aus einer Liste von Knoten, die durch den Location Source definiert wird, aus. Dabei gibt es zwei Möglichkeiten:

- Achsenmarkierungen

Im Inhalt des `listloc`-Elements befindet sich eine durch einfache Leerzeichen getrennte Liste von Achsenmarkierungen, also numerische Positionsangaben für die gewünschten Knoten. Bei einer positiven Zahl wird von vorne weg zu zählen begonnen (bei 1), bei einer negativen Zahl von hinten. Beispielsweise:

```
<listloc locsrc="chapter-3">6 12 -2 </listloc>
```

Diese Location Address sucht zunächst nach einem Element mit der ID „chapter-3". Dort wählt es von den Kindknoten den sechsten, zwölften und vorletzten.

- Dimensionsangaben

Im Inhalt des `listloc`-Elements befinden sich ein oder mehrere `dimspec`-Elemente. Jedes `dimspec`-Element enthält dabei eine Liste von Achsenmarkierungen, deren Anzahl gerade sein muss, da es sich um eine Liste von Paaren handelt. Es bilden also zwei aufeinanderfolgende Achsenmarkierungen jeweils eine Dimensionsangabe, die eine Sequenz von Knoten beschreibt.

Dabei ist die erste Markierung der Beginn der Sequenz. Ist sie positiv, wird von ihr beginnend weitergezählt, ist sie negativ, wird entweder vom absoluten Ende der Knotenliste zurückgezählt (wenn die zweite Markierung positiv ist) oder von der zweiten Markierung (wenn sie negativ ist). Ist die zweite Markierung positiv, wird ihre Zahl von der ersten beginnend weitergezählt, ist sie negativ, wird ihre Zahl vom Ende der Knotenliste zurückgezählt.

Zählweise bei Dimensionsangaben

Mit den negativen Zahlen kann man sich vor allem dann behelfen, wenn bekannt ist, dass gewünschte Bereiche nicht immer dieselbe Größe haben werden. Ein natürlichsprachlicher Satz könnte in den Elementen 21 bis 30 enthalten sein. Man benutzt dazu das Paar 21 10 (Beginne mit 21, zähle 10 weiter). Alternativ dazu könnte man, falls die gesamte Liste z. B. 40 Knoten hat, 21 −11 (21 von vorne bis 11 von hinten gezählt) angeben und könnte den betreffenden Satz in der Mitte beliebig erweitern, vorausgesetzt, außerhalb der Satzgrenzen ändert sich nichts.

Beispiele:

Tabelle 5.2
Beispiele für
dimspec-Elemente

Dimension	Bedeutung
1 1	Der erste Knoten in der Liste.
-1 1	Der letzte Knoten in der Liste.
1 -1	Vom ersten von vorne bis zum ersten von hinten, also die gesamte Liste.
1 -2	Die gesamte Liste bis auf den letzten Knoten.
2 -1	Die gesamte Liste bis auf den ersten Knoten.
5 6	Vom 5. bis inklusive zum 10. Knoten der Liste.

Ein weiteres Beispiel für eine List Location Address:

```
<listloc>
        <dimspec>2 4 -3 3</dimspec>
</listloc>
```

Weil auch dieses Konstrukt für die weitere Implementierung interessant ist, wollen wir uns an dieser Stelle die Architectural Forms dazu betrachten:

Architectural Forms
für List Location
Addresses
(vgl. [ISO10744],
6.8.1.1, 6.8.3, 6.8.4,
7.10.1.2)

```
<!entity %
    marklist            -- Axis marker list content model --
                        -- Clause: 6.8.1.1 --
                        -- Data and elements that resolve to
                        lists of markers. -

    "#PCDATA|dimref|markfun"
>
                        <!-- Dimension specification -->
<![ %dimspec; [
<![ %HyDimSpc; [
   <!entity % ddimspec "HyDimSpc">
]]>
<!entity %
    ddimspec            -- Default dimension specification
                            notation --
                        -- Clause: 6.8.3 --

    "#REQUIRED"
>
<!element
    dimspec             -- Dimension specification --
                        -- Clause: 6.8.3 -
```

```
                -- A position and quantum count along a
                single axis. When used as a marker function,
                returns a pair of positive axis markers, the
                first being the position of the first quantum
                of the dimension and the second being the
                quantum count of the dimension. --
     O O
     (%HyCFC;|%marklist;)*
                -- Constraint: Content must conform to
                the notation specified in the dimspec's
                notation attribute. --

-- Attributes [base]: dimspec --
-- CommonAttributes [GenArc]: dafe, dvlatt, etfullnm, id,
   irefmodl, ireftype, lextype, opacity --
-- CommonAttributes [base]: activity, conloc, dtxtatt,
   valueref --
-- CommonAttributes [locs]: refctl, refloc, reftype,
   rflocspn --
>
<!attlist
   dimspec           -- Dimension specification --
                     -- Clause: 6.8.3 --

   HyBase    NAME    #FIXED markfun

   notation          -- Dimension specification notation --
      NAME           -- Lextype: NOTATION --
      %ddimspec;
>
]]><!-- dimspec -->

<!entity %
   dimlist           -- HyTime Dimension List content --
                     -- Clause: 6.8.4 --
   "%marklist;|dimspec"
>

                    <!-- List Location Address -->
<![ %listloc; [
<!element
   listloc           -- List location address --
                     -- Clause: 7.10.1.2 --
                     -- Locates nodes in a node list --
   - O
   (%dimlist;)*

-- Attributes [base]: overrun --
-- Attributes [locs]: locsrc, impsrc --
-- OptionalAttributes [locs]: multloc, referatt, spanloc,
   treetype --
-- CommonAttributes [GenArc]: dafe, dvlatt, etfullnm, id,
   ireftype, lextype, opacity --
-- CommonAttributes [base]: activity, conloc, dtxtatt,
   valueref --
-- CommonAttributes [locs]: refctl, refloc, reftype,
   rflocspn --
>
<!entity % locsrc "INCLUDE">
<!entity % impsrc "INCLUDE">
<!entity % overrun "INCLUDE">
]]><!-- listloc -->
```

Architectural Forms für List Location Addresses (Fortsetzung)

5.4.3.3.6
Tree Location Address

Das `treeloc`-Element repräsentiert diese Form der Location Address. Der Location Source bestimmt ein Element, ab dem wie innerhalb eines Baumes auf einzelne Knoten zugegriffen wird. Als Positionsangabe dient wiederum eine Listen von Zahlen, wobei die n-te Zahl Z den Z-ten Knoten der Hierarchiestufe n bezeichnet. Das Beispiel in Tabelle 5.3 verdeutlicht dieses Konzept.

Tabelle 5.3 Beispiel für Tree Positions

Beispieldokument	Tree Position
`<buch>`	1
`<hauptteil>`	1 1
`<kapitel>`	1 1 1
`<p>1</p>`	1 1 1 1
`<p>2</p>`	1 1 1 2
`</kapitel>`	
`<kapitel>`	1 1 2
`<p>3</p>`	1 1 2 1
`</kapitel>`	
`</hauptteil>`	
`<anhang>`	1 2
`<abschnitt>1</abschnitt>`	1 2 1
`<abschnitt>2</abschnitt>`	1 2 2
`<abschnitt>3</abschnitt>`	1 2 3
`</anhang>`	
`</buch>`	

Die Art, Knotenpositionen zu beschreiben, ist also durchaus plausibel, eine numerische Beschriftung eines Dokuments mit verschiedenen ineinander verschachtelten Unterabschnitten funktioniert praktisch genauso.

Beispiel:

`<treeloc>1 2 3</treeloc>`

Diese Adresse ergibt das dritte `abschnitt`-Element. 1 selektiert `buch`, 2 wählt `anhang`, 3 das `abschnitt`-Element. Auch hier soll die entsprechende HyTime-Architectural Form angeführt werden:

```
                    <!-- Tree Location Address -->
<![ %treeloc; [
<!element
    treeloc         -- Tree location address --
                    -- Clause: 7.10.1.4 --
                 -- Locates nodes in a tree by classical
                       method --
    - O
    (%marklist;)*   -- Constraint: resolved axis markers are
                       interpreted as a single list of
                       dimension specifications,
                       marker1 only; implied marker2 is 1. --

-- Attributes [base]: overrun --
-- Attributes [locs]: locsrc, impsrc --
-- OptionalAttributes [locs]: multloc, referatt, spanloc,
   treecom, treetype --
-- CommonAttributes [GenArc]: dafe, dvlatt, etfullnm, id,
   ireftype, lextype, opacity --
-- CommonAttributes [base]: activity, conloc, dtxtatt,
   valueref --
-- CommonAttributes [locs]: refctl, refloc, reftype,
   rflocspn --
>
<!entity % locsrc "INCLUDE">
<!entity % impsrc "INCLUDE">
<!entity % overrun "INCLUDE">
]]><!-- treeloc -->
```

Architectural Form für Tree Location vgl. [ISO 10744], 7.10.1.4)

5.4.3.3.7
Path Location Address

Das Element `pathloc` repräsentiert diese Form der Adressierung. Hier werden ebenfalls Baumelemente adressiert. Allerdings wird im Gegensatz zum `treeloc`-Element hier der Baum als Matrix betrachtet, in der die Zeilen die verschiedenen Pfade von der Wurzel bis zu den einzelnen Blättern darstellen und die Spalten die Hierarchiestufen des Baumes. Für das Beispiel in Tabelle 5.3 würde diese Matrix so aussehen:

	Hierarchiestufen			
	<buch>	<hauptteil>	<kapitel>	<p>1</p>
	<buch>	<hauptteil>	<kapitel>	<p>2</p>
Pfade	<buch>	<hauptteil>	<kapitel>	<p>3</p>
	<buch>	<anhang>	<abschnitt>1</abschnitt>	
	<buch>	<anhang>	<abschnitt>2</abschnitt>	
	<buch>	<anhang>	<abschnitt>3</abschnitt>	

Tabelle 5.4 Beispielpfade

Das `pathloc`-Element beinhaltet dabei Paare von `<dimspec>`-Elementen. Diese `<dimspec>`-Elemente müssen genau zwei Zahlen inkludieren. Das erste Element selektiert eine Menge von Pfaden, das zweite eine Menge von Hierarchiestufen. Einige Beispiele verdeutlichen dieses Konzept.

Tabelle 5.5
Beispiele für pathloc-Elemente

Beispiel	Erklärung
<dimspec>1 -1</dimspec> <dimspec>-1 1</dimspec>	Liefert alle Blätter (die erste Zeile bedeutet: alle Pfade, die zweite: die letzte Hierarchiestufe)
<dimspec>1 -1</dimspec> <dimspec>2 2</dimspec>	Liefert alle Kindknoten und „Enkelkinder" des Wurzelknotens (die erste Zeile bedeutet: alle Pfade, die zweite: die 2. und 3. Hierarchiestufe)
<dimspec>1 3</dimspec> <dimspec>3 1</dimspec>	Liefert die „Enkelkinder" der ersten drei Pfade (in unserem Beispiel alle <kapitel>-Elemente)
<dimspec>1 -1</dimspec> <dimspec>3 -1</dimspec>	Alle Knoten außer der Wurzel und ihren direkten Kindknoten (die erste Zeile bedeutet: alle Pfade, die zweite: alle Hierarchiestufen ab 3).

Im oberen Beispiel könnte man den dritten Abschnitt mit folgendem Pfadausdruck angeben:

```
<dimspec>-1 1</dimspec>
<dimspec>-1 1</dimspec>
```

Die Matrixkonstruktion geht übrigens davon aus, dass jeder Baum von oben nach unten und von links nach rechts traversiert wird. Auch hier soll die Architectural Form angegeben werden:

Architectural Form für die Path Location Address (vgl. [ISO10744], 7.10.1.5)

```
              <!-- Path Location Address -->
<![ %pathloc; [
<!element
    pathloc           -- Path location address --
                      -- Clause: 7.10.1.5 --
                      -- Locates nodes in a tree viewed as a
                         path list --
    - O
    (%dimlist;)*      -- Constraint: resolved axis markers are
                         interpreted as a single list of pairs of
                         dimension specifications. --
-- Attributes [base]: overrun --
-- Attributes [locs]: locsrc, impsrc --
-- OptionalAttributes [locs]: multloc, referatt, spanloc,
   treecom,
   treetype --
-- CommonAttributes [GenArc]: dafe, dvlatt, etfullnm, id,
   ireftype, lextype, opacity --
-- CommonAttributes [base]: activity, conloc, dtxtatt,
```

```
      valueref --
-- CommonAttributes [locs]: refctl, refloc, reftype,
   rflocspn --
>
<!entity % locsrc "INCLUDE">
<!entity % impsrc "INCLUDE">
<!entity % overrun "INCLUDE">
]]><!-- pathloc -->
```

Architectural Form für die Path Location Address (Fortsetzung)

5.4.3.3.8
Relative Location Address

Diese Form der Adressierung wird durch das `relloc`-Element realisiert. Diese Adressierung richtet sich nach dem genealogischen Verhältnis zu einem bestimmten Knoten, dem Startknoten, der durch das `strtnode`-Attribut angegeben wird und der sich in jenem Baum, dessen Wurzelknoten durch den Location Source bestimmt wird, befinden muss. Wird kein Wert für dieses Attribut angegeben, gilt der durch den Location Source spezifizierte Knoten als Startknoten. Das `relation`-Attribut dieses Elements gibt die Art der Verwandtschaft der gesuchten Knoten mit dem Startknoten an.

Wert	Bezeichnung	Bedeutung
`anc`	Ancestor	Die Elternelemente vom Location Source bis zum Startknoten, also alle Ahnen.
`esib`	Elder Sibling	Die älteren Geschwister des Startknotens, also alle auf derselben Hierarchieebene links vom Startknoten.
`ysib`	Younger Sibling	Die jüngeren Geschwister des Startknotens, also alle auf derselben Hierarchieebene rechts vom Startknoten.
`parent`	Parent	Gleich wie anc mit einer Dimensionsspezifikation von (-1 1). Also nur unmittelbare Elternelemente.
`children`	Children	Alle direkten Kinder des Startknotens.
`prececdng`	Preceding	Alle Knoten, die im Dokument vor dem Startknoten vorkommen.
`followng`	Following	Alle Knoten, die im Dokument nach dem Startknoten vorkommen.

Tabelle 5.6 Werte für das relation-Attribut

Tabelle 5.6 zeigt die möglichen Werte für das `relation`-Attribut.

Des Weiteren beinhaltet das `relloc`-Element `dimspec`-Elemente, die je nach `relation`-Attribut einen Teilausschnitt aus den mit dem `relation`-Attribut eingestellten Ausschnitt wählen. Beim

Dimensionsangaben

Wert „parent" hat diese Element-Form keine Bedeutung. Folgende Beispiele verdeutlichen dieses Konzept:

Tabelle 5.7
Beispiele für relation-Attribute

relation-Attribut	dimspec-Inhalt	Bedeutung
anc	1 1	Wurzelelement
anc	-1 1	Eltern (gleichbedeutend mit relation="parent")
esib	1 1	Erstes Geschwister-Element von Links
esib	-1 1	Direkt links benachbartes Geschwister-Element
ysib	1 1	Direkt rechts benachbartes Geschwister-Element
ysib	-1 1	Letztes Geschwister-Element
children	1 1	Erstes Kind
children	-1 1	Letztes Kind
precedng	1 1	Erster vorkommender Knoten (Wurzelelement)
precedng	-1 1	Direkt vor dem Startknoten vorkommender Knoten (entweder ein älteres Geschwister-Element oder ein Eltern-Element)
followng	1 1	Direkt nach dem Startknoten vorkommender Knoten (entweder ein jüngeres Geschwister-Element oder ein Kind-Element).
followng	-1 1	Letzter vorkommender Knoten.

Zum Verständnis sei auch hier die Architectural Form in SGML angeführt:

Architectural Form der Relative Location Address (vgl. [ISO 10744], 7.10.1.6)

```
<!-- Relative Location Address -->
<![ %relloc; [
<!element
    relloc          -- Relative location address --
                    -- Clause: 7.10.1.6 --
                    -- Locates nodes in a tree relative to a
                       starting node --
    - O
    (%dimlist;)*    -- Constraint: resolved axis markers are
                       interpreted as a single list of
                       dimension specifications. --

    -- Attributes [base]: overrun --
    -- Attributes [locs]: locsrc, impsrc, relloc --
    -- OptionalAttributes [locs]: multloc, referatt, spanloc,
       treetype --
```

```
-- CommonAttributes [GenArc]: dafe, dvlatt, etfullnm, id,
   ireftype, lextype, opacity --
-- CommonAttributes [base]: activity, conloc, dtxtatt,
   valueref --
-- CommonAttributes [locs]: refctl, refloc, reftype,
   rflocspn --
>
<!attlist
   relloc              -- Relative location address --
                       -- Clause: 7.10.1.6 --

   strtnode            -- Starting node(s) --
                       -- Starting node(s) whose relatives are
                          to be addressed --
      CDATA            -- Reference --
      #IMPLIED         -- Default: root(s) of location source
                          tree(s) --

   nostart             -- No start --
                       -- Expected system behavior if no
                          starting node is addressed
                          for location source. --
      NAME             -- Lextype: ("ERROR"|"IGNORE") --
      ERROR

   relation            -- Relationship to starting node --
      (anc|children|esib|followng|parent|precedng|ysib)
      parent
>
<!entity % locsrc "INCLUDE">
<!entity % impsrc "INCLUDE">
<!entity % overrun "INCLUDE">
]]><!-- relloc -->
```

Architectural Form der Relative Location Adress (Fortsetzung)

5.4.3.3.9
Data Location Address

Das `dataloc`-Element realisiert die Data Location Address. Dabei werden in Token aufgespaltete Zeichenfolgen adressiert und über einen Filter (`filter`-Attribut) näher spezifiziert. Das heißt, mit dieser Methode kann beispielsweise ausgehend von einem bestimmten Token das siebente Token von links selektiert werden. Es handelt sich generell um eine relativ flexible Adressierungsform, und an dieser Stelle sei für weitere Details auf den HyTime-Standard verwiesen (vgl. [ISO10744], 7.10.2)

5.4.3.3.10
Query Location Address

Diese Adressierungsmethode wird durch das `queryloc`-Element repräsentiert, welches die Adressierung von Knoten über eine Abfragesprache erlaubt. Diese kann beliebig gewählt werden, es muss nur die entsprechende Notationsdeklaration im Dokument vorkommen, auf die dann auch innerhalb der Query Location Address verwiesen wird. Der HyTime-Standard gibt diesbezüglich keine Vorgabe, empfiehlt aber SDQL (*Standard Document Query Language*), welche im DSSSL-Standard definiert wird (vgl. [ISO10179]).

5.4.3.3.11
Hyperlink Location Address

Das `linkloc`-Element übernimmt diese Adressierungsvariante. Es beinhaltet eine Menge von Generic Identifiers, die den Typ der Hyperlinks, die adressiert werden sollen, festlegen.

5.4.3.3.12
Hyperlink Anchor Location Address

Das `anchloc`-Element realisiert diese Adressierungsmethode. Es adressiert die Anker von Links unter Bezugnahme auf deren Ankerrollen.

5.4.4
Location Ladders und Location Paths

Lokationsadressen können einander referenzieren, wodurch Ketten von solchen Adressen ermöglicht werden. Dabei gibt es zwei orthogonale Sichten: die *Location Ladder* („Lokationsleiter") und den *Location Path* („Lokationspfad").

Location Ladders

Die Location Ladder wird in vertikaler Richtung dargestellt. Sie ergibt sich daraus, dass eine Location Address eine weitere Location Address über ihren Location Source anspricht. Diese kann über ihren Location Source auf eine weitere Location Address verweisen usw. Das geht solange, bis eine Location Address erreicht wird, die einen Location Source referenziert, der keine Location Address mehr darstellt. Dieser Ursprung ist die oberste Sprosse der Location Ladder. Eine übergeordnete Adresse ist der Location Source für die untergeordnete, das bedeutet, sie bietet eine Teilmenge von ihrem Location Source als Location Source für die darunterliegende Adresse. Die oberste Sprosse ist zumeist ein Dokument oder Dokumententity.

Location Paths

Parallel dazu existieren die Location Paths. Ein Location Path ist eine Kette von Location Addresses, bei denen die erste unmittelbar die zweite adressiert, die zweite auf die dritte verweist usw. Der Location Path wird in horizontaler Richtung dargestellt. Das letzte

Element dieses Pfades ist nicht vom Typ einer Location Address, sondern ein beliebiges anderes Element, das aus dem Location Source des vorletzten Elements des Pfades ausgewählt wird. Ein Schritt im Location Path kann allerdings nicht nur ein einzelnes Element, sondern beliebig viele Elemente bezeichnen. Jeder Schritt im Pfad kann also nach oben seine eigene Location Ladder entwickeln, und jede Sprosse ihren eigenen Location Path – dies kann zu äußerst komplexen Adressierungsvarianten führen.

Umfasst ein Location Path ein Element, das eine Location Ladder hat, deren zweites Adresselement wiederum über einen Location Path verfügt, so spezifiziert dieser bloß den Location Source für das Ausgangselement des untersten Location Path. Trotzdem ist es wichtig, dass der unterste Location Path von den darüberliegenden Pfaden genaue Kenntnis hat, da er im Endeffekt dann nur Elemente aus den von den darüberliegenden Pfaden definierten Elementmengen zur Adressierung wählen kann.

Kombination von Location Paths und Location Ladders

Was kompliziert klingt, wird durch das Beispiel in Abbildung 5.6 augenscheinlicher. Die strichlierten Linien kennzeichnen den Verlauf einer Location Ladder, die nicht unterbrochenen Linien den Location Path. Pfade, die weiter oben liegen, adressieren im Endeffekt Übermengen von adressierbaren Elementen (in unserem Beispiel die Topics) für die Pfade, die darunter liegen.

Die Komplexität kann in Sonderfällen allerdings auch nicht mehr auf Papier zu bringen sein. Hätte in dem Beispiel Topicmap TM1 irgendwo als Nachfahr noch eine Location Address (sagen wir, treeloc TL2), könnte diese von listloc LL1 adressiert werden. TL2 könnte eine weitere Location Ladder haben usw.

Alle bisher kennengelernten Adressierungsverfahren dienen nur dazu, die Anker von Hyperlinks zu bestimmen. Anker werden als Endpunkte verwendet, die zueinander in verschiedenster Art und Weise in Beziehung gesetzt werden.

5.5
Hyperlinks in HyTime

Hyperlinks dienen ganz allgemein dazu, Ressourcen miteinander zu verbinden. In HyTime ist die Anzahl der eingebundenen Ressourcen (die innerhalb des Links durch einen Anker repräsentiert werden – Anker können mehrere Ressourcen umfassen) unbeschränkt. Zudem kann jedem Anker eine bestimmte, frei wählbare Rolle zugeordnet werden, sowie dem Link selbst ein Link Type, der die Verbindung semantisch charakterisiert. Mehrere Personen könnten beispielsweise mit einer Firma verlinkt werden. Die erstgenannten könnten je-

Abbildung 5.6
Location Ladders
und Location Paths

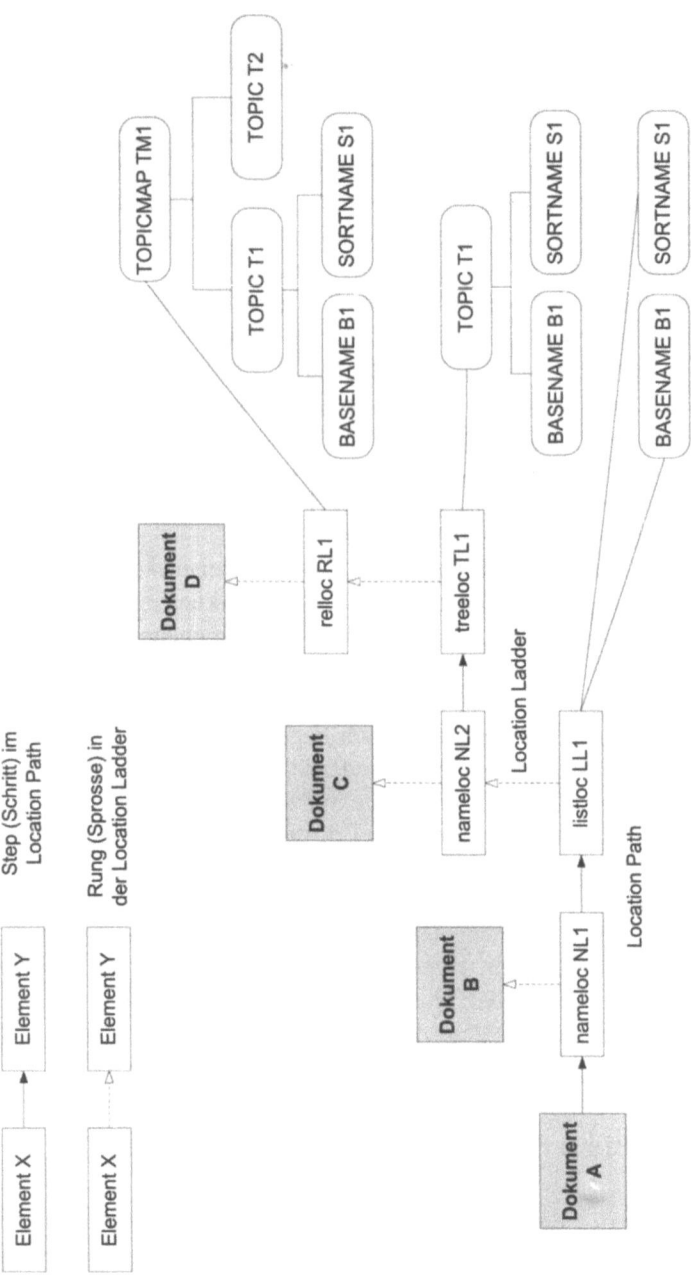

weils die Rolle „Arbeitnehmer", die Firma die Rolle „Arbeitgeber" haben. Der Link Type könnte „Beschäftigung" sein. Die Hyperlinks werden mit den Architectural Forms des Hyperlink Moduls syntaktisch definiert.

5.5.1 Traversierung

Für die Traversierung von Hyperlinks gibt es in HyTime ganz allgemeine Regeln. Die Links verfügen dazu über die Attribute `linktrav` und `listtrav`.

Das `linktrav`-Attribut bei den Ankern eines Links regelt die Traversierung von einem Anker zu einem anderen. Seine möglichen Werte sind in Tabelle 5.8 aufgelistet.

Wert	Bedeutung
E	Prinzipiell die Möglichkeit, zu einem anderen Anker innerhalb des Links zu springen.
R	Nur die Rückkehr zu jenem Anker, von dem man zum aktuellen Anker gekommen ist, ist möglich.
I	Vom aktuellen Anker aus kann jeder interne Anker des Links erreicht werden.
D	Der Link kann von diesem Anker aus verlassen werden.
N	Keine weitere Traversierung ab diesem Anker.
P	Die Traversierung zu diesem Anker ist innerhalb des Links verboten.

Tabelle 5.8 Traversierungs-Werte

Dabei sind folgende Kombinationen dieser Werte zulässig: I, R, D, A, N, P, ID, RD, EI, ER, ED, EN, EP, ERD.

Das `listtrav`-Attribut bei den Ankern eines Links regelt die Vorgangsweise bei Ankern, die ganze Listen von Ressourcen ansprechen. Folgende Werte sind möglich:

Wert	Bedeutung
N	Keine Listentraversierung möglich.
L	Linkstraversierung. Von einem rechten Knoten einer Liste zu einem linken (Vorgänger).
R	Rechtstraversierung. Von einem linken Knoten einer Liste zu einem rechten (Nachfolger).
A	Adjazente Traversierung (vorwärts oder rückwärts).
LW	Linkstraversierung mit Überlauf (vom ersten zum letzten Knoten)
RW	Rechtstraversierung mit Überlauf (vom letzten zum ersten Knoten)
AW	Adjazente Traversierung mit Überlauf.

Tabelle 5.9 Listentraversierungs-Werte

Arten von Hyperlinks In HyTime gibt es fünf Arten von Hyperlinks, wobei an dieser Stelle nicht alle ausführlich beschrieben werden sollen:

- Hyperlink (hylink)
- Kontextlink (Contextual Link, clink)
- Aggregationslink (Aggregation Link, agglink)
- Variabler Link
- Unabhängiger Link

5.5.2 Hyperlink

Dies ist die allgemeinste und flexibelste Form eines Hyperlinks. Die Positionen der Anker sind unabhängig von der des Links. Im `hylink`-Element werden die Anker über das `anchrole`-Attribut referenziert. Es beinhaltet eine Auflistung von IDs von Elementen und Entities, oder eine andere Art von Referenzierungs-mechanismus, der von der Applikation realisiert wird – beispielsweise URLs oder XPointer. Ein hylink könnte etwa so aussehen:

Beispiel für einen hylink

```
<meinLink
bedeutung="meine Lieblings-Seiten"
eigentuemer="Hans Meier"
anchrole="buecher motorraeder sammelkarten"
HyTime="hylink"
>
```

Auch in diesem Beispiel ist HyTime als Enabling Architecture erkennbar, da der Generic Identifier zwar „meinLink" ist, aber das `HyTime`-Attribut signalisiert, dass es sich dabei um einen hylink handelt.

Das `hylink`-Element umfasst noch einige andere Attribute, die hier nicht weiter betrachtet werden.

5.5.3 Kontextlink

Der Kontextlink, repräsentiert durch das `clink`-Element, ist mit den Hyperlinks aus HTML vergleichbar. Gemeint ist vor allem der Umstand, dass das `clink`-Element dann selbst ein Anker ist und auf genau einen weiteren Anker verweist und auch die Traversierung dorthin ermöglicht. Dieser referenzierte Anker kann eine Menge von Ressourcen beinhalten.

5.5.4
Aggregationslink

Der Aggregationslink wird durch das `agglink`-Element realisiert und beinhaltet zwei Anker, nämlich das Aggregat auf der einen Seite und die Mitglieder des Aggregats auf der anderen. Diese einzelnen Mitglieder (im Standard nur als Knoten bezeichnet) werden gruppiert und als Ganzes betrachtet. Diese Art von Link unterstützt daher die Darstellung von Hierarchien und Ganzes-Teil Relationen.

5.5.5
Variabler Link

Der variable Link wird mittels des `varlink`-Elements umgesetzt. Statt die Anker direkt zu adressieren, beinhaltet es eine Menge von `anchspec`-Elementen. Diese adressieren in ihrem Content die Anker des Links unter Anwendung sämtlicher möglicher HyTime-Adressierungsmechanismen (Location Addressing). Das `anchrole`-Attribut des `anchspec`-Elements gibt dabei die semantische Rolle der jeweiligen Anker an, das `multmem`-Attribut legt fest, ob der betreffende Anker mehrere Ressourcen umfassen kann (Wert: „list"), mehrere Ressourcen, die mit Ressourcen in anderen Ankern des Links korrespondieren, umfassen kann (Wert: „corlist"), oder ob er nur eine Ressource bezeichnen kann (Wert: „single").

Da der variable Link im Topic Maps-Standard häufig verwendet wird, seien hier die zugehörigen SGML-Architectural Forms angeführt:

```
            <!-- Variable Link -->
<![ %varlink; [
<!element
    varlink         -- Variable link --
                    -- Clause: 8.2.4 --
    - O
    (anchspec)+

-- Attributes [links]: ancspcat, varlink, vartrav --
-- CommonAttributes [GenArc]: dafe, dvlatt, etfullnm, id,
   ireftype, lextype, opacity --
-- CommonAttributes [base]: activity, conloc, dtxtatt,
   valueref --
-- CommonAttributes [locs]: refctl, refloc, reftype,
   rflocspn --
>
<!element
    anchspec        -- Anchor specification --
                    -- Clause: 8.2.4 --
```

Architectural Forms des varlink (vgl. [ISO 10744], 8.2.4)

Architectural Forms des varlink (Fortsetzung)

```
                   - O
                   (%HyCFC;)*     -- Reference --
                                  -- Note: Use of refloc facility required --
                   -- Attributes [links]: anchspec, ancspcat, vartrav --
                   -- CommonAttributes [GenArc]: dafe, dvlatt, etfullnm, id,
                      ireftype, lextype, opacity --
                   -- CommonAttributes [base]: activity, conloc, dtxtatt,
                      valueref --
                   -- CommonAttributes [locs]: refctl, refloc, reftype,
                      rflocspn --
                   >
                   <!attlist
                      anchspec        -- Anchor specification --
                                      -- Clause: 8.2.4 --

                      multmem         -- May anchor have multiple members? --
                         (single|list|corlist)
                         single

                      emptyanc        -- Is empty anchor an error? --
                         (error|noterror)
                         error
                   >
                   <!attlist
                   -- ancspcat --     -- Anchor specification attributes --
                                      -- Clause: 8.2.4 --
                      (anchspec,varlink)

                      anchrole        -- Anchor role --
                         NAME
                         #IMPLIED     -- Default: for anchspec, anchor role is
                                         GI of element --
                                      -- Default: for varlink, varlink is not
                                         self anchor --
                   >
                   <![ %traverse; [
                   <!attlist
                   -- vartrav --      -- Varlink traversal rules --
                                      -- Constraint: ignored on varlink
                                         element if it is not a self anchor --
                      (anchspec,varlink)

                      linktrav        -- Hyperlink traversal rules --
                                      -- Traversal between anchors of
                                         hyperlinks:
                                         A  any traversal or departure (EID)
                                         D  departure after internal arrival
                                         E  traversal after external arrival
                                         I  traversal after internal arrival
                                         N  no traversal after internal
                                            arrival
                                         P  no internal arrival
                                         R  return traversal after internal
                                            arrival --
                      (A|EI|ER|ED|EN|EP|ERD|I|ID|D|N|P|R|RD)
                      A
```

```
      listtrav             -- List traversal rules --
                            -- Traversal between members of list
                               anchors:
                               A  adjacent (both left and right)
                                  traversal
                               L  left traversal
                               N  no traversal
                               R  right traversal
                               W  wrapping traversal --
            (A|AW|L|LW|N|R|RW)
                            -- Constraint: ignored if anchor is not
                               a list --
             N
>
]]><!-- traverse -->
]]><!-- varlink -->
```

Architectural Forms des varlink (Fortsetzung)

5.5.6
Unabhängiger Link (Independent Link)

Der unabhängige Link wird mit Hilfe des `ilink`-Elements umgesetzt. Er ist dabei semantisch mit dem hylink gleichzusetzen, verwendet aber eine andere Syntax. Über das `linkends`-Attribut werden die eingebundenen Anker über deren ID referenziert, über das `anchrole`-Attribut werden deren Rollen innerhalb des Links spezifiziert.

5.6
Relevanz von HyTime für Topic Maps

Die kennengelernten Konstrukte aus HyTime sind für das Verständnis des Topic Maps-Standard und dessen Syntax notwendig. Topic Maps basieren auf HyTime, vor allem die Konstrukte `topic`, `assoc` und `facet` sind im Prinzip `varlinks`, also variable Links, was auch aus den Architectural Forms des Topic Maps-Standard hervorgeht (siehe Kapitel 4). Die Elemente `occurs`, `assocrl` und `fvalue` sind eigentlich `anchspec`-Elemente. Weil HyTime eine Enabling Architecture ist, ist es kein Problem, dass der Generic Identifier jedes dieser Elemente nicht `anchspec` ist. Gewisse Voreinstellungen für die Traversierung wurden allerdings vorgenommen.

Verwendung von varlinks und anchspec-Elementen bei Topic Maps

Weiterhin werden die Location Addresses unterstützt. Die Inhalte der von `anchspec` abgeleiteten Elemente, `occurs`, `assocrl` und `fvalue` (die Anker der jeweiligen varlinks `topic`, `assoc` und `facet`) sind Location Addresses. Beliebig viele von ihnen können an diesen Stellen verwendet werden.

Verwendung von Location Addresses bei Topic Maps

Verwendung von BOS bei Topic Maps

Natürlich werden auch die Bounded Object Sets in Topic Maps verwendet. Jedes `topicmap`-Element entspricht einem Dokument und ist vom `HyDoc`-Element aus HyTime abgeleitet. Ein spezieller Verarbeitungsalgorithmus zur Konstruktion des BOS wird vom Topic Maps-Standard allerdings nicht vorgeschrieben, dies bleibt also nach wie vor der jeweiligen Applikation überlassen.

Eine möglichst umfassende Topic Maps-Implementation sollte also Bounded Object Sets und Location Addressing unterstützen. Auf die `varlinks` in ihrer ursprünglichen Form muss nicht Rücksicht genommen werden. Die Topics und Assoziationen sind vor allem deswegen als `varlink` definiert, damit jede HyTime-Applikation, die die verschiedenen Link Types interpretieren kann, auch mit Topics und Assoziationen (und natürlich auch Facets) zurechtkommt, auch wenn sie Topic Maps selbst nicht implementiert.

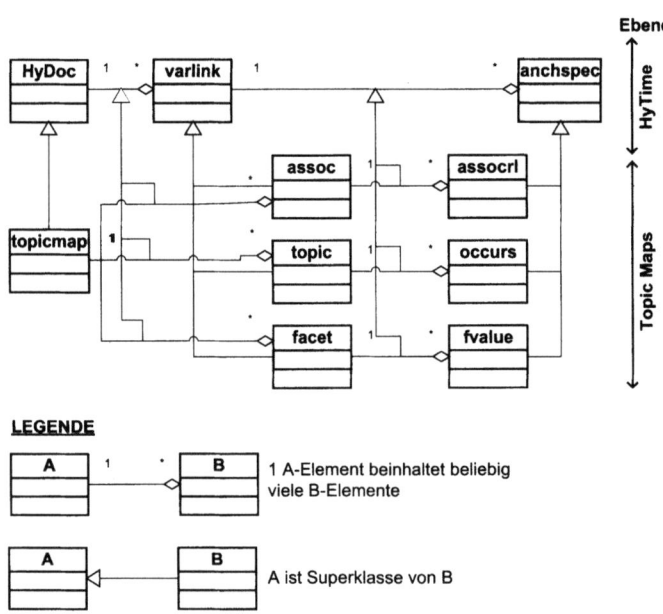

Abbildung 5.7
UML-Klassendiagramm von Topic Maps

Zum Abschluss wollen wir noch die Zusammenhänge der HyTime und Topic Maps-Konstrukte grafisch in Form eines UML-Klassendiagramms darstellen. In diesem Diagramm werden allerdings nur Namen von Klassen benutzt, ohne auf deren Eigenschaften oder Methoden einzugehen. Nur zwei Formen der Beziehung werden verwendet, das Aggregat und die Vererbung. Beispielsweise erbt das Element `topicmap` vom Element `HyDoc`, das heißt, es hat prinzipiell die gleichen Attribute und kann selbst noch andere Eigenschaften aufweisen. Das `topicmap`-Element enthält Elemente der

Typen assoc, topic und facet – aggregiert diese also. Die Anzahl der jeweils aggregierten Elemente ist unbeschränkt, es gäbe in SGML oder XML auch keine unmittelbare Methode, sie präzise zu beschränken. Die Darstellung von Aggregat und Vererbung wird in der unten angrenzenden Legende gezeigt. Die strichlierten Pfeile zwischen den Beziehungen bedeuten, dass die unteren Beziehungen sich von den oberen (wo die Pfeilspitzen hinzeigen) ableiten.

6 Ein Prototyp – Grundkonzept

Bisher wurde das nötige Grundwissen vermittelt, um die Standards für Topic Maps, XML und HyTime verstehen und eine Topic Maps-Applikation entwickeln zu können. Bereits im einleitenden Teil wurden zahlreiche Anwendungsmöglichkeiten dieses Standards diskutiert – von der Generierung von Indexen und Glossaren, Einbeziehung in Dokumentmanagementsysteme bis hin zu semantischen Suchmaschinen.

Der letztgenannte Ansatz ist jener, der an dieser Stelle aufgegriffen werden soll. Das Thema „intelligente Suchmaschine" ist allerdings nicht vollständig ausdefiniert, obwohl verschiedenste Ansätze zur Beschleunigung von Suchabfragen und Präzisierung der Ergebnisse bereits existieren. Das im Folgenden vorgestellte Konzept soll zu einem relativ einfachen Prototyp führen, der die Implementierung und die Vorteile von Topic Maps verdeutlichen kann.

Hauptausrichtung des Prototyps

Die Internet-Gemeinschaft, also alle, die in irgendeiner Form an der Existenz und der Erweiterung dieser Einrichtung beteiligt sind, bildet ein *autopoietisches* System: ein System, das sich selbständig erhalten kann und selbständig weiterwächst. Topic Maps können ein Bestandteil dieses Systems sein, ein Teil, der dazu dient, dieses System zu ordnen und zu organisieren bzw. verschiedene Sichten auf das System zu ermöglichen. Darüber hinaus sollen sie ein Wissensnetz zu den atomaren Bestandteilen der Dokumente im Internet bilden. Dieses Wissensnetz kann in späterer Folge einmal so weit ausgereift sein, dass sich aus bestimmten Tatbeständen und Regeln andere Tatbestände implizieren lassen. Derzeit ist dies zwar im Standard für Topic Maps nicht vorgesehen, doch eine Erweiterung dahingehend ist durchaus anzudenken, da das Internet, wie bereits gesagt, ein sich selbst erweiterndes System ist.

Topic Maps als Bestandteil und Grundlage selbstorganisierender Systeme

Was bedeutet dies unmittelbar für unseren Applikationsprototyp? Die wichtigste Anforderung wird wohl darin zu sehen sein, Erweiterungen in kapazitiver und auch funktioneller Hinsicht zu ermöglichen.

6.1
Phasen des Entwicklungsprozesses für Topic Maps

Bevor die Ziele an eine Applikation genauer spezifiziert werden, gilt es, den Entwicklungsprozess einer Topic Map zu betrachten und zu analysieren, welche Teilabschnitte in diesem Prozess die Applikation unterstützen soll.

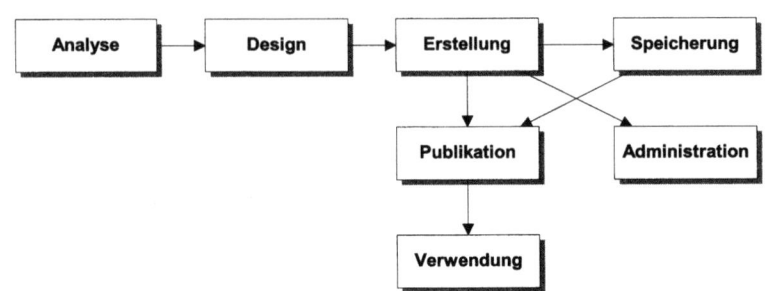

Abbildung 6.1
Phasen des Entwicklungsprozesses für Topic Maps

Dieser Prozess ist zwar nicht standardisiert, dürfte aber die wesentlichen Schritte zur Entwicklung einer Topic Map bis hin zur Verwendung durch Kunden darstellen. In [Rat00] findet sich ein ähnlicher Ansatz. Nicht berücksichtigt sind vorläufig diverse Iterationen und Rückkopplungen, die es bei solchen Abläufen typischerweise gibt.

6.1.1
Analyse

In der Analysephase müssen zunächst die Dokumente und das Wissen, um das sich die Topic Map aufbaut, abgegrenzt und identifiziert werden. Die Frage ist in diesem ersten Stadium, in welchem Kontext die Topic Map zu verstehen ist, welche semantischen Gültigkeitsbereiche sie anspricht und wie das technische Umfeld aussieht. Applikationen für die Analyse müssen nicht notwendigerweise reine Topic Maps-Applikationen sein, es kann sich auch um andere Autorensysteme, Textverarbeitungen usw. handeln. Derartige Applikationen können eine Topic Maps-Exportschnittstelle aufweisen und auf diese Weise bereits erste Listen von Topics oder Schablonen entwerfen, die dann vom Autor der Topic Map in den nächsten Phasen entsprechend verändert werden können. Auch denkbar wären Referenzmodelle für Topic Maps oder Sammlungen von Schablonen, die dann an das eigene Umfeld angepasst werden können. Unternehmen könnten sich auf den Entwurf von Basisschablonen und spezifisch angepassten Templates spezialisieren und so einen Mehrwert im jeweiligen Anwendungsfeld anbieten.

6.1.2
Design

Eine Applikation zum Design von Topic Maps wird die Aufgabe haben, dem Autor den Entwurf der Wissensstruktur zu erleichtern, vor allem, indem sie die einzelnen Konstrukte grafisch aufbereitet. Dafür würden sich unterschiedliche Ansätze anbieten, beispielgebend seien gerichtete Graphen unter Verwendung bestimmter Darsellungsheuristiken (z. B. vergleichbar mit Planarisierungsalgorithmen), Graphen im hyperbolischen Raum (z. B. hyperbolische Bäume) oder auch Bäume genannt. Die Baumstruktur wird in der Literatur gerne vorgeschlagen (vgl. [Moo00], [Rat99c]), doch ist sie umfangreichen Topic Maps vermutlich nicht gewachsen, da der Baum, je nach Hierarchisierungsstrategie („depth first" oder „breadth first") in eine der Dimensionen Breite oder Tiefe sehr rasch wächst. Schleifen innerhalb der Hierarchie sind dann ebenfalls möglich und durchaus nicht sinnlos (etwa: A → B → C → A. Die Hierarchiestufen sind 1 → 2 → 3 → 4. Diese Anordnung kann logisch sein, da die durch die Pfeile ausgedrückten Relationen ja nicht vom selben Typ sein müssen.)

Art der Darstellung

Abgesehen von der reinen Darstellung wird die Applikation auch Mehrbenutzereditierung einer Topic Map unterstützen und auch eine Datenbank von Topic Maps, Templates oder einzelnen Topics zur Verfügung stellen, dies mit geeigneten Zugriffsmethoden. Versionsverwaltung wird hier ein Thema sein.

6.1.3
Erstellung

Design und Anlage von Dokumenten sind nicht unbedingt klar voneinander trennbar. Die Erstellungsphase hat sicherlich mit Themen wie der Zusammenführung verschiedener Teile von Topic Maps und auch ihrer Darstellung in Form von ausdruckbaren oder archivierbaren Grafiken, Skizzen und Schablonen zu tun. Benutzergruppen mit verschiedenen Rechten und Aufgaben spielen sowohl beim Design als auch bei der Erstellung eine bedeutende Rolle.

Die Anlage kann aber auch halbautomatisch aus bestehenden Dokumenten und Daten geschehen, etwa durch regelbasierte Transformation vorhandener Daten in Topic Maps. Hier existiert also ein Bedarf an Applikationen, die es schaffen, aus Dateien bestimmter

Automatische Generierung von Topic Maps

Datentypen Topic Maps zu generieren, entsprechend der eingestellten Regeln und Konstruktionsvorgaben. So sollten derartige Applikationen in der Lage sein, aus „flachen" Daten Topic Maps zu erstellen. Ein Szenario könnte sein, aus relationalen Datenbanken Daten in Form von XML zu exportieren und diesen XML-Ouput mit Hilfe von XSLT-Scripts (vgl. [Cla99], [Kay00]) in Topic Maps umzuwandeln.

6.1.4 Speicherung

Große Datenmengen

Die effiziente Speicherung von Topic Maps ist ein nichttriviales Problem. Zwar werden Topic Maps global auf Servern vorhanden sein, die der Anwender in seine Welt der Topic Maps einbinden will, doch wird eine effektive und effiziente Abfrage auf dieses Wissen nur möglich sein, wenn es technisch robust und schnell erreichbar ist, da es sich um sehr umfassende Datenmengen handeln wird, auf denen die Abfragen des Anwenders operieren werden. Bei umfangreichen Topic Maps-Applikationen wird man deswegen an durchdachten Replikationsstrategien und Caching-Mechanismen nicht vorbei kommen. Replikation bedeutet dabei die geplante, regelbasierte Mehrfachhaltung von Daten an verschiedenen Orten und deren regelmäßige Zusammenführung.

Der Themenkomplex Speicherung umfasst auch ein angepasstes Sicherheitssystem sowie die Trennung verschiedener Versionen. Dies wird wohl analog zu Dokumentmanagementsystemen durch Check in / Check out – Mechanismen erfolgen.

6.1.5 Administration

Die Administration einer Topic Map betrifft ihre Wartung und Bereitstellung. Administration passiert laufend, auch bei fertigen Topic Maps. Teile können gelöscht oder hinzugefügt werden, neue Entwicklungsprozesse sind durch administrative Operationen anstoßbar.

6.1.6 Publikation

Topic Maps Dialekte

Die Publikation von Topic Maps erfolgt auf elektronische Weise, in einem standardisierten Datenaustauschformat wie SGML oder XML. Dazu gibt es bereits jetzt eigens spezifizierte Dokumenttypdefinitionen, die quasi Dialekte von Topic Maps darstellen und zusätzliche kontextbezogene oder applikationsspezifische Konstrukte erlauben, da der Topic Maps-Standard nicht immer alle Wünsche der jeweiligen Anwender abdecken kann.

Wie bereits angedeutet, kann es die unterschiedlichsten Darstellungsarten für Topic Maps geben. Da für Topic Maps ein Metamodell in Form eines Graphen gebildet werden kann (siehe Abschnitt 8.3.), können hier Erkenntnisse aus der angewandten Graphentheorie (Darstellungsalgorithmen) und graphische Abfragemöglichkeiten Verwendung finden. Die Publikation einer Topic Map hat aber auch eine gewisse wirtschaftliche Komponente, die auch softwareunterstützt sein kann, etwa Vertrieb, Bestellung von Topic Maps, etc.

6.1.7 Verwendung

Ein sehr wichtiger, weil örtlich, zeitlich und personell abgrenzbarer Schritt in diesem Prozess, zugleich der letzte, ist die Verwendung von Topic Maps. Der Anwender nutzt hier die Ergebnisse der Autoren von Topic Maps, in welcher Form auch immer. Er kann einerseits navigierend auf verschiedene Maps zugreifen oder Abfragen formulieren, die ihm eine gewünschte Ergebnismenge liefern. Diese könnte immer auf Topics beschränkt sein, man könnte aber auch nach bestimmten Facetten oder ganzen Assoziationen fragen wollen, etwa bei genealogischen Wissensstrukturen.

Navigation und Abfrage

Die Bearbeitung wird vermutlich über einen Standard-Browser laufen, wofür man eine Topic Maps-Engine entwerfen müsste, die über eine Art Plug-In oder ein Java-Applet in den Browser integriert werden könnte, oder andere, serverseitige Methoden verwenden (etwa Java Server Pages, CGI, etc.).

Browserorientierung

6.2 Funktionale Ziele

Im Folgenden sollen die einzelnen funktionalen Anforderungen an unsere Applikation, geben wir ihr für den weiteren Verlauf den Namen „TM-Engine", schrittweise ausgearbeitet werden, zunächst in Form von Zieldefinitionen. Technische Eigenschaften sollen erst später festgelegt werden.

- Ziel: Topic Maps speichern, neu aufnehmen, zusammenführen und wieder entfernen.

Topic Maps Repository	Die TM-Engine soll Topic Maps speichern, sammeln und zusammenführen. Es soll ein wohlgefülltes Repository von Topic Maps entstehen, auf das Anwender zugreifen können. Es erscheint sinnvoll, möglichst große Mengen von Topic Maps im Original oder repliziert an einem Platz zu speichern, damit diese nicht ständig, bei jeder Anfrage an das System, neu aus dem Internet geholt werden müssen. Dadurch kann auf konzeptueller Ebene die Unifikation von Topics und damit die vereinheitlichte Sicht auf das durch Topic Maps integrierte Wissen unterstützt werden, während auf Systemebene durch den Einsatz von Caching in Verbindung mit Update-Mechanismen performanter Zugriff auf Topic Maps erreicht werden kann.

- Ziel: Topic Maps sollen zusammengeführt werden können und Topics mit gleicher Identität sollen gemäß ISO 13250 vereint werden.

Entfernen von Topic Maps aus dem Repository	Topic Maps können zu gewissen Zeitpunkten wieder obsolet werden, es muss also möglich sein, sie aus dem Repository wieder zu entfernen. Dabei müssen sie vollständig herausgelöscht werden, wobei wichtig ist, dass beim Zusammenführen von Topic Maps vereinte Topics wieder „auseinandergerissen" werden. Wird etwa eine Topic Map T mit dem Topic T1 eingespielt und später eine Topic Map U mit dem Topic U1, das zu T1 ident ist, dann muss es möglich sein, dass T1 und U1 im Repository als ein und dasselbe Topic bekannt sind, aber wenn U aus dem Repository gelöscht wird, eben nur U1 gelöscht wird und T1 weiter existiert.
Zusammenführen von Topics	Beim Zusammenführen von Topics soll in einer ersten Version allein die Tatsache berücksichtigt werden, dass übereinstimmende `identity`-Attribute notwendig sind. Gleiche Topic-Charakteristiken (Namen und Scopes) sollen erst in einer späteren Version als Indiz für Übereinstimmung gelten. Die Identität zweier Topics ist an sich noch ein zu diskutierendes Thema innerhalb des Topic Maps-Standards, weswegen es mitunter ratsam ist, mit komplizierten Entwicklungen in diese Richtung noch solange zu warten, bis neue, ausgereiftere Ideen existieren.

- Ziel: Die Originalversion einer Topic Map soll durch Angabe eines URL identifiziert werden, die TM-Engine soll sie von dort holen und einspielen.

Editierung von Topic Maps	Ein ausgereiftes Autorensystem für Topic Maps muss auch einen komfortablen Editor mit grafischen Darstellungsmöglichkeiten auf Topic Maps bieten. Mit ihm kann man Topic Maps erstellen, editie-

ren und warten. An dieser Stelle soll weniger auf die Editierung von Topic Maps als auf die Speicherung, Zusammenführung und die Abfragen Rücksicht genommen werden.

- Ziel: Verschiedene Versionen von Topic Maps und Hyperdokumenten von Topic Maps

Es soll möglich sein, verschiedene Versionen von Topic Maps im Repository aufzubewahren. Zudem sollen, wenn ein Benutzer eine Topic Map A einspielt, die die Maps B und C referenziert, diese Maps auch eingespielt werden, da deren Topics höchstwahrscheinlich auch benötigt werden.

Versionen und Abhängigkeiten

- Ziel: eine Topic Map soll in ihrer ursprünglichen Form wiederherstellbar sein

Topic Maps sollen einerseits in einer systeminternen Darstellung archiviert werden, die den effizienten Zugriff auf die Elemente von Topic Maps gewährleistet. Andererseits soll es möglich sein, die Topic Maps zwecks Bearbeitung in ihrer ursprünglichen, serialisierten Form dem Repository zu entnehmen.

Wiederherstellbarkeit

- Ziel: Check in / Check out Mechanismen nicht in der Erstversion, soll aber später möglich sein

Diese Mechanismen zur konsistenten Dokumentbearbeitung durch mehrere Bearbeiter sollten in einem großen Repository von Topic Maps unterstützt werden, sollen für die erste Version des Prototyps allerdings nicht vorrangig sein.

Check in / Check out Mechanismen

- Ziel: Einfaches Berechtigungssystem für Benutzer und Topic Maps durch einen Code für jede Topic Map

Je mehr Benutzer das Topic Maps Repository benutzen, desto ausgeklügeltere Sicherheitsmechanismen sollten von diesem angeboten werden. Manche Benutzer sollen nur jene Topic Maps lesen und schreiben können, die sie selbst angelegt haben, manche vielleicht auch andere. Andere Benutzer wieder dürfen keine Topic Maps eintragen, sondern nur lesen bzw. Abfragen an die Datenbank schicken.

Da diese Ansätze recht aufwendig werden, soll für die erste Version der TM-Engine eine einfach zu implementierende Routine genügen, die zumindest grundlegende Sicherheit gewährleistet. Der vorläufige Ansatz dazu: immer, wenn ein Benutzer eine Topic Map anlegt – dem System durch Bekanntgabe ihres URL mitteilt, dass

Einfache Kennwortvergabe

eine Topic Map eingefügt werden soll – bekommt die Topic Map ein zufälliges, eindeutiges Kennwort, das der Benutzer nach Einspielung der Topic Map in das Repository erhält.

Dies hat den Vorteil der schnellen Implementierbarkeit, aber natürlich auch einige Nachteile. Der Benutzer muss sich für jede seiner Topic Maps ein eigenes Kennwort merken, kann dieses nicht willkürlich ändern, das System ist noch relativ anfällig für Störangriffe. Trotzdem ist es gut geeignet, wenn man in erster Linie darauf achten will, dass nur solche Benutzer Topic Maps aus dem Repository löschen oder verändern können, die sie auch eingespielt haben.

- Ziel: Abfragesprache auf unterschiedlichen Komplexitätsstufen.

Eine Abfragesprache an Topic Maps soll entworfen werden, die in zwei verschiedenen Varianten existieren soll:

Variante 1
- Stufe 1: Suchmaschine

Ein Suchkriterium in einer Suchmaschine genügt auch einer sehr einfachen Abfragesprache, jedoch im Hinblick auf eine möglichst einfache Bedienung stark eingeschränkt. Die meisten der heute über das Web abgesetzten Anfragen basieren auf einer einfachen Abfrageform. Diese Einfachheit kann trotz zunehmender Komplexität der zugrundeliegenden Metadatendarstellung beibehalten werden. Es kann etwa gefragt werden, welche Dokumente zur Stadt Paris existieren, die irgendetwas mit einem Stadtplan zu tun haben.

Variante 2
- Stufe 2: universelle Abfrage

Natürlich soll es auch eine Abfragesprache geben, mit der mächtigere Abfragen bewerkstelligt werden können. Jemand, der wissen möchte, welche Briefe von Johann Sebastian Bach an seinen drittältesten Sohn in englischer Sprache im Internet existieren, wird eine solche Variante benötigen.

Direkte Abfrage mit SQL oder OQL
Man könnte eine dritte, noch allgemeinere Variante erwähnen, die sich bei der Verwendung einer relationalen oder objektorientierten Datenbank praktisch von selbst ergibt: die direkte Abfrage auf das Metamodell über SQL (vgl. [Ull97], [Heu97]) bzw. OQL [Cat94]. In einer objektorientierten Datenbank hätten wir es wohl mit Typen wie `TopicMap`, `Topic`, `Occurrence`, `Association`, `AssociationRole`, `Name`, etc. zu tun. Analoges gilt für den relationalen Ansatz, den wir hier weiter verfolgen. Mit SQL oder eben OQL würden wir nun Abfragen auf diese Klassen erzeugen und damit die allgemeinste Abfragemethode realisieren. Umgekehrt steigt damit wiederum die Komplexität. Es ist beispiels-

weise relativ schwierig herauszufinden, welche Topics in Assoziationen eingebunden sind, in denen ein bestimmtes Topic eine bestimmte Rolle spielt. In OQL würde dies bedeuten, von der Klasse `Assoziation` auszugehen, die ein Attribut `TopicRoles` aufweist, das eine Beziehung zur `Topic`-Klasse aufbaut. Über Objektpfade könnte man in OQL in der Metastruktur von Topic Maps navigieren. Doch auch hier wird es knifflig, wenn man an eine Abfrage wie die oben erwähnte (die Briefe Bachs) umsetzen möchte, da man jedes Konstrukt (Assoziationsrollen, etc.) immer auf ein Topic zurückführen muss, das dann den entsprechenden Namen haben muss (`...where AssociationRole.Topics.Name = '...'`). Die `Name`-Eigenschaft ist hier etwas abstrakt verwendet, denn es muss erst eindeutig festgestellt werden, wie der Abfrager auf den Namen eines Topics zugreift – es kann der Base Name, Sort Name oder der Display Name sein (da alle untereinander für den andern einspringen, wenn einer von ihnen fehlt), aber auch der Generic Identifier. Hier könnte zumindest eine vordefinierte Datenbanksicht existieren, die diese Arbeit übernimmt.

So bleibt noch das größte Problem bei der Sache: ist es einem „normalen" Benutzer des Systems zuzumuten, für eine (mitunter einfache) Abfrage extra OQL oder SQL lernen zu müssen? Die Antwort ist Nein, da die Akzeptanz des Systems sonst nicht gewährleistet ist und nur erfahrenere Programmierer das Wissen von Topic Maps auch wirklich nutzen können. Außerdem müsste man auch über das Metamodell der Topic Maps Bescheid wissen, und dieses sollte nun wirklich so transparent (meint unsichtbar) wie möglich sein.

Grundsätzlich bleibt die Aussage: je einfacher die Abfragesprache, desto höher die Akzeptanz des Systems durch den Endbenutzer. Man muss nicht unbedingt den größtmöglichen Funktionsumfang erreichen. Man bedenke nur die Fähigkeiten der heutigen Suchmaschinen (logische Verknüpfungen, etc.) und die tatsächliche Verwendung dieser. Die meisten Abfragen bestehen nach wie vor aus einem einfachen Suchbegriff, zu dem man alle relevanten Dokumente haben möchte. Die semantische Suchmaschine kann vor allem dabei helfen, diese Relevanz, bezogen auf Typhierarchien von Topics, stärker zu gewährleisten.

Einfachheit der Suchabfrage erwünscht

- Ziel: Abgeschlossenheit der Abfragesprache.

Die TM-Engine soll Ergebnisse der Abfrage nur derart darstellen, dass die Ergebnismenge von Abfragen ausschließlich aus Topics besteht. Würde sie aus Assoziationen oder Facets bestehen, müsste

Topics als Bestandteile der Ergebnismengen von Abfragen

man erst recht die zugehörigen Topics darstellen, da diese Konstrukte sonst aussagelos wären.

Eigenschaftsbaum   Zu jedem Topic, das Teil der Ergebnismenge einer Abfrage ist, sollen möglichst viele Eigenschaften dargestellt werden, dazu gehören Typen, Scopes, Teilnahme an Assoziationen, als Assoziationsrollen, Facetten usw. Diese Eigenschaften werden in einem sogenannten *Eigenschaftsbaum* oder auch *Topic Map Characteristic Tree* dargestellt. Das Ergebnis einer Abfrage an Topic Maps ist eine Menge von Topics, die Darstellung demnach eine Liste von Eigenschaftsbäumen.

6.3 Technische Ziele

Nun sollen die technischen Ziele der TM-Engine grob definiert werden.

- Ziel: das Repository soll als relationale Datenbank realisiert werden.

Dies sollte aus Gründen der Performance und der langjährigen Erfahrung mit solchen Systemen, auch in bezug auf große Datenmengen, geschehen.

- Ziel: für die TM-Engine soll eine verteilte Umgebung geschaffen werden, zumindest Datenbank, Serverapplikation und Web-Server sollen beim Anbieter physisch getrennt werden können.

Minimale verteilte Umgebung   Ein Topic Maps-Repository, das auf Akzeptanz stößt, wird erwartungsgemäß einen signifikanten Umfang erreichen. Lastverteilung auf mehreren Servern und weitere Maßnahmen zur Verteilung der im Zusammenhang mit TM-Engine stehenden Objekte wird unumgänglich sein. Die Datenbank, die Serverapplikation und der Web-Server sollen auf getrennten Maschinen liegen.

- Ziel: die Applikation soll sich als Webseite präsentieren, Abfrageergebnisse sollen dynamisch erzeugt werden.

Lauffähigkeit in Webbrowser   Da eine große Menge an Clients für die Speisung des Repositories für die semantische Suchmaschine, die durch die TM-Engine repräsentiert wird, zu erwarten ist, und sich die Funktionalität im Wesentlichen auf die Eingabe von URLs und Abfragen und auf die Ausgabe von Ergebnismengen der Abfragen beschränkt, ist eine Platzierung der Client-Software im Internet als Webpage naheliegend.

- Ziel: Ausgesuchte HyTime-Location Addresses sollen unterstützt werden.

Die unterstützten Lokalisierungs- bzw. Adressierungsmechanismen für Ressourcen sind in Abschnitt 7.5.1. beschrieben. Es handelt sich um eine willkürlich gewählte Schnittmenge von XLink und HyTime, die die erste Version der TM-Engine verstehen soll. Wünschenswert wäre natürlich der komplette Satz an Mechanismen, dies ist jedoch ein sehr aufwendiges Unterfangen.

Adressierungsmechanismen

- Ziel: das Konzept der BOS soll bis zu einem gewissen Grad unterstützt werden.

Mengen von `topicmap`-Dokumenten sollen als Bounded Object Sets betrachtet und gewisse BOS-Mechanismen umgesetzt werden.

BOS ohne Exceptions

Anmerkung: Verzichtet werden soll hier auf das `inbos`-Attribut, da der BOS-Erstellungsprozess dadurch bei größeren Mengen von Dokumenten stark verlangsamt bzw. verkompliziert wird. Das `bosspec`-Element soll in der ersten Version ebenfalls noch vernachlässigt werden.

- Ziel: ISO 13250 soll vollständig umgesetzt werden.

Die Konstrukte aus dem ISO-Standard, die in Kapitel 4 vorgestellt wurden, sollen auch so umgesetzt werden.

- Ziel: Plattformunabhängigkeit.

Die einzelnen Softwarekomponenten des Systems sollen möglichst plattformunabhängig sein, der Client soll noch dazu in einem Web-Browser laufen. Deswegen empfiehlt sich für die Implementierung am Client und am Server Java (bzw. JavaScript) als Entwicklungssprache.

6.4
Resultierende Funktionalität des Systems

Die zuvor definierten Ziele helfen uns, den Umfang der Applikation zu beschränken und sie in den Topic Maps-Entwicklungsprozess einzuordnen. Unsere TM-Engine wird also dem Anwender innerhalb einer Webpage die Möglichkeit geben

- eine Topic Map in das System einzufügen

Der Anwender muss dazu die URL der Topic Map angeben. Er wird durch eine entsprechende Fehlermeldung darauf hingewiesen, wenn diese Topic Map nicht auffindbar ist oder bei der Abarbeitung ein syntaktischer oder semantischer Fehler aufgetreten ist. Er erhält nach erfolgreicher Einspielung eine Liste der nicht eingefügten Konstrukte (Topics, die etwa auf Typen zeigen, die nicht existieren, etc.) und in jedem Fall ein eindeutiges Passwort für diese Topic Map, das für die weitere Bearbeitung notwendig ist.

- eine Topic Map aus dem System zu entfernen

Der Anwender muss dazu das eindeutige Passwort der Topic Map angeben. Dadurch ist diese auch identifiziert. Er muss vorläufig selbst darüber Buch führen, welche seiner Topic Maps welches Kennwort besitzt. Er wird entsprechend benachrichtigt, falls keine Topic Map im System dieses Kennwort hat oder der Vorgang erfolgreich durchgeführt wurde. Dieser Punkt wird nicht im Pseudocode des Kapitels 9 behandelt.

- eine Topic Map in XML auszugeben

Der Anwender muss dazu das eindeutige Passwort der Topic Map angeben. Die Topic Map wird im XML-Textformat übertragen und soll danach von anderen Topic Maps-Applikationen verarbeitet werden können.

- eine Abfrage an das System zu richten

Der Anwender kann in der ersten Version der TM-Engine vorerst die einfache Stufe der Abfragesprache verwenden, in einer späteren Version soll er zwischen der einfachen und der vollständigen Stufe wählen können. In der einfachen Stufe steht ihm ein Feld für die Eingabe seiner Abfrage zur Verfügung. Die beiden im Rahmen der TM-Engine vorgestellten Konzepte zur Formulierung von Abfragen an Topic Maps-Repositories werden in Abschnitt 8 genauer behandelt.

Eigenschaftsbäume von Topics Die Ausgabe erfolgt in Form einer Liste von Eigenschaftsbäumen für Topics. Diese bieten dazu zahlreiche Links, um in der Gesamtmenge der Topic Maps des Systems navigieren zu können – Links zu anderen Topics usw. Wird so ein Link ausgewählt, gelangt der Benutzer zu dem betreffenden Topic, dessen Eigenschaften wiederum in einem derartigen charakterisierenden Baum dargestellt werden. Ist es ein Link zu einer Web-Ressource, wird zu dessen Ankerpunkt im Browser innerhalb eines Frames oder eines neuen Fensters gesprungen. Bei mehreren Ankerpunkten werden alle innerhalb des charakterisierenden Baumes aufgelistet, damit der Anwender daraus auswählen kann. Wie dieser Eigenschaftsbaum aussieht und was er enthalten soll, ist in Abschnitt 8.8 beschrieben.

In einem Use-Case-Szenario soll nun die Funktionalität des Systems verdeutlicht werden. Anzumerken ist, dass die Bereiche Datenpflege und Abfrage getrennt werden können, auch im Hinblick auf die Rolle des Anwenders. In einem funktionierenden Topic Maps-System sollte eine Vielzahl von Anwendern von den Abfragen auf das Wissen, das wenige Autoren eingespielt haben, profitieren. Autoren wiederum müssen nicht an Abfragen auf das ganze System interessiert sein, sie werden in erster Linie danach trachten, dass ihre Topic Map syntaktisch und semantisch richtig ist und hauptsächlich die resultierende Topic Map testen. Wobei aber auch die Wichtigkeit von Integrationstests nicht unterschätzt werden darf, denn schließlich muss kontrolliert werden, ob Topics mit gleicher Identität auch zufriedenstellend unifiziert werden. Letztendlich kann nur ein Experte überprüfen, ob sich zwei Topics im System befinden, die eigentlich ident sind, aber nicht die laut ISO 13250 dafür notwendigen syntaktischen Merkmale (`identity`-Attribut gleich) haben.

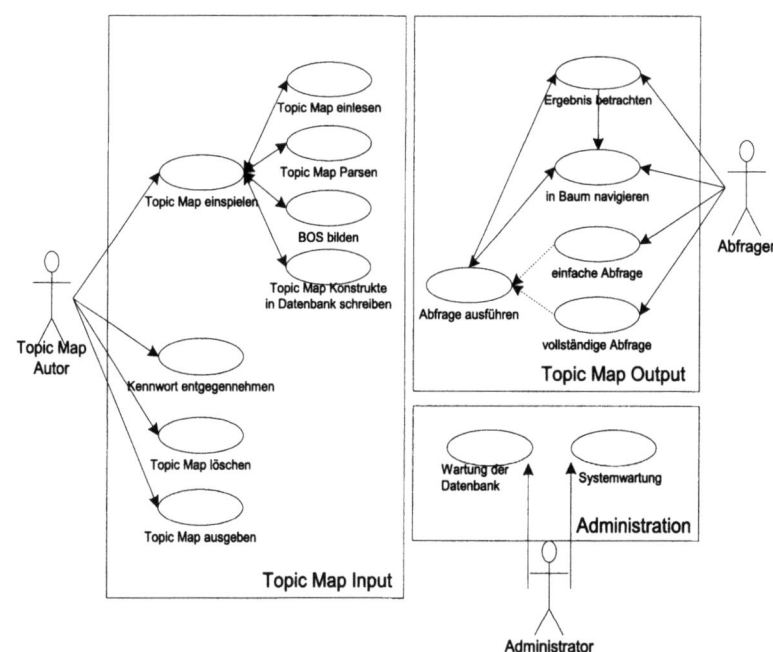

Abbildung 6.2
Use-Case Diagramm für die TM-Engine

Der Vollständigkeit halber wurde auch ein Administrator berücksichtigt, der für die Wartung des Systems (Rechner, Web-Server, Applikationsserver, Datenbank, etc.) verantwortlich ist.

Interessant ist das Zusammenspiel der Funktionen in der Abfragesphase (Topic Map Output in Abbildung 6.2.). Abfragen werden formuliert, die Ergebnisse produzieren. Diese Ergebnisse sind Listen von Eigenschaftsbäumen für Topics und verfügen über verschiedenste Links zu anderen Topics. Wird solch ein Link benutzt, spricht man von Traversierung oder Navigation zu einem anderen Topic – in gewissem Sinn wird aber auch hier eine neue Abfrage gestartet, die wieder genau ein bestimmtes Topic anspricht und dessen charakterisierenden Baum (siehe Abschnitt 8.8) als Ergebnis produziert. Dieser enthält wiederum Links zu anderen Topics, im System kann weiter navigiert werden. Diese Traversierung endet, wenn der Benutzer wieder eine neue Abfrage formuliert, die eine andere Liste von Topics liefert. Ist es nun sinnvoll, auch eine Möglichkeit zu bieten, nur innerhalb der gefundenen Ergebnismenge mittels einer neuen Abfrage weiterzusuchen?

Einschränkung der Abfragebasis für weitere Abfragen

Das Ergebnis einer Abfrage wird umso besser, je mehr Wissen man einbindet. Schränkt man die Ausgangsmenge an Wissen willkürlich ein, kann es passieren, dass dadurch Assoziationen zu anderen Topics „abgeschnitten" werden, wobei diese Topics mitunter eine entscheidende Bedeutung für die neue Abfrage gehabt hätten. Abbildung 6.3 verdeutlicht dies grafisch.

Abbildung 6.3 Abfragebasis

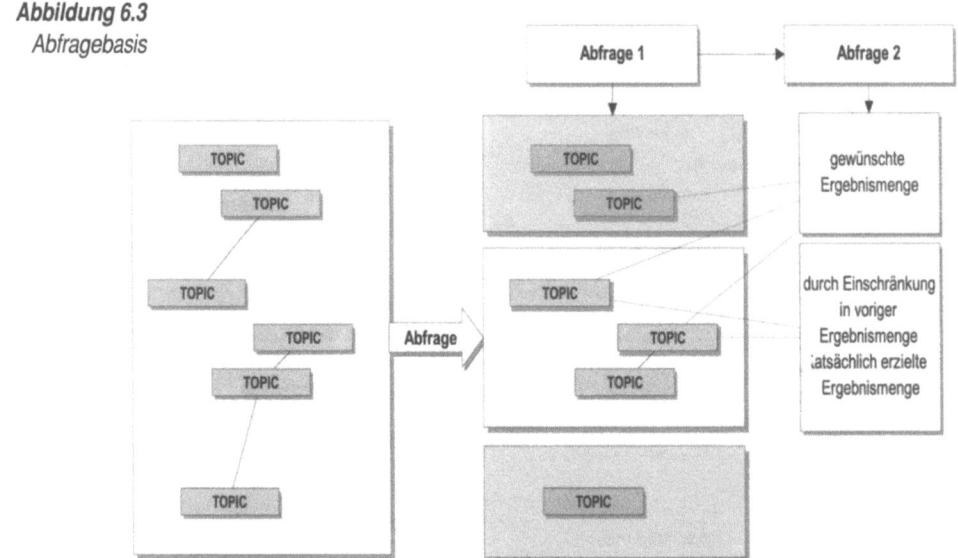

6 Ein Prototyp – Grundkonzept

Eine Möglichkeit, Abfragen auf Ergebnismengen vorangehender Abfragen zu beschränken, soll deswegen immer unter Bezugnahme auf diesen Sachverhalt ermöglicht werden.

Dieser Problematik liegt eine noch allgemeinere Frage zugrunde, nämlich jene nach der Möglichkeit, eine Abfrage nicht auf das im Topic Maps-Repository vorhandene Gesamtwissen, sondern auf einen Teil davon zu fokussieren, beispielsweise auf eine ausgesuchte Menge an Topic Maps. Immerhin kann es durch die automatisierte Zusammenführung von Topic Maps verschiedener Autoren auch zu unerwünschten Effekten kommen, da jeder Autor von einer subjektiven Wahrheit ausgeht. Ein Topic kann in den Topic Maps zweier Autoren vorkommen und durch die resultierende Unifikation beim Zusammenspiel der Topic Maps eine beiderseits unerwünschte Gesamtmenge an Eigenschaften erhalten. Eine Einschränkung der Abfragebasis auf ausgesuchte Topic Maps könnte also sinnvoll sein.

Einschränkung der Abfragebasis auf ausgesuchte Topic Maps

Einfacher sieht die Datenpflege aus (Topic Map Input, vgl. Abbildung 6.2), hier besteht die Komplexität hauptsächlich in einem für den Benutzer unsichtbaren Prozess des „*Fetch-and-parse*" von Topic Maps, also das Holen aus dem Web, das Parsen, das Erkennen von Topic Maps-Strukturen und das Speichern dieser in der relationalen Datenbank. Die Benutzer-interaktion beschränkt sich dabei auf ein Minimum.

Fetch-and-parse

6.5 Technische Realisierung

Im Folgenden soll das technologische Konzept einführend dargestellt werden. Wie die einzelnen Basistechniken wie RMI oder Servlets prinzipiell funktionieren, wird in Abschnitt 6.7. überblicksartig erläutert. Hier soll es darum gehen, eine minimale Systemarchitektur zu beschreiben und die eingesetzten Methoden zu bestimmen. Mit Hilfe der funktionellen und technischen Aspekte können im Anschluss die Klassen bzw. Objekte des Systems modelliert werden. Ist dann das Datenbankschema definiert, kann es bereits an die Entwicklung von einfachen Algorithmen zur Pflege und Abfrage von Topic Maps gehen.

Die Abbildung 6.4 zeigt die Minimalarchitektur für solch ein System und beschreibt auch die eingesetzten Software-Techniken. Ein Datenbankserver ist für die Kommunikation zur untersten Schicht, der Datenbank, verantwortlich. Da aufgrund der Zielsetzung Java als Implementierungssprache dienen soll, wird demzufolge auf JDBC für die Kommunikation zur Datenbank zurückgegriffen. Das bedeutet, es muss eine JDBC-fähige Datenbank aufgesetzt und der ent-

JDBC zur Datenbank-Kommunikation

DB-Server

sprechende JDBC-Treiber (oder die JDBC-ODBC-Bridge bei Vorhandensein eines ODBC-Treibers) installiert werden.

Der Datenbankserver („DB-Server") hat in erster Linie die Aufgabe, eine Verbindung zur Datenbank herzustellen, die Verbindung zu trennen und Methoden für sinnvolle Operationen auf die Datenbank anzubieten. Dies tut er über eine Möglichkeit des *Remote Procedure Calls*, der in Java standardmäßig implementierten RMI (*Remote Method Invocation*). Eine Alternative dazu wäre etwa CORBA, die *Common Object Request Broker Architecture*, als Kommunikationsbasis zu verwenden.

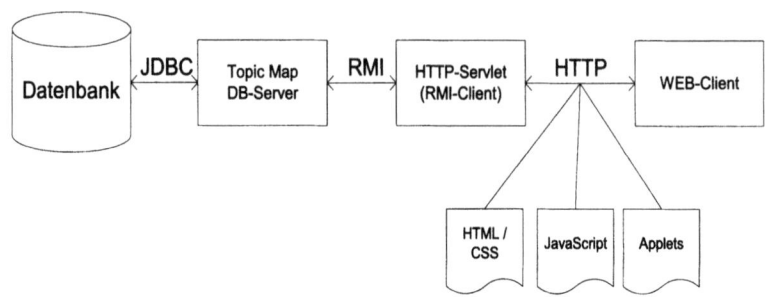

Abbildung 6.4
Systemarchitektur

Stubs und Skeletons

Prinzipiell ist es in RMI möglich, Methoden von Objekten auf anderen Rechnern so aufzurufen, als ob sie am selben Rechner wären. Dazu muss ein Interface geschrieben werden, das die Methodenaufrufe (bzw. ihre Signaturen) festlegt und sowohl vom Client als auch vom Server implementiert wird. Dem Client-Programm ist in diesem Fall der entfernte Methodenaufruf transparent, es ruft die Methode so auf, als ob sie lokal am Client liegen würde. Darunter regeln sogenannte *Skeleton* und *Stub Procedures* den Datenverkehr. Während erstere eine Hülle für die eigentlichen Methoden am Server darstellen, sind letztere am Client zu finden. Zu ihren Aufgaben gehört es, Parameter zu übergeben und zurückzuliefern, ein Dispatcher am Server wählt das richtige Objekt mit der richtigen Methode und entpackt die Daten, die die entsprechende Stub Procedure des Clients zuvor verpackt (gemarshallt) hat.

Servlet und RMI-Client

Der DB-Server bietet also Methoden für die Datenbank über RMI an. Eine Schicht über ihm befindet sich ein HTTP-Servlet, das zugleich RMI-Client ist und die angebotenen Methoden auch in Anspruch nimmt. Das HTTP-Servlet ist der häufigste Spezialfall eines Java-Servlet, eine serverseitige Bearbeitung von Client-Ereignissen – ähnlich einem CGI. Das Servlet reagiert dabei auf eine Client-Anfrage in Form eines POST- oder GET-Befehls über das HTTP-Protokoll. Für jede Anfrage soll ein eigener Thread gestartet werden. Dieser übernimmt nun die Aufgabe, die Anfrage des Clients zu bearbeiten, sowie die Kommunikation mit dem DB-Server, also entfernte Methodenaufrufe. Thread-Programmierung erhöht in diesem Zusammenhang die Effizienz, bei kritischen Datenbankoperationen (Update-Statements) ist es jedoch notwendig, die Threads entsprechend zu synchronisieren – auch dafür ist das Servlet bzw. der RMI-Client verantwortlich.

Wurde die Anfrage erfüllt und ein Ergebnis vom DB-Server erhalten, muss das Servlet dieses auch an den Client weiterreichen. Dazu generiert es dynamischen HTML-Code, dessen Struktur aus Templates, also Schablonen, herausgelesen werden soll. Eine Alternative in dieser Konfiguration wäre der Einsatz von Java Server Pages, wo nicht HTML-Code in Methoden eingebunden wird, sondern die Methoden direkt aus dem HTML-Code aufgerufen werden. Die zuvor genannten Templates sind nicht mit den Topic Maps-Templates zu verwechseln, sondern als HTML-Schablonen zu verstehen. Sie werden um die Ergebnisdaten ergänzt und an den Client geschickt, allenfalls zusammen mit für die Darstellung der Ergebnisse notwendigen JavaScript-Fragmenten oder Applets. JavaScript ist eine von Java abgewandelte Skriptsprache für Webdesign, Applets sind Java-Programme, die am Client lokal in den Adressraum des Browsers geladen werden und dort laufen, soferne der Browser Java-fähig ist. Sie sind dort im sogenannten Sandbox-Modell (vgl. [Jaw99], [Oak01]) aktiv, also in einem entsprechend gesicherten Modell, damit sie nicht unerlaubterweise auf Client-Ressourcen (Festplatten etc.) zugreifen.

Betrachten wir also ein Beispiel. Was passiert der Reihe nach, wenn ein Autor eine Topic Map in das Repository einfügen will? Lassen wir dabei zunächst die eigentlichen Einfügealgorithmen weg und berücksichtigen nur den Datenfluss innerhalb der oben dargestellten Systemarchitektur.

Abbildung 6.5 zeigt die Vorgangsweise in einem Vier-Schichten-Modell. Zunächst gibt der Benutzer am Client den URI dieser Topic Map ein und schickt ihn ab. Die Information gelangt nun per HTTP zum Webserver, der sie zum Servlet weiterleitet. Dieses reagiert nun, holt sich zunächst die Topic Map an dem übernommenen URI und instantiiert eine DOM-Speicherstruktur unter Verwendung eines XML-Parsers. Nun kann das Dokument hierarchisch abgearbeitet werden. Davor jedoch stellt das Servlet, das zugleich RMI-Client ist, über RMI eine Datenbankverbindung her. Genauer gesagt, ruft es eine Methode des DB-Servers auf, die die Datenbankverbindung herstellt.

Grundlegende Vorgangsweise bei einem Client-Request

Der DB-Server wird in der Regel die Datenbankverbindungen überwachen und an darüberliegende Schichten nur IDs dieser Verbindungen schicken. Diese ID dient in der Folge zur Kontrolle des

Sitzungs-ID für die Datenbankverbindung

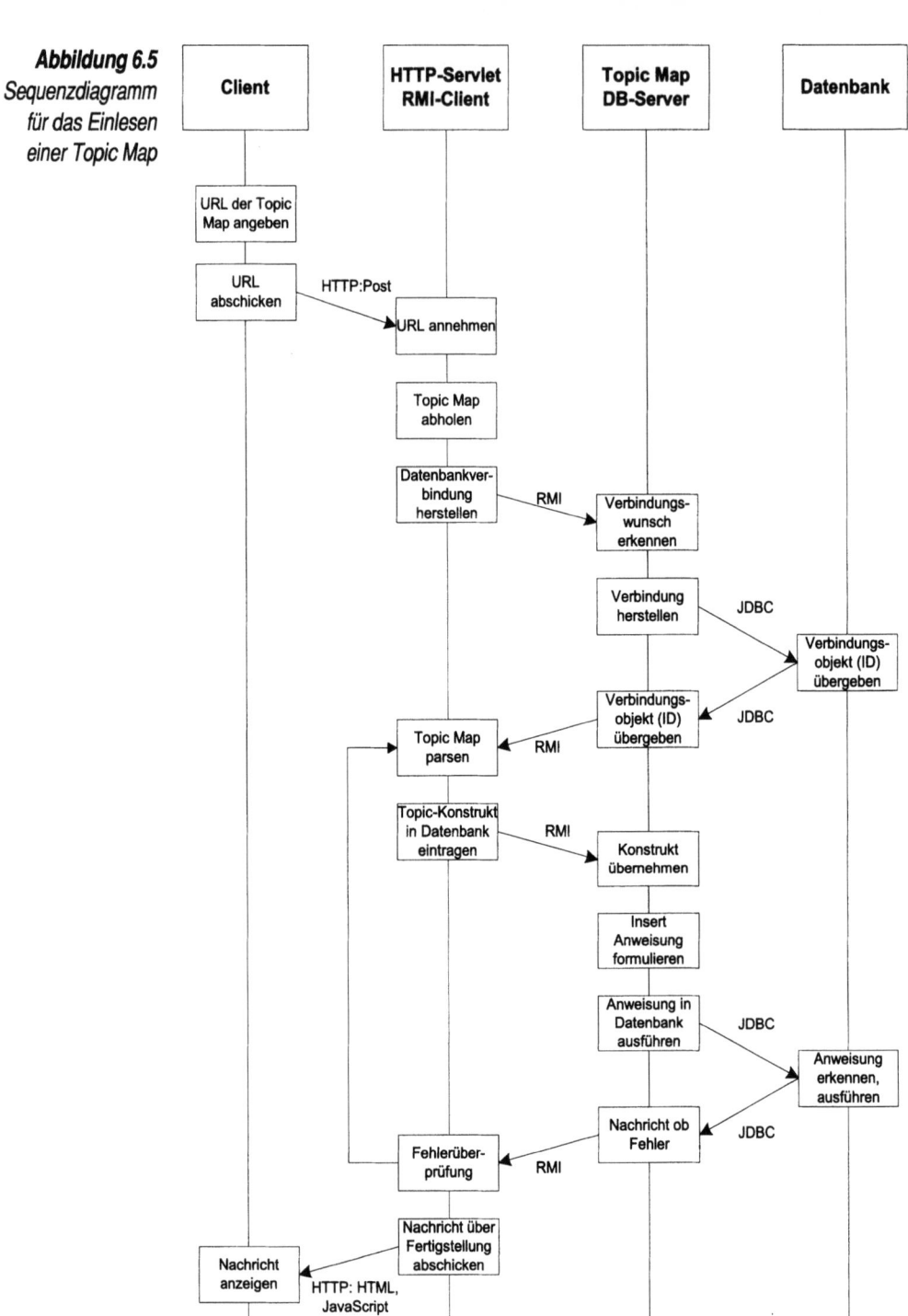

Abbildung 6.5
Sequenzdiagramm für das Einlesen einer Topic Map

Datenaustausches. Aus Sicherheitsgründen könnte der DB-Server die Datenbankverbindung auch jedes Mal nach einer Operation wieder schließen, dies würde jedoch performanzseitig Nachteile mit sich bringen. SQL-Statements könnte dann ebenfalls nur der DB-Server ausführen, im einfachsten Fall durch Aufruf einer Methode, der ein SQL-Abfragestring übergeben wird.

Der DB-Server hat nun also den Wunsch einer Datenbankverbindung erkannt und wendet sich damit direkt an die Datenbank. Wer die Datenkennung (Login und Passwort) angegeben hat, ist in diesem Beispiel nicht ersichtlich, vorläufig auch noch nicht relevant. Es hätte der Benutzer sein können, es könnte direkt im DB-Server gespeichert sein (oder in einem INI-File oder einer Umgebungsvariablen), es könnte auch vom Servlet geliefert worden sein). Die Kommunikation mit der Datenbank erfolgt dabei über JDBC.

Auf dem Rückweg gelangt nun eine Bestätigung der Verbindung (eine ID oder ein eigenes Objekt) vom DB-Server an das Servlet. Dieses beginnt nun, die Topic Map zu analysieren, Topic Map Konstrukte (Topics, Assoziationen, Facetten) zu erkennen und in die Datenbank zu speichern. Diese Speicherungsaktivität geht denselben Weg wie der Verbindungsaufbau. Das Parsen umfasst eine Menge von Schleifen und logischen Verschachtelungen, die hier aufgrund der Übersichtlichkeit durch eine einzige Schleife repräsentiert werden. Der Weg vom Client (Benutzer, oder aber auch der RMI-Client) zur Datenbank ist für alle Architekturüberlegungen von zentraler Bedeutung.

Analysieren der Topic Map

Die erwähnten Technologien sind vor allem unter dem Aspekt der Portabilität, Skalierbarkeit und Plattformunabhängigkeit gewählt worden. Eine Alternative wäre durch die Verwendung der CORBA-Technologie gegeben (vgl. [Orf97]), damit könnten das Servlet und der DB-Server in verschiedenen Sprachen auf verschiedenen Betriebssystemen entwickelt werden – RMI verlangt doch zumindest Java. Statt Servlets könnte man auch alternative Internet-Kommunikationsmechanismen verwenden, etwa Java Server Pages oder CGI. Da eben auch RMI verwendet wird, empfiehlt es sich, auch in diesem Bereich Java-spezifisch zu bleiben. Auch Enterprise Java Beans könnten zu einer andersartigen Lösungsvariante beitragen (vgl. [Rom99], [Sar01]). Die Datenbank kann im Prinzip jede JDBC- oder ODBC-fähige Datenbank sein.

Gesichtspunkte der Verfahrenswahl

6.6 Klassendiagramm

Aus diesen Informationen lässt sich bereits ein erstes, einfaches UML-Diagramm herleiten. Dieses wurde jedoch bereits in Hinblick auf die später verwendeten Algorithmen geringfügig erweitert. In erster Linie zeigt es die beiden Schichten des HTTP-Servlets/RMI-Clients und des DB-Servers, jeweils in der oberen bzw. unteren Hälfte der grafischen Darstellung.

Das Klassendiagramm in Abbildung 6.6 zeigt vorerst noch keine Methoden und Attribute, nur die Klassennamen und die Zuteilung zu einer der beiden mittleren Schichten unserer Systemarchitektur.

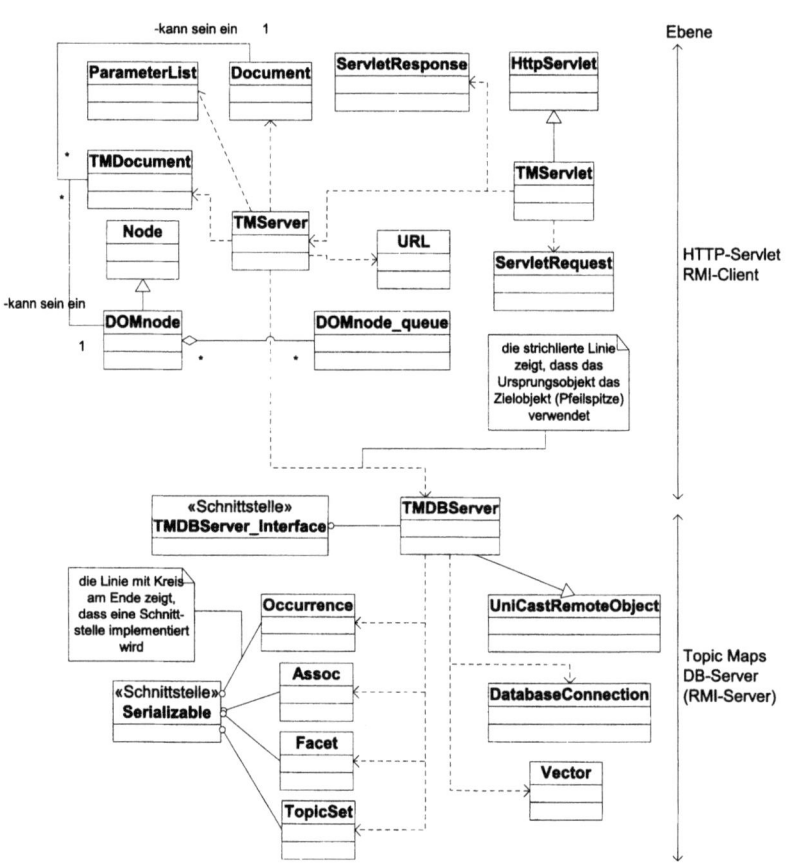

Abbildung 6.6
UML-Klassendiagramm für die TM-Engine, ohne Attribute und Methoden

Die Klasse TMDBServer

Die Klasse `TMDBServer` realisiert den DB-Server. Weiterhin realisiert sie das `TMDBServer_Interface`, das auch der RMI-Client umsetzen muss. Es enthält also die Methodensignaturen, die `TMDBServer` dann implementiert. `TMDBServer` leitet sich vom

6 Ein Prototyp – Grundkonzept

UniCastRemoteObject ab, das ein entferntes RMI-Objekt darstellt und Bestandteil des Java 2 SDK (vgl. [Sun00]) ist. Die Bedeutung der anderen Klassen wird im Zusammenhang mit den verwendeten Algorithmen klarer.

Die Klassen `Facet`, `Assoc`, `Occurrence` und `TopicFinder` stellen das jeweilige Topic Maps-Konstrukt dar. `TopicSet` ist etwas mehr als das, es kapselt eine Menge von Topics mit entsprechenden Manipulationsmethoden. Diese Klassen implementieren alle das Standard-Interface `Serializable`, wodurch es möglich ist, diese Klassen bei RMI-Methoden als Parameter zu verwenden. Sie verfügen so über die notwendigen Eigenschaften für das Marshalling bei dem der RMI zugrundeliegenden Remote Procedure Call.

Klassen zur Kapselung von Topic Map-Konstrukten

In der oberen Hälfte der Abbildung sind die Klassen, die sich im Java-Package des Servlets/RMI-Clients befinden, dargestellt. `TMServlet` ist jene Klasse, die ein `GenericServlet` ableitet, das Bestandteil des JDK ist. Es benutzt die zwei Standard-Klassen `ServletResponse` und `ServletRequest`, die Client-Anfragen und Server-Antworten umsetzen und überschrieben werden können.

Die anderen Klassen werden im Zuge der Präsentation der Einfügealgorithmen erklärt. `DOMnode` jedenfalls stellt eine abstrakte Form eines Knotens eines XML-Dokuments dar. Die Klasse kann auch anders heißen, je nachdem, welcher XML-Parser verwendet wird. `DOMnode_queue` realisiert eine doppelt verkettete Liste dieser `DOMnodes` als Hilfsdatenstruktur für den Analyseprozess. `TMDocument` bezeichnet das gesamte XML-Dokument nach dem Document Object Model.

Die DOMnode_queue

Die Beziehungen, die sonst in dem Diagramm dargestellt werden, sind dreierlei Natur: Vererbung (durchgehende Linie mit dreieckigem Pfeil), Benutzt-Beziehung (strichlierte Linie mit spitzem Pfeil) und Implementation (durchgehende Linie mit spitzem Pfeil). Implementation bedeutet, dass eine Klasse das Java-Interface, auf das es zeigt, implementiert, somit seine Methoden realisiert bzw. überschreibt.

Dargestellte Beziehungen

6.7
Technische Grundlagen

In diesem Kapitel sollen einige der vorgestellten Technologien näher betrachtet werden. Die ersten Schritte zur Realisierung der TM-Engine unter Verwendung aller hier vorgestellten Konzepte wären bei der Implementierung wohl das Einrichten der Systemarchitektur und das Testen der Funktionsfähigkeit der vorgeschlagenen Technologien in der konkreten Umgebung mit einfachen Beispielprogrammen. Deswegen soll hier der Aufbau von Servlets und RMI kurz beschrieben werden. Die Beispielprogramme sind in Java abgefasst.

6.7.1
Servlets

Servlets stellen eine Alternative zur herkömmlichen CGI-Programmierung dar. Sie werden vielfach effizienter ausgeführt und sind ebenso einfach zu realisieren. Ein Servlet wird im Kontext eines Application-Servers in einen sogenannten Servlet Container geladen und muss deswegen nicht als eigener Prozess gestartet werden, was für die Performance von Vorteil ist. Betrachten wir gleich ein einfaches Beispiel:

Einfaches Beispiel für ein Servlet

```
import java.io.*;
import java.util.* ;
import javax.servlet.*;
import javax.servlet.http.*;

public class HelloWorld extends HttpServlet {
 public void service(HttpServletRequest req,
 HttpServletResponse resp) throws
 ServletException, IOException {

 // Content Type setzen
 resp.setContentType("text/html");

 // Ausgabe-Stream instantiieren
 PrintStream out = new PrintStream(resp.getOutputStream());

 // HTML-Ausgabe
 out.println("<html><head><title>Servlet-Test
  </title></head>");
 out.println("<body><h2><b>Dies ist ein
  Test.</b></h2></body></html>");
 }

 public String getServletInfo() {
 return "Das Test-Servlet";
 }
}
```

Das Servlet-API stellt zwei grundlegende Klassen zur Verfügung, zum einen `GenericServlet`, eine allgemeine Klasse, und `HttpServlet`, welche `GenericServlet` ableitet und über HTTP-spezifische Eigenschaften verfügt und flexibleren Zugriff auf das HTTP-Protokoll bietet. Betrachten wir zunächst die Methoden, die die Klasse `GenericServlet` implementiert:

Methode	Bedeutung	Tabelle 6.1
`void init(ServletConfig config)`	Initialisiert das Servlet, wenn es in den Application Server geladen wird.	Methoden von GenericServlet
`abstract void service (ServletRequest req, ServletResponse res)`	Diese Methode muss von einer Unterklasse implementiert werden, da sie hier als abstrakte Methode definiert wird. Sie bietet die eigentliche Funktionalität des Servlets und bekommt zwei Objekte, `ServletRequest` und `Servlet Response` zur Verfügung gestellt. In unserem Beispiel realisiert sie einfach die Ausgabe von HTML-Tags und "Hello world!" Das Response-Objekt dient dort auch zur HTML-Ausgabe.	
`destroy ()`	Wird aufgerufen, wenn der Application Server ein Servlet aus dem Speicher entfernt.	

Die Klasse `HttpServlet` erweitert `GenericServlet` um zusätzliche Methoden:

Methode	Bedeutung	Tabelle 6.2
`void doGet (HttpServletRequest req, HttpServletResponse res)`	Diese Methode verarbeitet HTTP-GET-Anforderungen.	Methoden von HttpServlet
`void doPost (HttpServletRequest req, HttpServletResponse res)`	Diese Methode verarbeitet HTTP-POST-Anforderungen, die häufig in Zusammenhang mit einem Formular abgesendet werden. Das Servlet kann die vom Formular über das `HttpServletRequest`-Objekt gesendeten Daten lesen.	
`void service (HttpServletRequest req, HttpServletRespone res)`	Diese Methode bietet wieder die eigentliche Funktionalität des Servlets und zusätzliche HTTP-Funktionalität.	
`void service (ServletRequest req, ServletResponse res)`	Wie bei `GenericServlet`.	

Die Kommunikation mit dem Browser erfolgt über die Objekte `ServletRequest` und `ServletResponse`. `ServletRequest` bietet die Möglichkeit, vom Client gesendete Daten zu lesen,

`ServletResponse` bietet Methoden, um dynamisch HTML-Code oder Daten eines entsprechenden Formats zu senden. `ServletRequest` verfügt über folgende Methoden:

Tabelle 6.3 Methoden von ServletRequest

Methode	Bedeutung
`int getContentLength ()`	Gibt die Länge der Anforderung in Bytes zurück.
`String getContentType ()`	Gibt den Inhaltstyp der Anforderung zurück.
`String getProtocol ()`	Gibt das Protokoll der Anforderung zurück.
`String getScheme ()`	Gibt Informationen über das verwendete Protokoll zurück (HTTP, FTP, HTTPS, usw.)
`String getServerName ()`	Gibt den Hostnamen des Servers zurück, der die Anforderung entgegengenommen hat.
`int getServerPort ()`	Gibt die Nummer des Ports zurück, über den die Anforderung eingegangen ist.
`String getRemoteAddr ()`	Gibt die IP-Adresse des anfordernden Clients zurück.
`String getRemoteHost ()`	Gibt den Host-Namen des anfordernden Clients zurück.
`String getRealPath (String path)`	Gibt einen physischen Pfad zurück, basierend auf einem als Alias gesendeten Parameter.
`ServletInputStream getInputStream ()`	Gibt einen `ServletInputStream` zurück, mit dem die Daten der Anforderung gelesen werden können.
`String getParameter (String name)`	Gibt den Wert des Parameters zurück, der dem übergebenen Namen entspricht.
`String[] getParameterValues (String name)`	Gibt ein Feld mit Werten für den Parameter zurück, der dem übergebenen Namen entspricht.
`Enumeration getParameterNames ()`	Gibt eine Auflistung aller Parameter zurück.
`Object getAttribute (String name)`	Gibt einen Wert für das Attribut mit dem übergebenen Namen zurück.

Die Klasse `ServletResponse` bietet folgende Methoden an:

Methode	Bedeutung
Void setContentLength (int len)	Setzt die Länge der an den Client gesendeten Information in Bytes.
Void setContentType (String type)	Setzt den Inhaltstyp der gesendeten Daten (etwa text/html).
ServletOutputStream getOutputStream ()	Gibt einen `ServletOutputStream` zurück, mit dem Daten an den Client gesendet werden können.

Tabelle 6.4
Methoden von ServletResponse

Die Klassen `HttpServletRequest` und `HttpServletResponse` erweitern die Klassen `ServletRequest` bzw. `ServletResponse`. Die weiteren Methoden sollen hier nicht detailliert beschrieben werden.

Als Klassendiagramm abgebildet sehen die Servlet-Klassen wie in Abbildung 6.7 aus, die Methoden der Request- und Responseklassen sowie die genauen Signaturen der angezeigten Methoden wurden der Übersichtlichkeit halber weggelassen.

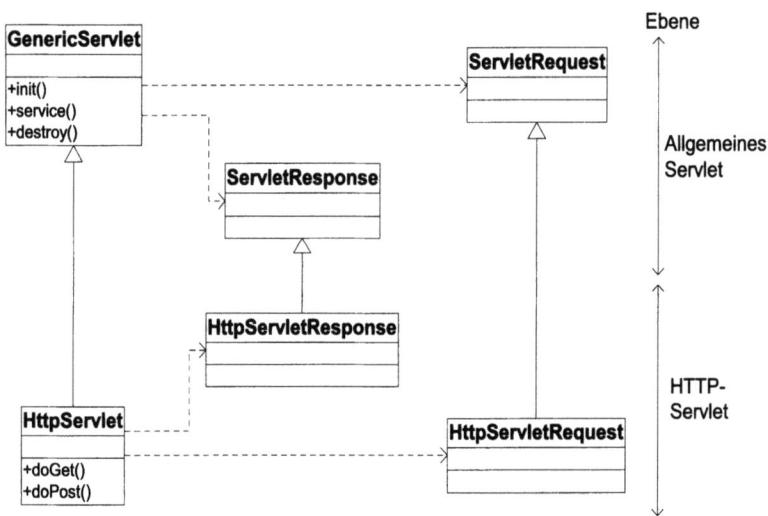

Abbildung 6.7
Klassenschema für das Java Servlet-API

6.7.2
RMI

RMI, die *Remote Methode Invocation*, ist eine Java-spezifische Implementierung von *Remote Procedure Calls* und Remote Objects. Es ist ein Mechanismus, um auf die Methoden entfernter Objekte so zugreifen zu können, als ob sie lokal installiert wären. Im Rahmen verteilter Applikationen ist diese Möglichkeit grundlegend, da sich dort die Objekte auf verschiedensten Hosts befinden und sie auch genau dort angesprochen werden müssen, wenn man ihre Methoden aufrufen will. Eine verteilte Applikation könnte so aussehen:

Abbildung 6.8
RMI-Kommunikation
(vgl. [Jaw99])

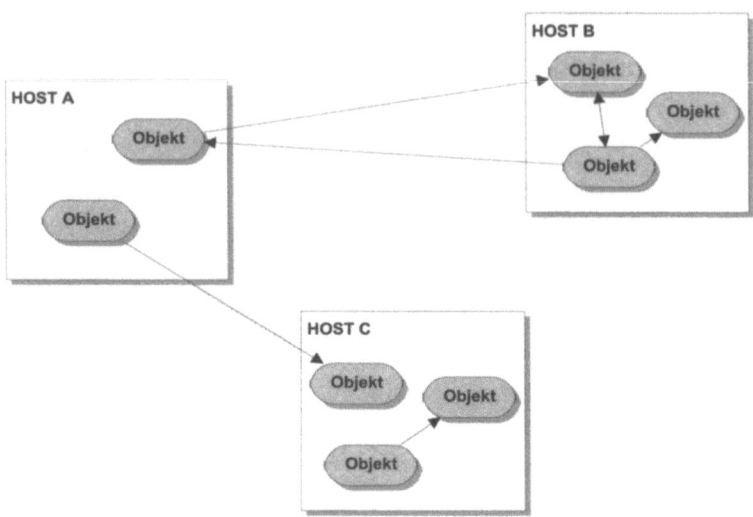

RMI-Registry — Ein Client-Objekt, das auf einem Host A liegt, ruft eine entfernte Methode eines Objekts, das auf einem Host B liegt, auf. Damit dieses Objekt auf Host B überhaupt erreichbar ist, muss es registriert werden. Dies geschieht in RMI über die *RMI-Registry*. Diese registriert für jedes Objekt, das nach außen hin (also zu anderen Hosts) für Methodenaufrufe empfangsbereit sein soll, seinen Namen und seine Referenz im Speicher sowie das Methodeninterface. Ruft ein RMI-Client eine Methode eines Remote Objects auf, dann geht diese Anfrage zunächst an die Registry, die nachsieht, ob ein solches Objekt mit der betreffenden Methodensignatur überhaupt bekannt ist. Ist dies der Fall, wird die Methode aufgerufen und ein Rückgabewert geliefert, wenn nicht, eine entsprechende Fehlermeldung.

Abbildung 6.9
Die RMI-Registry
(vgl. [Jaw99])

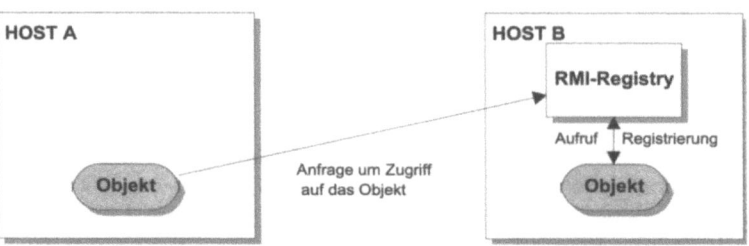

RMI benutzt zum Methodenaufruf und zur Parameterübergabe eine Art von Remote Procedure Call im Rahmen einer Client/Server-Umgebung. Das lokale Objekt stellt dabei den Client, also das Client-Objekt dar, das entfernte Objekt ist das Remote Object oder das Server-Objekt. Zur Kommunikation werden sogenannte Stubs und Skeletons verwendet. Ein Stub ist ein lokales Objekt, das als Proxy Object (Stellvertreterobjekt) für das entfernte Objekt agiert. Es bietet dieselben Methoden wie das Server-Objekt an. Beim Methodenaufruf durch das Client-Objekt wird zunächst die Methode des Stubs aufgerufen. Der Skeleton ist ein Objekt, das als Proxy für das entfernte Objekt dient, aber auf demselben Host wie das entfernte Objekt liegt. Der Skeleton kommuniziert mit dem Stub und leitet dessen Methodenaufruf an das tatsächliche Server-Objekt weiter. Er erhält von diesem den Rückgabewert und leitet ihn an den Client-Stub weiter (vgl. [RMI99], [Jaw99]).

Vorgänge beim entfernten Methodenaufruf

Die Kommunikation zwischen Client und Server erfolgt generell in mehreren Schichten. Unter dem direkten Methodenaufruf liegt jene Schicht, in der Stubs und Skeletons kommunizieren. Diese greifen dabei wieder auf eine sogenannte Reference Layer (Referenzschicht) zu, die Zugriff auf ein Transportprotokoll ermöglicht, welches in RMI standardmäßig TCP ist, aber auch durch ein anderes ersetzt werden kann. Abbildung 6.10 zeigt das RMI-Schichtenmodell.

Schichten in RMI

Dieses Schichtenmodell ähnelt im Prinzip bekannten Schichtenmodellen, die die Kommunikation zwischen Rechnern beschreiben. Mehrere Dienste liegen übereinander, der Client-Aufruf ist der Beginn der Kommunikationskette. Der oberste Dienst des Clients richtet sich nun an den nächsttieferen, dieser reicht die Anfrage eine Ebene tiefer etc. Solange, bis die unterste Ebene erreicht ist und die betreffenden Daten tatsächlich zum Server gesendet werden (auf dem Weg dorthin wurden sie in den diversen Schichten serialisiert bzw. gemarshallt – das bedeutet, dass aus komplexen, strukturierten Datentypen wie Objekten, ein einfacher sequentieller Datenstrom wird - in Pakete geteilt etc.). So eine Vorgangsweise ist etwa auch aus dem generellen OSI-Schichten-Modell oder dem TCP/IP-Protocol-Stack bekannt (siehe auch [Cou94]).

Marshalling

Die durchgehenden Linien zeigen den tatsächlichen Kommunikationsweg. Die strichlierten Linien bedeuten, dass indirekt ohnehin mit derselben Schicht kommuniziert wird, jedoch die Kommunikation für diese Schicht von einer unteren Schicht transparent übernommen wird.

Die genauen Java-Klassen bzw. das API für RMI sollen hier nicht ausführlich beschrieben werden. Wir wollen uns aber trotzdem anhand eines trivialen Beispiels die relative Einfachheit der Implementierung von RMI verdeutlichen.

6.7 Technische Grundlagen ■ 199

Abbildung 6.10
Das RMI-Schichtenmodell (vgl. [Jaw99])

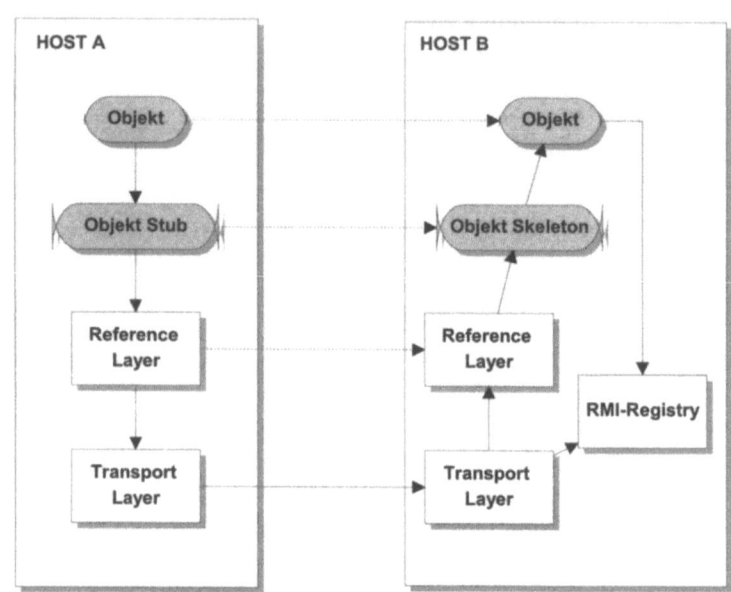

URL eines entfernten Objekts

Ein Remote Object kann in RMI via URL aufgerufen werden, wobei der URL die folgende Form annimmt:

```
rmi://host:port/remoteObjectName
```

Lässt man host weg, wird der lokale Host angesprochen, wird port weggelassen, wird der Default-TCP-Port 1099 von RMI für die Kommunikation verwendet. Ein konkretes Beispiel:

```
rmi://inwunz.x.karwotni.at:1234/einObjekt
```

wichtige RMI-Klassen

Die notwendige Funktionalität für einen URL-Aufruf bietet die Naming-Klasse. Weiters erwähnenswert sind die RMISecurity Manager-Klasse, die den Sicherheitsaspekt der Kommunikation abdeckt, sowie die Klasse UniCastRemoteObject, die die Basisfunktionalität eines entfernten Objekts, das sich und seine Methoden über RMI anbieten will, zur Verfügung stellt – deswegen wurde sie auch im Klassendiagramm unserer TM-Engine erwähnt (siehe Abbildung 6.6).

RMI-Interface

Bevor wir nun den Client oder den Server entwickeln können, muss das Interface bestimmt werden, das die beiden Objekte implementieren. Dies kann für unser Beispiel so aussehen:

```java
import java.rmi.*;

public interface MyTestServer extends Remote {
 int getValue() throws RemoteException;
}
```

Wir beschränken uns zum Testen also auf eine einzige Methode, der kein Wert übergeben wird, die aber einen Integer-Wert zurückliefert.

Die Server-Implementation, die sich normalerweise im selben Java-Package wie das Interface befinden wird, leitet nun das `UnicastRemoteObject` ab und implementiert dieses Interface.

Einfaches Beispiel für einen RMI-Server

```java
import java.rmi.*;
import java.rmi.server.*;

public class MyTestServerImplementation extends UnicastRemoteObject
 implements MyTestServer {

 public MyTestServerImplementation() throws RemoteException
 {
  super();
 }

 public int getValue() throws RemoteException {
  return 144;
 }

 public static void main(String args[]){
  System.setSecurityManager(new RMISecurityManager());
  try {
   MyTestServerImplementation instance = new MyTestServerImplementation();
   Naming.rebind("//127.0.0.1/MyTestServer", instance);
   System.out.println("Erfolgreich registriert!");
  } catch (Exception e) {
   System.out.println(e.getMessage());
  }
 }}
```

Unsere Methode `getValue()` macht also nichts anderes, als immer den Wert 144 zu liefern. Wichtig an diesem Beispiel ist lediglich die Darstellung der Registrierung in der Registry, für die das Server-Objekt selbst verantwortlich ist. Es benötigt dazu den laufenden Registry-Dienst. Zunächst wird ein `SecurityManager` Objekt erzeugt und dem System bekanntgegeben. Die `rebind()`-Methode der `Naming`-Klasse sorgt dann dafür, dass das Objekt unter dem angegebenen URL in der Registry eingetragen wird.

Wichtig ist, dass jede selbstimplementierte Methode auch eine `RemoteException` auslöst. Würden wir in unserer Methode außer Standard-Datentypen (int, String, usw.) noch zusätzlich eigens definierte Klassen übergeben, müssten alle diese Klassen das Java-Inter-

Serialisierung und Ausnahmebehandlung

face `Serializable` implementieren, welches die Funktionalität zum Serialisieren der in diesen Klassen strukturierten Daten bietet.

Der Client, der sowohl ein Applet als auch eine außerhalb des Browers laufende Applikation sein darf, kann nun wie in folgendem Beispiel die `getValue()`-Methode aufrufen:

Beispiel eines RMI-Clients

```
import java.rmi.*;

public class MyTestClient {
 public static void main (String args[]) {
  try {
   MyTestServer server = (MyTestServer) Naming.lookup
("//127.0.0.1/MyTestServer");
   int n = server.getValue ();
   System.out.println (Integer.toString(n));
  } catch (Exception e) {
   System.out.println(e.getMessage());
  }
 }
}
```

Hier wird eigentlich nur mehr die `Naming`-Klasse benötigt, und natürlich das Interface der Server-Klasse, das dem Client auch bekannt sein muss. Es empfiehlt sich daher, für die Server-Klassen ein Java-Package zu erstellen und dieses auch am Client zu importieren.

Mit Hilfe der weiteren RMI-Klassen lassen sich wesentlich mächtigere Anwendungen konstruieren, doch für unseren Zweck, nämlich den Entwurf der Erstversion der TM-Engine, kann man mit der Basis-Funktionalität auskommen. Aufrufe wie in CORBA über das *Dynamic Invocation Interface*, wo der Client dem ORB (ungefähr vergleichbar mit der Registry in RMI, nur für vieles mehr verantwortlich) nur mitteilt, dass er ein bestimmtes Objekt haben will, aber nicht, wo es ist, sind für die TM-Engine aufgrund ihrer Systemarchitektur ohnehin nicht unbedingt erforderlich, da das HTTP-Servlet, das der RMI-Client ist, und der DB-Server, der der RMI-Server ist, ohnehin von ein und demselben Anbieter zur Verfügung gestellt werden, die Kunden benötigen nur einen Web-Browser. Deswegen kann man es dem Anbieter durchaus zumuten, dass er weiß, zu welchem Zeitpunkt sich welche Objekte auf welchen Rechnern in seiner Umgebung befinden.

6.7.3
JDBC

Laut Sun Microsystems verbirgt sich hinter dem Akronym JDBC keine besondere Bedeutung, doch wird es oft mit der Bezeichnung „Java Database Connectivity" assoziiert und erinnert dann an eine

Abwandlung des Microsoft-Standard ODBC (Open Database Connectivity). Wir wollen hier kurz skizzieren, was sich dahinter verbirgt und wie JDBC im Kontext der TM-Engine eine Rolle spielt.

ODBC-Treiber dienen generell dazu, Datenbanken unterschiedlicher Hersteller anzusprechen, sowohl lesend und schreibend, als auch administrativ. Der ODBC-Standard beschreibt dazu ein API, das in der Regel die Datenbankhersteller verwenden, um einen zu ihrer Datenbank passenden ODBC-Treiber zu implementieren. In Microsoft-Umgebungen ist dieses Konzept seit längerem im praktischen Einsatz, vor allem spielt die mögliche Integration von ODBC-fähigen Datenbanken in die diversen Office-Produkte eine Rolle. Untenstehende Abbildung zeigt die Kommunikation über ODBC schematisch.

Funktionsweise von ODBC

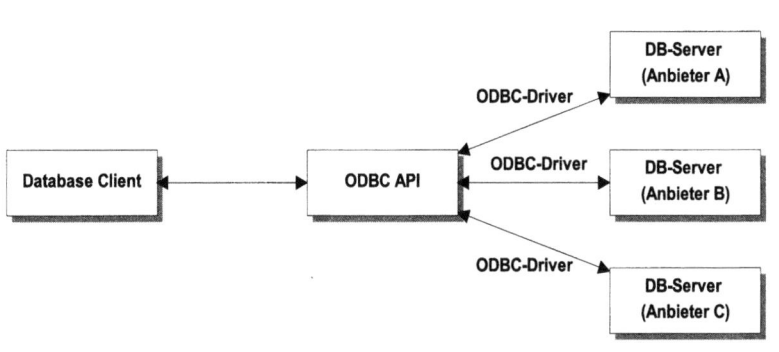

Abbildung 6.11 ODBC-Treiber (vgl. [Ham98], [Jaw99])

Der JDBC-Standard knüpft nun genau bei ODBC an und bringt dieses grundlegende Konzept in die Java-Welt. ODBC ist ein C-API, unterscheidet sich also im Sprachparadigma stark von Java (Objektorientierung, Sicherheitskonzept etc.). Nicht nur aus diesem Grund war die Einführung von JDBC naheliegend, auch die Notwendigkeit der Installation von ODBC-Treibern auf allen Client-Rechnern eines Systems stellt einen nicht zu vernachlässigenden Nachteil dar. JDBC erlaubt im Gegensatz dazu den automatischen Download von JDBC-Treibern im Zuge des Ladens eines Java-Applets in den Adressraum eines Client-Browsers.

Vorteile von JDBC

6.7.3.1
Arten der JDBC-Treiber

Es gibt nun grundlegend vier verschiedene Arten von JDBC-Treibern, wobei die erste insofern praktikabel erscheint, als sie auch ODBC-Funktionalität enthält:

6.7.3.1.1
JDBC-ODBC-Bridge

Die JDBC-ODBC-Brücke ist ein JDBC-Treiber, der einen darunterliegenden ODBC-Treiber zur Kommunikation mit der Datenbank verwendet und selbst gemäß der JDBC-Spezifikation agiert. Dies ist oft ein vorteilhafter Weg, da ODBC-Treiber weit verbreitet sind und nahezu für jedes größere Datenbanksystem existieren – soferne man die Bindung an ein spezifisches Betriebssystem in Kauf nimmt. Schematisch sieht das folgendermaßen aus:

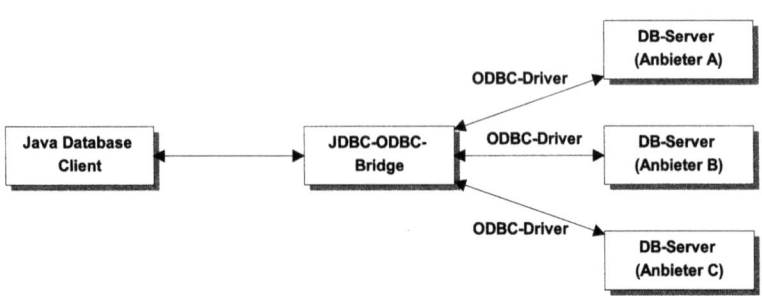

Abbildung 6.12 JDBC-ODBC-Bridge (vgl. [Ham98], [Jaw99])

6.7.3.1.2
Native-API partly Java Driver

Unter dieser zunächst kryptischen Bezeichnung verbergen sich solche JDBC-Treiber, die mit dem Datenbankserver unter Verwendung des Protokolls desselben kommunizieren, bei Oracle wäre dies etwa SQLNet. Sie sind in der Regel in einer Kombination aus Binärcode und Java implementiert und müssen auf Clients vorhanden sein (im Falle eines 3+-Tier-Modells entweder direkt oder auf einem Middle-Tier Server).

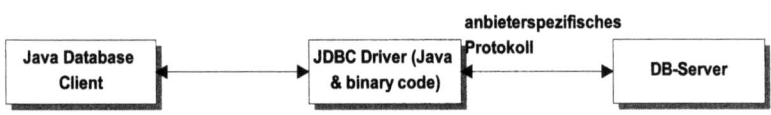

Abbildung 6.13 Native-API partly Java Driver (vgl. [Ham98], [Jaw99])

6.7.3.1.3
JDBC-Net pure Java Driver

Unter diesem Namen werden jene JDBC-Treiber zusammengefasst, die mit dem Server in einem universalen Protokoll sprechen (beispielsweise HTTP). Der Server muss dann diese Protokolldaten in sein proprietäres Format übersetzen. Dies ist eine sehr flexible Variante für den Intranet-Einsatz, vor allem, wenn sogenannte Pure-Java-Clients im Spiel sind, also hundertprozentige Java-Anwendungen.

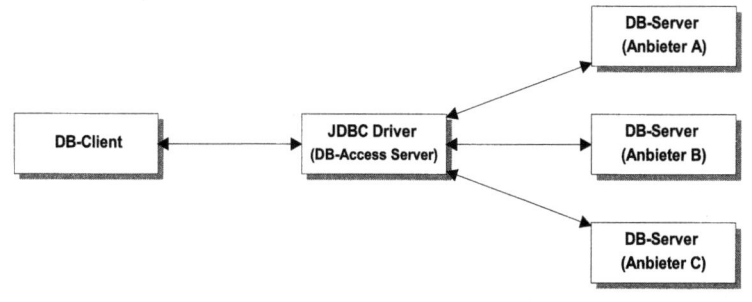

Abbildung 6.14
JDBC-Net pure Java Driver (vgl. [Ham98], [Jaw99])

6.7.3.1.4
Native-protocol pure Java Driver

Zuletzt seien noch jene Treiber erwähnt, die ebenfalls in 100% Java verfasst sind, aber mit dem Server über sein proprietäres Protokoll kommunizieren. Die puren Java-JDBC-Treiber haben den Vorteil, dass kein Aufwand für die Installation am Client besteht (automatischer Download mit dem betreffenden Applet).

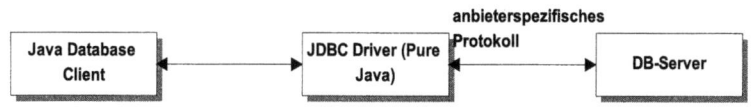

Abbildung 6.15
Native-protocol pure Java Driver (vgl. [Ham97], [Jaw99])

Welcher JDBC-Typ schließlich für unseren Prototypen verwendet wird, kann an dieser Stelle offen bleiben. Ein späterer Wechsel zu einem anderen Typ ist ebenfalls möglich.

6.7.3.2
Beispiel

Aus Platzgründen kann hier natürlich nicht die gesamte Fülle an Möglichkeiten von JDBC abgehandelt werden, hingegen soll in einem kleinen Beispiel gezeigt werden, wie mit Datenbanken kommuniziert werden kann, um einen Eindruck über die Verwendung von JDBC zu bekommen. Das nachfolgende Beispiel stellt eine Verbindung zu einer Datenbank her, liest alle Datensätze aus der Tabelle `topic` und gibt diese aus.

Benötigt wird zunächst das Package `java.sql`, in dem sich die notwendigen JDBC-Klassen befinden. Dann wird in Zeile 8 ein JDBC-Treiber geladen, in unserem Fall einfach die JDBC-ODBC-Bridge. Der URL, den wir danach bilden, leitet sich von folgender allgemeiner Form ab:

JDBC-URL `jdbc:subprotocol:subname`

Das Subprotokoll ist dabei das proprietäre Protokoll des Treiber-Herstellers, zumeist der Kurzname – bei uns ist es einfach „odbc", jenes Protokoll, das von JDBC verwendet wird, um mit dem Server zu kommunizieren (ein entsprechender ODBC-Treiber muss zuvor für die Datenbank eingerichtet werden).

Über die Methode `getConnection()` der Klasse `Driver Manager`, die für sämtliche geladenen Treiber zuständig ist, wird dann versucht, eine Verbindung zur Datenbank aufzubauen. Dazu kann dieser Methode neben dem bereits konstruierten URL auch der Name und das Kennwort des Datenbank-Benutzers übergeben werden, was im Beispiel allerdings ausgelassen wird. Eine Anweisung, die an die Datenbank geschickt werden soll, wird über die Klasse `Statement` gekapselt. Die Methode `executeQuery()` führt dann auch das Select-Statement aus, das Resultat wird in der Klasse `ResultSet` festgehalten.

Beispiel für die Anwendung von JDBC

```
import java.util.*;

class Example {

public static void main (String args[]) {

ResultSet r;
ResultSetMetaData r_m;

try {
 Class.forName ("sun.jdbc.odbc.JdbcOdbcDriver");
 String url = "jdbc:odbc:tmdb";
 Connection con = DriverManager.getConnection (url);

 Statement stmt = con.createStatement();
 r = stmt.executeQuery ("select * from topic");
 r_m = r.getMetaData();
 int ColCount = r_m.getColumnCount();
 while (r.next()) {
   for (int i=1; i < ColCount; i++)
     System.out.print (r.getString(i) + " ");
   System.out.println ();
 }
}
catch (Exception e) {
 System.out.println(e.getMessage());
 System.exit (0);
}
}
}
```

Umgang mit ResultSets

Schließlich wird dieses `ResultSet` analysiert, um das Ergebnis des Select-Statements über `System.out` auszugeben. Die Methode `getMetaData()` liefert dort die Metadaten zu unserem ResultSet, gekapselt in der Klasse `ResultSetMetaData`. Zu den Metadaten gehören etwa die Anzahl der Spalten, ihre Namen, Datentypen etc. Mit Hilfe dieser Informationen können schließlich die einzelnen Zeilen des Ergebnisses ausgegeben werden, solange über die Methode `next()` noch darauffolgende Zeilen gefunden werden. Die Methode `getString(i)` liefert dabei den Feldinhalt in der aktuellen Zeile, in Spalte `i`.

Wir werden später, wenn es um die Vorstellung einiger Algorithmen für die TM-Engine geht, die in Java-ähnlichem Pseudocode abgefasst sind, auf explizite Details von JDBC verzichten. Es geht hier im Prinzip nur darum, eine Vorstellung davon zu bekommen, wie der Einsatz von JDBC aussehen kann.

6.7.4
DOM (Document Object Model)

Eine weitere Technologie, die in der TM-Engine verwendet werden soll, ist das *Document Object Model*, über welches ein XML-Dokument geparst und verarbeitet werden kann (vgl. [LeH00]). Die Verantwortung dafür hat in unserem Beispiel das Servlet bzw. der RMI-Client, der das Parsen durchführen oder zumindest beauftragen (Einbinden einer eigenen Klasse) muss.

Zweck des DOM

Das DOM ist prinzipiell aber noch mehr, es ist eine objektorientierte Darstellung von XML-Dokumenten (und auch HTML-Dokumenten), und damit hervorragend geeignet für die Manipulation solcher Dokumente in objektorientierten Sprachen wie Java oder C++. Das DOM ist sprachenneutral in einer IDL (Interface Definition Language) definiert und kann in verschiedene Programmiersprachen abgebildet werden.

Zur Zeit ist die Version „DOM Level 3" aktuell, wobei die Kernfunktionalitäten aus „DOM Level 1" noch immer enthalten sind. „DOM Level 2" stellt eine kleine Menge an Erweiterungen für Level 1 zur Verfügung und bietet ein Modell zur Erkennung und Verarbeitung von Ereignissen (Events), Level 3 erweitert die Klassen aus Level 2 nicht intern, sondern leitet davon neue Klassen ab, die unter dem Aspekt des Content Modelling (vgl. [LeH01]) zu sehen sind. Wenn wir im Folgenden vom DOM sprechen, ist daher die Version „DOM Level 2" gemeint.

Versionen des DOM

6.7.4.1
Verarbeitungsparadigmen

Grundsätzlich gibt es drei Verarbeitungsparadigmen für XML-Dokumente, die textorientierte, die ereignisorientierte und die hierarchische Verarbeitung.

Textorientierte Verarbeitung

Die textorientierte Variante bedeutet nichts anderes, als dass das XML-Dokument bloß als eine Text-Datei betrachtet wird. Informationen können aus ihr mittels regulärer Ausdrücke, etwa in Perl oder mit dem Unix-Utility grep herausgefiltert werden.

Ereignisorientierte Verarbeitung

Ereignisorientierung bedeutet in diesem Zusammenhang, dass Interfaces implementiert werden, um auf Ereignisse bei der Verarbeitung eines XML-Dokuments reagieren zu können. Dies verfolgt auch SAX, das *Simple API for XML* (vgl. [Meg01]). Solche Ereignisse können der Beginn oder das Ende eines Dokuments oder auch eines Tags sein, oder das Auftreten eines bestimmten Tags.

Hierarchische Verarbeitung

Der hierarchische Ansatz schließlich ist jener, den auch das DOM verwendet. Ein XML-Dokument wird dabei schematisch als Baum betrachtet (wie wir es bereits gesehen haben), der einen ausgezeichneten Knoten als Wurzel hat.

Vor- und Nachteile der Paradigmen

Der Vorteil des ereignisorientierten Ansatzes besteht darin, dass er performant und nicht speicherintensiv ist. Andererseits kann der Kontext eines erkannten Tags nicht in die Reaktion miteinbezogen werden. Wird auf ein bestimmtes Tag reagiert, kann dabei nicht in die Inhalte anderer Tags oder Dokumentteile geblickt werden. Das DOM verfolgt hier einen anderen Ansatz. Das gesamte Dokument wird im Speicher objektorientiert abgebildet, was im Sinne der Programmierung praktisch, jedoch speicheraufwendig ist.

6.7.4.2
Elemente des DOM

Die grundlegenden Objekte, die durch das DOM definiert werden, sind:

- DOMException
- DOMImplementation
- DOMTimestamp
- DocumentFragment
- Document
- Node
- NodeList
- NamedNodeMap
- CharacterData
- Attr
- Element
- Text

- Comment
- CDATASection
- DocumentType
- Notation
- Entity
- EntityReference
- ProcessingInstruction

Diese Klassen und ihre Vererbungsstruktur können wie folgt in einem UML-Klassendiagramm zusammengefasst werden:

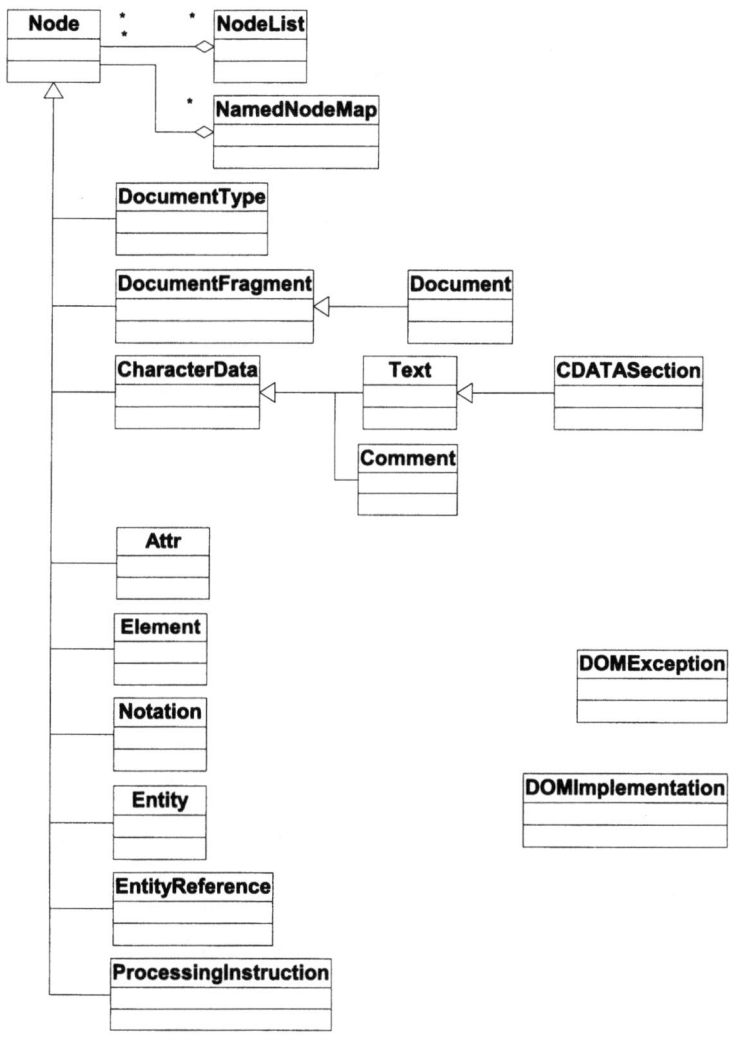

Abbildung 6.16
Generalisierungsbezehungen innerhalb des DOM-Modells

Fast alle Klassen leiten sich von der Klasse Node ab. Bereits mit dieser Klasse kann ein XML-Dokument verarbeitet werden. Die Node-Klasse verfügt über nachstehende Eigenschaften.

Tabelle 6.5 Eigenschaften von Node (vgl. [LeH00])

Attribut	Bedeutung
attributes	Ein NamedNodeMap-Objekt mit den Attributen des Knotens.
childNodes	Ein NodeList-Objekt, das sämtliche Kindknoten des aktuellen Knotens kapselt.
firstChild	Der erste Kindknoten des aktuellen Knotens.
lastChild	Der letzte Kindknoten des aktuellen Knotens.
localName	Der lokale Name eines Knotens, das heißt, der Name eines Knotens ohne den Präfix des XML-Namensraums.
namespaceURI	Der URI für den XML-Namensraums.
nextSibling	Der unmittelbare Nachfolgeknoten des aktuellen Knotens.
nodeName	Name des Knotens (etwa Attributname, Tagname, Elementname, etc.)
nodeType	Der Objekttyp.
nodeValue	Wert des Knotens (etwa Attributwert, Text, etc.)
ownerDocument	Das Document-Objekt, das jenes Dokument repräsentiert, zu dem der Knoten gehört.
parentNode	Der Elternknoten für den aktuellen Knoten.
prefix	Der Präfix des XML-Namensraums, zu dem der Knoten gehört.

Die Methoden, die das Node-Objekt bietet, sind:

Tabelle 6.6 Methoden von Node (vgl. [LeH00])

Methode	Bedeutung
Node appendChild (Node newChild)	Fügt den Knoten newChild am Ende der Kindknotenliste des aktuellen Knotens an.
Node cloneNode (boolean deep)	Liefert ein Duplikat des aktuellen Knotens. Ist deep auf true gesetzt, werden rekursiv alle Subknoten ebenfalls kopiert.
boolean hasAttributes ()	true, wenn der Knoten ein oder mehrere Attribute enthält, sonst false.
boolean hasChildNodes ()	true, wenn der Knoten ein oder mehrere Kindknoten enthält, sonst false.
Node insertBefore (Node newChild, Node refChild)	Fügt den Knoten newChild vor dem Knoten refChild ein und gibt newChild auch zurück.

Methode	Bedeutung	
`boolean isSupported (DOMString feature, DOMString version)`	`true`, wenn das angegebene Feature in der angegebenen DOM Version unterstützt wird, sonst `false`.	*Tabelle 6.6 (Fortsetzung)*
`void normalize()`	Normalisierungsverfahren für `Text`-Knoten unterhalb des aktuellen Knotens: Whitespace-Filterung und Auflösung von Entity-Verweisen werden hier durchgeführt (vgl. [LeH00]).	
`Node removeChild (oldChild)`	Entfernt den Knoten `oldChild` und gibt ihn zurück.	
`Node replaceChild (Node newChild, Node oldChild)`	Ersetzt den durch `oldChild` bezeichneten Kindknoten des aktuellen Knoten durch den Knoten `newChild`.	

Die Eigenschaft `nodeType` kann dabei folgende den Knoten charakterisierende Werte annehmen:

DOM-Code	Typ	
1	Element	*Tabelle 6.7*
2	Attribute	*Node-Typen*
3	Text	*(vgl. [Nor00])*
4	CDATASection	
5	Entity Reference	
6	Entity	
7	Processing Instruction	
8	Comment	
9	Document	
10	Document Type	
11	Document Fragment	
12	Notation	

Die Klasse `NodeList` implementiert eine Liste von Knoten. Die Knoten werden über eine Positionsmarkierung in der sortierten Liste angesprochen. Die Klasse `NamedNodeMap` wiederum ist zwar auch eine Auflistung von Knoten, diese werden jedoch über ihren Namen angesprochen. Das `Document`-Objekt repräsentiert das gesamte XML-Dokument. Seine Eigenschaften werden in Tabelle 6.8 angeführt.

Tabelle 6.8 Eigenschaften von Document (vgl. [LeH00])

Attribut	Bedeutung
`documentElement`	Das Wurzelelement-Objekt des Dokuments.
`doctype`	Das `DocumentType`-Objekt, das die Eigenschaften der zum Dokument gehörigen DTD kapselt und unter anderem eine Auflistung der Entity- und Notationsdeklarationen umfasst.
`implementation`	Zugehöriges `DOMImplementation`-Objekt.

Nachstehende Methoden gehören zur Klasse `Document`.

Tabelle 6.9 Methoden von Document (vgl. [LeH00])

Methode	Bedeutung
`Attr createAttribute (DOMString name)`	Legt ein neues `Attribute`-Objekt mit dem Namen `name` an und retourniert dieses.
`Attr createAttributeNS (DOMString namespaceURI, DOMString qualifiedName)`	Wie `createAttribute()`, nur wird hier das Attribut in einem XML-Namensraum angelegt, dessen URI übergeben wird und dessen Präfix im Namen vorkommt.
`CDATASection createCDATASection (DOMString data)`	Legt ein neues `CDATASection`-Objekt mit dem angegebenen Wert `data` an.
`Comment createComment(DOMString data)`	Legt ein neues `Comment`-Objekt mit dem angegebenen Wert `data` an.
`DocumentFragement createDocumentFragment ()`	Legt ein leeres `DocumentFragment`-Objekt an.
`Element createElement (DOMString tagName)`	Legt ein neues `Element`-Objekt mit dem Namen `tagname` an.
`Element createElementNS (DOMString namespaceURI, DOMString qualifiedName)`	Wie `createElement()`, nur wird hier das Element in einem XML-Namensraum angelegt, dessen URI übergeben wird und dessen Präfix im Namen vorkommt.
`EntityReference createEntityReference (DOMString name)`	Erzeugt ein `EntityReference`-Objekt, das auf das Entity mit dem Namen `name` verweist.
`ProcessingInstruction createProcessingInstruction (DOMString target, DOMString data)`	Ein `ProcessingInstruction`-Objekt wird mit ensprechendem Namen und Inhalt (`data`) angelegt.
`Text createTextNode (DOMString data)`	Erzeugt einen neuen Textknoten mit dem übergebenen String als Inhalt.
`getElementByID (DOMString elementId)`	Liefert ein Element-Objekt mit der angegebenen ID `elementId`.

Methode	Bedeutung	
`NodeList getElementsByTagName (DOMString tagname)`	Eine `NodeList` mit allen nachfolgenden Elementen mit dem Namen `tagname`.	**Tabelle 6.9** *(Fortsetzung)*
`NodeList getElementsByTagNameNS (DOMString namespaceURI, DOMString localName)`	Liefert eine `NodeList` mit allen Elementen in einem durch `namespaceURI` qualifizierten XML-Namensraum und mit Namen `localName`.	
`Node importNode (Node importedNode, boolean deep)`	Importiert den Knoten `imported Node` aus einem anderen Dokument – wenn `deep` auf `true` gesetzt ist, samt dessen Subelemente (rekursiv), wenn `deep` auf `false` gesetzt ist, nur den Knoten selbst.	

Die anderen Schnittstellen erweitern in der Regel das `Node`-Objekt um einige spezifische Methoden und Attribute. Sie werden hier nicht näher beschrieben. Wie für JDBC gilt auch für das DOM in Bezug auf den später vorgestellten Pseudocode, dass die DOM-Methoden dort in ihrem Namen nicht mit dem zitierten Standard übereinstimmen – schließlich hängt die Namensgebung auch noch von der Implementierung des DOMs durch einen bestimmten Hersteller eines XML-Parsers ab. Deswegen wird im Pseudocode einfach der Knoten durch eine Klasse `DOMNode` angedeutet, die auch über eine Methode `child()` verfügt, die alle Kinder des Knotens liefert. Mehr dazu aber in Abschnitt 9.

6.7.4.3
Beispiel

Auch an dieser Stelle wollen wir ein eher triviales Beispiel verwenden, das nichts weiter macht, als ein XML-Dokument zu parsen (dessen Name als Kommandozeilenparameter übergeben wird) und die darin enthaltenen Elemente verschachtelt auszugeben. Verwendet werden dabei die Implementierung eines XML-Parsers, JAXP von Sun Microsystems, die auf SAX-Routinen zurückgreift, aber DOM-konforme Routinen zur Bearbeitung des jeweiligen XML-Dokuments anbietet.

```
import java.lang.*;
import org.w3c.dom.*;
import java.io.*;
import javax.xml.parsers.DocumentBuilderFactory;
import javax.xml.parsers.DocumentBuilder;
import org.xml.sax.SAXException;
```

Einfaches Beispiel zur Nutzung des DOM

Einfaches Beispiel zur Nutzung des DOM (Fortsetzung)

```java
import org.xml.sax.SAXParseException;

public class tme {

// Methode zur formatierten Ausgabe der Elemente eines XML-
// Dokuments

public void output (Node n, int i) {

 //Einrücken auf Ebene i
 System.out.println();
 for (int j = i; j > 0; j--) System.out.print ("   ");
 System.out.print ("<" + n.getNodeName() + ">");

 //Rekursion für alle Kindknoten vom Typ Elementknoten
 NodeList children = n.getChildNodes();
 if (children != null)
  for (int k = 0; k <= children.getLength(); k++) {
   Node nact = children.item(k);
   if (nact != null)
    if (nact.getNodeType() == Node.ELEMENT_NODE)
     output (nact, i + 1);
  }
}

public static void main (String[] args) {

 Document doc;

 //Anzahl der übergebenen Kommandozeilenparameter prüfen
 if (args.length < 1) {
  System.out.println ("Bitte geben Sie einen Dateinamen an!");
 }
 else {
  try {

  //den Parser über eine Factory instantieren
   DocumentBuilderFactory docBuilderFactory = DocumentBuilderFactory.newInstance();
   DocumentBuilder docBuilder = docBuilderFactory.newDocumentBuilder();

   //das XML-File parsen
   doc = docBuilder.parse (new File (args [0]));

   //das Wurzelelement bestimmen
   Node root = doc.getDocumentElement();

   //die Ausgabefunktion in einer Instanz der Klasse tme
   //aufrufen
   tme outputter = new tme();

   outputter.output (root, 0);

  } catch (SAXParseException e) {
   System.out.println ("Fehler beim Parsen in Zeile"
    + e.getLineNumber () + ", uri " + e.getSystemId ());
   System.out.println("   " + e.getMessage ());
```

```
} catch (SAXException e) {
  Exception x = e.getException ();
  ((x == null) ? e : x).printStackTrace ();
} catch (Throwable t) {
  t.printStackTrace ();
}

  }
 }
}
```

Einfaches Beispiel zur Nutzung des DOM (Fortsetzung)

Auffällig ist zunächst die große Menge an `import`-Statements. Diese sind notwendig, da man hier immerhin die Klassen der Standards DOM, SAX und des XML-Parsers verwendet, der mit der Klasse `DocumentBuilder` (die man durch die `Document BuilderFactory` erzeugen kann) und der Methode `parse()` aufgerufen wird.

6.8 Zusammenfassung

In diesem Abschnitt wurden zunächst die grundlegenden Ziele an unsere TM-Engine definiert, sowohl in funktionaler als auch technischer Hinsicht. Die Funktionalität des Systems wurde abgesteckt und beschrieben, sowie auch die technische Realisierung und die zu verwendenden Mechanismen. Dabei wurde auf RMI, Servlets, JDBC und das DOM etwas näher eingegangen, um ihre prinzipielle Funktionsweise zu zeigen und den Leser mit diesen Begriffen vertraut zu machen. Im Rahmen dieser Arbeit wird die tatsächliche Implementierung der TM-Engine noch nicht berührt, was bedeutet, dass diese Konzepte im Folgenden auch noch nicht angewandt werden. Der Pseudocode in Abschnitt 9 verzichtet auf die detaillierte Betrachtung dieser Standards, er konzentriert sich auf die Verarbeitung der Topic Maps-Konstrukte und die Kommunikation mit der Datenbank sowie die Abfragesprache in der ersten Stufe. Dieses Buch soll aber auch das notwendige Rüstzeug liefern, um quasi umgehend mit der Implementierung beginnen zu können. Bei solch einer Implementierung wird es sicher ratsam sein, zunächst die noch offenen technischen Fragen zu klären und die hier besprochenen Technologien umfassend zu testen, vor allem im gemeinsamen Zusammenwirken. Erst dann wird es sinnvoll sein, mit der Umsetzung des Pseudocodes zu beginnen.

7 Konzeptuelles Datenbankschema der TM-Engine

Nach der Zieldefinition für den Prototyp einer semantischen Suchmaschine (TM-Engine), der Skizzierung ihrer Funktionalität und ihrer technologischen Realisierung geht es nun um das Design des Datenbankschemas. Dabei liegt die Konzentration auf den durch den Topic Maps-Standard eingeführten Konstrukten und jenen Elementen aus XML, die für die Verarbeitung von Topic Maps und die Realisierung dieses Standards vonnöten sind. Applikationsspezifika, die nicht unmittelbar an Topic Maps gebunden sind, etwa Tabellen für eine differenzierte Benutzerverwaltung etc., sind vorläufig nicht von Interesse. Je nach Anwendungsfall muss der vorgestellte Prototyp und damit auch das Datenbankschema erweitert und angepasst werden.

Das dem Datenbankschema zugrundeliegende Datenbankparadigma ist das relationale Modell. Nichtsdestotrotz wäre die Überführung dieses Schemas in ein objektorientiertes nicht allzu kompliziert, viele der Tabellen würden zu Typen werden, die Beziehungen würden ein wenig anders umgesetzt werden. Wir wollen in diesem Abschnitt zunächst die grundlegenden Entitäten und ihre Beziehungen zueinander einführen, um schließlich ihre Attribute zu definieren und ein gesamtes ER-Diagramm zur Datenbank bzw. zum Repository der TM-Engine formen. Die grundlegende Kenntnis von ER-Modellierung wird für diesen Teil vorausgesetzt. Hierzu findet sich bei Bedarf eine Menge an Literatur (vgl. [Heu97], [Ull97]).

Datenbankparadigma

7.1 Entitäten und Beziehungen

Eines der im vorigen Abschnitt definierten Ziele war die Möglichkeit, Topic Maps wieder aus dem System zu exportieren – also sie auszudrucken oder als Text-File zur Verfügung zu stellen. Das bedeutet, dass die Information zu den Topic Maps möglichst authentisch in der Datenbank gespeichert und daher auch strukturell nicht

1. Ziel: reproduzierbare Topic Maps

zu stark modifiziert werden sollte. Es wird sich zeigen, dass es durchaus sinnvoll sein kann, Redundanzen in Kauf zu nehmen und somit zwei Paradigmen gleichzeitig zu verfolgen:

- zum einen, die Information möglichst unverfälscht in der Datenbank zu halten. Am besten könnte man dies erreichen, indem man einfach das Textfile zur Topic Map als ganzes speichert. Problematisch wird dann allerdings der Fall, in dem eine Topic Map leicht modifiziert werden soll, und zwar durch das System oder eine Applikation außerhalb der TM-Engine, die mit diesem Datenbankschema trotzdem umgehen kann. Es könnte etwa ein neues Topic eingefügt werden, was bedeutet, dass auch der Textblock in der Datenbank entsprechend geändert werden müsste – was umständlich und ineffizient wäre.

2. Ziel: schneller Zugriff unter Erhaltung der Strukturinformation

- zum zweiten, alle Information bis ins Kleinste zu zerlegen und so darzustellen, dass Zugriffe darauf, vor allem im Rahmen von Abfragen, möglichst effizient von statten gehen. Die Struktur von Topic Maps erleichtert die Erfüllung dieses Wunsches nicht gerade: man bedenke nur, dass sich die Topics, die zu einer Assoziation gehören, nur über die Elemente `assoc`, `assocrl` und dann eine Menge an Lokalisierungselementen (Location Adressing in HyTime oder XLink/XPointer), auffinden lassen. Besser wäre es hier natürlich, nur eine Tabelle anzulegen, die beschreibt, welche Topics zu welchen Assoziationen gehören. Hier werden aber genau die Lokalisierungselemente vernachlässigt und ein authentischer Export der Topic Map ist nicht mehr möglich – zwar könnte nach wie vor eine gültige, funktionierende Topic Map exportiert werden, doch die Lokalisierung würde dann mitunter komplett anders aussehen. Der Autor der Topic Map fände sich wohl nicht mehr zurecht, und von ihm vorgedachte Strukturen, die die Lokalisierung betreffen, wären vernichtet.

Im Weiteren soll ein Mittelweg zwischen den beiden Zielen angedacht werden, inklusive Redundanzen, die aber in Kauf genommen werden können, solange mit der Datenbank nur über die entsprechenden Klassen der TM-Engine kommuniziert wird. Dies ist durch probate Sicherheitsmaßnahmen zu erreichen.

Beabsichtigte Redundanzen

Der Grundgedanke, der bei diesem Datenbankschema verfolgt wird, ist also, die Topic Maps-Strukturen nachzubilden und im Wesentlichen auf ein relationales Schema zu transportieren. Zusätzlich wird es für kritische Bereiche Hilfstabellen geben, die an sich triviale Zusammenhänge redundant speichern, die zunächst durch die Topic Maps-Strukturen über mehrere Tabellen oder Entitäten verteilt und damit untransparent werden, speichern. Die Datenbank kann über Methoden angesprochen werden, die sowohl Tabellen als auch Hilfstabellen quasi „gleichzeitig" (in der selben Transaktion) modifizieren.

Das willkürliche Einfügen von einzelnen Konstrukten wie Topics, Namen oder Assoziationen ist vom Datenbankschema her auch möglich, zählt aber in dieser ersten Version noch nicht zu den Zielen beziehungsweise zur Funktionalität der TM-Engine.

Wichtig für unsere Zwecke ist daher die genaue Betrachtung der Topic Maps-Konstrukte und des Metamodells der Topic Maps (siehe Abschnitte 4 und 8.3), aber auch der DTD des Standards, um keine Facetten des Standards zu vergessen. Durch die Darstellung der Beziehungen in ER-Form wird das Metamodell an dieser Stelle auch gleich auf andere Art und Weise wiederholt.

7.2
Eindeutigkeit und Identität

Bevor wir die ersten Relationen detaillieren, ist es noch notwendig, kurz auf das gewählte Identitätsprinzip einzugehen. Jede Topic Map wird in der Datenbank gespeichert, zerlegt in ihre Bestandteile. Sie kann dabei andere Topic Maps inkludieren, die zusammen ein Bounded Object Set (BOS) ergeben. Die Topic Maps sollen auch wieder aus dem Repository gelöscht werden können, ohne, dass andere Topic Maps dadurch beeinträchtigt werden. Was aber, wenn ein Autor seine Topic Map zweimal einfügt? Etwa, weil er in der zweiten Version geringfügige Verbesserungen vorgenommen hat? Dann sind auch beide Versionen als separate Topic Maps in der Datenbank enthalten, die übereinstimmenden Topics sind gemäß ISO 13250 ident und werden als solches in der Datenbank gekennzeichnet. Dazu ist in Abbildung 7.1 ein Beispiel dargestellt.

Trennung von Topic Maps

Zum Zeitpunkt T1 wird in das Repository eine Topic Map mit dem fiktiven URL „www.x.com/Doc1.xml" eingespielt. Sie referenziert über ein Entity eine weitere Topic Map, „www.y.com/source.xml". Diese enthält die Topics A und C. Letzteres ist wichtig, weil das Topic XX vom Typ C ist und es sonst nirgendwo eingeführt wird. Später, zum Zeitpunkt T2, wird eine andere Topic Map eingespielt, „www.x.com/Doc2.xml", die jedoch wiederum „www.y.com/source.xml" referenziert. In der Zwischenzeit aber hat sich diese Topic Map geändert, ihr Autor hat das Topic C herausgestrichen und stattdessen die Topics B und D inkludiert.

Versionen von Topics und Topic Maps

Abbildung 7.1
Topic Maps zu
verschiedenen
Zeitpunkten

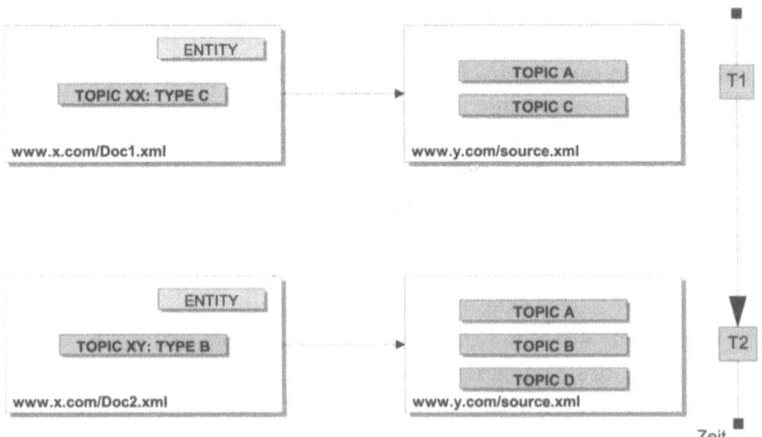

Doppelthaltung von Topic Maps

Das bedeutet, dass wir Topic Maps auch mehrfach speichern müssen, wenn sie den gleichen URL, die gleiche Position im Web haben. Eine Topic Map ist, bezogen auf Ressourcenraum und Zeit, eindeutig. Wir können in diesem Beispielfall die erste Version von „source.xml" nicht löschen, da das Topic XX vom Typ C ist und dieser sonst verschwinden würde. Wir können die Topic Maps auch nicht einfach zu einer Vereinigungsmenge verschmelzen, da man keine der beiden je wieder rekonstruieren bzw. eine einzelne Topic Map nicht mehr löschen könnte. Auch in umgekehrter Weise kann etwa das Topic XY *nicht* einfach vom Typ C sein, weil zwar eine vorige Version von „source.xml" dieses Topic definiert hat (strichlierter Pfeil), nicht aber die aktuelle Version, und nicht davon ausgegangen werden kann, dass C für „Doc2.xml" bekannt ist. Jedes der beiden BOS (zu T1 und T2) muss also gekapselt bleiben und separat gespeichert werden.

Worauf allerdings Rücksicht genommen werden muss, ist die Tatsache, dass die beiden Topics A zu Zeitpunkt T1 und T2 identisch sind. Laut Standard sollten sie zu einem einzigen verschmolzen werden – dann hätten wir wieder das Problem, ob der Zustand zu T1 oder T2 erhalten bleibt? Topic A muss also zweimal existieren, mit einem entsprechenden Verweis, dass es sich um identische Topics handelt, was vor allem bei Abfragen zu berücksichtigen ist. Hier entsteht aber trotzdem ein unerwünschter Effekt, denn das Topic A könnte zum Zeitpunkt T1 einer Assoziation AA angehören und zum Zeitpunkt T2 nicht mehr. Durch die Tatsache, dass es dann zwei identische Topics für A gibt, gehört das Topic also auf jeden Fall nach wie vor der Assoziation an.

Die eigentlich Ursache liegt darin begründet, dass die TM-Engine in der Erstversion kein Versionsmanagement im eigentlichen Sinn beinhaltet. In einer späteren Version sollte es möglich sein, genau eine Version eines Topic Map-Hyperdokuments aktiv und die anderen Versionen inaktiv zu schalten.

Versionen von Topics

Der Autor muss vorläufig seine vorangehende Version wieder herauslöschen und die neue einfügen, was durch etwaiges Parsen des URLs und Vergleich mit bestehenden Einträgen und/oder einer Signatur des Autors und einer entsprechenden Warnung, wenn eine ältere Version der einzuspielenden Topic Map im Repository erkannt wurde, erleichtert werden kann. Generell muss überlegt werden, ob es sinnvoll ist, durch Topic Maps repräsentiertes, globales Wissen in Versionen zu verwalten, oder nur die Topic Maps in den zukünftigen Autorensystemen zu versionieren.

Eine noch ausgereiftere Variante wäre es, den Autor selbst auswählen zu lassen, welche Topic Map im Repository die ältere Version der Map, die er nun einfügen will, ist, und dann ähnlich zu bestimmten Replikationsmechanismen vorzugehen: man könnte die Topic Maps getrennt bestehen lassen und jene Topics aus der deklarierten alten Version mitsamt der Informationen über ihre Teilnahme an Assoziationen löschen, die in der neuen Version wieder definiert werden. In unserem Beispiel käme dafür Topic A in Frage, es wäre dann nicht mehr Teilhaber der Assoziation AA.

Umgang mit Versionen von Topic Maps im Prototyp

Wir bleiben hier jedoch bei der einfachen Annahme, dass jede Topic Map zu einem Zeitpunkt eindeutig ist und auch separat existiert. Fällt dem Autor auf, dass er schon n Versionen seiner Map eingespielt hat, kann er die vorigen n-1 löschen.

Eine Topic Map erhält dazu in der Datenbank auch ein Feld `timestamp`, das den Zeitpunkt der Einspielung in das Repository angibt. Es ist dabei unwesentlich, ob es sich um einen absoluten oder relativen, einen kontinuierlichen oder diskreten Zeitwert handelt, denn in jedem Fall ist die Unterscheidung zu anderen Topic Maps und BOS gegeben.

Zeitstempel für Topic Maps

Aus diesen Gründen ergibt sich auch letztlich die Feststellung, dass eine ID in XML (im Folgenden XML-ID) innerhalb eines BOS im Repository eindeutig sein sollte (da es dann reicht, bei einer Referenz nur die ID anzugeben – sonst muss beispielsweise immer ein XLink-Ausdruck mit vollständiger URL und ID verwendet werden), innerhalb eines XML-Dokuments – also einer Topic Map - sowieso eindeutig sein muss und innerhalb des Repositories, in getrennten BOS, durchaus mehrfach vorkommen kann. Von allen eingespielten Topic Maps wird überdies verlangt, dass die betreffenden XML-Dokumente wohlgeformt und gültig sind, das heißt, der DTD nach ISO 13250 entsprechen.

Formvorschriften

7.3 Topics und Topic Maps

Wir befassen uns nun mit Beziehungen im Datenbankschema. Der naheliegende Ansatzpunkt ist zu Beginn die grundlegende Aussage, eine Topic Map hat mehrere Topics, jedes Topic gehört zu genau einer Topic Map.

Eigenschaften von Topics

In der Abbildung 7.2 wird dies als Beziehung mit dem Titel „contains" visualisiert. Zudem soll festgehalten werden, dass Topic Maps zu anderen Topic Maps gehören können. Dies erfolgt entweder innerhalb eines XML-Dokuments durch ineinander verschachtelte `topicmap`-Elemente oder durch (über externe Entites) mit einer Topic Map-Notation (gemeint ist das Notationselement aus XML) eingebundene Topic Maps. Eine untergeordnete Topic Map kann dabei nur einer übergeordneten Topic Map zugehörig sein, aufgrund des zeitlichen Identitätsprinzips, das für die TM-Engine gewählt wurde (vgl. Abbildung 7.1). Importiert man also eine Topic Map B zweimal in die Datenbank, existieren zwei Versionen von B in der Datenbank. Daher kommt auch die 1:N-Beziehung für die mit „hierarchy" gekennzeichnete Relation.

Topic Types

Ein Topic kann eine beliebige Anzahl von Topics als Typen haben. Ein Topic kann aber auch mehreren Topics als Typ dienen. Diese Klasse-Instanz Beziehung wird durch die mit „type" bezeichnete Relation verwirklicht. Bleibt vorerst noch das Thema Identität: an sich schlägt der Topic Maps-Standard ISO 13250 vor, wenn zwei Topics mit gleicher Identität (gleichem `identity`-Attribut oder Namenscharakteristika) auftreten, sie zu einem zu verschmelzen. Was aber, wenn diese Topics aus zwei verschiedenen Topic Maps verschiedener Autoren stammen (was eigentlich anzunehmen ist)? Dann gäbe es ein Problem, wenn einer dieser Autoren seine Topic Map wieder löschen möchte. Dieses Problem kann man auf verschiedene Arten umgehen: man könnte etwa dem Topic selbst eine Menge von Topic Maps zuordnen, zu denen es gehört (über eine Tabelle oder ein Feld). Es verbliebe dasselbe Problem noch für den Fall, dass beide Topics aus derselben Topic Map oder demselben BOS stammen, was eher bei letzterem der Fall sein könnte. Deshalb führen wir einfach eine Beziehung mit dem Titel „synonym" ein, die besagt, dass ein Topic zu einem anderen identisch ist, beide denselben Namen in mindestens einem Scope haben. Es bleiben aber beide Topics getrennt in der Datenbank gespeichert. Bei Abfragen muss auf jeden Fall auf diese Tatsache Rücksicht genommen werden, genauso wie beim Einlesen einer Topic Map.

Zum Abschluss sei noch die Beziehung „scope" erwähnt. Jedes Topic hat einen Scope, der sich aus mehreren Themes zusammensetzt, von denen jedes wiederum ein Topic ist – also handelt es sich um eine m:n-Beziehung zwischen Topics.

Scopes

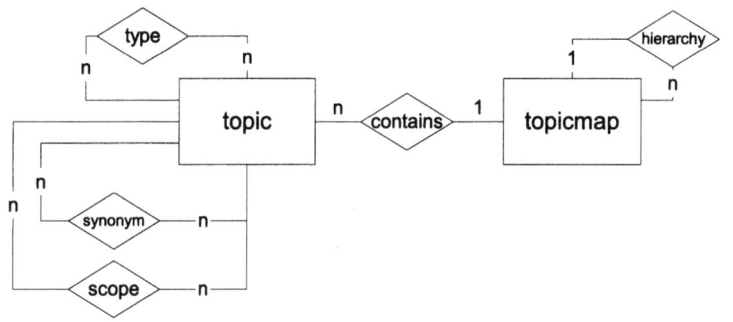

Abbildung 7.2
ER-Diagramm
Topic/Topic Map

7.4 Namen

Die Namen von Topics werden mehr oder weniger direkt aus dem Standard übernommen. Es gibt eine eigene Entität „topname", je eine „dispname", „basename" und „sortname". Alternativ könnte man letztere aber auch zu einer Entität „Name" zusammenfassen, mit einem dreiwertigen Typattribut, da die Namenseigenschaften ja an sich gleich sind.

Die Trennung sorgt jedoch bei größeren Datenmengen, auf die ein solches Projekt im Grunde auch ausgerichtet sein sollte, für mehr Übersichtlichkeit und bei bestimmten Abfragen auch für Performanz-Vorteile.

Eigenschaften von Namen
Scopes

Zunächst gibt es eine Reihe von „contains"-Beziehungen, also Ganzes-Teil-Relationen, die alle zugleich 1:n-Beziehungen sind. Ein Topic beinhaltet mehrere topname-Elemente, von denen jedes genau zu einem Topic gehört. Jedes topname-Element beinhaltet mehrere Display Names, Base Names und Sort Names, wobei mindestens ein Base Name vorhanden sein muss.

Schließlich sind die Scopes zu erwähnen: topname-Elemente, Base Name, Display Name und Sort Name verfügen jeweils über eigene Scope-Zuordnungsattribute – deswegen wird jeweils eine eigene Beziehung vorgesehen. Es handelt sich bei den „scope"-Relationen um m:n-Beziehungen – ein Theme, das wiederum ein Topic ist, kann im Scope verschiedenster Namen vorkommen, jeder Name hat einen Scope, der aus mehreren Themes, die wiederum Topics sind, besteht.

Abbildung 7.3
ER-Diagramm
Namen

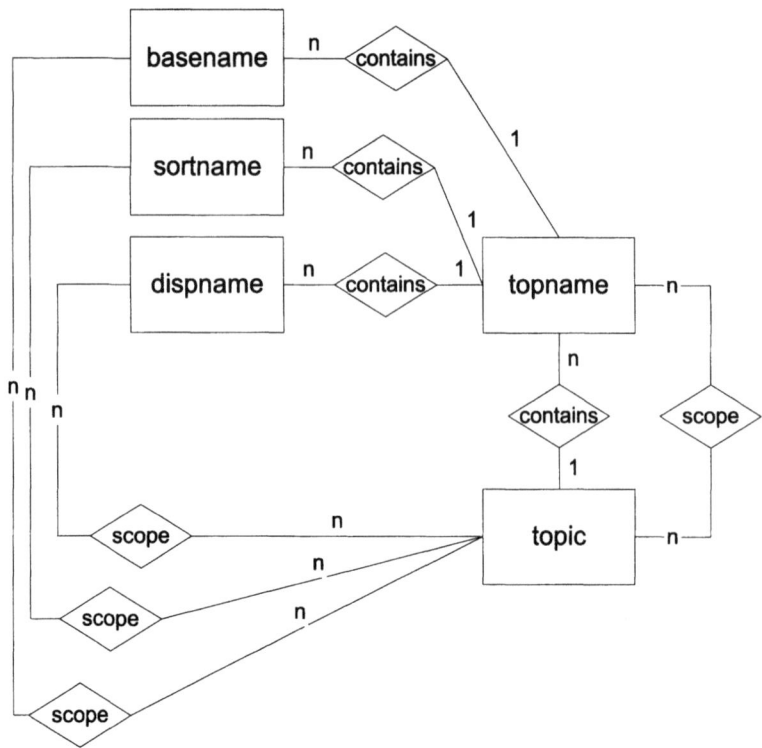

7.5
Assoziationen, Occurrences, Facetten

Occurrences

Im Folgenden werden die weiteren Konstrukte der Topic Maps Spezifikation betrachtet – alle beziehen sich in irgendeiner Weise auf das Topic. So enthält das Topic Occurrences, wiederum dargestellt als „contains"-Beziehung. Jede Occurrence gehört genau einem Topic an und jedes Topic kann mehrere Occurrences beinhalten. Weiters kann die Occurrence maximal einen Typ haben, der wiederum ein Topic ist. Dieses Topic kann Typ mehrerer Occurrences sein.

Die Topic Map wiederum beinhaltet mehrere Assoziationen und Facetten. Dies wird wiederum mittels „contains"-Beziehungen dargestellt. Eine Topic Map enthält mehrere Facetten und mehrere Assoziationen, jede Assoziation und jede Facette gehören zu einer Topic Map.

7.5.1 Locations

Jede Assoziation beinhaltet mehrere Assoziationsrollen, dargestellt durch das `assocrl`-Element. Jede dieser Rollen gehört genau zu einer Assoziation. Das besondere daran ist, dass die Assoziationsrolle mehrere *Locations* beinhaltet. Eine Location steht dabei für Konstrukte wie XPointer-Verweise, `href`-Attribute, `treeloc`-Elemente aus HyTime und so weiter. Eine Darstellung aller Lokationsmechanismen, die die TM-Engine implementiert, findet sich in Abschnitt 9.4 Eine Location adressiert somit ein Element, auf das bei der Speicherung nur insofern eingegangen wird, als sein Typ und seine Definition eingetragen werden. Verschachtelte Strukturen wie `treeloc`- oder `mixedloc`-Elemente wären über diese Struktur rekonstruierbar.

Assoziationen, Assoziationsrollen und Locations

Die Assoziationsrolle zeigt in jenem konkreten Fall somit auf eine Assoziation oder eine andere Location – auf diese Weise lassen sich die in 5.4.4 beschriebenen Location Paths bilden. Location Ladders, wie in HyTime an sich möglich, sind für die erste Version der TM-Engine nicht eingeplant. Das bedeutet, dass jeder Location Source als absoluter Location Source betrachtet wird und nicht wiederum als Location, die einen Location Source hat usw. – solche Ketten können vorerst noch nicht gebildet werden.

Abbildung von Location Paths

Die Beziehung von der Assoziationsrolle zu den Locations wird mit „assocrl_location" tituliert. Die Assoziationsrolle zeigt auf jene Locations, welche die Topics bestimmen, die zur Assoziation gehören. Bei der Facette funktioniert das ähnlich. Eine Facette beinhaltet mehrere Fvalues, Facettenwerte, wobei jeder von ihnen genau zu einer Facette, von der er umhüllt wird, gehört. Die Fvalues zeigen wiederum auf mehrere Locations, dies wird durch die Beziehung „fvalue_location" dargestellt. Diese Locations führen, mitunter über Location Paths, zu jenen Elementen, die das durch die Facette dargestellte Eigenschafts-Wert Paar zugewiesen bekommen.

Beziehungen zu Locations

Ganz ähnlich funktioniert das auch bei der Occurrence, die über die Beziehung „occ_location" auf jene Locations zeigt, die eben die Vorkommnisse des betreffenden Topics bezeichnen – in der Regel URLs von Dokumenten über dieses Topic oder von Dokumenten, in denen dieses Topic eine bestimmte Rolle (Occurrence Role) spielt.

Locations bei Occurrences

Jede Location ist von einem bestimmten Typ. Die Auswahl an unterstützten Lokalisierungsmechanismen ist nicht vollständig, da eine umfassende Nutzung des HyTime-Standards ein recht umfangreiches Entwicklungsprojekt ergeben würde. Generell hätte man sich auch für einen Weg – XLink oder HyTime – und nicht für einen Kompromiss entscheiden können. Folgende Typen von Locations werden unterstützt:

Abbildung 7.4
ER-Diagramm:
Assoziationen,
Occurrences,
Facetten, Locations

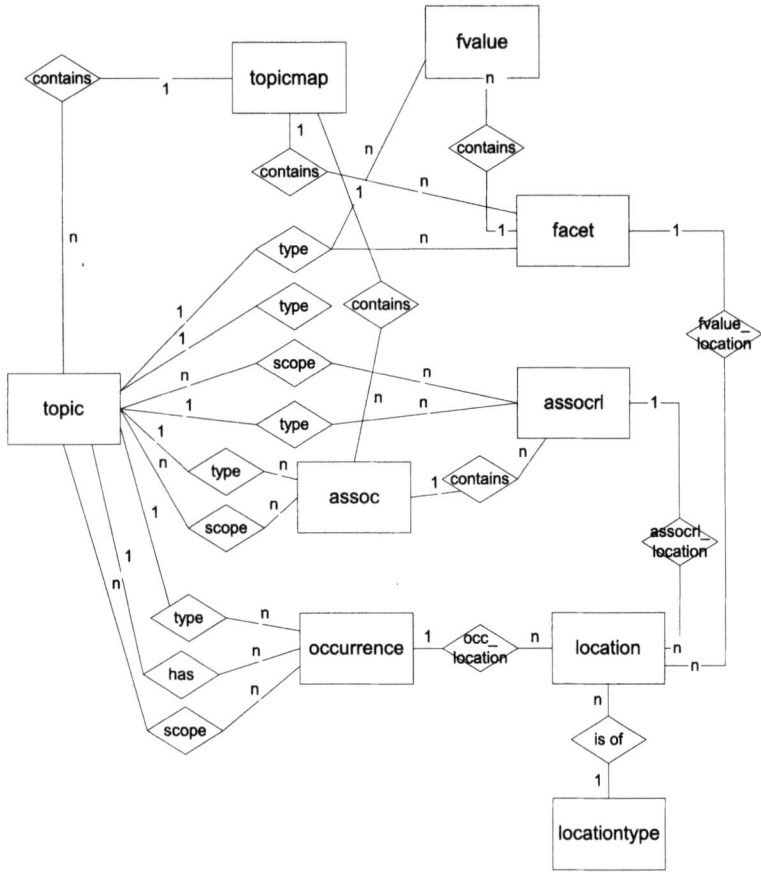

	Code	Location Type
Tabelle 7.1 Übernommene Location Types und Codes	1	Direkt – es wird einfach im Content des referenzierenden Elements die ID, der Entity-Name oder der URL eingetragen.
	2	Über ein `xlink:href`-Attribut
	3	Über ein `href`-Attribut
	4	Über ein indirektes `href`-Attribut (das über das HyNames-Attribut deklariert wird und eben nicht `href` heißen muss).
	5	Indirekt über ein `loctype`-Attribut, das als XPointer-Verweis deklariert wird.
	10	`mixedloc`-Element
	11	`dataloc`-Element
	12	`nameloc`-Element
	13	`nmlist`-Element
	14	`dimspec`-Element
	15	`listloc`-Element
	16	`treeloc`-Element
	17	`bibloc`-Element

Jede Location verfügt über genau einen Typ, jeder Typ kann sich auf mehrere Locations beziehen. Der Typ 1 stellt eine ID, einen Entity-Namen oder einen URL dar, der direkt im Content des übergeordneten Elements liegt (z. B. der Occurrence).

Beispiele für Locations

```
<topic>
        ...
        <occurrence>www.x.com/Doc1.html</occurrence>
</topic>
```

Typ 2 ist eine Lokalisierung über ein `href`-Attribut im Namespace `xlink`. Dabei kann nun der Content des Elements leer bleiben:

```
<topic>
        ...
        <occurrence xlink:href=www.x.com/Doc1.html />
</topic>
```

Typ 3 steht für denselben Mechanismus ohne eigenen Namespace. Typ 4 bedeutet, dass das `href`-Attribut über das Attribut `HyNames` anders bezeichnet wird, etwa wie folgt:

```
<topic>
        ...
        <occurrence myRef=www.x.com/Doc1.html
HyNames="href myRef"/>
</topic>
```

Dies ist vor allem dann interessant, wenn das `HyNames`-Attribut für ein Element eingesetzt wird, das das `occurrence`-Element über das `TopicMap`-Attribut der Notation der Topic Map ableitet und deswegen einen anderen Generic Identifier als „occurrence" hat. Typ 5 steht für einen Sonderfall, bei dem über ein `loctype`-Attribut einem beliebigen Attribut (im unteren Beispiel `href`) zugewiesen wird, dass es unter Verwendung der XPointer-Methoden gelesen werden soll.

```
...
<!NOTATION XPointer PUBLIC "http:/www.w3.org/TR/1998/WD-
xptr-19980303">
...

<topic>
        ...
        <occurrence href="#id(element-id)"
HyNames="#ARCCONT href"
loctype="href queryloc XPointer"
        />
</topic>
```

Die Typen 10–17 sind bereits aus Abschnitt 5 bekannt. Ein Anwendungsfall ist etwa das Beispiel in Kapitel 3, hier wird auch die Verwendung einiger dieser Lokalisierungen veranschaulicht.

7.6 Added Themes und Entities

Die restlichen Entitäten, die noch notwendig sind, um Topic Maps abbilden zu können, wurden hier zu einem Diagramm zusammengefasst:

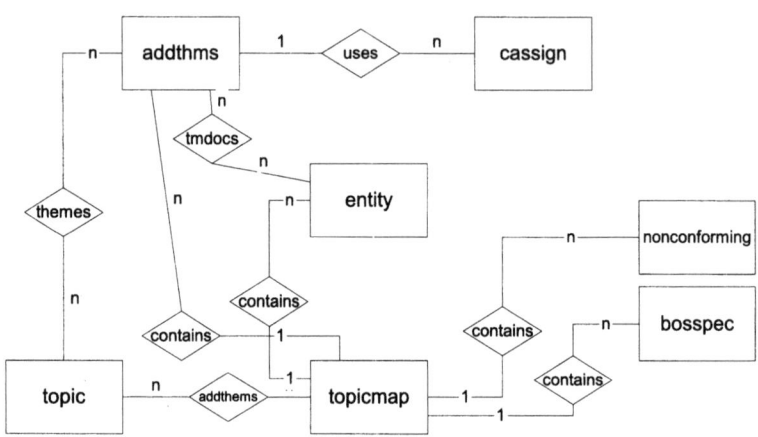

Abbildung 7.5 ER-Diagramm Added Themes und Entities

Added Themes — Es handelt sich dabei in erster Linie um die Mechanismen der Added Themes und die Speicherung der Entities. Zunächst betrachten wir die Relation zwischen Topics und Topic Maps namens „addthems". Es handelt sich dabei um eine m:n-Beziehung, die das addthems-Attribut eines topicmap-Elements realisiert. Jedes Topic kann also in mehreren Attributen von topicmap-Elementen vorkommen, jedes addthems-Attribut einer Topic Map kann auf mehrere Topics verweisen, die den Scope der betreffenden Topic Map erweitern sollen.

Daneben existiert auch noch das bereits mehrfach erwähnte addthms-Element. Dieses gehört zunächst zu einer bestimmten Topic Map, was wiederum mittels einer 1:n-„contains"-Beziehung dargestellt wird. Jedes dieser Elemente bezeichnet eine Menge von Topics, die es zum Scope bestimmter Topic Maps-Konstrukte zuordnet. Dabei kann ein Topic auch von mehreren addthms-Elementen zugewiesen werden. Solch ein Element adressiert nun einerseits vollständige (externe) Topic Maps über das tmdocs-Attribut, das eine Liste von referenzierten Entity-Namen (das heißt die Namen der zu den externen Topic Maps zugehörigen Entities) enthält. Diese Aufzählung wird in der Beziehung „tmdocs" zwischen „entity" und „addthms" realisiert, es handelt sich um eine m:n-Beziehung, da Entities natürlich in verschiedenen addthms-Elementen berücksichtigt werden können und ein solches Element mehrere Entites gleichzeitig ansprechen kann.

Eine weitere Aufzählung ist das cassign-Attribut, welches allerdings beliebige Elemente mit einer XML-ID (einem id-Attribut) über genau diese ansprechen kann und so diesen Elementen zusätzliche Themes zu deren Scopes zuordnet. Sinnvollerweise handelt es sich bei den referenzierten Elementen um solche Elemente, die laut Topic Maps-Standard auch einen Scope haben können, also Assoziationen, Topics, Occurrences, Topic Maps etc.

cassign-Attribut

Für die Realisierung dieses Attributs in der Datenbank wird eine Entität für „cassign" erzeugt, die einfach die XML-IDs in einem Attribut speichert. In der Datenbank wird es eine Sicht (View) geben, die sämtliche Elemente mit XML-IDs für jede Topic Map ausgibt. Aus diesem Grund kann auch über die XML-ID referenziert werden.

Für jede Entity-Deklaration wird ein Entity-Datensatz angelegt, der den Namen, die Definition und die Notation des Entites enthält. Genaue Notationsdaten sind nicht unbedingt notwendig, da für den Parser sowieso nur Entities mit einer TopicMap-Notation für die Bildung des BOS von Interesse sind und für andere Notationen nur deren Zeicheninhalte vermerkt werden.

Entity-Deklarationen

Eine Entität „bosspec" sorgt dafür, dass die bosspec-Elemente entsprechend gespeichert werden – ihr Inhalt (Content), ihre Definition und ihre BOS-spezifischen Parameter (boslevel, etc.). Obwohl hier anzumerken ist, dass die erste Version der TM-Engine noch nicht auf die Wirkungsweise der bosspec-Elemente Bezug nimmt.

bosspec-Elemente

Schließlich sei noch die Entität „nonconforming" erwähnt, die alle Topic Maps-fremden XML-Tags samt Inhalt speichert und ihnen eine Sortierreihenfolge zuordnet, damit jede eingespielte Topic Map so gut wie möglich wieder rekonstruiert werden kann.

Andere Konstrukte

Abbildung 7.6 vereinigt alle bisher vorgestellten Entity-Relationship-Zusammenhänge zu einem einzigen Diagramm.

7.7 Attribute

Nachdem wir die grundlegenden Entitäten und Relationen definiert haben, wollen wir ins Detail gehen und die Attribute der einzelnen Entitäten deklarieren. Diese hier aufgelisteten Attribute sind nur die unmittelbar relevanten und können je nach Anwendungsgebiet ergänzt werden.

7.7.1
Namenskonvention

Attributnamen   Bei den Attributnamen wird eine einfache Namenskonvention verwendet:

- Attribute, die allein der Primärschlüssel sind oder ein Teil des Primärschlüssels, und die gleichzeitig kein Fremdschlüssel sind, werden mit ID bezeichnet, in jeder Tabelle oder Entität.

- Der Name von Attributen, die einen Fremdschlüssel darstellen, setzt sich aus folgenden Komponenten zusammen:

    ```
    f{Name der referenzierten Tabelle}ID
    ```

    Beispielsweise `ftopicmapID` für einen Verweis auf die Tabelle topicmap.

    Ausnahme: semantisch besonders belegte Ausdrücke wie `scope` oder `type`.

- Verweist noch ein zweites Attribut auf eine bestimmte Tabelle, erhält es einen anderen, willkürlichen und semantisch möglichst aussagekräftigen Namen.

7.7.2
Tabellarische Auflistung der Attribute

Globale ID   Es empfiehlt sich, für die Primärschlüssel der Tabellen, die Topic Maps-Konstrukte realisieren, einen einzigen, globalen fortlaufenden Wert einzuführen – dies betrifft alle ID-Attribute in den diversen Primärschlüsseln. Der Vorgang der Anfrage des nächsten Primärschlüsselwertes muss unter größtmöglichen Sicherheitsbedingungen geschehen, was die Transaktionsverarbeitung betrifft. Gängige Datenbanksysteme bieten die dafür notwendigen Mechanismen an.

In Abbildung 7.6 werden sämtliche Entitäten mit ihren Attributen grafisch und in einem Relationenmodell tabellarisch zusammengefasst. Die Attribute werden kurz und prägnant erklärt, die Datentypen entsprechen den Konventionen von Oracle 8i, ihre Dimensionen sind einzig Richtwerte, die entsprechend angepasst werden können. Attribute des Primärschlüssels werden zudem unterstrichen.

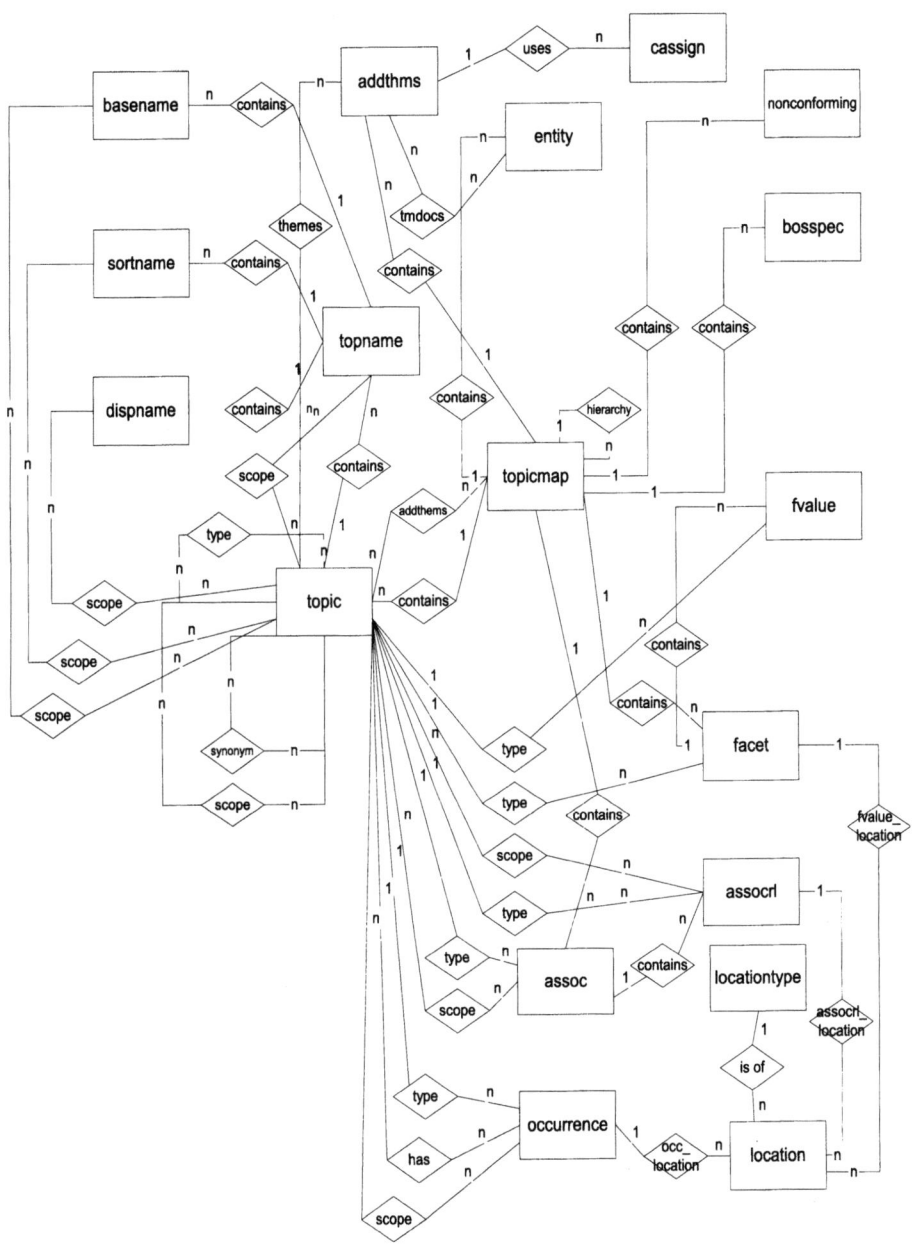

Abbildung 7.6
ER-Diagramm
gesamt

7.7 Attribute

Tabelle 7.2 Attribute von topicmap

Grafik	Attributname	Datentyp	Beschreibung
topicmap ID maxbos boslevel grovplan URL xmlID timestamp PWD	**ID**	Number(10)	Globale ID
	maxbos	Number(10)	`maxbos`-Attribut aus HyTime
	boslevel	Number(10)	`boslevel`-Attribut aus HyTime
	grovplan	Long	Der HyTime Grove Plan. Wird der Ordnung halber gespeichert, ist für Topic Maps nicht von Bedeutung.
	URL	Varchar2(500)	URL, von dem die Topic Map geholt wurde.
	xmlID	Varchar2(100)	XML-ID
	ftopicmapID	Number(10)	Fremdschlüssel auf eine weitere Topic Map. Die referenzierte Topic Map ist die übergeordnete Topic Map in einer Hierarchie gemäß dem BOS.
	timestamp	Date	Durch den Zeitstempel können einfach alle Topic Maps, die zu einem BOS oder einer Hierarchie gehören, gefunden werden.
	PWD	Varchar2(20)	Das Kennwort für die Topic Map, um sie zu löschen oder zu ändern.

Grafik	Attributname	Datentyp	Beschreibung	**Tabelle 7.3** Attribute von nonconforming
nonconforming ID content	**ID**	Number(10)	Globale ID	
	ftopicmapID	Number(10)	Fremdschlüssel auf die Topic Map, in der das Element vorkommt.	
	content	Long	Der Text, der nicht unmittelbar mit Topic Maps zusammenhängt (Markup und Content).	

Grafik	Attributname	Datentyp	Beschreibung	**Tabelle 7.4** Attribute von entity
entity ID name definition boslevel inbos bosprrty subhub ndata	**ID**	Number(10)	Globale ID	
	ftopicmapID	Number(10)	Fremdschlüssel auf die Topic Map, in der das Entity vorkommt.	
	name	Varchar2(100)	Name des Entities (über den es auch referenziert werden kann).	
	definition	Long	Der gesamte Definitionsstring für die Reproduktion der Topic Map (Notationsdefinition).	
	boslevel	Number(10)	`boslevel`-Attribut aus HyTime	
	inbos	Number(1)	`inbos`-Attribut aus HyTime (wird zwar noch nicht verwendet, jedoch bereits gespeichert, auch zur Reproduktion).	
	bosprrty	Number(1)	`bosprrty`-Attribut aus HyTime (Flag)	
	subhub	Number(1)	`subhub`-Attribut aus HyTime (Flag)	
	ndata	Varchar2(100)	Notation des Entities	
	URL	Varchar2(250)	URL des Dokuments, das über das Entity in das BOS eingebunden wird.	

Tabelle 7.5
Attribute von
bosspec

Grafik	Attributname	Datentyp	Beschreibung
bosspec ID content boslevel inbos bosprrty xmlID	**ID**	Number(10)	Globale ID
	ftopicmapID	Number(10)	Fremdschlüssel auf die Topic Map, in der das bosspec-Element vorkommt.
	content	Long	Der Inhalt des Elements in Textform. In der ersten Version der TM-Engine werden die BOS Exceptions noch nicht verarbeitet, weshalb die Speicherung des Elementinhalts in Textform zur Reproduktion des Elements in XML ausreichen sollte.
	boslevel	Number(10)	boslevel-Attribut aus HyTime
	inbos	Number(1)	inbos-Attribut aus HyTime (wird zwar noch nicht verwendet, jedoch bereits gespeichert, auch zur Reproduktion).
	bosprrty	Number(1)	bosprrty-Attribut aus HyTime (Flag)
	xmlID	Varchar2(100)	XML-ID

Tabelle 7.6
Attribute von topic

Grafik	Attributname	Datentyp	Beschreibung
topic ID xmlID identity linktype	**ID**	Number(10)	Globale ID
	xmlID	Varchar2(100)	XML-ID
	identity	Varchar2(100)	identity-Attribut des Topics
	linktype	Varchar2(100)	linktype-Attribut des Topics
	ftopicmapID	Number(10)	Fremdschlüssel auf die Topic Map, in der das Topic vorkommt.

Grafik	Attributname	Datentyp	Beschreibung
(type-Diagramm: type n—topic n)	**ftopicID**	Number(10)	Fremdschlüssel auf das Topic, das die Instanz des Typs ist.
	type	Number(10)	Fremdschlüssel auf das Topic, das der Typ ist.

Tabelle 7.7 „type"-Beziehung zwischen Topics

Diese Tabelle stellt die m:n-„type"-Beziehung von Topics zu Topics dar, die besagt, dass ein Topic Typ des anderen Topics ist (Klasse/Instanz-Relation).

Grafik	Attributname	Datentyp	Beschreibung
(scope-Diagramm: scope n—topic n)	**ftopicID**	Number(10)	Fremdschlüssel auf das Topic, das ein Theme in seinen Scope bekommt.
	scope	Number(10)	Fremdschlüssel auf das Topic, das das Theme ist, das zum Scope des ersten Topics hinzukommt.

Tabelle 7.8 „scope"-Beziehung zwischen Topics

Diese Tabelle stellt die m:n-„scope"-Beziehung von Topics zu Topics dar, die besagt, dass ein Topic als Theme in den Scope des anderen Topics kommt.

Grafik	Attributname	Datentyp	Beschreibung
(synonym-Diagramm: synonym n—topic n)	**ftopicID**	Number(10)	Fremdschlüssel auf ein Topic, das synonym zum zweiten Topic ist.
	synonyme	Number(10)	Fremdschlüssel auf ein Topic, das synonym zum ersten Topic ist.

Tabelle 7.9 „synonym"-Beziehung zwischen Topics

Diese Tabelle stellt die m:n-„synonym"-Beziehung von Topics zu Topics dar, die besagt, dass ein Topic zu einem anderen synonym ist. Da in Zukunft nicht erwartet werden kann, dass es für den Nachweis der Identität zweier Topics reicht, ihre identity-Attribut stringmäßig zu vergleichen, sondern auch Namenscharakteristiken oder andere Mechanismen eine Rolle spielen, wird die Tatsache der Synonymität in einer eigenen Tabelle gespeichert.

Grafik	Attributname	Datentyp	Beschreibung
(topname, xmlID)	**ID**	Number(10)	Globale ID
	ftopicID	Number(10)	Fremdschlüssel auf das Topic, in dem das topname-Element vorkommt.
	xmlID	Varchar2(100)	XML-ID

Tabelle 7.10 Attribute von topname

Tabelle 7.11
„scope"-Beziehung zwischen Topics und topname

Grafik	Attributname	Datentyp	Beschreibung
topname — n — ◇scope◇ — m — topic	**ftopnameID**	Number(10)	Fremdschlüssel auf das topname-Element, das ein Theme in seinen Scope bekommt.
	scope	Number(10)	Fremdschlüssel auf das Topic, das in den Scope des topname-Elements kommt.

Diese Tabelle stellt die m:n-„scope"-Beziehung zwischen topname-Elementen und Topics dar, die besagt, dass das topname-Element das Topic als Theme in seinen Scope bekommt.

Tabelle 7.12
Attribute von basename

Grafik	Attributname	Datentyp	Beschreibung
basename (ID, xmlID, name)	**ID**	Number(10)	Globale ID
	ftopnameID	Number(10)	Fremdschlüssel auf das topname-Element, in dem der Base Name vorkommt.
	name	Varchar2(250)	Base Name
	xmlID	Varchar2(100)	XML-ID
	ftopicmapID	Number(10)	Fremdschlüssel auf die Topic Map, in der das Topic vorkommt.

Tabelle 7.13
„scope"-Beziehung zwischen Base Names und Topics

Grafik	Attributname	Datentyp	Beschreibung
basename — n — ◇scope◇ — m — topic	**fbasenameID**	Number(10)	Fremdschlüssel auf den Base Name, dem ein Theme in seinen Scope zugewiesen wird.
	scope	Number(10)	Fremdschlüssel auf das Topic, das als Theme in den Scope des Base Names kommt.

Diese Tabelle stellt die m:n-"scope"-Beziehung zwischen Base Names und Topics dar, die besagt, dass ein Topic als Theme in den Scope des Base Names kommt.

Grafik	Attributname	Datentyp	Beschreibung
dispname - ID - xmlID - name	**ID**	Number(10)	Globale ID
	ftopnameID	Number(10)	Fremdschlüssel auf das `topname`-Element, in dem der Display Name vorkommt.
	name	Varchar2(250)	Der Display Name
	xmlID	Varchar2(100)	XML-ID
	ftopicmapID	Number(10)	Fremdschlüssel auf die Topic Map, in der das Topic vorkommt.

Tabelle 7.14 Attribute von dispname

Grafik	Attributname	Datentyp	Beschreibung
dispname n — scope — m topic	**fdispnameID**	Number(10)	Fremdschlüssel auf den Display Name, dem ein Theme in seinen Scope zugewiesen wird.
	scope	Number(10)	Fremdschlüssel auf das Topic, das als Theme in den Scope des Display Names kommt.

Tabelle 7.15 „scope"-Beziehung zwischen Topics und Display Names

Diese Tabelle stellt die m:n-„scope"-Beziehung zwischen Display Names und Topics dar, die besagt, dass ein Topic als Theme in den Scope des Display Names kommt.

Grafik	Attributname	Datentyp	Beschreibung
sortname - ID - xmlID - name	**ID**	Number(10)	Globale ID
	ftopnameID	Number(10)	Fremdschlüssel auf das `topname`-Element, in dem der Sort Name vorkommt.
	name	Varchar2(250)	Der Sort Name
	xmlID	Varchar2(100)	XML-ID
	ftopicmapID	Number(10)	Fremdschlüssel auf die Topic Map, in der das Topic vorkommt.

Tabelle 7.16 Attribute von sortname

Tabelle 7.17
„scope"-Beziehung zwischen Topics und Sort Names

Grafik	Attributname	Datentyp	Beschreibung
sortname n scope m topic	**fsortnameID**	Number(10)	Fremdschlüssel auf den Sort Name, dem ein Theme in seinen Scope zugewiesen wird.
	scope	Number(10)	Fremdschlüssel auf das Topic, das als Theme in den Scope des Sort Names kommt.

Diese Tabelle stellt die m:n-„scope"-Beziehung zwischen Sort Names und Topics dar, die besagt, dass ein Topic als Theme in den Scope des Sort Names kommt.

Tabelle 7.18
„addthems"-Beziehung zwischen Topic Maps und Topics

Grafik	Attributname	Datentyp	Beschreibung
topic n addthems m topicmap	**ftopicmapID**	Number(10)	Fremdschlüssel auf die Topic Map, die über ihr addthems-Attribut Topics als Themes in ihren Scope zugewiesen bekommt.
	ftopicID	Number(10)	Fremdschlüssel auf das Topic, das als Theme zum Scope der Topic Map kommt.

Diese Tabelle stellt die m:n-„addthems"-Beziehung zwischen Topic Maps und Topics dar, die besagt, dass ein Topic über das addthems-Attribut dem Scope der Topic Map zugeordnet wird.

Tabelle 7.19
Attribute von addthms

Grafik	Attributname	Datentyp	Beschreibung
addthms ID xmlID	**ID**	Number(10)	Globale ID
	ftopicmapID	Number(10)	Fremdschlüssel auf die Topic Map, in der das addthms-Element vorkommt.
	xmlID	Varchar2(100)	XML-ID

Tabelle 7.20
Attribute von cassign

Grafik	Attributname	Datentyp	Beschreibung
cassign xmlID	**faddthmsID**	Number(10)	Fremdschlüssel auf das addthms-Element, für das eine XML-ID referenziert wird.
	xmlID	Varchar2(100)	Die XML-ID, die das addthms-Element referenziert.

7 Konzeptuelles Datenbankschema der TM-Engine

Grafik	Attributname	Datentyp	Beschreibung	
addthms │ n ◇ tmdocs │ m entity	**faddthmsID**	Number(10)	Fremdschlüssel auf das addthms-Element, für das ein Entity referenziert wird.	**Tabelle 7.21** „tmdocs"-Beziehung zwischen Entities und addthms-Elementen
	fentityID	Number(10)	Fremdschlüssel auf das Entity, das von dem addthms-Element referenziert wird.	

Diese Tabelle stellt die m:n-„tmdocs"-Beziehung zwischen addthms-Elementen und Entities dar, die besagt, dass das addthms-Element Themes den Scopes der durch die Entities bezeichneten Dokumente (Topic Maps) zuordnet.

Grafik	Attributname	Datentyp	Beschreibung	
addthms │ n ◇ themes │ m topic	**faddthmsID**	Number(10)	Fremdschlüssel auf das addthms-Element, das die Topics zuweist.	**Tabelle 7.22** „themes"-Beziehung zwischen Topics und addthms-Elementen
	ftopicID	Number(10)	Fremdschlüssel auf das Topic, das den Scopes der durch das addthms-Element referenzierten Entities (tmdocs) und Elementen (cassign) zugewiesen wird.	

Diese Tabelle stellt die m:n-„themes"-Beziehung zwischen addthms-Elementen und Topics dar, die besagt, dass das addthms-Element den Scopes jener Topic Maps, die es referenziert, die angegebenen Topics zuordnet.

Grafik	Attributname	Datentyp	Beschreibung	
locationtype ID name	**ID**	Number(10)	Globale ID	**Tabelle 7.23** Attribute von locationtype
	name	Varchar2(100)	Name des Location Types	

Tabelle 7.24
Attribute von location

Grafik	Attributname	Datentyp	Beschreibung
location (ID, content, locsrc, sortnumber, xmlID)	**ID**	Number(10)	Globale ID
	locsrc	Varchar2(250)	`locsrc`-Attribut der Location (Location Source)
	content	Long	Inhalt des Location Elements
	flocationID	Number(10)	Fremdschlüssel auf eine übergeordnete Location. Dadurch ergibt sich eine Hierarchie von Locations.
	sortnumber	Number(5)	Sortierreihenfolge
	flocationtypeID	Number(10)	Fremdschlüssel auf den Typ der Location Address.
	xmlID	Varchar2(100)	XML-ID

Tabelle 7.25
Attribute von assoc

Grafik	Attributname	Datentyp	Beschreibung
assoc (ID, xmlID, name)	**ID**	Number(10)	Globale ID
	linktype	Varchar2(100)	`linktype`-Attribut der Assoziation
	type	Number(10)	Fremdschlüssel auf das Topic, das den Typ der Assoziation beschreibt.
	ftopicmapID	Number(10)	Fremdschlüssel auf die Topic Map, in der die Assoziation vorkommt.
	xmlID	Varchar2(100)	XML-ID

Tabelle 7.26
„scope"-Beziehung zwischen Topics und Assoziationen

Grafik	Attributname	Datentyp	Beschreibung
topic n — scope — m assoc	**fassocID**	Number(10)	Fremdschlüssel auf die Assoziation, der ein Topic zu ihrem Scope zugewiesen wird.
	scope	Number(10)	Fremdschlüssel auf das Topic, das als Theme dem Scope der Assoziation hinzugefügt wird.

Diese Tabelle stellt die m:n-„scope"-Beziehung zwischen Assoziationen und Topics dar, die besagt, dass ein Topic dem Scope der Assoziation zugefügt wird.

Grafik	Attributname	Datentyp	Beschreibung	
assocrl - ID - occrl - linktrav - listtrav - multmem - emptyanch - xmlID	**ID**	Number(10)	Globale ID	**Tabelle 7.27** Attribute von assocrl
	fassocID	Number(10)	Fremdschlüssel auf die Assoziation, zu der diese Assoziationsrolle gehört.	
	anchrole	Varchar2(100)	Textuelle Bezeichnung der Assoziationsrolle bzw. anchrole-Attribut der Assoziationsrolle.	
	type	Number(10)	Fremdschlüssel auf das Topic, das den Typ der Assoziationsrolle beschreibt.	
	linktrav	Varchar2(2)	`linktrav`-Attribut der Assozationsrolle.	
	listtrav	Varchar2(2)	`listtrav`-Attribut der Assoziationsrolle.	
	multmem	Number(1)	`multmem`-Attribut der Assoziationsrolle.	
	emptyanc	Number(1)	`emptyanc`-Attribut der Assoziationsrolle.	
	xmlID	Varchar2(100)	XML-ID	

Grafik	Attributname	Datentyp	Beschreibung	
assocrl 1 assocrl_location n location	**fassocrlID**	Number(10)	Fremdschlüssel auf die betreffende Assoziationsrolle.	**Tabelle 7.28** "assocrl_location"-Beziehung zwischen Locations und Assoziationsrollen
	flocationID	Number(10)	Fremdschlüssel auf die Location Address, die die Assoziationsrolle benutzt, um eine Ressource zu adressieren – nämlich jene Ressource, die an der Assoziation, zu der die Assoziationsrolle gehört, teilhat (in der Regel ein Topic).	

Diese Tabelle stellt die 1:n-„assocrl_location"-Beziehung zwischen Assoziationsrollen und Locations (Location Addresses) dar, die besagt, dass eine Assoziationsrolle diese Location benutzt, um eine Ressource zu adressieren. Dabei kann eine Location nur von einer Assoziationsrolle verwendet werden, eine Assoziationsrolle jedoch mehrere Locations benutzen. An sich müsste man eine 1:n-Beziehung nicht mit einer eigenen Tabelle oder Relation im Relationenmodell realisieren, allerdings kann nicht nur eine Assoziationsrolle Locations verwenden, sondern auch Occurrences und Facet Values – deswegen wird für jede der drei entstehenden Beziehungen eine eigene Tabelle erzeugt.

Tabelle 7.29
Attribute von occurrence

Grafik	Attributname	Datentyp	Beschreibung
occurrence ID occrl linktrav listtrav multmem emptyanch xmlID	**ID**	Number(10)	Globale ID
	ftopicID	Number(10)	Fremdschlüssel auf das Topic, in der die Occurrence vorkommt.
	occrl	Varchar2(100)	Textuelle Beschreibung der Occurrence Role bzw. occrl-Attribut der Occurrence Role.
	type	Number(10)	Fremdschlüssel auf das Topic, das den Typ der Occurrence Role beschreibt.
	linktrav	Varchar2(2)	`linktrav`-Attribut der Occurrence Role.
	listtrav	Varchar2(2)	`listtrav`-Attribut der Occurrence Role.
	multmem	Number(1)	`multmem`-Attribut der Occurrence Role.
	emptyanc	Number(1)	`emptyanc`-Attribut der Occurrence Role.
	xmlID	Varchar2(100)	XML-ID

Tabelle 7.30
„occ_location"-Beziehung zwischen Locations und Occurrences

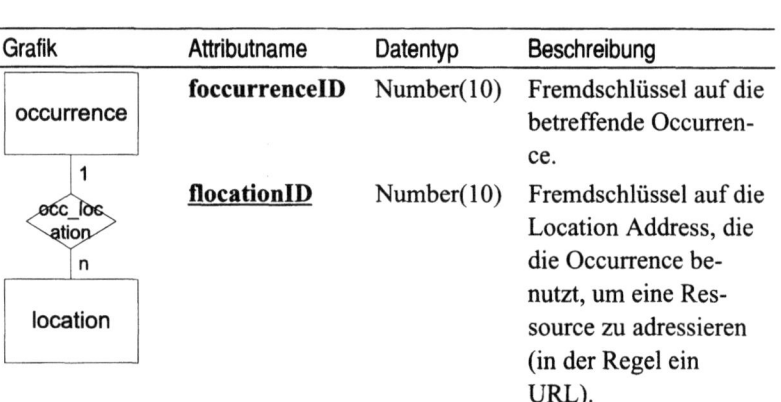

Grafik	Attributname	Datentyp	Beschreibung
occurrence 1 occ_location n location	**foccurrenceID**	Number(10)	Fremdschlüssel auf die betreffende Occurrence.
	flocationID	Number(10)	Fremdschlüssel auf die Location Address, die die Occurrence benutzt, um eine Ressource zu adressieren (in der Regel ein URL).

Diese Tabelle stellt die 1:n-"occ_location"-Beziehung zwischen Occurrences und Locations (Location Addresses) dar, die besagt, dass eine Occurrence diese Location benutzt, um eine Ressource zu adressieren.

Grafik	Attributname	Datentyp	Beschreibung
facet	**ID**	Number(10)	Globale ID
ID	**linktype**	Varchar2(100)	`linktype`-Attribut der Facet
xmlID	**type**	Number(10)	Fremdschlüssel auf ein Topic, das den Typ der Facet beschreibt.
name	**xmlID**	Varchar2(100)	XML-ID
	ftopicmapID	Number(10)	Fremdschlüssel auf die Topic Map, in der die Facet vorkommt.

Tabelle 7.31 Attribute von facet

Grafik	Attributname	Datentyp	Beschreibung
fvalue	**ID**	Number(10)	Globale ID
	ffacetID	Number(10)	Fremdschlüssel auf die Facet, in der der Facet Value vorkommt.
ID	**facetval**	Varchar2(250)	Der Facet Value.
facetval	**type**	Number(10)	Fremdschlüssel auf ein Topic, das den Typ des Facet Values semantisch beschreibt.
linktrav			
listtrav			
multmem	**linktrav**	Varchar2(2)	`linktrav`-Attribut des Facet Values.
emptyanch			
xmlID	**listtrav**	Varchar2(2)	`listtrav`-Attribut des Facet Values.
	multmem	Number(1)	`multmem`-Attribut des Facet Values.
	emptyanc	Number(1)	`emptyanc`-Attribut des Facet Values.
	xmlID	Varchar2(100)	XML-ID

Tabelle 7.32 Attribute von fvalue

Grafik	Attributname	Datentyp	Beschreibung
fvalue	**ffvalueID**	Number(10)	Fremdschlüssel auf den betreffenden Facet Value.
1			
fvalue_location	**flocationID**	Number(10)	Fremdschlüssel auf die Location Address, die der Facet Value benutzt, um eine Ressource zu adressieren (in der Regel ein Ele-
n			
location			

Tabelle 7.33 „fvalue_location"-Beziehung zwischen Locations und Facet Values

Tabelle 7.33
(Fortsetzung)

ment, das eine Facet bekommen kann, das heißt ein Topic oder auch eine Assoziation oder wiederum eine Facet – dies wird in ISO 13250 nicht explizit beschrieben).

Diese Tabelle stellt die 1:n-„fvalue_location"-Beziehung zwischen Facet Values und Locations (Location Addresses) dar. Die Beziehung besagt, dass ein Facet Value diese Location benutzt, um eine Ressource zu adressieren. Der Ressource wird sodann die Facet, zu der der Facet Value gehört, mit dem Wert, den er definiert, zugeordnet.

Aus dem eingangs erwähnten Problem der Datenspeicherung, nämlich die Reproduktionsmöglichkeit von Topic Maps einerseits und die im Hinblick auf Abfragen notwendige Effizienz der Speicherung andererseits, ergibt sich bei unserem Ansatz, der vorläufig noch stark in die erstgenannte Richtung geht, die Notwendigkeit von Hilfstabellen. Die Problematik der Redundanz kann durch die Zusicherung gemildert werden, dass nur Methoden eines Servers auf die Datenbank zugreifen, die innerhalb einer Transaktion Änderungen an der jeweiligen Tabelle und der entsprechenden Hilfstabelle durchführen.

Hilfstabellen   Zwei Hilfstabellen werden dafür ins Leben gerufen. Die eine, `loctrans` benannt, sorgt für die Speicherung der Zusammenhänge zwischen Location Addresses und den Elementen, die sie adressieren. Sie legt auch alle notwendigen Informationen zur Rückverfolgung von Location Paths ab.

Die zweite Tabelle soll `topic_assoc` heißen und alle Zusammenhänge zwischen Assoziationen und deren eingebundenen Topics mit ihren Assoziationsrollen speichern.

Tabelle 7.34
Attribute von loctrans

Grafik	Attributname	Datentyp	Beschreibung
loctrans: flocationID, xmlID, ftopicmapID, ID, type, loctype	**flocationID**	Number(10)	Die Location bzw. Location Address, auf die sich die Daten beziehen.
	xmlID	Varchar2(100)	Die XML-ID der Location.
	ftopicmapID	Number(10)	Die Topic Map, in der die Location vorkommt.
	ID	Number(10)	Die globale ID des Elements, auf das die Location verweist.

Grafik	Attributname	Datentyp	Beschreibung	
	type	Number(10)	Die Art des Elements, auf das die Location verweist (eine Nummer, die z.B. für ein Topic, für eine Assoziation, für eine Location oder für eine Facet steht).	*Tabelle 7.34 (Fortsetzung)*
	loctype	Number(10)	Die Art des umhüllenden Elements, in der die Location Address vorkommt (numerische Werte, die für Occurrence, Fvalue oder Assocrl stehen).	

Grafik	Attributname	Datentyp	Beschreibung	
topic_assoc ftopicID fassocrlID fassocID anchrole assocrl_type	ftopicID	Number(10)	Das Topic, das in eine Assoziation eingebunden wird.	*Tabelle 7.35 Attribute von topic_assoc*
	fassocrlID	Number(10)	Die Assoziationsrolle, die das Topic in der Assoziation einnimmt.	
	fassocID	Number(10)	Die Assoziation, an der das Topic teilhat.	
	anchrole	Varchar2(100)	Die textuelle Beschreibung der Assoziationsrolle.	
	assocrl_type	Number(10)	Der Typ der Assoziationsrolle.	

Einträge der Tabelle `loctrans` könnten beispielsweise so aussehen:

flocationID	xmlID	ftopicmapID	ID	type	loctype	
104	Id5	1	109	5 {=Location}	1 {=assocrl}	*Tabelle 7.36 Beispiel für loctrans*
109	Id26	1	123	5 {=Location}		
109	Id26	1	124	5 {=Location}		
123	Id33	1	84	1 {=Topic}		
124	Id50	1	85	1 {=Topic}		

Hier wird ein Location Path gebildet. Die Location mit ID 104 kommt in einer Assoziationsrolle der Topic Map 1 vor. Sie verweist auf eine Location mit der ID 109. Diese wiederum verweist auf zwei Locations mit den IDs 123 und 124. Diese wieder referenzieren zwei Topics mit den IDs 84 und 85.

Anmerkung: wenn hier davon die Rede ist, dass eine Location eine andere referenziert, darf dies nicht mit verschachtelten Locations (etwa bei mixedloc- *oder* nameloc-*Elementen) verwechselt werden, es handelt sich um einen Location Path.*

Diese Hilfstabelle enthält aber auch Locations, die von Occurrences oder Facet Values benutzt werden.

In der Tabelle topic_assoc könnte zu obigem Beispiel auch gleich folgender Eintrag gemacht werden:

Tabelle 7.37 Beispiel für topic_assoc

ftopicID	fassocrlID	fassocID	anchrole	assocrl_type
84	66	62	some role	40
85	66	62	some other role	40

Das bedeutet, dass die beiden Topics 84 und 85 zu der Assoziationsrolle 66 gehören (die auch die Location mit ID 104 beinhaltet), die wiederum zur Assoziation 62 gehört und als Typ das Topic mit ID 40 hat.

Somit ist das Datenbankschema im Wesentlichen beschrieben. Die Abbildung 7.7 zeigt nun das zusammengefasste ER-Diagramm.

7.8
Weitere Überlegungen

Wie bereits erwähnt, ist dieses Datenbankschema erweiterbar und ausbaufähig. In der Folge sollen ergänzende Überlegungen diesbezüglich angesprochen werden.

7.8.1
Zusätzliche Attribute

Anzudenken wäre, generell XML-spezifische Attribute und zugehörige Werte zu speichern, um diese noch effizienter reproduzierbar zu machen. Eine eigene Tabelle der Form attribute (ID, name, value, ftopicmapconstruct) könnte dies leisten. Schließlich kann sich der Autor seine eigenen Elemente zurechtlegen, sie von Topic Maps-Elementen ableiten und noch eigene Attribute hinzufügen, etwa:

```
<extendedtopic id="et-1"
      linktype="special"
      date-of-creation="10.1.2001"
      TopicMap="topic">
      ....
</extendedtopic>
```

Das Attribut `date-of-creation` würde in unserem bisherigen Modell noch keine Bedeutung finden. Dies wäre eine einfach zu implementierende Weiterentwicklung des gegebenen Datenbankschemas.

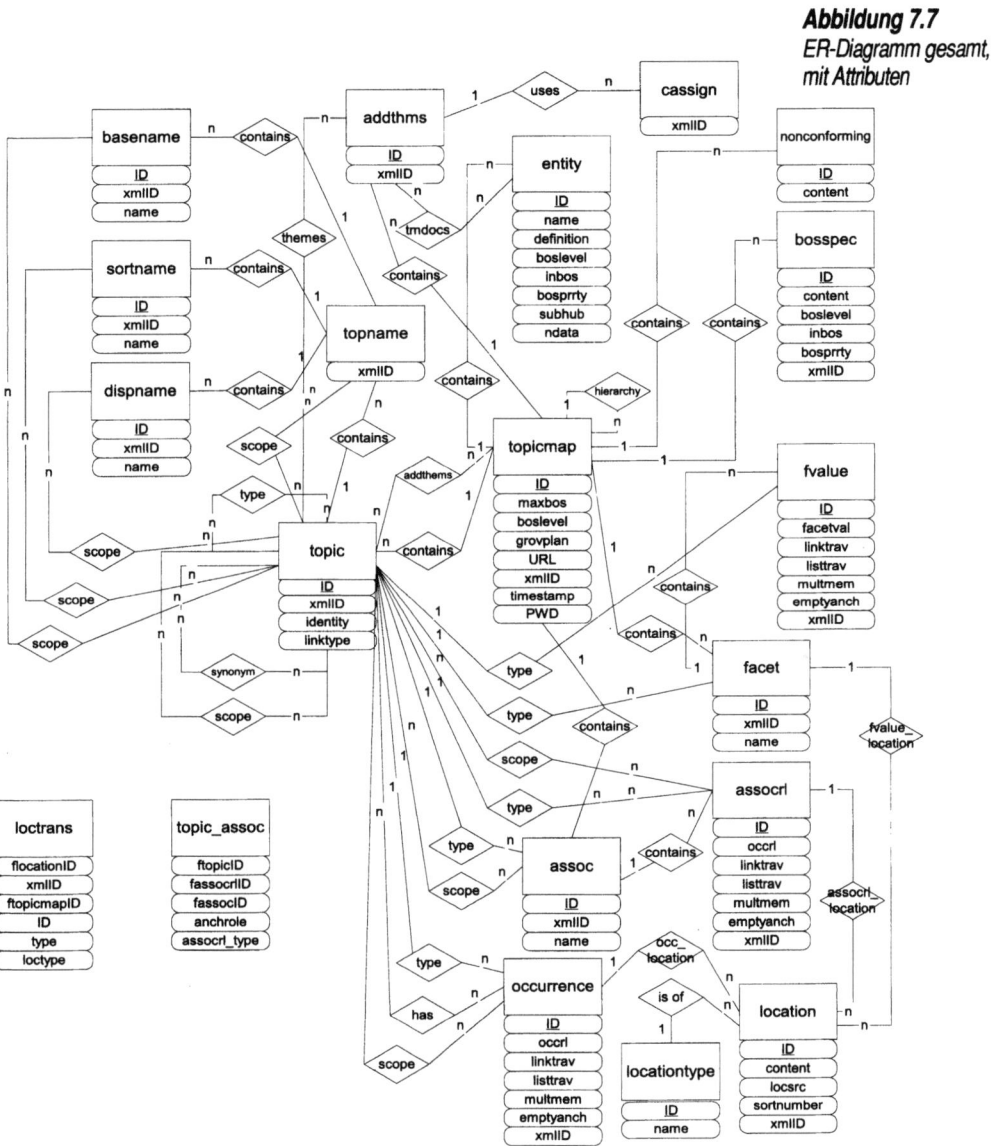

Abbildung 7.7
ER-Diagramm gesamt, mit Attributen

7.8 Weitere Überlegungen

7.8.2
Welches Paradigma?

relational oder objektorientiert?

Welches Datenbankparadigma das beste für die Realisierung einer Topic Maps Engine ist, bleibt zu diskutieren (siehe auch [Moo00]). Für den relationalen Ansatz spricht die weite Verbreitung der entsprechenden Datenbanken und die (daraus resultierende) Ausgereiftheit der Produkte. Für den objektorientierten Ansatz spricht die Tatsache, dass er für die objektorientierte Programmierung der passendere Ansatz ist und dass Topic Maps-Konstrukte und deren Beziehungen durchaus Objektcharakter haben. Mit OQL kann auf diese Typen (Topics, Assoziationen, etc.) mittels Objektpfaden zugegriffen werden, was die Abfrage unmittelbarer und damit intuitiver macht.

In den objektorientierten Ansatz würden sicher einige zusätzliche Überlegungen miteinbezogen werden, etwa die Tatsache, dass sich Topic, Assoziation und Facet vom `varlink` ableiten und Occurrence, Assocrl und Fvalue von `anchspec` (HyTime). Oder aber auch, dass Base Names, Display Names und Sort Names gleiche Eigenschaften haben. Offenbar haben beide Ansätze ihre Daseinsberechtigung, welcher der bessere ist, wird sich auf der technischen Ebene zeigen.

7.8.3
Scopes

Hilfstabelle für Scopes

Eine Erweiterungsmöglichkeit ist vor allem in Hinblick auf Scopes naheliegend, hier sollte ebenfalls noch eine Hilfstabelle ins Leben gerufen werden, die zu einem Element, dargestellt durch die globale ID, alle Scopes speichert, und zwar auch die durch Added Themes zugeordneten (die Attribute `cassign` oder `tmdocs` betreffend). Die Scopes werden in der ersten Version noch in recht aufwendiger Weise bei der Abfrage gebildet.

7.8.4
Location Ladders

Das Konzept der Location Ladders sollte noch im Datenbankschema vorgesehen werden.

7.8.5
Transaktionen

Nicht eingegangen wurde bislang auf die Transaktionsverwaltung innerhalb der Datenbankstatements, die auf diesem Modell operieren werden.

Für die Realisierung eines Transaktionskonzeptes zur Sicherung der Datenintegrität gibt es verschiedene Ansätze, die mit dem tatsächlichen Einsatzgebiet der TM-Engine beziehungsweise dem betrieblichen Umfeld zusammenhängen, in der die zugehörige Applikation laufen soll. Vorläufig gibt es zwei umfangreiche Vorgänge, das Einfügen einer Topic Map und die Abfrage an das Repository. Die Abfrage an sich könnte in einer Transaktion gekapselt sein, während der keine Schreibprozesse anderer Transaktionen eingreifen, um richtige Ergebnisse zu liefern, was sich allerdings nachteilig auf die Performanz auswirken kann (man denke an *Lost Update* oder *Phantom Read*-Probleme, vgl. [Kem97]). Das Einfügen hingegen könnte in einzelne Subtransaktionen zerlegt werden, damit die übergeordnete Transaktion teilweise parallel mit anderen Transaktionen des Typs „Einfügen" laufen kann, sofern sich diese dann grundsätzlich nicht tangieren, weil jedes Einfügen genau ein Hyperdokument betrifft und jedes Element genau einem Hyperdokument oder BOS zugeordnet werden kann. Die Unifikation beziehungsweise das Verschmelzen von Topics müsste dann aber in einem nachfolgenden Schritt für alle Topics der parallelen Einfügetransaktionen erfolgen. Das Einspielen eines einzelnen Topics müsste überdies vollständig gekapselt sein, mitsamt seiner Occurrences, da es sonst zu Inkonsistenzen kommen kann. Des weiteren kann gleichzeitige Ausführung von Transaktionen des Typs „Einfügen" und des Typs „Abfrage" zu missverständlichen Abfrageergebnissen führen.

Im Wesentlichen zwei Arten von Transaktionen

7.9
Zusammenfassung

In diesem Abschnitt wurden das Datenbankschema definiert sowie die Entity-Relationship-Aspekte formuliert und zu einem Diagramm zusammengesetzt. Danach wurden die Attribute der Entitäten und Relationen aufgestellt sowie Hilfstabellen erklärt. Den Abschluss bildeten Erweiterungsmöglichkeiten und kritische Überlegungen zu diesem Modell. Für eine erste Version soll diese Variante genügen. Bevor wir uns mit den Algorithmen zur Verwirklichung der TM-Engine befassen, müssen im nächsten Abschnitt noch die Details der Abfragesprache, die das System bieten soll, beschrieben werden (siehe auch Abschnitt 6.2).

8 Die Abfragesprache

In diesem Abschnitt soll eine mögliche Abfragesprache skizziert werden, dies auf beiden Stufen, einer umfassenden und einer einfachen, wie es in den Zielen in Abschnitt 6 festgelegt wurde. Bevor wir die Abfragesprache entwerfen, wollen wir versuchen, die Konzepte aus OQL (vgl. [Cat94]) anzuwenden und mit Objektpfaden zu arbeiten. Und bevor wir dies tun, müssen wir erst eine Beispiel-Topic Map entwerfen, mit der wir die gefundenen Konzepte sinnvoll ausprobieren können.

8.1 Beispiel

Dieses Beispiel wird uns im gesamten Abschnitt verfolgen. Es soll ein halbwegs detailliertes Beispiel werden, aber gleichzeitig nicht zu unüberschaubar. Bereits in Abschnitt 3 wurde der beachtliche Umfang einer konkreten Topic Maps-Instanz in XML deutlich gemacht. Deswegen wollen wir auf einer hohen Ebene eine Definitionssprache für Topic Maps einführen, welche den Zweck hat, unser Beispielmodell besser nachvollziehen zu können. Wir lassen einige Konstrukte von Topic Maps komplett weg, etwa die Namen (jeder Name eines Topics, der hier vorkommt, ist ein Base Name) oder die Added Themes – der effektive Scope wird mit dem Schlüsselwort „scope" zugewiesen, der Typ mit dem Schlüsselwort „type".

Abgekürzte Definitionssprache für Topic Maps

Ein Topic wird einfach durch Angabe seines Namen bestimmt. Eine Assoziation benötigt davor ein „A::". Danach folgt die Assoziationsdefinition (ID und Name), danach optional ein „::" gefolgt von der Liste der Assoziationsrollen (bestehend aus: ID, „R:", Rollenname (optional), referenziertes Topic).

Topics und Assoziationen

Eine Facet braucht vorangehend ein „F::", danach folgen die ID und das Topic, das den Typ angibt, danach eventuelle der Scope. Nach einem weiteren „::" folgt eine Liste von Facet Values, jeweils bestehend aus einer optionalen ID, einem Wert, einem „:" und einer Referenz (auf ein Topic).

Facetten

Zur besseren Verständlichkeit ist die Grammatik dieser einfachen Definitionssprache nachfolgend in BNF (Backus-Naur-Form) dargestellt:

Grammatik der Definitionssprache in BNF

```
<definition_list>      ::=     <definition>
                             | <definition_list> ´;´ <definition>
<definition>           ::=     <assoc_definition>
                             | <topic_definition>
                             | <facet_definition>
<topic_definition>     ::=     TOPIC ´:´ <type_definition>
                               <scope_definition>
<type_definition>      ::=    | ´type´ <topic_list>
<scope_definition>     ::=    | ´scope´ <topic_list>
<topic_list>           ::=     TOPIC
                             | <topic_list> TOPIC
<assoc_definition>     ::=     ´A::´ <id_def> TOPIC
                               <scope_definition> ´::´ <assocrl_list>
                             | ´A::´ assocrl_list
<assocrl_list>         ::=     <assocrl_list> <id_def>
                               <assocrl> <topic_list>
                             | <id_def> <assocrl> <topic_list>
<assocrl>              ::=    | ´R:´ TOPIC | ´R:´ STRING
<facet_definition>     ::=     ´F::´ <id_def> TOPIC
                               <scope_definition> ´::´ <fvalue_list>
                             | F:: <fvalue_list>
<fvalue_list>          ::=     <id_def> VALUE ´:´ <ref_list>
<id_def>               ::=    | STRING
<ref_list>             ::=     <id_def> | TOPIC | <ref_list>
```

Anmerkung: Die BNF ist eine Darstellungsvariante für kontextfreie Grammatiken. Diese dienen der Beschreibung der Syntax einer Sprache und wurden von Noah Chomsky bereits 1956 beschrieben (vgl. [Cho56]). An dieser Stelle und im Weiteren werden Nichtterminalsymbole durch die Zeichen < und > begrenzt, Terminalsymbole in Blockbuchstaben (wie beispielsweise TOPIC, das das konkrete Auftreten eines Topics repräsentiert) und XML-IDs in Anführungszeichen geschrieben.

Das konkrete Beispiel:

Die Beispiel-Topic Map in der Definitionssprache

```
Subjekt
Objekt
A:: "ASSOC-9" ist Eiffel Bildhauer
A:: "ASSOC-10" ist Goethe Schriftsteller
Bildhauer: type Künstler
Künstler
A:: "ASSOC-6" lebte_in ::
        R:wer? Eiffel
        R:wo?  Paris
A:: "ASSOC-4" lebte_in ::
        R:wer? Goethe
        R:wo?  Weimar
Schriftsteller: type Künstler
A:: "ASSOC-3" ist :: Paris Stadt
```

Die Beispiel-Topic Map in der Definitionssprache (Fortsetzung)

```
Stadt: type Ort
Ort
Paris: scope Frankreich
Paris: scope Griechenland Sagen
Paris': type Sagenheld
A:: "ASSOC-1" raubte ::
      R:Subjekt       Paris
      R:Objekt        Helena
Helena: type Sagenheld
Sagenheld
Eiffel
Goethe
Weimar
Griechenland: type Land
Frankreich: type Land
Land: type Ort
Deutschland: type Land
Eiffel': type Ort scope Deutschland
Eiffel'': type Band scope Dancefloor
Dancefloor: type Musikrichtung
Eiffel''': type Programmiersprache
F:: "verfaßte_Werke" Anzahl_Werke
      71: Eiffel
      683: Goethe
      2: Eiffel''
Anzahl_Werke
Band: type Künstlervereinigung
A:: "A-beherbergt" beherbergt ::
      "A-beherbergt-S"       R:Subjekt
      Künstlervereinigung
      "A-beherbergt-O"       R:Objekt       Künstler
F:: "Kardinalität" Kardinalität ::
      1: "A-beherbergt-S"
      n: "A-beherbergt-O"
Kardinalität
schuf
verfaßte: type schuf
erbaute: type schuf
schrieb: type schuf
komponierte: type schuf
A:: "ASSOC-8" schrieb ::
      R:Subjekt       Goethe
      R:Objekt        Die_Leiden_des_jungen_Werther
A:: "ASSOC-7" erbaute ::
      R:Subjekt       Eiffel
      R:Objekt        Eiffelturm
A:: "ASSOC-5" ist_in ::
      R:Subjekt       Eiffelturm
      R:Ort           Paris
Eiffelturm: type Bauwerk scope Sehenswürdigkeit
Sehenswürdigkeit
Die_Leiden_des_jungen_Werther: type Drama
Drama: type Schriftwerk
A:: "ASSOC-11" komponierte ::
      R:Subjekt       Eiffel''
      R:Objekt        Blue
Blue: type Lied scope Dancefloor
Lied
```

Die Beispiel-Topic Map in der Definitionssprache (Fortsetzung)

```
A:: "ASSOC-2" kommt_vor_in ::
        R:Schriftwerk   Die_Leiden_des_jungen_Werther
        R:Rolle         Werther
                        Charlotte
Werther
Charlotte
Autor
Grisham: type Autor
A:: "ASSOC-13" schrieb ::
        R:Autor         Grisham
        R:Werk          Die_Firma
Die_Firma: type Thriller
Thriller: type Schriftwerk
A:: "hat_Hobbies" ::
        "A_GH_Person"           R:Person        Grisham
        "A_GH_Sammeln"          R:Hobby         Sammeln
        "A_GH_Laufen"           R:Sport         Laufen
        "A_GH_Schwimmen"        R:Sport         Schwimmen
        "A_GH_Segeln"           R:Sport         Segeln
        "A_GH_Radfahren"        R:Hobby         Radfahren
A:: "ASSOC-14" beinhaltet ::
        R:Subjekt       Sammeln
        R:Objekt        Briefmarken
                        Münzen
                        Autogramme
F:: "Häufigkeit_pro_Woche" Häufigkeit scope Woche::
        4:      "A_GH_Laufen"
        1:      "A_Radfahren"
A:: "Häufigkeit_pro_Woche" Häufigkeit scope Woche::
        R:Person        Grisham
        R:Sport         Schwimmen
        R:Häufigkeit    Einmal
A:: "Häufigkeit_pro_Jahr" Häufigkeit scope Jahr::
        R:Person        Grisham
        R:Sport         Segeln          // hier wird die
Integrität mit "hat_Hobbies" besser berücksichtigt (nur
Hobbies von Grisham verwendet)
        R:Häufigkeit    Einmal
Einmal: type Häufigkeit
Woche
Jahr
Häufigkeit
A:: "ASSOC-18" beinhaltet ::
        R:Subjekt       Jahr
        R:Objekt        Woche
        R:Anzahl        52
52
Briefmarken
Münzen
Autogramme
Hobby
Person
Sport
Laufen
Schwimmen: type Sport
Segeln: type Sport
Radfahren: type Sport
Sammeln: type Sport
```

Wir sind hier also mit einer Vielzahl unterschiedlicher Aussagen konfrontiert, die thematisch oft nichts miteinander zu tun haben. Trotzdem bietet diese Aussagenmenge eine Möglichkeit, verschiedene Überlegungen und Szenarien von Abfragen auszuprobieren.

In der Folge soll gezeigt werden, was passiert, wenn wir vier Topics mit gleichem Namen und unterschiedlicher Bedeutung haben (`Eiffel`) oder plötzlich Assoziationen statt Typ-Zuweisungen über das `type`-Attribut verwendet werden. Die gesamte Topic Map ist im Graphen von Abbildung 8.1 zu sehen.

Gleiche Namen

8.2 Vergleich mit OQL

Dieser Vergleich stellt das Modell der Topic Maps auf die Ebene eines Datenbankparadigmas, wie etwa das objektorientierte oder das relationale. Für den Anwender wird das Topic Maps-Modell idealerweise transparent sein – aus Akzeptanzgründen erscheint es nicht sinnvoll, die Erlernung des Topic Maps Standards einerseits und von SQL oder OQL andererseits zu verlangen.

Objektpfade aus der objektorientierten Datenmodellierung

Wir überprüfen an dieser Stelle die Anwendbarkeit der aus der objektorientierten Datenmodellierung bekannten Objektpfade (vgl. [Cat94]) auf die Strukturen von Topic Maps.

Beim Vergleich der Grundkonzepte der objektorientierten Modellierung mit denen der Topic Maps fallen vor allem folgende Unterschiede auf:

Unterschiede zwischen OO-Modellierung und Topic Maps

- In Topic Maps gibt es keine fixe Zuordnung von Assoziationen zu Typen (oder einzelnen Typimplementationen). Assoziationen können willkürlich alle beliebigen Topics miteinander verbinden und sind nicht notwendigerweise bidirektional. Die Assoziationsrollen sind ebenfalls variabel.

- Es gibt keine Methoden in Topic Maps.

- Eigenschafts-Wert Paare können den Topics ebenfalls frei zugeordnet werden (über Facets) und ergeben sich nicht aus einer Typ-Definition (Interface, lt. ODMG-93, vgl. [Cat94]).

- Nicht nur Typen, sondern auch die Themes der Scopes werden in Topic Maps quasi vererbt und formen einen sogenannten Extent – die Hülle aller Objekte, die in Bezug auf Vererbung von einem bestimmten Typ sind.

Abbildung 8.1
Beispiel Topic Map

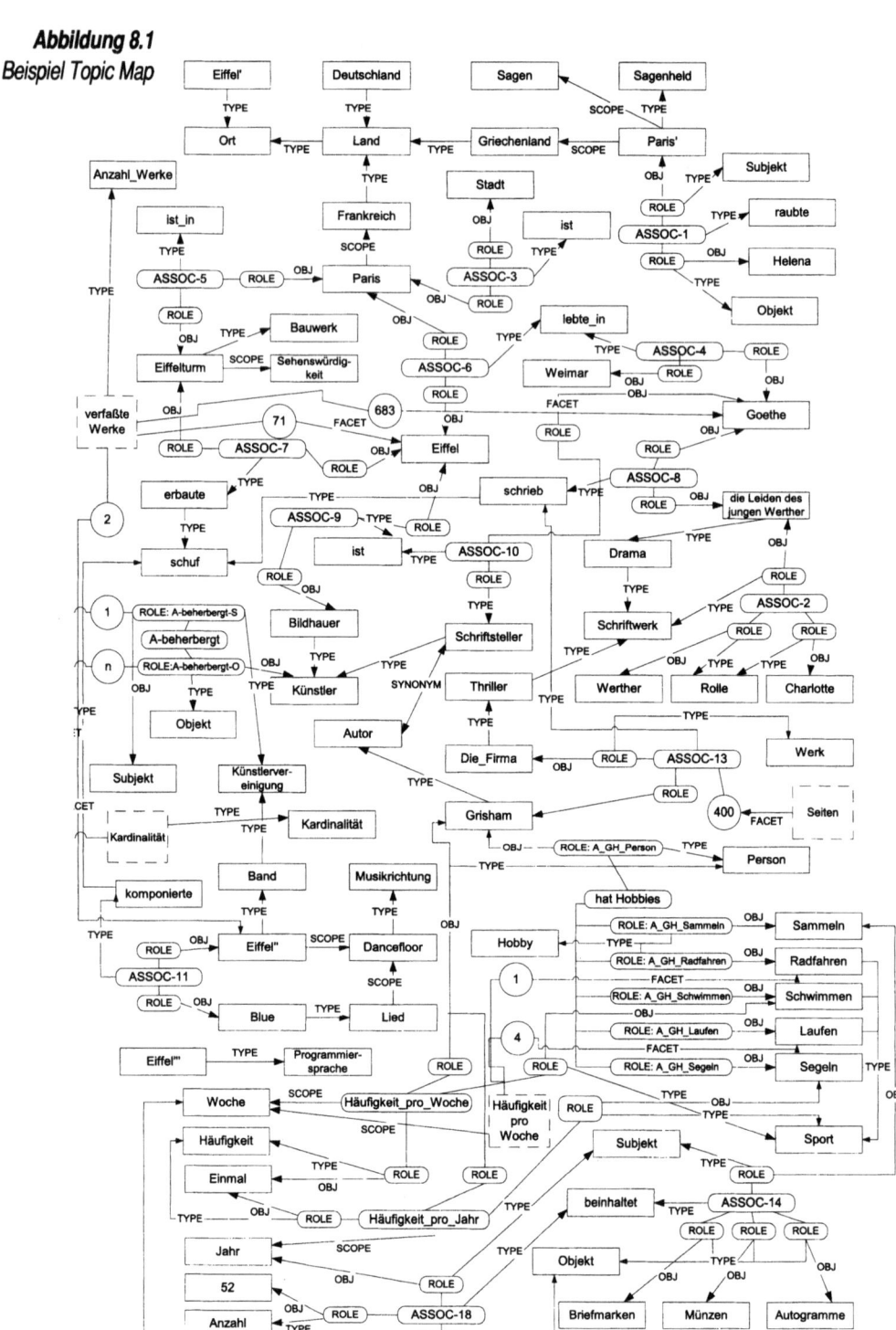

8.3
Topic Maps Metastruktur

Versucht man, die Metastruktur von Topic Maps in Form eines Graphen festzuhalten, entsteht ein der Abbildung 8.2 entsprechender Graph. Er enthält alle relevanten Konstrukte und ihre Beziehungen innerhalb Topic Maps.

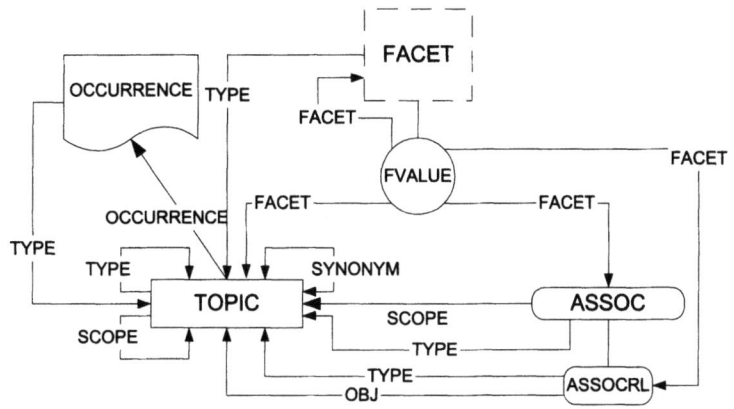

Abbildung 8.2
Topic Map-
Metastrukturgraph

Der hier abgebildete Graph zeigt die Entitäten und Beziehungen innerhalb von Topic Maps auf einer Metaebene.

Im Folgenden soll zur besseren Veranschaulichung dieser Struktur von Topic Maps jede Möglichkeit der Beziehung zweier Entitäten im Rahmen von Topic Maps angeführt werden. Entitäten können Topics (TOPIC), Assoziationen (ASSOC), Assoziationsrollen (ASSOCRL), Facets (FACET), Facet-Werte (FVALUE) oder Occurrences (OCCURRENCE) sein, zu Beziehungstypen sind OBJ, TYPE, OCCURRENCE, FACET, SCOPE und SYNONYM zu zählen. Die Darstellung der Konstrukte entspricht dabei dem Metastruktur-Graph aus Abbildung 8.2 .

Beschreibung der Darstellung

Die Pfeilspitzen beschreiben nicht die Kardinalität der Beziehung, sondern charakterisieren den Beziehungstyp näher. Die Beziehung zwischen Entität A und Entität B mit der Kantenbeschrifung TYPE bedeutet, dass B der Supertyp von A ist. Treten zwei Konstrukte desselben Typs auf, wird das linke im Begleittext mit 1, das rechte mit 2 indiziert (vgl. erste Zeile in Tabelle 8.1).

Kanten

Dieser Ansatz geht übrigens nicht explizit auf die Namen von Topics ein – die Arten von Namen (Sort Name, Display Name, Base Name) gelten vor allem für die alphanumerische Sortierung, für die Darstellung und die weitere Zuweisung von Scopes. Implizit werden

Behandlung von Namen

Tabelle 8.1
Beziehungstypen bei Topic Maps

Beziehung	Beschreibung
TOPIC —TYPE→ TOPIC	Das Topic $topic_1$ ist vom Typ des Topics $topic_2$. Die Realisierung erfolgt über das Attribut type des Elements $topic_1$. Ein Topic kann mehrere Typen haben, ein Topic kann Typ mehrerer Topics sein.
TOPIC —SCOPE→ TOPIC	Das Topic $topic_1$ zählt das Topic $topic_2$ zu seinem Scope. Die Realisierung erfolgt über das Attribut scope des Elements $topic_1$, über das add-thems-Attibut des Elements topicmap oder über das addthms-Element. Ein Topic kann mehrere Topics in seinem Scope haben (Themes), ein Topic kann in den Scopes mehrerer Topics vorkommen.
TOPIC —SYNONYM→ TOPIC	Die beiden Topics sind synonym bzw. ident zueinander. Die Realisierung erfolgt über übereinstim-mende identity-Attribute der beiden topic-Elemente. Ein Topic kann zu mehreren Topics synonym sein.
TOPIC —OCCURRENCE→ OCCURRENCE	Das Topic hat eine Occurrence. Die Realisierung erfolgt über das Element occurrence im Element topic. Ein Topic kann mehrere Occurrences haben. Eine Occurrence gehört zu genau einem Topic.
OCCURRENCE —TYPE→ TOPIC	Die Occurrence ist vom Typ topic. Die Realisierung erfolgt über das Attribut type im Element occurrence. Eine Occurrence hat maximal ein Topic als Typ, ein Topic kann Typ mehrerer Occurrences sein.

ASSOC ——— ASSOCRL	Die Assoziation (`assoc`) hat eine Assoziationsrolle (`assocrl`). Die Realisierung erfolgt über das Element `assocrl` innerhalb des Elements `assoc`. Eine Assoziation kann mehrere Assoziationsrollen haben, eine Assoziationsrolle gehört zu genau einer Assoziation.	**Tabelle 8.1** *(Fortsetzung)*
ASSOC —TYPE→ TOPIC	Die Assoziation (`assoc`) ist vom Typ `topic`. Die Realisierung erfolgt über das Attribut `type` im Element `assoc`. Eine Assoziation hat maximal ein Topic als Typ, ein Topic kann Typ mehrerer Assoziationen sein.	
ASSOC —SCOPE→ TOPIC	Die Assoziation (`assoc`) hat `topic` in ihrem Scope. Die Realisierung erfolgt über das Attribut `scope` im Element `assoc`, über das Attribut `addthems` in der einhüllenden Topic Map oder über das Element `addthms`. Eine Assoziation kann mehrere Topics in ihrem Scope haben, ein Topic kann in den Scopes mehrerer Assoziationen vorkommen.	
ASSOCRL —TYPE→ TOPIC	Die Assoziationsrolle (`assocrl`) ist vom Typ `topic`. Die Realisierung erfolgt über das Attribut `type` im Element `assocrl`. Eine Assoziationsrolle (`assocrl`) hat maximal ein Topic als Typ, ein Topic kann mehreren Assoziationsrollen (`assocrl`) als Typ dienen.	

Tabelle 8.1
(Fortsetzung)

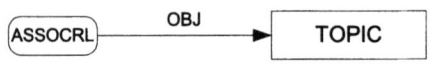

Die Assoziationsrolle (`assocrl`) verweist auf ein Topic, d. h., das Topic spielt in der Assoziation (`assoc`), zu der die Assoziationsrolle (`assocrl`) gehört, eben diese Rolle. Die Realisierung erfolgt über eine Lokalisierung (varlink) innerhalb des Elements `assocrl`. Eine Assoziationsrolle (`assocrl`) kann auf mehrere Topics verweisen, ein Topic kann in mehreren Assoziationsrollen (`assocrl`) auch innerhalb derselben Assoziation (`assoc`) vorkommen.

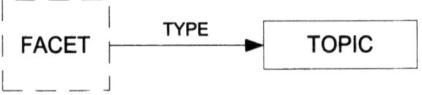

Die Facet hat einen Facet Value (`fvalue`). Die Realisierung erfolgt über das Element `fvalue` innerhalb des Elements `facet`. Eine Facet kann mehrere Facet Values zuweisen, ein Facet Value gehört zu genau einer Facet.

Die Facet ist vom Typ `topic`. Die Realisierung erfolgt über das Attribut `type` im Element `facet`. Eine Facet hat maximal ein Topic als Typ, ein Topic kann mehreren Facets als Typ dienen.

Der Facet Value (`fvalue`) weist einem Topic seine Facet, zu der er gehört, und seinen Wert zu. Die Realisierung erfolgt über eine Lokalisierung (siehe Lokalisierung) im Element `fvalue`. Ein Facet Value kann mehrere Topics adressieren, ein Topic kann mehrere Facet Values haben.

Tabelle 8.1
(Fortsetzung)

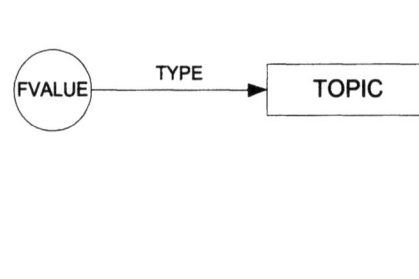

Der Facet Value (`fvalue`) ist vom Typ `topic`. Die Realisierung erfolgt über das Attribut `type` des Elements `fvalue`. Ein Facet Value kann maximal ein Topic als Typ haben, ein Topic kann mehreren fvalues als Typ dienen.

Der Facet Value (`fvalue`) weist einer Assoziation (`assoc`) seine Facet, zu der er gehört, und seinen Wert zu. Die Realisierung erfolgt über eine Lokalisierung (siehe Lokalisierung) im Element `fvalue`. Ein Facet Value kann mehrere Assoziationen (`assoc`) adressieren, eine Assoziation kann mehrere Facet Values haben.

Der Facet Value (`fvalue`) weist einer Assoziationsrolle (`assocrl`) seine Facet, zu der er gehört, und seinen Wert zu. Die Realisierung erfolgt über eine Lokalisierung (siehe Lokalisierung) im Element `fvalue`. Ein Facet Value kann mehrere Assoziationsrollen (`assocrl`) adressieren, eine Assoziationsrolle kann mehrere Facet Values haben.

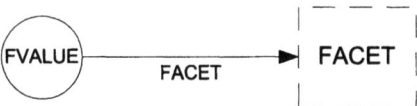

Der Facet Value (`fvalue`) weist einer anderen Facet (`facet`) seine Facet, zu der er gehört, und seinen Wert zu. Die Realisierung erfolgt über eine Lokalisierung (siehe Lokalisierung) im Element `fvalue`. Ein Facet Value kann mehrere Facets (`facet`) adressieren, eine Assoziationsrolle kann mehrere Facet Values haben.

die Namen und ihre Scopes berücksichtigt, da durch die Angabe eines Namens in der Abfragesprache alle Topics adressiert werden, die diesen Namen beinhalten. Diese können durch die Verwendung von Extent-Verweisen näher spezifiziert werden.

8.4 Anwendbarkeit von Objektpfaden

Objektpfade

Ein Wesen der objektorientierten Datenbankabfragesprache OQL ist die Verwendung von Objektpfaden entlang des Objektgraphen zur Einschränkung der Abfrageergebnismenge. Der Objektpfad umfasst Eigenschaften von vordefinierten Typen sowie Relationships, die vordefinierten Beziehungen zwischen Typen. Weiters kann die Abfrageergebnismenge durch den Vergleich von Eigenschaftswerten mit Ausdrücken bzw. Vergleich mit Untermengen (eventuell Ergebnismengen von Teilabfragen) eingeschränkt werden.

Für Topic Maps sind Objektpfade nicht ausreichend.

Bei Topic Maps ist dieses Konzept nicht ausreichend. Unter Verwendung des Beispiels einer Topic Map von ca. 100 Topics und einem Dutzend Beziehungen in Abbildung 8.1 wurde zunächst versucht, für einige Abfragebeispiele die Pfade durch den Topic Map-Graphen zu bilden, dies im Sinne von OQL. Aufeinanderfolgende Knoten innerhalb des Pfades werden durch einen Punkt getrennt. `Student.belegteKurse` ergibt die belegten Kurse eines Studenten in Form von Objektreferenzen.

In Tabelle 8.2 wird der semantische Inhalt der Abfrage definiert (was wird gefragt?), gefolgt von einem möglichen Pfad durch den Objektgraph, einer Typisierung der im Pfad enthaltenen Topics (z.B.: topic, assoc-type, assocrl-type, topic-facet, scope-for-topic, ...), sowie das Abfrageergebnis.

Anmerkung: jede Verwendung eines Topics bedeutet zugleich die Verwendung seines Extents (siehe dazu Abschnitt 8.5), ähnlich wie bei OQL. Wird eine Assoziation im Ergebnis gefunden, dann werden alle direkt assoziierten Topics sowie deren Rollen in der Form Rolle:Topic geliefert.

Tabelle 8.2 Beispiele für Objektpfade

Nr	Bedeutung	Topic-Pfad	Typisierung der Topics	Ergebnis
1	Alles, was ein Künstler geschaffen hat	Künstler. schuf	topic. assoc-type	Autor:Grisham, schrieb, Werk: Die_Firma
2	Alles, was ein Künstler komponiert hat	Künstler. komponierte	topic. assoc-type	{}

Tabelle 8.2 *(Fortsetzung)*

Nr	Bedeutung	Topic-Pfad	Typisierung der Topics	Ergebnis
3	Die Anzahl der Seiten aller Dinge, die ein Künstler geschaffen hat	Künstler. schrieb. Seiten	topic. assoc-type. topic-facet	400
4	Die Anzahl der Seiten aller Werke, die ein Künstler geschaffen hat	Künstler. schrieb. Werk. Seiten	topic.assoc-type. assocrl-type.topic-facet	400
5	Alles, was die Band Eiffel geschaffen hat, die der Musikrichtung Dancefloor zuzurechnen ist	Dance floor. Eiffel. schuf	scope-for-topic. topic. assoc-type	Eiffel''', komponierte, Blue
6	Alles, was je geschaffen wurde	Schuf	assoc-type	Eiffel''', komponierte, Blue, Autor: Grisham schrieb Werk:Die_Firma, Goethe, schrieb, Die_Leiden_des_W, Eiffel, erbaute, Eiffelturm
7	Alles, was sich von „schuf" ableitet	Schuf	topic	schuf, erbaute, komponierte, schrieb
8	Alle Hobbies von Grisham, die dem Sport zuzurechnen sind.	Grisham. hat_ Hobbies. Sport	topic. assoc-type. assocrl-type	Schwimmen, Laufen, Segeln
9	Wer zählt Sammeln zu seinen Hobbies?	Sammeln. hat_ Hobbies	topic. assoct-type	Grisham, hat_ Hobbies, Hobby:Sammeln, Hobby:Radfahren, Sport:Schwimmen, Sport:Laufen, Sport:Segeln
10	Welche Hobbies, die noch andere Dinge beinhalten haben Künstler.	Künstler. hat_ Hobbies. Hobby. beinhal tet	topic. assoc-type. assocrl-type. assoc-type	Subjekt:Sammeln, beinhaltet, Objekt:Münzen, Objekt:Briefmarken, Objekt:Autogramme

Bemerkungen:

Ad 2: die leere Menge wird geliefert, obwohl die Band Eiffel (Eiffel''') etwas komponiert hat, selbst jedoch nicht vom Typ Künstler, sondern Künstlervereinigung ist und deswegen nicht im Extent des Topics Künstler.

Ad 3: hier wird ein Facet Value geliefert. Die Ergebnismenge von Künstler.schrieb entspricht der Menge in Beispiel 1. Hier tritt bereits ein Konflikt auf: Seiten meint die Facet der Assoziation. Es könnten aber auch die Facets der in der Assoziation beinhalteten Topics (Grisham, schrieb, Die_Firma) oder der Rollen dieser Topics (Autor, Werk) gefragt sein. Wäre etwa die Facet Seiten nicht der Assoziation, sondern dem Topic Die_Firma zugeordnet, wäre das Ergebnis die leere Menge, da keines der Topics Grisham, schrieb oder Die_Firma die Facet Seiten zugewiesen hat.

Ad 4: auch dieser Pfad könnte wiederum anders interpretiert werden: Künstler.schrieb.Werk liefert hier alle Topics, die in den Assoziationen von Künstler.schrieb die Rolle Werk haben, also allein Die_Firma. Allerdings wird hier auf die Assoziation selbst eingegangen und deren Facet berücksichtigt, anstatt die Facets von Die_Firma zu untersuchen.

Ad 5: der nächste Konflikt: die Scopes könnten eigentlich nur vor den betreffenden Topics geschrieben werden. Würde statt Dancefloor.Eiffel hier nur Eiffel stehen, wäre auch der von Eiffel erbaute Eiffelturm Teil der Ergebnismenge, Eiffel würde somit vier Topics ansprechen (Eiffel, Eiffel', Eiffel'', Eiffel'''). Genaugenommen könnte nun aber eine beliebige Anzahl von Scope-Definitionen vor dem eigentlichen Topic Eiffel stehen, zum Beispiel auch Musikrichtung.Dancefloor.Eiffel. Wie sollte nun erkannt werden, ob ein Abschnitt des Pfades ein Scope eines Topics oder bereits das Topic selbst ist?

Ad 6,7: in diesen beiden Beispielen zeigt sich, dass sogar die einfache Angabe eines Topics verschiedene Bedeutungen haben könnte.

Ad 10: Künstler.hat_Hobbies.Hobby liefert die Topics Sammeln und Radfahren. Sammeln befindet sich in einer Assoziation des Typs beinhaltet. Das Topic Hobby im Pfad Künstler.hat_Hobbies.Hobby ist hier vom Typ assocrltype (also Typ der Assoziationsrolle), könnte aber genauso vom Typ topic sein (ein direkt zugeordnetes Topic – so wie etwa bei Künstler.hat_Hobbies.Radfahren) oder auch topic-facet, falls man einen Eigenschaftswert abfragen will.

Im Gegensatz zu den Objektpfaden im Rahmen von OQL, wo, ausgehend von einem Typ, fortlaufend Eigenschaftsnamen aufgeführt werden, unter denen eindeutig zwischen Namen für Beziehungen zu anderen Typen oder literalen Eigenschaftswerten differenziert werden kann, ist beim Traversieren durch den erstellten Graphen für eine Topic Map ein innerhalb eines Pfades vorkommendes Topic mitunter mehrdeutig. Dies nicht zuletzt wegen der Anforderung, dass aufgrund der Angabe eines Namens auch mehrere Topics, die diesem Namen gerecht werden, geliefert werden sollen (siehe Beispiele Eiffel und Paris).

Als Konsequenz soll in der Folge von einer Darstellung gemäß ODMG-93 abgewichen, das Konzept der Extents im Rahmen von Topic Maps neu diskutiert (siehe Abschnitt 8.5) und die Assoziationen als „Verkehrsknotenpunkte" innerhalb einer Topic Map zunächst isoliert betrachtet werden (siehe Abschnitt 8.6).

8.5
Extents bei Topic Maps (und Beispiele)

Im Folgenden wird davon ausgegangen, dass Topics im Rahmen der Abfragesprache nicht über ihre eindeutige ID in XML angesprochen werden, sondern über einen verständlichen Namen. Dieser Name qualifiziert folglich alle Topics. Diese können durch die Zuweisung zu einem Extent näher charakterisiert werden. So liefert beispielsweise der Name „Eiffel" die Topics Eiffel, Eiffel', Eiifel'' und Eiffel'''. Würde man dem Namen noch den Extent von Programmiersprache zuordnen, fände man nur mehr das Topic Eiffel'''.

Topics über ihre Namen identifizieren

Wird bei einer OQL-Abfrage ein Typ verwendet, so wird nicht nur er selbst, sondern sein Extent angesprochen, das heißt, alle Instanzen seiner selbst und seiner Subtypen. Auch bei Topic Maps gibt es das Konzept der Typen, allerdings mit dem Unterschied, dass nicht zwischen den Konzepten Klasse-Instanz und Superklasse-Subklasse unterschieden wird: jedes abgeleitete Topic ist eine Instanz seines Typs und kann selbst wieder Typ für andere Topics sein. Vererbungsmechanismen (Propagierung von Assoziationsteilnahmen oder Facets, Methoden gibt es ja keine) existieren nicht.

Vererbung bei Topic Maps

Zusätzlich sind Scopes zu beachten. Hat ein Topic A in seinem Scope das Topic B als Theme, befindet es sich damit im Gültigkeitsbereich des Topics B und hat demzufolge mehr oder weniger stark etwas mit B zu tun. Bei einer Abfrage wären nicht nur die Types, sondern auch die Scopes zum Extent zu zählen. Abbildung 8.3 zeigt ein abstraktes Beispiel dazu.

Abbildung 8.3
Extent eines Topics (Beispiel)

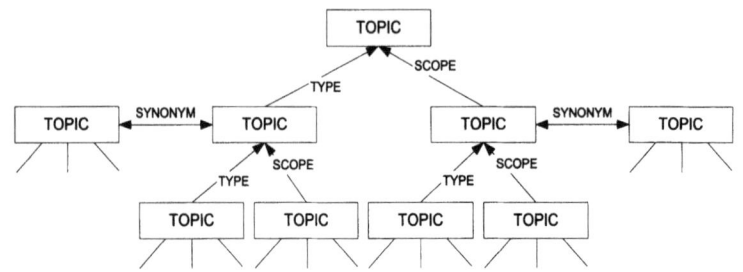

Unter erneuter Bezugnahme auf das Beispiel aus Abbildung 8.1 sollen in Folge einige mögliche Extents dargestellt werden. Der Extent von Musikrichtung etwa wäre:

Abbildung 8.4
Extent von Musikrichtung

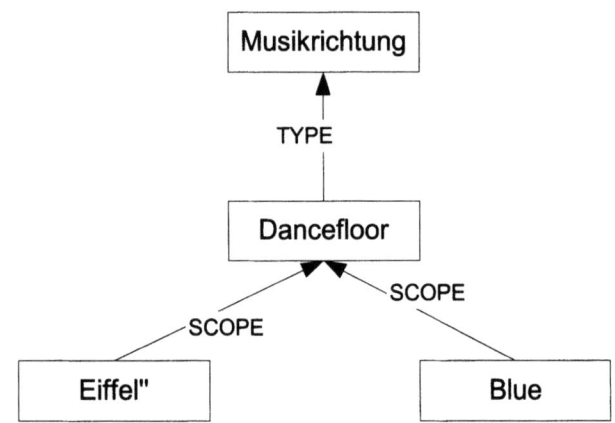

Scopes im Extent? Hier taucht die Frage auf, ob Scopes tatsächlich im Extent berücksichtigt werden sollen. Einerseits könnte es der Wunsch des Anwenders sein, durch die Angabe von Musikrichtung wirklich nur Musikrichtungen zu bekommen, also Dancefloor. Andererseits könnte es sein Wunsch sein, durch die Angabe von Dancefloor alles zu bekommen, was sich hier im Bereich Dancefloor bewegt, also die Band Eiffel (Eiffel'') und das Lied Blue. Das nächste Beispiel unterstreicht diese Problematik näher. Für Ort etwa lautet der Extent wie in Abbildung 8.5.

Durch die Angabe von Ort erhält der Anwender alle Orte und alles, was im Bereich(Scope) von Orten liegt. Würden hier Scopes nicht im Extent auftauchen, käme man nicht auf die Stadt Paris, die Frankreich als Scope zugeordnet hat. Andererseits wäre dann auch nicht der griechische Sagenheld Paris (Paris') mit im Extent von Ort, der dort semantisch nicht allzu viel verloren hat.

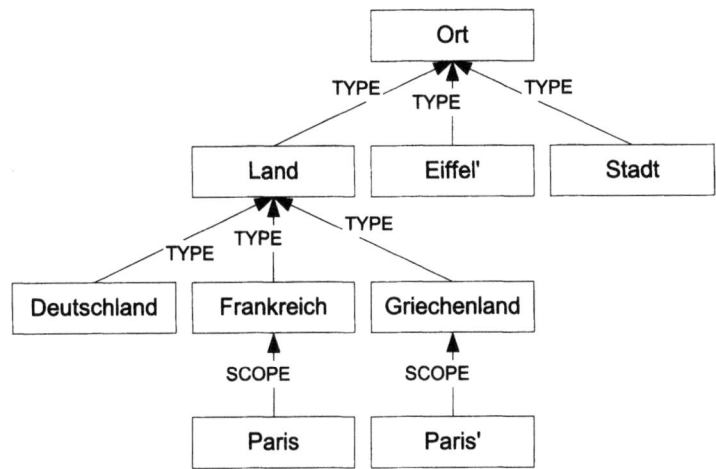

Abbildung 8.5
Extent von Ort

Es stellt sich somit eine nicht unerhebliche Frage: sollen Scopes auch in den Extent miteinbezogen werden bzw. kann man Types und Scopes semantisch klar trennen? Denn wer kann ernsthaft begründen, dass die Zuordnung von Frankreich als Theme des Scopes von Paris falsch ist, ja mehr noch, dass sie nicht naheliegend ist! Umgekehrt könnte aber auch Paris vom Typ Stadt sein, und die Scopes wären im Extent nicht mehr notwendig.

Eine weitere Frage drängt sich auf: sollen zwei getrennte Extents gebildet werden, einer, der sämtliche Type-Beziehungen beinhaltet, und ein anderer, der sämtliche Scope-Beziehungen aufweist?

Ein weiteres Beispiel in diesem Zusammenhang könnte sein, dass zwei Orte mit gleichem Namen, beispielsweise Vienna, eine Stadt in Virginia, USA, und Vienna, die Hauptstadt von Österreich, und unterschiedlichen Scopes (USA bzw. Austria) durch eine Abfrage getrennt werden sollen.

Ein erstes Konzept einer einfachen Abfragesprache mit Verwendung von Extents sei nun beschrieben:

```
topic {topic [[operator] topic…]}
```

bzw. In BNF:

```
<query>              ::=
   TOPIC
 | <query> <con_operator> <query>
 | <neg> <query>
 | TOPIC ´{´ <query> ´}´

<con_operator>       ::=   ´&´ | ´|´

<neg>                ::=   ´!´
```

einfache Abfragesprache in BNF

Ein Topic, das außerhalb einer Klammer steht, soll durch die Topics innerhalb der nachfolgenden Klammern näher bestimmt werden bzw. einem Extent zugeteilt werden. Betrachten wir das triviale Beispiel:

```
Paris {Ort}
```

Zunächst werden Topics mit dem Namen Paris und deren Extents gesucht. Gefunden werden `Paris` und `Paris'`, die Stadt in Frankreich und der griechische Sagenheld. Die gefundenen Topics weisen selbst keinen Extent auf. Nun wird verglichen, welche der beiden Topics sich im Extent von `Ort` befinden (siehe Abbildung 8.5). Beide Topics kommen im Extent vor und bilden somit die Ergebnismenge. Dies ist aber nicht im Sinne der oder des Abfragenden, liegt doch die Vermutung nahe, dass sie oder er eher für die Hauptstadt von Frankreich als für den Sagenheld Interesse hat. Die Abfrage wird nun genauer spezifiziert:

```
Paris {Ort & Frankreich}
```

Wiederum werden die beiden Topics `Paris` und `Paris'` gefunden. Innerhalb der Klammer werden nun alle Topics logisch verknüpft (Und-Verknüpfung), im Zwischenresultat der Klammer befinden sich also nur Topics, die in beiden Extents enthalten sind. Da `Frankreich` selbst im Scope von `Ort` enthalten ist, ist das Ergebnis der Abfrage äquivalent zu:

```
Paris {Frankreich}
```

Nun erhält der Anwender nur mehr das Topic der Hauptstadt von Frankreich.

```
Dancefloor & Lied
```

würde in unserem Szenario `Blue` liefern, da nur dieses in den Scopes dieser beiden Topics enthalten ist.

```
Eiffel {!Programmiersprache}
```

... liefert `Eiffel`, `Eiffel'` und `Eiffel''`, d. h. den Bildhauer, das Gebiet in Deutschland (das hier, um eine Vielfalt gleichlautender Topics zu erhalten, um ein „f" erweitert wurde) und die Band, nicht aber die Programmiersprache.

Hätte der Bildhauer `Eiffel` auch den Scope `Paris`, würde folgende Abfrage nur ihn retournieren:

Eiffel {Paris {Ort}}

Zwar würden für Paris wiederum beide Topics Paris und Paris' gefunden, aber es gibt kein Topic mit Namen Eiffel im Scope von Paris'. Die Klammern sind also vor allem bei Namensgleichheiten gesuchter Topics zu verwenden.

In einem dritten Beispiel wollen wir den Extent von Künstler betrachten:

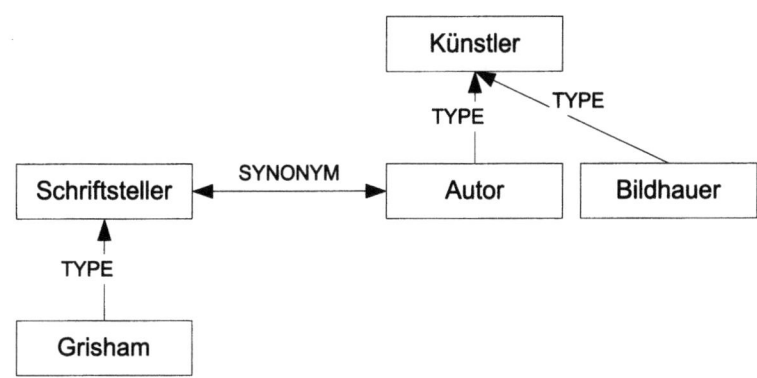

Abbildung 8.6
Extent von Künstler

Zunächst wird auch hier wieder die Bedeutung der Synonyme verdeutlicht. Immer wenn von einem Topic gesprochen wird, inkludiert dies das Topic selbst und alle seine Synonyme. Hier ist Schriftsteller synonym zu Autor, deswegen wird auch der Extent von Schriftsteller in den Extent von Künstler inkludiert.

Beim Vergleich mit der gesamten Topic Map im Beispiel fällt allerdings auf, dass Eiffel und Goethe nicht im Extent von Künstler auftauchen, obwohl man sie auch den Künstlern zuzählen würde. Tatsächlich sind sie auch dem Topic Künstler zugeordnet, und zwar jeweils im Rahmen einer Assoziation des Typs ist. Offenbar sollten also Assoziationen bei der Errechnung des Extents berücksichtigt werden. Was allerdings, wenn es eine Assoziation gäbe „Rübezahl hasst Schriftsteller", was ja durchaus möglich wäre? Dann wäre es sicher nicht wünschenswert, Rübezahl auch im Extent von Künstler zu haben. Offenbar sollten Assoziation, die in den Extent eines Topics eingebunden werden sollen, eigens dafür qualifiziert werden. Dies ist aber im ISO-13250 Standard nicht vorgesehen.

Assoziationen im Extent

Die flexibelste Möglichkeit solch einer Qualifikation bestünde darin, für jedes Topic T innerhalb einer Assoziation A in beliebiger Kombination mit sämtlichen Supertypen (notiert als Menge T_{super}) der in der Assoziation vorkommenden Topics T_{assoc} ein Flag zu setzen, das für jeden Supertyp aus T_{super} angibt, ob T in dessen Extent vorkommt. Da dies im Sinne des Speicheraufwandes und der Performance von Abfragen ungünstig wäre, sollten noch andere, einfachere Varianten bedacht werden.

Möglichkeit über ein eigenes Attribut

Hier stellt sich nun die Frage: wie werden Assoziationen in den Extent eines Topics eingebunden? Eine Alternative wäre, jede Assoziation generell als einzubindend oder nicht einzubindend zu deklarieren, etwa mit einem Attribut „inextent (inextent | notinextent)" im Element <assoc>, von vorne herein sollte eine Assoziation nicht eingebunden werden. Dieses Attribut könnte auch über eine global definierte Facet jenem Topic, das den Typ für die betreffenden Assoziationen darstellt (z.B ist in unserem Beispiel), zugewiesen werden – dazu bräuchte man nicht die DTD für Topic Maps verändern, allerdings müsste die Facet genauso Teil des Standards werden wie ansonsten das neue Attribut.

Da es ein Ziel der Autoren ist, vom ISO-13250 Standard möglichst nicht abzuweichen, sollen Assoziationen vorerst nicht in Extents eingebunden werden. Es bleibt ohnehin abzuwarten, welche Änderungen oder Ergänzungen zu diesem Standard noch erscheinen werden (siehe Kapitel 11).

Ein weiteres Problem ist außerdem die historische Komponente einer Zuordnung. Ein Schriftsteller könnte auch nur für bestimmte Zeit Schriftsteller sein, der Zeitraum könnte durch seinen Scope oder eine Assoziation definiert werden. Um dies bei Abfragen zu differenzieren, müsste man jeweils den richtigen Scope mit der Abfrage angeben.

Die genannten Überlegungen zeigen die zentrale Rolle, die dem Konstrukt Assoziation innerhalb von Topic Maps zukommt.

8.6
Die Behandlung von Assoziationen (und Beispiele)

Wir wollen Assoziationen isoliert betrachten. Zunächst muss es eine Form der Selektion geben, bei der bestimmte Assoziationen nach in der Abfrage festgelegten Kriterien ermittelt werden. Von diesen Assoziationen wählt man nun bestimmte Topics, die in der Ergebnismenge beinhaltet sein sollen. Dies entspricht in etwa der Projektion. Das dritte Grundelement von Datenbankabfragen, die Joins, entfällt, da immer die Gesamtmenge an Assoziationen oder ein durch einen Extent bestimmter Teil (Assoziationen eines Typs und seiner Subtypen) davon betrachtet wird. Eine Assoziationsabfrage beinhaltet somit im Folgenden einen Projektions- und einen Selektionsteil.

8.6.1 Selektion

Zunächst sollen die Assoziationen, die von Interesse sind, bestimmt werden. Dabei sind folgende Fragestellungen relevant:

Fragestellungen zur Selektion

- Ist eine Assoziation von einem bestimmten Typ?
- Verweist eine Assoziation auf ein bestimmtes Topic (oder ein Topic dessen Extents)?
- Kommen in einer Assoziation Topics mit einer bestimmten Rolle vor?
- Hat der Assoziationstyp einen bestimmten Scope?
- Wie sind die Eigenschaften des Assoziationstyp beschaffen (Facets)?
- Wie sind die Eigenschaften der Assoziationsrollen beschaffen (Facets)?
- Wie sind die Eigenschaften der eingebundenen Topics beschaffen (Facets)?
- Wie sind die Eigenschaften der Assoziationen selbst beschaffen (Facets)?

Der Lösungsvorschlag, der hier präsentiert werden soll, sieht folgende Formulierungsmöglichkeiten vor (σ: steht für den Selektionsoperator):

Form	Bedeutung
σ: ^topic	Alle Assoziationen, die topic (und Topics des zugehörigen Extents) als Rollentyp beinhalten
σ: @topic	Alle Assoziationen, die topic (und Topics des zugehörigen Extents) beinhalten
σ: ^topic^ [expression]	Alle Assoziationen, wo die Rollen vom Typ topic Facetten haben, die dem Ausdruck expression genügen
σ: @topic^ [expression]	Alle Assoziationen, wo die Rolle von topic Facetten hat, die dem Ausdruck expression genügen
σ: ^topic [expression]	Alle Assoziationen, deren Topics, die die Rolle topic haben, Facetten haben, die dem Ausdruck expression genügen

Tabelle 8.3 Selektionsprinzipien

Tabelle 8.3 (Fortsetzung)

Form	Bedeutung
σ: @topic [expression]	Alle Assoziationen, die auf topic verweisen – topic hat dabei Facetten, die dem Ausdruck expression genügen
σ: ... [expression]^	Die Facet wird quasi dereferenziert, das bedeutet, von allen gefundenen Topics, die der Facet entsprochen haben, wird die Rolle zurückgeliefert
σ: ?topic	Alle Assoziationen vom Typ topic (oder einem Topic des Extents von topic) oder mit dem Namen „topic"
σ: {topic}	Alle Assoziationen mit dem Scope topic

Wichtig ist, dass „topic" an dieser Stelle auch für Subqueries und Ausdrücke stehen kann, die Topics zurückliefern.

Einige Beispiele im Kontext von Abbildung 8.1 sollen das Konzept weiter verdeutlichen:

Tabelle 8.4 Beispiele für Selektionen

Nr	Abfrage	Bedeutung	Ergebnismenge
1	σ: ^Sammeln	Alle Assoziationen, die auf Topics mit der Rolle Sammeln verweisen.	{}
2	σ: @Sammeln	Alle Assoziationen, die auf Sammeln verweisen.	{hat_Hobbies, ASSOC-14}
3	σ: @(Sammeln | Eiffelturm)	Alle Assoziationen, die auf Sammeln oder auf Eiffelturm verweisen.	{hat_Hobbies, ASSOC-14, ASSOC-5, ASSOC-7}
4	σ: ^Sport^ [Häufigkeit_ pro_Woche > 3]	Alle Assoziationen, in denen Topics vorkommen, die die Rolle Sport haben. Diese Rolle hat die Facette Häufigkeit_ pro_Woche, und sie soll einen Wert größer 3 haben.	{hat_Hobbies}
5	σ: ?Häufig keit_pro_Jahr & @Einmal	Alle Assoziationen vom Typ Häufigkeit_pro_Jahr oder mit dem Namen „Häufigkeit_pro_Jahr"	{Häufigkeit_ pro_Jahr}
6	σ: ^Hobby^ [Häufigkeit_ pro_Woche {Woche} = 1]	Alle Assoziationen mit Topics, die die Rolle Hobby haben. Diese Rollenelemente haben eine Facet Häufigkeit_pro_ Woche, die zum Extent von Woche gehört und den Wert 1 hat.	{hat_Hobbies}

Nr	Abfrage	Bedeutung	Ergebnismenge
7	σ: ?erbaute {schuf}	Alle Assoziationen, die vom Typ erbaute sind, der dem Extent von schuf zuzurechnen ist	{ASSOC-7}
8	σ: {Jahr} ^Person	Alle Assoziationen, die in ihrem Scope Jahr haben und in denen Personen als Rolle vorkommen	{Häufigkeit_pro_Jahr}
9	σ: ^Subjekt & ^Objekt & (?beinhaltet | ?raubte)	Alle Assoziationen, die den Typ beinhaltet oder raubte haben und in denen die Rollen Subjekt und Objekt vorkommen	{ASSOC-1, ASSOC-14, ASSOC-18}

Tabelle 8.4 (Fortsetzung)

Ad 1: es existiert im Beispiel keine Assoziation mit einer Assoziationsrolle Sammeln.

Ad 4: einzig die Assoziation „hat_Hobbies" erfüllt die Bedingung, denn mit Laufen verweist sie auf ein Topic, das innerhalb dieser Assoziation eine Rolle hat („A_GH_Segeln"), die die Facette „Häufigkeit pro Woche" aufweist, mit dem Wert 4, der größer als 3 ist.

Ad 6: hier ist ersichtlich, dass die Extentzuweisung (Häufigkeit_pro_Woche(Woche)) an allen Stellen vorkommen kann, wo Topics vorkommen können.

Ad 8: der gewünschte Scope der Assoziation muss zu Beginn der Selektion bestimmt werden, kann aber innerhalb der geschwungenen Klammern auch eine Unterabfrage enthalten.

8.6.2
Projektion

Wenn nun die gewünschten Assoziationen gefunden wurden, können mittels Projektion die gefragten Topics herausgefiltert werden. Dies geschieht auf ähnlichem Weg wie in der Selektion, einzig der Scope der Assoziationen taucht jetzt nicht mehr auf und von Topics kann mit einem nachfolgenden ^-Operator auf deren Rolle geschlossen werden (π: steht am Beginn der Projektion):

Tabelle 8.5 Projektionsprinzipien

Form	Bedeutung
π: ^topic	Alle Topics, die eine Rolle vom Typ topic haben.
π: @topic	Alle Topics im Extent von topic.
π: ^topic^ [expression]	Alle Topics, die eine Rolle vom Typ topic haben. Diese Rolle genügt dem Ausdruck expression (Vergleich mit Facetten).
π: @topic^ [expression]	Alle Topics im Extent von topic. Ihre Rollen haben Facetten, die dem Ausdruck expression genügen.
π: ^topic [expression]	Alle Topics, die eine Rolle vom Typ topic haben. Diese Topics haben Facetten, die dem Ausdruck expression genügen.
π: @topic [expression]	Alle Topics im Extent von topic. Diese Topics haben Facetten, die dem Ausdruck expression genügen.
π: ... [expression] ^	Die Facet wird dereferenziert, das heißt, von allen gefundenen Topics, die der Facet entsprochen haben, wird die Rolle zurückgeliefert
π: ^*	* statt topic bedeutet: alle Topics, die irgendeine Rolle haben, also alle Topics.
π: @*	* statt topic bedeutet: alle Topics
π: ^*^	Hier werden alle Topics gewählt und schließlich alle Rollen ausgegeben.
π: @topic^	Alle Rollen der Topics im Extent von topic.
π: ?*	Alle Assoziationstypen
π: ?topic	Alle Assoziationstypen im Extent von topic

Gesamte Assoziationsabfrage

Die gesamte Assoziationsabfrage hat die Form [π: Projektion σ: Selektion].

Das Beispiel Künstler.schuf, würde in der vorgestellten Notation so aussehen:

[π: @* σ: ?schuf @Künstler]

bzw. falls man schuf selbst und die Künstler nicht sehen will:

[π: @* & @!Künstler & ?!schuf σ: ?schuf @Künstler]

Es werden zunächst alle Assoziationen gefiltert, die einen Typ haben, der im Extent von schuf liegt (schuf, erbaute, komponierte, schrieb) und einen Typ, der sich im Extent von

Künstler befindet (Künstler, Autor, Bildhauer, Schriftsteller, Grisham). Davon werden alle Topics ausgegeben, die nicht im Extent von Künstler sind. Außerdem werden Assoziationstypen nicht ausgegeben, die im Extent von schuf sind, was allerdings nicht notwendig wäre zu erwähnen, da von Grund auf ohnehin keine Assoziationstypen ausgegeben werden. Auch bei den Topics gilt: will man eine Projektion der Form „Alle, außer..." bewerkstelligen, müssen zunächst alle (@*) definiert werden, und diese logisch mit dem Ausschlusskriterium (@!Künstler) geundet werden.

```
Resultat:
Assoziationen: {ASSOC-13}
Topics:        {Die_Firma}
```

Gleiches hätte man mit folgender Abfrage erreicht:

[π: @Schriftwerk σ: ?schuf & @Künstler]

Nun wollen wir herausfinden, wer Schriftsteller ist (also wer eine entsprechende Assoziation hat).

[π: @Person σ: ?ist & @Schriftsteller]

```
Resultat:
Assoziationen: {ASSOC-10}
Topics:        {}
```

Die Ergebnismenge ist leer, weil Goethe nicht im Extent von Person ist, bzw. die Assoziation ASSOC-10 auf kein Topic im Extent von Person verweist. Angenommen, der Anwender legt nun den Typ von Goethe fest:

```
Goethe: type Schriftsteller
```

Danach formuliert der Anwender eine neue Abfrage:

[π: @Person σ: ?ist & @Schriftsteller] | Schriftsteller   *Abfragen kombinieren*

```
Resultat ([ π: @Person σ: ?ist & @Schriftsteller ]):
Assoziationen: {ASSOC-10}
Topics:        {Goethe}

Resultat (Schriftsteller):
Topics:        {Schriftsteller, Autor, Grisham}

Endresultat:   {Goethe, Schriftsteller, Autor, Grisham}
```

Dieses Ergebnis scheint wenig zufriedenstellend, da der Anwender offenbar alle Topics haben wollte, die entweder innerhalb einer Assoziation als Schriftsteller deklariert werden, oder die im Extent von Schriftsteller sind.

Der Autor der Topic Map müsste also irgendwie Sorge tragen, dass Goethe und Grisham sich von den anderen Topics Schriftsteller und Autor abheben, etwa durch einen zusätzlichen Typ Person (ebenso könnte es sein, dass sich Schriftsteller ohnehin schon von Person ableitet - dann wäre es zielführend, auch für Grisham eine Assoziation anzulegen), bzw. man gibt den Topics ein weiteres Attribut Instanz (für Goethe und Grisham) bzw. Klasse (für Schriftsteller und Autor) und lässt sich nur die Instanzen ausgeben.

Verschachtelte Abfragen

Abfragen können verschachtelt werden, wir verwenden aus Gründen der Übersichtlichkeit für obige Abfrage einen Bezeichner:

```
Q = [ π: @Person σ: ?ist & @Schriftsteller ] |
Schriftsteller
```

Diesen verwenden wir in einer weiteren Abfrage:

```
[ π: @Q | ^Person σ: ?schuf & @Schriftwerk ]
```

Wir wollen also wissen, in welchen Assoziationen vom Typ schuf mit direkt zugewiesenen Schriftwerken es die Schriftsteller aus Q oder andere Topics mit der Rolle Person gibt. Der Extent von Schriftwerk umfasst {Schriftwerk, Thriller, Die_Firma, Drama, Die_Leiden_des_jungen_W}

```
Resultat:
Assoziationen:  {ASSOC-8, ASSOC-13}
^Person:        {Grisham}
@Q:             {Goethe, Schriftsteller, Autor, Grisham}
Topics:         {Goethe, Grisham}
```

Ausgeschrieben würde diese Abfrage so aussehen:

```
[ π: @([ π: @Person σ: ?ist & @Schriftsteller ] &
Schriftsteller) | ^Person S: ?schuf & @Schriftwerk ]
```

Am Ergebnis {Goethe, Grisham} erkennt man, dass nur solche Topics zurückgeliefert werden können, die auch in irgendeiner Form in den selektierten Assoziationen auftauchen. Schriftsteller und Autor kommen nicht in ASSOC-8 und ASSOC-13 vor, deswegen werden sie auch nicht ausgegeben, obwohl sie in der Unterabfrage @Q auftreten.

Wir möchten nun wissen, welche (literarische) Rollen in Schriftwerken vorkommen:

Suche in Topics oder ihren Rollen

```
[ π: ^Rolle σ: @Schriftwerk | ^Schriftwerk ]
```

Hier wollen wir uns bei der Selektion nicht exakt festlegen: entweder kommt ein Schriftwerk direkt vor, oder irgendetwas anderes, das die Assoziationsrolle eines Schriftwerks übernimmt. Ausgeben wollen wir nur die Rollen.

```
Resultat:
Assoziationen: {ASSOC-2, ASSOC-13, ASSOC-8}
Topics:        {Werther, Charlotte}
```

Angenommen, wir hätten eine Topic Map, in der wir Assoziationen mit Facets ausgestattet haben, zum Beispiel, um festzustellen, ob eine Assoziation transitiv ist. Die Abfrage gegen die Facet der Assoziation würde so aussehen:

Facets von Assoziationen abfragen

```
[ π: @* σ: ?*[Art = ´transitiv´] ]
```

Die eckigen Klammern weisen daraufhin, dass die Assoziation direkt eine Facet zugewiesen hat, die entweder den Namen „Art" hat oder vom Typ Art ist. Wollen wir mehrere Facets überprüfen, müssen wir folgenden Weg gehen (die facet-expressions in den eckigen Klammern erlauben keine Unterabfragen oder Verschachtelungen – nur Extentzuweisungen der Form facet-type{topic {...}}. Es muss immer eine Facette mit genau einem Wert verglichen werden):

```
[ π: @* σ: ?*[Art = ´transitiv´] | ?*[Art = ´reflexiv´] |
?*[Inextent = ´inextent´] ]
```

Eine Problematik ist ferner, dass sämtliche Facet-Werte als Strings dargestellt werden. Es muss somit bei jedem Vergleich erst geprüft werden, ob der String numerisch dargestellt werden kann, ansonsten kann nur ein Vergleich der Zeichenketten stattfinden.

Facet-Werte

Wenden wir uns einer weiteren Abfrage zu:

```
[ π: ^*^[Kardinalität = ´1´] σ: ^*^[Kardinalität = ´1´] &
^*^[Kardinalität = ´n´] ]
```

Hier suchen wir alle Assoziationen, die irgendwelche Rollen haben, von denen mindestens eine die Facet Kardinalität mit Wert 1, und eine weitere Rolle die gleiche Facet mit Wert n hat. Ausgegeben werden dann die Topics, die die Rollen mit der Kardinalität 1 haben. In unserem Beispiel ergibt das:

8.6 Die Behandlung von Assoziationen (und Beispiele)

```
Resultat:
Assoziationen: {ASSOC-14}
Topics:        {Künstlervereinigung}
```

Wenn wir auch wissen wollen, welche Rolle in diesem Fall die Künstlervereinigung hat, müssen wir die Abfrage geringfügig erweitern.

```
[ π: ^*^[Kardinalität = ´1´] | ^*^[Kardinalität = ´1´]^ σ:
^*^[Kardinalität = ´1´] & ^*^[Kardinalität = ´n´] ]
```

```
Resultat:
Assoziationen: {ASSOC-14}
Topics:        {Künstlervereinigung, Subjekt}
```

Mehrere Facets In unserem Beispiel sind keine Topics enthalten, die mehr als eine Facet haben. Stellen wir uns nun vor, die Assoziation ASSOC-6 (Eiffel lebte in Paris) hätte zwei Facets, von = 1832 und bis = 1923. Eine Abfrage dafür könnte so aussehen:

```
[      π:      @(Eiffel | Goethe | Schiller | Lautrec)
       σ:      ?lebte_in
       &       @(       [       π: @Paris
                                σ: ?ist & ^Ort ]
                        | Paris { Ort & Frankreich }
                )
]
[(von > ´1800´) & (bis < ´1950´)]
```

Betrachten wir zunächst die verschachtelte Assoziationsabfrage. Sie liefert alle Topics aus dem Extent Paris, die in Assoziationen vom Typ ist und einem Ort zugeordnet sind. Außerdem werden Topics aus dem Extent von Paris berücksichtigt, soferne sie auch zum Extent von Ort und zum Extent von Frankreich gehören.

Diese Vereinigungsmenge an Topics bildet ein Suchkriterium für die Assoziationen des Typs lebte_in und alle Subtypen. Ergebnis der Projektion sind nur Topics der Extents von Eiffel, Goethe, Schiller oder Lautrec, falls sie in der Menge der zutreffenden selektierten Assoziationen enthalten sind. Wir vermuten also, dass sich nur eine dieser Personen um diese Zeit in Paris aufgehalten hat.

Literalwerte Die gefundene Menge an Assoziationen (ASSOC-6) wird nun gefiltert: sie müssen die Facetten von > ´1800´ und bis < ´1950´ aufweisen. Die Filter beziehen sich auf die gesamte Assoziation und sind deswegen in eckigen Klammern direkt der Assoziationsabfrage nachgestellt.

Hier lässt sich erkennen, dass alle Literalwerte wie Strings behandelt werden müssen, auch numerische wie 1800, andernfalls könnte nicht zwischen Literal oder topic-type bzw. Name der Facet unterschieden werden.

```
Resultat:
Assoziationen: {ASSOC-6}
Topics:        {Eiffel}
```

Nun wurden die den Abschnitt Selektion einleitenden Fragen beantwortet. Einige Details bleiben im Rahmen dieses Vorschlags für eine Abfragesprache noch offen, wie etwa fehlende mathematische Funktionen (Anzahl von gefundenen Topics oder Assoziationen (vergleich `count()`-Funktion in SQL) oder Maximum- bzw. Minimum-Funktionen (Fragen wie: welches Schriftwerk hat die meisten Seiten? Usw.)).

Fehlende Funktionen

Die Konzepte von `union` (Vereinigungsmenge) oder `intersect` (Schnittmenge) werden implizit durch die Operatoren `&` oder `|` in Projektion und Selektion unterstützt.

Mengenoperationen

Eine andere Erweiterungsmöglichkeit wäre die Quantifizierung, etwa, dass von einem bestimmten Rollentyp innerhalb einer Assoziation genau n vorkommen sollen (entspräche allerdings wiederum einer `count()`-Funktion). Eine weitere sinnvolle Ergänzung wären Variablen bzw. Aliases.

8.7 Die Grammatik

Ein erster Entwurf der Grammatik in BNF sieht folgendermaßen aus:

Grammatik der erweiterten Abfragesprache in BNF

```
<start>              ::=    <query>

<query>              ::=
 TOPIC
 | TOPIC ´{´ <query> ´}´
 | <query> <con_operator> <query>
 | ´(´ <query> ´)´
 | <neg> <query>
 | <assoc_query>
 | ´*´

<con_operator>       ::=    ´&´ | ´|´

<cmp_operator>       ::=    ´=´ | ´>=´ | ´>´ | ´<=´ | ´<´

<neg>                ::=    ´!´

<assoc_query>        ::=
 ´[´ <projection> <selection> ´]´
 | ´[´ <projection> <selection> ´]´ ´[´ <facet_query> ´]´
```

8.7 Die Grammatik

Grammatik der erweiterten Abfragesprache in BNF (Fortsetzung)

```
<projection>              ::=     ´π:´ <projection_element>
<projection_element>      ::=
  ´(´ <projection_element> ´)´
  | <projection_element> <con_operator> <projection_element>
  | <neg> <projection_element>
  | <reference> ´[´ <facet_query> ´]´ <dereference>
  | <reference>

<reference>               ::=
  ´@´ <query>
  | ´^´ <query>
  | ´^´ <query> ´^´
  | ´?´ <query>

<dereference>             ::=     | ´^´

<facet_query>             ::=
  ´(´ <facet_query> ´)´
  | <facet_query> <con_operator> <facet_query>
  | <facet_query> <cmp_operator> VALUE
  | VALUE <cmp_operator> <facet_query>
  | <neg> <facet_query>
  | <facet>
  | <facet> ´{´ <query> ´}´

<selection>               ::=
  ´σ:´ <assoc_scope> <selection_element>

<selection_element>       ::=
  ´(´ <selection_element> ´)´
  | <selection_element> <con_operator> <selection_element>
  | <neg> <selection_element>
  | <reference> ´[´ <facet_query> ´]´ <dereference>
  | <reference>

<assoc_scope>   ::=     | ´{´ <query> ´}´
```

Somit ist die erste Version einer weiterführenden Abfragesprache skizziert. Die Grammatik der einfachen Version wurde bereits vorgestellt (siehe Abschnitt 8.5). Diese beinhaltet also nur die Suche nach Topics unter Einschränkung des Extents, dies aber rekursiv.

Erweiterungsmöglichkeiten

Eine zusätzliche Variante wäre noch, die einfache Version dahingehend zu erweitern, dass der Klammerausdruck mehrere Topics enthält, die ausnahmslos miteinander durch logisches Und verbunden werden (Schnittmenge der zugehörigen Extents), was die Plausibilität für den Benutzer mitunter erhöhen könnte und bei traditionellen Suchmaschinen ohnehin schon angewandt wird. Interessanter ist allerdings die Variante, auch Assoziationen mit ins Spiel zu bringen. Dies wäre in der Form denkbar, dass die Menge der in der Klammer gefundenen Topics nicht nur den Scope des vor der Klammer stehenden Topics begrenzt, sondern auch versucht, Assoziationen zwischen dem vor der Klammer stehenden Topic und den in der Klammer gefundenen Topic zu berücksichtigen. Dazu folgt ein Beispiel.

Eiffel {Paris {Ort}}

Zunächst würde der Extent von Ort gebildet werden und überprüft werden, ob sich Paris darin befindet. Das ist der Fall, es wird danach der Extent von Paris gebildet und überprüft, ob sich Eiffel darin befindet. Dies ist nicht der Fall, durch die erwähnte Erweiterung aber wird auch untersucht, ob es irgendeine Assoziation zwischen Eiffel und Paris gibt. Eine solche existiert (Eiffel lebte in Paris). Deswegen ergibt diese Abfrage das Topic Eiffel'.

Assoziationen im Extent uneingeschränkt?

Es wird also nachgeprüft, ob es *irgendeine* Assoziation gibt. Dieser Ansatz schlägt dann fehl, wenn eine Assoziation besagt, dass zwei oder mehr Teilhaber miteinander *nichts* zu tun haben, etwa „Eiffel war nie in Paris" oder „Eiffel hasst Paris". Die meisten der in Topic Maps aufgestellten Assoziationen werden in semantischer Hinsicht vermutlich aber eher positiv formuliert sein, sodass es sinnvoll sein könnte, ein Topic in den Extent eines anderen zu zählen, wenn es irgendeine Assoziation mit ihm hat.

8.8 Ausgabe

Die tatsächliche Ausgabe beinhaltet nicht nur die XML-IDs der gefundenen Topics, sondern die gesamte Charakteristik des Topics, also all seine Typen, Scope-Themes, Facets, Assoziationen, in denen es vorkommt, seine Occurrences, Assoziationsrollen und Links auf sämtliche relevanten Topics (Types, Scopes, Facet-Types, etc.), Facets für Facets etc.

Inhalte der Ausgabe

Die folgende Abbildung zeigt einen Metagraphen des charakteristischen Baumes eines Topics. Diese Konvention entstammt, wie das gesamte Abfragekonzept, nicht dem ISO-13250 Standard oder anderen vorgebenen Standards. Beinhaltet das Ergebnis einer Abfrage mehrere Topics, ist das tatsächlich dargestellte Resultat eine Liste solcher Eigenschaftsbäume.

Anmerkung: Pfeilspitzen am Ende gerichteter Kanten zeigen an, dass das Zielobjekt mehrfach im Ursprungsobjekt vertreten sein kann.

Abbildung 8.7
Charakteristischer Baum eines Topics (Eigenschaftsbaum)

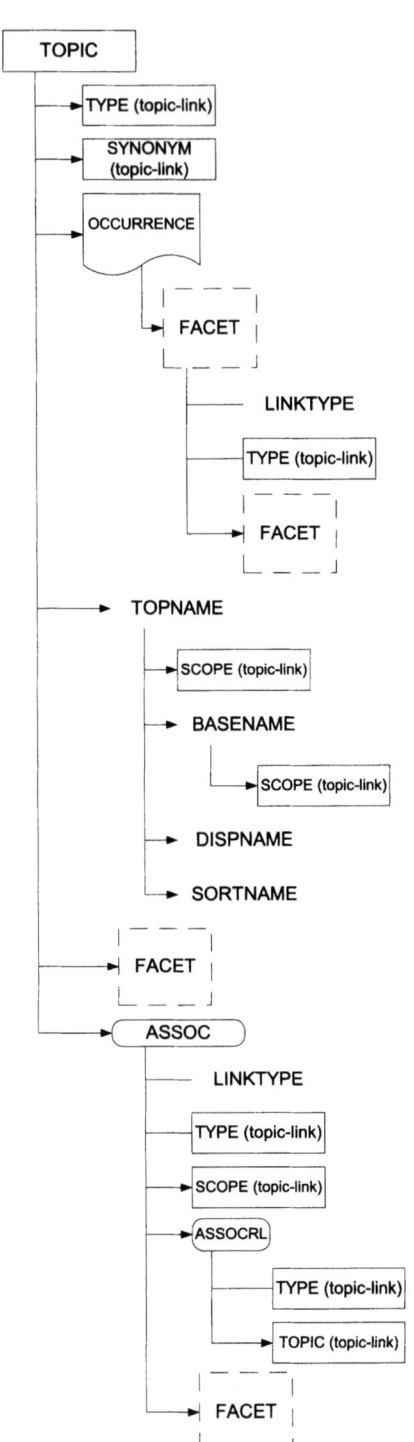

9 Der Pseudocode

Nachdem wir das Datenbankschema und die Abfragesprache unseres Prototypen der TM-Engine definiert haben, können wir nun den nächsten Schritt in Form des Pseudocodes angehen. Der Pseudocode beschreibt einige grundlegende Algorithmen und die Arbeitsweise der TM-Engine. Einerseits soll er nicht zu umfangreich gestaltet sein, andererseits soll er auch Aussagekraft haben, sich von allzu abstrakten Formalismen abheben und die Überleitung in eine Programmiersprache erleichtern.

Des weiteren werden nicht alle Themen behandelt, die schließlich bei der Programmierung eine Rolle spielen werden. Die tatsächliche Ein- und Ausgabe ist für die Algorithmen von sekundärer Bedeutung und steht auch nicht in unmittelbarem Zusammenhang – welche Applets, Java Scripts und Style Sheets den charakterisierenden Topic Baum realisieren werden. ist erst dann interessant, wenn die grundlegende Funktionalität des Systems gegeben ist. Auch die expliziten Datenbank-Statements, die Vergabe von Passwörtern für eingespielte Topic Maps und ähnliche Details werden hier nicht behandelt. Man kann den Pseudocode in drei große Teile untergliedern:

- die Methoden zum Parsen von Topic Maps (TM-Parser)
- die Methoden zur Lokalisierung von Ressourcen und Übersetzung von Location Addresses
- die Methoden zur Realisierung der Abfragesprache (auf einfacher Stufe, vgl. Abschnitt 8.5)

Gliederung

Genau in dieser Reihenfolge sollen die Themen auch bearbeitet werden. Davor skizzieren jedoch noch einige Bemerkungen die besonderen Eigenschaften des Pseudocodes.

9.1 Bemerkungen

Java-Orientierung

Der Pseudocode ist an Java angelehnt. Das bedeutet, dass seine Konstrukte denen von Java sehr ähnlich sind, in manchen Belangen allerdings abweichen. Für einige Elemente, wie zum Beispiel Schleifen, werden Vereinfachungen verwendet. Kenntnisse in der Java-Programmierung sind also für das Verständnis dieses Abschnitts hilfreich. Folgende Anmerkungen erscheinen wissenswert, bevor man den Pseudocode genauer betrachtet:

Datenbankverbindung

- Die Verbindung zur Datenbank (die Klasse `DatabaseConnection`) wird nicht näher beschrieben. Ein Objekt dieser Klasse namens `DB` wird als an allen Stellen verfügbar angesehen, Aspekte der Verbindungsverwaltung werden im Pseudocode nicht beachtet. Die Methoden dieser Klasse werden nicht explizit definiert, die gewünschte Funktionalität wird durch einen Kurztext verdeutlicht. Das Einfügen von Daten könnte etwa so aussehen: `DB.insert topic_table (topic_id, name)`. Das Lesen von Daten beispielsweise so: `t = DB.lookup all topics of a given topicmap and its sub-topicmaps`. Die Ergebnismenge (hier t) wird nicht als Klasse gekapselt, sie wird wie ein Mengenbezeichner verwendet.

- Im resultierenden Programm würden die Klasse `Database Connection` und die Ergebnismengen von Datenbankabfragen durch ihre Pendants im JDBC-Standard ersetzt werden (für die Ergebnismenge würde beispielsweise ein Objekt der Klasse `ResultSet` verwendet werden).

Document Object Model

- Jene Klassen, die sich auf das DOM beziehen, lehnen sich an keine spezielle DOM-Implementation an. `DOMNode` beschreibt einen Knoten des DOM (entspricht in etwa der Klasse `Node` im DOM). Methoden wie `child (i)` (liefert Kindknoten an Stelle i) dürften sich in diesem Zusammenhang selbst erklären. `XMLParser` ist die Klasse des XML-Parsers (ohne dabei auf einen bestimmten einzugehen). Methoden wie `fetchandparseDocument (URL)` oder nur `parse(URL)` erklären sich von selbst.

Schleifen

- Schleifen werden zumeist mit dem Statement for each realisiert.
    z. B.   `for each array[] a`
                    `statement;`

9 Der Pseudocode

führt das Statement `statement` für jedes Element a aus dem Array `array[]` aus.

- Die Methoden `getRightmostToken(String)` bzw. `getLeftmostToken(String)` liefern den rechtesten oder linkesten durch den Rest von Leerzeichen abgetrennten Token von einem String.
Tokens aus Strings lesen

- Es wird ein nur rudimentäres Error-Handling betrieben. Alle Knoten, die in der `queue` nach Ende des Algorithmus überbleiben, haben dann einen `error_code` gesetzt, der die Fehlermeldung beschreibt. Bei der Implementierung wird man sich dazu noch ein spezielles Exception-Handling einfallen lassen müssen, das auch im Rahmen der gegebenen Infrastruktur (Server, Schichten, etc.) entsprechend funktioniert.
Fehlerbehandlung

- Der Algorithmus setzt die Auflösung der Attribute `TMNames`, `HyNames` bzw. `TopicMap` nicht um („topic" kann beispielsweise auch „irgendwie" heißen, wenn `<irgendwie Topic Map="topic"></irgendwie>` bzw. `TMNames` für Attribute entsprechend gesetzt sind).
Fixe Elementnamen für Topic Map-Konstrukte

- Ausgaben über den Standard-Output oder im HTML-Format in einem Browser sollen durch die Methode `output()` repräsentiert werden und nicht im Detail betrachtet werden – die benutzerfreundliche und effiziente Ausgabe von benötigtem Wissen ist letztlich eine Frage der Software-Ergonomie.
Ausgabe

- Die im Pseudocode dargestellten Methoden werden nicht im Kontext ihrer jeweiligen Klasse vorgestellt. Dies entspricht auch der Vorgangsweise bei der Entwicklung des Pseudocodes. Zuerst war es wichtig, die Funktionsweise prinzipiell zu erarbeiten, und dann die einzelnen Methoden in die verschiedenen Schichten des Schichtenmodells (RMI-Client, DB-Server) aus Abbildung 6.4 zu legen. Hier sollen uns in erster Linie die Algorithmen und nicht die Verteilung der Objekte interessieren. Aus diesem Grund sind die Methoden noch nicht in ihren Klassen zusammengefasst (abgesehen von dem Verteilungsvorschlag in Abbildung 9.1), und sie können sich untereinander ohne Grenzen aufrufen. Ein Methodenaufruf von `evaluate()` in der Methode `do_query()` müsste eigentlich erst an ein Objekt (z.B. das `TMDBServer`-Objekt) gebunden werden.
Strukturierung

Nicht alle Methoden werden explizit angeführt, manche werden nur tabellarisch mit ihrer Bedeutung zusammengefasst (siehe Tabelle 9.9).

Abbildung 9.1. UML-Klassendiagramm der TM-Engine

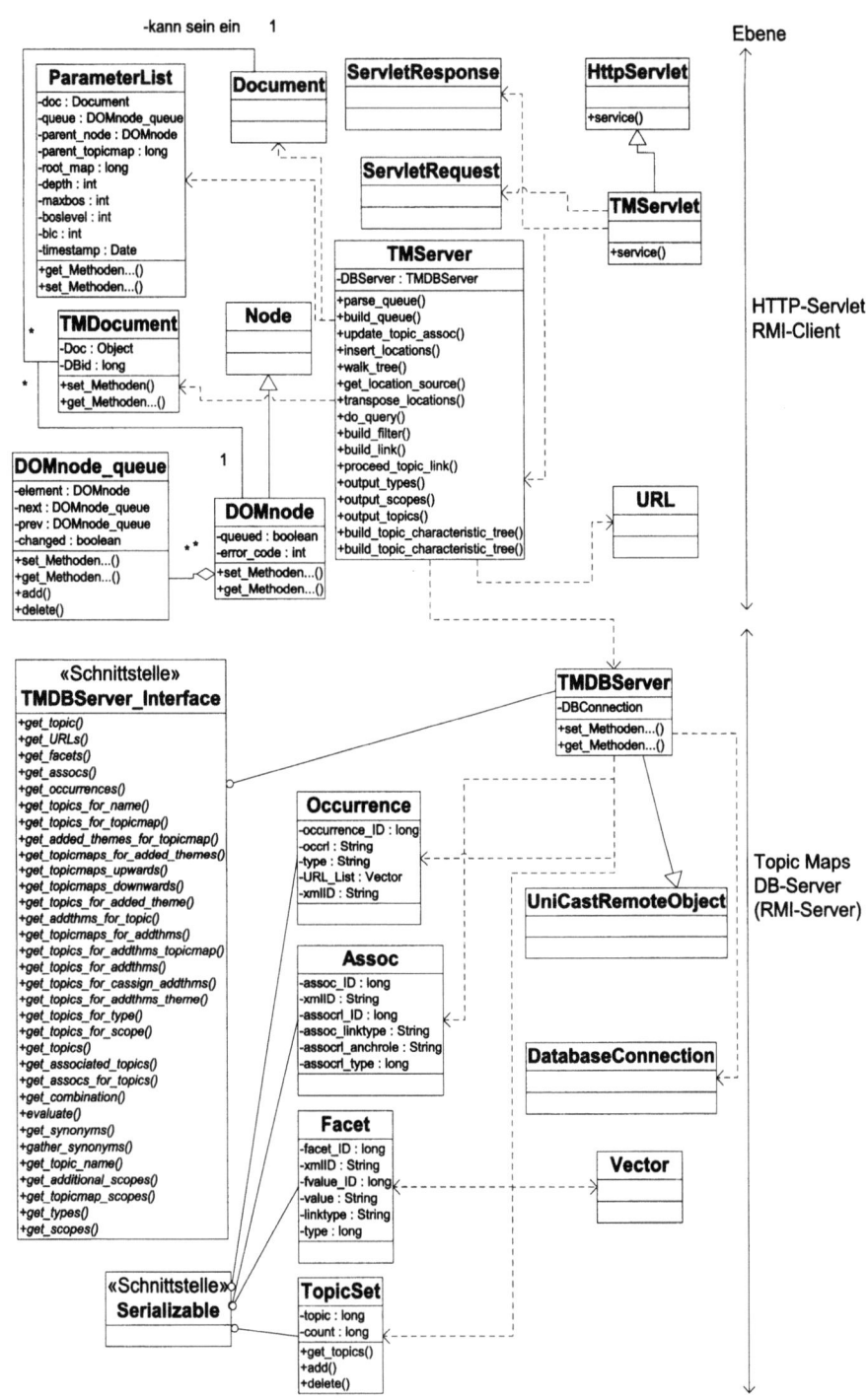

286 ■ *9 Der Pseudocode*

9.2 Erweitertes Klassendiagramm

Bereits in Abbildung 6.6 haben wir ein grundlegendes UML-Klassendiagramm skizziert, um ein klareres Bild über die technologische Struktur zu erhalten und dieses gleich auf das Modell des entstehenden Prototyps abzubilden. Nun wollen wir dieses Modell um jene Methoden erweitern, die in Form von Pseudocode beschrieben werden, und diese gleich den passenden Klassen zuordnen. Aus Platzgründen werden im Diagramm selbst nicht die vollständigen Signaturen der Methoden, sondern nur ihre Namen erwähnt. Abbildung 9.1 zeigt das erweiterte Klassendiagramm, das als Strukturierungsvorschlag gemäß der technischen Zielsetzungen aus Kapitel 6 zu sehen ist und auf die jeweilige konkrete Implementierung noch anzupassen sein wird.

9.3 TM-Parser

Bevor die Arbeitsweise beim Parsen beschrieben wird, müssen erst einige Klassendefinitionen beschrieben werden.

9.3.1 Die Klasse ParameterList

Das Herzstück des TM-Parsers sind die Methoden `build_queue()` und `parse_queue()`. Ein Wesen der ersten Methode ist es, ein Hyperdokument von Topic Maps rekursiv zu traversieren und dabei auch gleich das BOS zu bilden – die Tatsache, dass diese beiden Vorgänge in einem von statten gehen, ist der Performanz zuträglich. Ergebnis ist eine Queue (eine Sammlung) von Topic Maps-Konstrukten in Form von DOM-Knoten, die dann durch die Methode `parse_queue()` abgearbeitet wird. Diese Methode trägt dann auch die Daten entsprechend in die Datenbanktabellen ein. Die Klasse `ParameterList` kapselt dabei all jene Parameter, die immer wieder diesen Methoden übergeben werden. Sie verfügt dabei über folgende Attribute:

Datentyp	Attribut	Beschreibung
XMLDocument	Doc	Das aktuelle, geparste XML-Dokument.
DOMnode_queue	Queue	Die Queue, die die noch nicht eingefügten XML-Knoten enthält.

Tabelle 9.1 Attribute der Klasse ParameterList

Tabelle 9.1 (Fortsetzung)

Datentyp	Attribut	Beschreibung
DOMnode	parent_node	Der XML-Knoten, der über der aktuellen Topic Map liegt.
long	parent_topicmap	Die Nummer der Topic Map, die eine Rekursionsebene über der aktuellen liegt und diese einbindet.
long	root_map	Die Topic Map, die gleichzeitig Hub Document ist, also die Wurzel des BOS.
int	depth	Die aktuelle Rekursionsebene.
int	maxbos	Der maxbos-Wert gemäß ISO 13250.
int	boslevel	Der boslevel-Wert gemäß ISO 13250.
int	blc	Ein Hilfswert, der die boslevels mitzählt.
Date	timestamp	Zeitstempel der Topic Map

Diese Variablen sind also bei jedem Rekursionsdurchlauf durch den Übergabeparameter vom Typ ParameterList bekannt.

Anmerkung: Für die einzelnen Attribute der Klasse Parameter List (und auch anderer, im Folgenden erwähnter Klassen) sollte es jeweils entsprechende set()- und get()-Methoden geben, welche die Attributwerte setzen und lesen. Dies ist allerdings beim Pseudocode nicht von zentraler Bedeutung.

9.3.2
Die Klasse DOMnode

Die Klasse DOMnode soll einen XML-Knoten im Rahmen des DOM repräsentieren. XMLParser_DOMnode ist durch den Namen der der Klasse Node aus dem DOM-Standard entsprechenden Klasse (je nach Implementierung des jeweils eingesetzten XML-Parsers) zu ersetzen. DOMnode verfügt über folgende Attribute:

Tabelle 9.2 Attribute der Klasse DOMnode

Datentyp	Attribut	Beschreibung
boolean	queued	Gibt für einen Knoten an, ob er sich in der rekursionsübergreifenden Queue befindet.
int	error_code	Der Fehlercode für den Knoten. Wird ausgewertet, falls der Knoten am Ende des Parsing-Vorgangs übrigbleibt.

Die Klassendefinition dazu lautet:

```
class DOMnode extends XMLParser_DOMnode {
      boolean queued;
      int error_code;
      DOMnode () {
            super();
            queued = false;
            error_code = 0;
      }
}
```

Klasse DOMnode

Der Konstruktor initialisiert den `error_code` mit dem Wert 0 (=fehlerlos) und das Flag `queued` mit `false`, was bedeutet, dass sich dieser Knoten nicht in der Queue befindet.

Anmerkung: die Bezeichnung XMLParser_DOMnode steht für die Klasse, die der jeweils eingesetzte XML-Parser als Node gemäß DOM betrachtet.

9.3.3
Die Klasse DOMnode_queue

Diese Klasse steht für einen Vektor oder eine Liste von DOMnode-Objekten. Die genaue Implementierung dieser Liste oder dieses Vektors soll aber nicht beschrieben werden, da dazu ausreichend Literatur existiert und Java (wie auch andere Entwicklungssprachen und Werkzeuge) dafür schon vorgefertigte Klassen (z. B. `Vector`, `LinkedList`) liefert.

Liste der erkannten Topic Maps-Konstrukte

Die Klasse `DOMnode_queue` bildet also die bereits erwähnte Queue ab. Diese Queue wird über die Grenzen der Rekursionsebenen hinweg weitergereicht. Sammelt die Rekursion also beispielsweise in Rekursionstiefe 3 die Objekte 1 und 2, und in Tiefe 2 die Objekte 3 und 4 und kehrt danach in Rekursionstiefe 1 zurück, enthält sie dann 1, 2, 3 und 4. Die Attribute lauten:

Datentyp	Attribut	Beschreibung
DOMnode	element	Ein XML-Knoten als Element.
DOMnode_queue	next	Zeiger auf das Nachfolgeelement.
DOMnode_queue	prev	Zeiger auf das Vorgängerelement.
boolean	changed	Ein Flag, das anzeigt, ob im letzten Rekursionsdurchlauf eine Modifikation in der Datenbank vorgenommen wurde.

Tabelle 9.3 Attribute der Klasse DOMnode_queue

Die Methode `empty()` liefert `true`, wenn die Queue leer ist, und `false`, wenn nicht.

9.3.4
Die Klasse TMDocument

Diese Klasse realisiert ein Topic Map-Dokument und beinhaltet alle Informationen, die unmittelbar mit dem Topic Map-Dokument selbst zu tun haben. Diese sind vorläufig:

Tabelle 9.4 Attribute der Klasse TMDocument

Datentyp	Attribut	Beschreibung
Object	Doc	ein Objekt, das als Dokument verwaltet wird. Hier handelt es sich zumeist um eine Topic-Map, dargestellt durch die Klasse DOMNode oder die Klasse Document, je nachdem, ob die Topic Map als externes Entity eingebunden wird oder nicht.
long	DBid	die zugehörige ID in der Datenbank

Die DBid entspricht dem Wert der Spalte ID in der Datenbanktabelle topicmap. Interessant ist das Attribut Doc, das hier sehr allgemein von Typ Object ist. Es sollte dabei entweder vom Typ DOMnode oder vom Typ Document sein, der vom XML-Parser gemäß dem DOM zur Verfügung gestellt wird.

9.3.5
Die Methode parse()

Die Methode parse() ist quasi die Schnittstelle zur Außenwelt. Der RMI-Client ruft diese Methode auf, wenn er das Parsen einer Topic Map initiiert. Er benötigt dazu den URL der Topic Map (welcher als Parameter übergeben wird), damit diese online eingelesen werden kann. Die Datenbankverbindung wird als existent angenommen. Sie wird nicht gesondert beschrieben, wie bereits erwähnt wurde, nicht zuletzt, weil die Mechanismen beim Verbindungsaufund abbau verschiedenartig realisiert werden können (Connection Pooling, Authentifikation, etc.).

Aufgerufene Methoden
Die Methode bereitet ein Objekt ParameterList vor und ruft danach die Methode build_queue() auf, also die Hauptrekursion, danach die Methode parse_queue(). Am Ende werden außerdem transpose_location() und update_topic_assoc() aufgerufen, die nach dem Prozess des Parsens der Topic Map die Hilfstabellen loctrans und topic_assoc auffüllen, welche effizientere Datenbankabfragen ermöglichen sollen.

Methode parse()

```
boolean parse (URL u) {

        ParameterList P = new ParameterList();
        XMLDocument doc = new XMLDocument();
        int new_topicmap;

        P.timestamp = Date.now ();
        doc = XMLParser.fetchandparseDocument(u);
        P.Doc = doc;
        P.depth = 1;
        P.BLC = 0x7FFF;         // BoslevelCounter auf hohe
                                // positive Zahl setzen
        P.boslevel = 0;

        new_topicmap = DB.new ID;

        DB.insert topicmap (new_topicmap, doc.bos,
        doc.maxlevel, doc.boslevel, URL, new_topicmap,
        XMLid, P.timestamp, somePassword);

        P.root_map = new_topicmap;
        P.parent_topicmap = new_topicmap;
        DOMnode_queue queue = new DOMnode_queue();
        P.queue = queue;

        P.queue = build_queue (P);
        P.queue = parse_queue (P);

        transpose_locations (P);
        update_topic_assoc (P);

        return (P.queue.empty());
}
```

Zunächst wird die `ParameterList` neu instantiiert und initialisiert. Sie erhält als Zeitstempel die aktuelle Systemzeit. Diese wird in der Rekursion an alle Sub-Topic Maps weitergeleitet. Die Klasse `XMLDocument` stellt ein Dokument gemäß DOM dar und wird in der Regel vom XML-Parser angeboten (kann dort aber anders heißen). Die Rekursionstiefe beginnt mit 1. Der BLC wird erst später erläutert. Die Topic Map bekommt mit dem Statement `DB.new ID` eine neue, global eindeutige ID. Für die Realisierung dessen existieren in den unterschiedlichen Datenbanksystemen eigene Mechanismen, beispielgebend seien die *Sequences* beim Oracle Database Server erwähnt. Schließlich wird der erste Eintrag in die Tabelle `topicmap` vorgenommen, es handelt sich dabei um das Hub Document. Dieses wird dann auch zur `root_map` gesetzt, zum Wurzeldokument des BOS. Eine neue Queue wird angelegt und initialisiert. Schließlich beginnt die rekursive Bearbeitung und Speicherung der Topic Map und ihrer Sub-Topic Maps. Dieser Vorgang befüllt die Queue zunächst mit den erkannten Topic Maps-Konstrukten und fügt diese in einem zweiten Schritt in die Datenbank ein, wobei kor-

Vorgehensweise beim Parsen

rekte Topic Map-Konstrukte wieder aus der Queue entfernt werden. Schließlich werden die eingetragenen Locations in die Tabelle `loctrans` eingefügt, die Assoziationen in `topic_assoc`. Auf Möglichkeiten zur Parallelisierung der Vorgänge und deren Synchronisation wird im Pseudocode nicht eingegangen.

Fehlererkennung   Letztendlich wird ein `boolean`-Wert zurückgegeben, der besagt, ob die Queue leer ist oder noch Elemente beinhaltet – ist letzteres der Fall, sind Fehler in Bezug auf die referentielle Integrität zwischen den Topics einer Topic Map aufgetreten. Die Fehlerbehandlung kann in einer zweiten Version des Prototypen der TM-Engine insofern verbessert werden, als dass jene Topics aufgelistet werden, die zu Fehlern geführt haben, sowie die Art des Fehlers und dessen Ursache.

Die schematische Vorgangsweise der `parse()`-Methode ist in Abbildung 9.2 abgebildet:

Abbildung 9.2
Ablauf beim Parsen

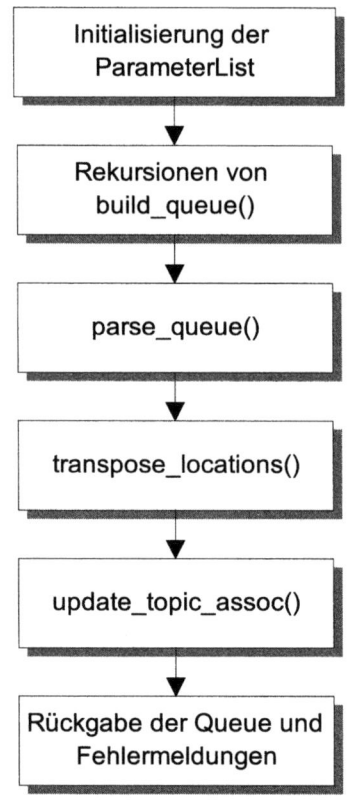

9.3.6
Die Methode get_topic()

Diese Methode liefert ein Topic mit einer bestimmten XML-ID, die zum durch `timestamp` definierten Zeitpunkt in die Datenbank geschrieben wurde. Da im Wesentlichen nur eine Datenbankabfrage dahintersteckt und solche Abfragen im Pseudocode nicht explizit dargestellt werden, ergibt sich ein Einzeiler:

```
long get_topic (String xmlID, Date timestamp) {
    return DB.lookup topic with matching xmlID and
    timestamp in its enclosing topicmap;
}
```

Methode get_topic()

9.3.7
Die Methode build_queue()

Diese Methode fügt rekursiv alle relevanten Elemente der einzusendenden Topic Maps in die Queue ein. Zunächst wird für die aktuelle Rekursionsebene (ein Rekursionsdurchlauf entspricht einem XML-Dokument) bestimmt, ob das aktuelle XML-Dokument überhaupt zum BOS gehört - die Variablen `maxbos`, `boslevel` und `blc` werden dazu herangezogen. Wird das XML-Dokument in das BOS aufgenommen, so wird überprüft, ob es sich um ein eigenes XML-Dokument oder eine innerhalb eines XML-Dokuments in eine übergeordnete Topic Map verschachtelte Topic Map handelt. Im ersteren Fall werden die Notations und Entities, soferne sie für die Verwaltung von Topic Maps relevant sind, in die Datenbank geschrieben. Für jedes neue XML-Entity wird die Rekursion aufgerufen. In jedem Fall werden danach die innerhalb dieses Dokuments verschachtelten Topic Maps rekursiv weiterverarbeitet. Schließlich werden alle Topic Map-relevanten XML-Elemente in die rekursionsübergreifende Queue geschrieben, die von dieser Methode auch zurückgegeben wird. Die Signatur der Methode lautet:

```
DOMnode_queue build_queue (ParameterList P) {
```

Methode build_queue() (Beginn)

9.3.7.1
Das BOS

Hier sofort die gesamte Methode anzugeben würde der Verständlichkeit nicht zuträglich sein, weshalb wir uns einzelne Aspekte ansehen. Da wäre zunächst das BOS, das während der Rekursion gebildet wird. In Abschnitt 5.3 wurde bereits erklärt, wie das Konzept des BOS in der TM-Engine implementiert werden soll und ein Beispiel dazu gegeben. Dieses Beispiel wurde auch in Abbildung 9.3 wieder herangezogen, erweitert um die Aspekte des Pseudocode-Ansatzes.

In der Rekursion mitgeführte Variablen

Es wird ein Satz von Variablen in jeder Rekursionsstufe mitgeführt, der auch in der Grafik jeweils mit seinem aktuellen Wert abgebildet ist. Dabei handelt es sich um die Variablen maxbos (MB), boslevel (BL) und den neu eingeführten boslevel-Counter (BLC).

9.3.7.2
Initialisierungen

Zunächst werden die notwendigen Deklarationen angeführt, nicht nur in Bezug auf das BOS, sondern auf die gesamte Methode.

Deklarationen pro Rekursionsstufe

```
ParameterList Q;         // die Parameter-List, die an
                         // die nächste Rekursionsebene
                         // übergeben wird
DOMNode topicmap;        // die aktuell bearbeitete topicmap

long new_topicmap;       // Datenbank-ID der neuen topicmap
long b;
long blc;                // der boslevel-Counter
```

Die Kommentare erklären die Bedeutung der jeweiligen Variablen. Am Beginn der Rekursion wird nun geprüft, ob das aktuelle Topic Map-Dokument, das innerhalb dieses Rekursionsdurchlaufes verarbeitet wird, überhaupt in das BOS kommen soll.

Welche Eigenschaften hat das aktuelle Dokument?

```
if (P.depth == 1) {     // ist aktuelle TopicMap ein Hub
                        // oder ein Subhub?
  P.maxbos = P.Doc.maxbos;
  P.boslevel = 0;
} else {                // oder keines von beiden?
  b = P.Doc.boslevel;

if (((b != NULL) && (b < P.boslevel)) || (P.boslevel == 0))
  P.boslevel = b;

  blc = P.boslevel + P.depth - 1;

  if ((blc < P.blc) || (P.blc == 0))
    P.blc = blc;
}
```

Zunächst wird über das depth-Attribut der ParameterList P, die wir als Parameter beim Aufruf übernommen haben, geprüft, ob die aktuelle Topic Map ein Hub oder Subhub-Dokument ist. Dies ist wichtig, weil mit jedem Hub oder Subhub der maxbos-Wert neu gesetzt wird und jedes Hub oder Subhub-Dokument sein eigenes BOS bilden soll. Die BOS der Subhubs sollten laut HyTime Standard zuerst gebildet werden und im Anschluss in einem getrennten Durchlauf zum BOS des Hubs hinzugefügt werden. Wir ersparen uns diesen getrennten Lauf und erledigen alles auf einmal. Handelt es sich also um ein solches Dokument (`depth = 1`), dann setzen wir die `maxbos`-Variable auf den Wert des `maxbos`-Attributs des XML-Elements für die Topic Map (auf XML-Attribute wird im Pseudocode zugegriffen, als ob sie direkt ein Objektattribut des entsprechenden DOM-Knotens wären). Ist das `maxbos`-Attribut nicht definiert, nimmt es vorgabemäßig den Wert 0 an, was bedeutet, dass das BOS an sich unbegrenzt in die Tiefe gehen kann – abgesehen von den `boslevel`-Attributen.

Ist es kein Subhub oder Hub, dann holen wir uns den Wert des `boslevel`-Attributs des `topicmap`-Elements. Ist dieser Wert kleiner als der von der `ParameterList P` übernommene, also der aus der übergeordneten Rekursionsebene, bzw. wenn der übernommene Wert (`P.boslevel`) 0 ist („größter" Wert, weil 0 in diesem Fall für unbegrenzt steht), wird der übernommene Wert durch den neuen ersetzt. Der `blc` ergibt sich dann aus `P.boslevel + P.depth - 1`. Ist dieser neue `blc` kleiner als der übernommene (`P.blc`) wird `P.blc` auf `blc` gesetzt. Es werden also jeweils für den `blc` und den `boslevel` die Werte dieser Rekursionsstufe mit der übergeordneten Stufe verglichen und die kleineren Werte weiterverwendet. Das bedeutet, wenn ein eingebundenes Topic Map-Dokument das BOS stärker eingrenzt als das übergeordnete Topic Map-Dokument, dann gilt das stärker eingegrenzte BOS.

Eingrenzung des BOS

```
if (
  (
  (P.depth > min (P.maxbos, P.blc))
  &&     (P.maxbos > 0)
  &&     (P.boslevel > 0)
  ) || (
  (P.boslevel == 0)
  &&     (P.depth > P.maxbos)
  &&     (P.maxbos > 0)
  ) || (
  (P.maxbos == 0)
  &&     (P.boslevel > 0)
  &&     (P.depth > P.blc)
  )
return P.queue;       // raus aus der Rekursion
```

Ist das aktuelle Dokument relevant für das BOS?

Sind diese Parameter berechnet, wird überprüft, ob dieses Dokument nun tatsächlich in das BOS kommt, oder nicht (siehe oben).

Abbildung 9.3. Beispiel für die BOS-Verarbeitung

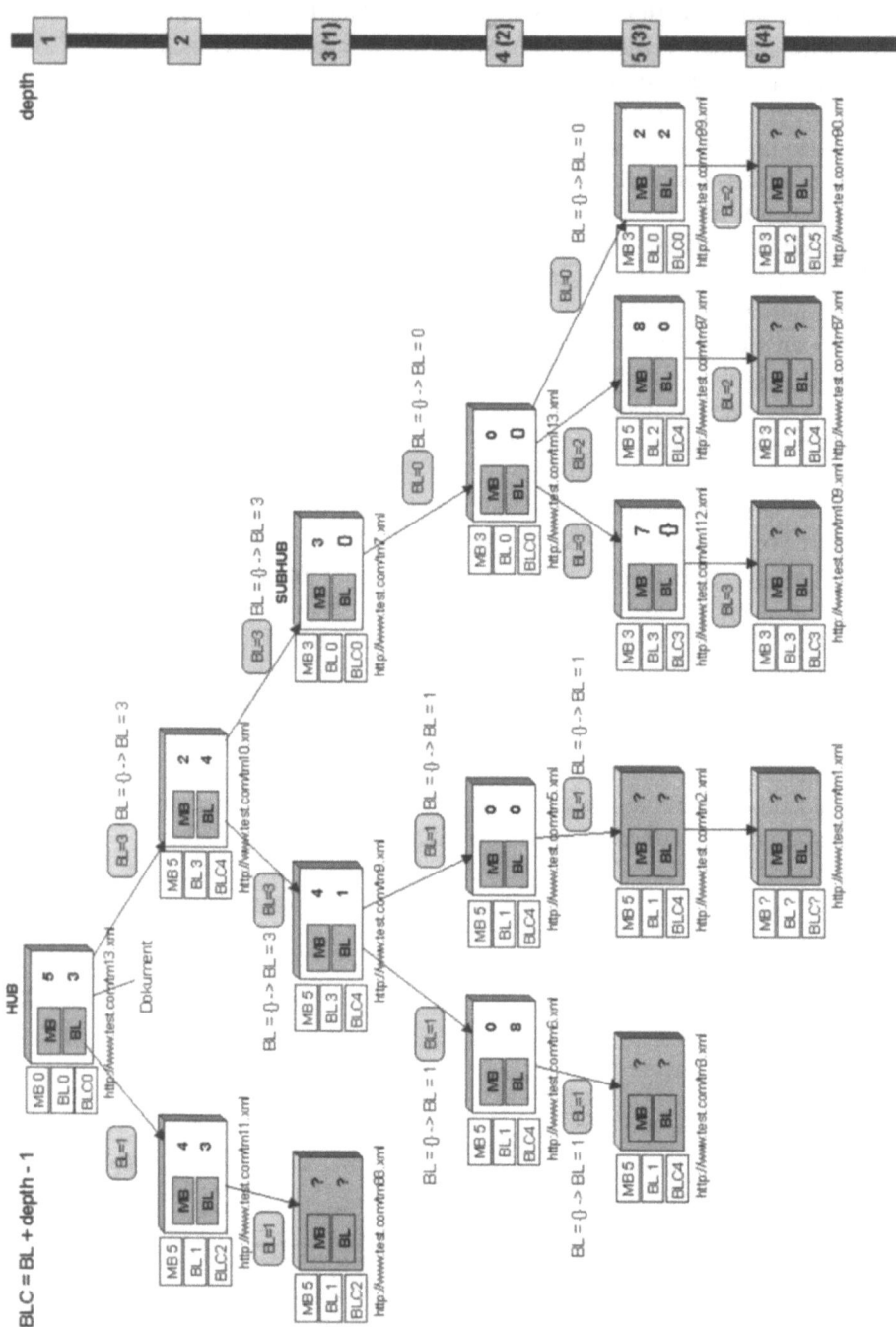

Dazu wird analysiert, ob entweder

- der kleinere Wert von `maxbos` und `blc` kleiner als die Rekursionstiefe ist. `Maxbos` muss dabei größer als 0 sein, der `boslevel` auch.
- der `boslevel` gleich 0 ist und der `maxbos` kleiner als die Rekursionstiefe und größer als 0 (also nicht unbegrenzt).
- oder `maxbos` gleich 0 (unbegrenzt) ist, der `boslevel` größer als 0 (begrenzt) und der `blc` kleiner als die Rekursionstiefe.

Regeln für die Generierung des BOS

Tritt einer dieser Fälle auf, wird die Rekursion sofort verlassen, was bedeutet, dass das Topic Map-Dokument dieser Rekursionsstufe nicht in das BOS aufgenommen wird und seine Topics und Assoziationen vernachlässigt werden.

Mit anderen Worten: wenn `maxbos` und `boslevel` unbegrenzt sind, ist auch das BOS unbegrenzt. Taucht irgendwann ein begrenzter `boslevel` auf, wird dieser im `blc` berücksichtigt, ab dann ist das BOS begrenzt. Ist auch der `maxbos` begrenzt, gilt die engere Grenze, also der kleinere Wert von `maxbos` oder `blc`.

9.3.7.3
Das Einlesen der Topic Maps

Nachdem die für das BOS notwendigen Überprüfungen durchgeführt wurden, werden die Topic Maps eingelesen. Dies geschieht innerhalb einer Schleife, die für die Bearbeitung innerhalb einer Rekursionsebene verantwortlich ist, wenn die BOS-Zugehörigkeit schon bestimmt wurde. Die Rekursion ist eine DFS-Rekursion (*Depth First Search*), die also zuerst in die Tiefe geht, die untersten Knoten im Dokument-Baum des Hyperdokuments zuerst bearbeitet. Dies ist sinnvoll, weil angenommen werden kann, dass eingebundene Topic Maps Templates sind und Topics zur Verfügung stellen, die von Elementen der einbindenden Topic Maps referenziert werden.

```
// XML-Topic Map-Element, das Topic Map-Konstrukte
// beherbergt, holen
topicmap = (P.Doc != NULL) ? P.Doc.root : P.parent_node;

if (P.Doc != NULL) {// ist die aktuelle topicmap ein neues
XML-File?
 for each ENTITY e {
  if (e is a Topic Map (e.NDATA reveals that)) {

   new_topicmap = DB.new ID;
   new_entity = DB.new ID;
```

Topic Map-Dokument holen und in DB eintragen

Topic Map-Dokument holen und in DB eintragen (Fortsetzung)

```
    Q = P.clone();         // vorerst alle Eigenschaften von P
                           // an Q übergeben
    Q.parent_topicmap = new_topicmap;
    Q.parent_node = NULL;
    Q.Doc =
    (Document)XMLParser.fetchandparseDocument(e.SYSTEM_URI);
    DB.insert topicmap (new_topicmap, topicmap.bos,
    topicmap.maxlevel, topicmap.boslevel, e.definition,
    P.parent_topicmap, XMLid, e.SYSTEM_URI,P.timestamp,
    somePassword);
    DB.insert entity (new_entity, new_topicmap,
    e.name,e.definition, e.boslevel, e.inbos, e.bosprrty,
    e.subhub, e.NDATA);
```

Rekursion für alle darunterliegenden (eingebundenen) Topic Maps

```
    // gibt es einen boslevel-Wert, der den boslevel-default
    // der Topicmap überschreibt?

    if (c.boslevel != NULL) Q.boslevel = c.boslevel;

    // wenn es sich um ein subhub-Dokument handelt, mit der
    // Rekursionstiefe wieder bei 1 beginnen

    Q.depth = (e.subhub == "subhub") ? 1 : Q.depth + 1;

    P.queue = build_queue(Q);
    }

    // ext. Entity ist keine TopicMap, aber die Notation ist
    // bekannt (speichern zwecks Locationing)

    else if (e.NDATA is_in ALLOWED_NOTATIONS) {
        new_entity = DB.new ID;
        DB.insert entity (new_entity, new_topicmap, e.name,
        e.definition, e.boslevel, e.inbos, e.bosprrty, e.subhub,
        e.NDATA);
    }
    }
    }
    ...
```

Vorgehensweise

Dies ist der Anfang der Schleife. Wenn P.Doc null ist, handelt es sich um eine innerhalb einer anderen Topic Map im selben XML-File verschachtelte Topic Map, wenn nicht, dann ist es ein neues File, das über ein externes Entity eingebunden wird. Die Variable topicmap enthält die Datenbank-ID jener Topic Map, zu der alle Konstrukte gehören, die im aktuellen Rekursionsdurchlauf gefunden werden. Beim Schreiben der Topic Maps wird zunächst eine neue Datenbank-ID angefordert und dann ein Eintrag in die Tabelle entity geschrieben. Ist das Dokument kein eigenständiges, wird die Bezugs-Topic Map von der ParameterList P übernommen.

Zunächst muss klar sein, ob es sich bei dem Entity um eine Topic Map handelt. Dies wird im Pseudocode über die Eigenschaft NDATA, einen String, geprüft (in der Implementierung muss hier die entsprechende DOM-Methode verwendet werden). Eine neue

`ParameterList Q` wird für die nächste Rekursionsstufe vorbereitet. Dazu wird Q als Kopie von P angelegt (mit Hilfe der `clone()`-Methode). In Q ändern sich dann die parent_topicmap, der `parent_node` ist NULL, das Dokument Doc ist die aus dem Web geholte Topic Map. Die Methode `XMLParser.fetchandparseDocument(e.SYSTEM_URI)` sorgt für das Laden des Dokuments über die angegebene URL des Entities. Danach wird die Topic Map in der Datenbank eingetragen. Schließlich wird das Entity in der Datenbank vermerkt.

Auch die Einstellungen, die das BOS betreffen, müssen verarbeitet werden – wir müssen der nächsten Rekursionsstufe mitteilen, ob es sich bei der aktuellen Topic Map um ein Subhub-Dokument handelt und dementsprechend den Wert von `depth` ändern (beim Subhub wird wieder bei 1 begonnen, aber das ist ja nun nicht neu). Danach wird die Rekursion erneut aufgerufen.

Nun folgt das Auffüllen der Queue der aktuellen Rekursionsstufe:

```
for each (DOMnode)topicmap.child c IN (topic, assoc, facet,
bosspec, addthems, ANY LOCATION) {
  c.queued = true;                    // c ist nun in der queue
  c.topicmap = P.parent_topicmap      // Topicmap-ID
  c.error_code = 0;                   // noch ohne Fehler
  P.queue.add(c);
  P.queue.changed = true; // die queue hat sich nun geändert
}
```

Befüllen der Queue

Die Queue wird mit sämtlichen Arten von Topic Maps-Konstrukten aufgefüllt: Topics, Assoziationen, Facets, `bosspec`-Elemente (die zwar noch nicht gemäß HyTime verarbeitet, aber zumindest zur Reproduktion archiviert werden), Added Themes und die unterstützten Location Addresses.

welche Elemente?

Die `for each`-Schleife arbeitet alle Kindknoten der aktuellen Topic Map ab und castet jeden auf einen DOMnode. Sofern dieser nicht schon in der Queue ist (über `c.queued` feststellbar) und der Typ passend ist, kommt er in die Queue. Haben wir also einen XML-Knoten gefunden, der in Frage kommt, wird seine Eigenschaft `queued` auf `true` gesetzt, damit er nicht ein zweites Mal in die Queue geschrieben wird. Deswegen müssen auch alle XML-Knoten durch die Klasse DOMnode dargestellt werden, denn diese queued-Information muss rekursionsübergreifend zur Verfügung stehen. Der `error_code` des Knotens wird auf 0 gesetzt, die Methode `add()` der `DOMnode_queue` fügt den Knoten ein. Die Queue hat sich nun verändert, weswegen ihr Attribut `changed` auf `true` gesetzt wird.

In einem weiteren Teil werden jene Topic Maps gesucht, die nicht über externe Entites eingebunden werden, sondern als topicmap-Element im aktuellen topicmap-Element verschachtelt sind.

Suche nach verschachtelten Topic Maps

```
for each (DOMnode)topicmap.child c {
 if (c.type == "topicmap") {

  new_topicmap = DB.new ID;
  DB.insert topicmap (new_topicmap, topicmap.bos,
  topicmap.maxlevel, topicmap.boslevel, c.DEFINITION,
  P.parent_topicmap, XMLid, c.SYSTEM_URI, P.timestamp,
  somePassword);

  Q = P.clone();
  Q.parent_topicmap = new_topicmap;
  Q.Doc = NULL;
  Q.parent_node = c;

  // gibt es einen boslevel-Wert, der den boslevel-default
  // der Topicmap überschreibt?
  if (c.boslevel != NULL) Q.boslevel = c.boslevel;

  Q.depth++;
  P.queue = build_queue(Q);
 }
}
```

Verweise auf Topics in verschachtelten Topic Maps

Für jede gefundene Topic Map ist die `parent_topicmap` die gleiche, nämlich die aktuelle Topic Map – das bedeutet, dass ein Topic, das von einem anderen referenziert wird, irgendwo in der internen Verschachtelung sein kann. Vier Topic Maps könnten beispielsweise ineinander verschachtelt sein, und in der vierten könnte ein Topic enthalten sein, das ein anderes aus der zweiten Topic Map referenziert, und umgekehrt – der Algorithmus würde solche Topic Maps verarbeiten können. `parent_topicmap` gibt immer die übergeordnete Topic Map im Dokument-Baum des Hyperdokuments an.

9.3.8
Die Methode parse_queue()

Die durch `build_queue()` aufgebaute Queue wird nun so oft von Anfang bis Ende durchgegangen, solange sich an irgendeiner Stelle etwas geändert hat (solange mindestens ein Element aus der Queue entfernt und in der Datenbank eingetragen werden konnte). Um die referentielle Integrität zu gewährleisten, können mehrere Durchläufe der Queue notwendig sein, beispielsweise wenn ein Topic X ein anderes Topic Y als Typ oder Scope referenziert, Y jedoch erst nach X im Hyperdokument gefunden wurde. Der Rumpf der Methode ist vergleichsweise klein:

```
DOMnode_queue parse_queue (ParameterList P) {
 boolean changed = true;
 while (changed) {
  changed = false;
  for each P.queue.element e {
   switch e.type
   case "topic": insert_topic (P, e, changed);
   case "assoc": insert_assoc (P, e, changed);
   case "facet": insert_facet (P, e, changed);
   case "addthms":   insert_addthems (P, e, changed);
   case in (ANY_LOCATION): {

    // erzeuge Hilfsknoten, der
    // Knoten e als einziges Child bekommt

    DOMnode help_node = new DOMnode();
    help_node.add_child (e);
    insert_locations (P, help_node, NULL, 1);
   }
  }
 }
 return P.queue;}
```

Methode parse_queue()

Für das Einfügen eines bestimmten Konstrukts, etwa eines Topics oder einer Assoziation, wird jeweils eine eigene Methode aufgerufen. Diese Methoden überprüfen referentielle Integritäten und fügen das jeweilige Konstrukt ein, wenn es zu keinen Inkonsistenzen kommen kann. Die Methoden ähneln sich untereinander.

9.3.9
Die Methode insert_topic()

Diese Methode realisiert das Einfügen eines Topics. Sie übernimmt die `ParameterList`, den `DOMnode`, der das Topic darstellt, sowie das `changed`-Flag, das sie auch aktualisiert.

```
void insert_topic (ParameterList &P, DOMnode e, boolean
&changed) {

Vector refID_types;
Vector refID_scope;
int h;

// referenzierte Types checken und sammeln
for each type in e.types t {
 long n = get_topic (t, P.timestamp);
 if (n == NULL) {e.error_code = ERROR_TYPENOTFOUND;
      EXIT METHOD;}
 else refID_types.add(n);
}

// referenzierte Scopes checken und sammeln
for each theme in e.scope s {
```

Methode insert_topic()

Methode insert_topic() (Fortsetzung)

```
        long n = get_topic (t, P.timestamp);
        if (n == NULL) {e.error_code = ERROR_SCOPENOTFOUND;
            EXIT METHOD;}
        else refID_scope.add(n);
    }

    // referenzierte Scopes der Names,
    // sowie referenzierte Scopes der Occurrences prüfen.

    for each e.child ec
     if (ec.type in ("topname", "occurs")) {
      if (ec.type == "topname") {
       for each ec.child ecc
        if (ecc.type in ("basename", "sortname", "dispname")) {
         for each name_scope in ecc.scope n
             if (get_topic (n, P.timestamp) == NULL)
             {e.error_code = ERROR_SCOPENOTFOUND; EXIT METHOD;}
        }
      }
      for each name_scope in ec.scope n
       if (get_topic (n, P.timestamp) == NULL)
         {e.error_code = ERROR_SCOPENOTFOUND; EXIT METHOD}
     }

    // das topic kann in die Datenbank eingetragen werden...

    int new_topic = DB.new ID;
    DB.insert topic (new_topic, e.id, e.identity, e.linktype,
    e.topicmap);

    // TOPIC types einfügen
    for each refID_types r DB.insert topictype (new_topic, r);

    // TOPIC scopes einfügen
    for each refID_scope r DB.insert scope (new_topic, r);

    // TOPIC occurrences und names einfügen
    for each e.child ec
     if (ec.type == "topname") {
      long new_topname = DB.new ID;
      DB.insert topname(new_topname, new_topic, ec.id);
      for each name_scope in ec.scope n
        DB.insert topname_scope (new_topname, get_topic(n,
            P.timestamp));

      for each ec.child ecc where ecc.type in ("basename",
       "sortname", "dispname")
       for each name_scope in ecc.scope n
        DB.insert ecc.type+"_SCOPE" (DB.new ID, get_topic (n,
         P.timestamp));
     }
     else if (ec.type == "occurs") {
      long new_occ = DB.new ID;
      DB.insert occurrence (new_occ, ec.occrl,
      get_topic(ec.type, P.timestamp), ec.linktrav,
      ec.listtrav, ec.multmem, ec.emptyanc, new_topic, ec.id);
      insert_locations(ec, new_occ, 1);
     }
    h = DB.lookup synonyms to e
```

```
// gleiches identity-Attribut, oder identity-Attribut zeigt
// auf synonymes Topic
for each h DB.insert synonym (h, new_topic);
P.queue.remove (e);
changed = true;
}
```
Methode insert_topic() (Fortsetzung)

Um die referentielle Integrität zu gewährleisten, müssen wir zu Beginn überprüfen, ob die angegebenen Types denn auch schon eingelesen worden sind. Dazu wird das types-Array durchgegangen. Es wird die bereits vorgestellte Methode get_topic() aufgerufen, welche die ID jenes Topics mit dem Namen t zurückgibt, das sich in einer Topic Map, die zum Zeitpunkt P.timestamp eingespielt wurde, befindet. Die Methode get_topic() liefert NULL, wenn das Topic nicht gefunden werden konnte, zum Beispiel weil keines mit dem Namen t existiert. Ist dies der Fall, wird ein error_code eingetragen (eine beliebige Konstante, hier mit Namen ERROR_TYPENOTFOUND) und die Methode verlassen, was zur Folge hat, dass das Topic in der Queue bleibt und nicht in die Datenbank geschrieben werden kann. Ansonsten wird die ID des gefundenen Topics in das Array refID_types eingetragen. Mit den Scopes wird analog vorgegangen.

Referentielle Integrität

Nun herrscht aber noch immer nicht absolute Sicherheit, ob das betrachtete Topic e wirklich in die Datenbank geschrieben werden kann. Es muss noch festgestellt werden, ob auch alle Scopes der zu dem Topic gehörenden Namen und Occurrences definiert sind. Zunächst werden alle Kindknoten des Topics e untersucht. Alle, die den Typ „topname" oder „occurs" haben, sind in weiterer Folge von Interesse. Wenn es sich um den Typ „topname" handelt, werden von diesem Knoten ausgehend wiederum alle Kinder gesammelt, wobei nur Base Names, Sort Names und Display Names interessant sind. Von diesen wird der Wert des scope-Attributs herangezogen, in seine einzelnen Elemente (die Namen) aufgespalten und jeder resultierende Name wieder mit get_topic() in der Datenbank gesucht. Gibt es nur einen davon nicht, wird ein error_code gesetzt und die Methode verlassen. In jedem Fall (also bei „topname" und „occurs") wird dann das scope-Attribut dieses Elements dahingehend untersucht, ob alle darin referenzierten Topics schon in der Datenbank existieren. Sind diese Überprüfungen durchgeführt worden und befinden wir uns immer noch in der Methode, dann kann das Topic eingefügt werden.

Anmerkung: Damit nicht andere Topics, die zufällig auch denselben Namen haben, aber aus einer gänzlich anderen Topic Map stammen, quasi für unser untersuchtes Topic „bürgen", wird auch der Zeitstempel verglichen.

Außerdem wird die Methode insert_locations() aufgerufen, die die innerhalb der Occurrence verwendeten Location Addresses speichert. Die Methode wird erst später näher erläutert. Letztendlich wird noch überprüft, ob das betrachtete Topic „synonym" zu einem anderen ist. In unserer ersten Version der TM-Engine wollen wir ja ausschließlich ein übereinstimmendes identity-Attribut als dafür hinreichend auszeichnen, dass zwei Topics identisch sind. Laut ISO 13250 ist es auch möglich, dass das identity-Attribut die XML-ID eines anderen Topics referenziert und dadurch Identität beweist. Zum Abschluß wird noch das Element e aus der Queue entfernt und das change-Flag der Queue gesetzt.

9.3.10
Die Methode insert_assoc()

Die im vorigen Punkt angewandten Prinzipien werden analog auch bei den Assoziationen benötigt. Deswegen wird dieser Abschnitt nicht mehr so detailliert erörtert, der Pseudocode-Ausschnitt sollte selbsterklärend sein.

Methode insert_assoc()

```
void insert_assoc (ParameterList &P, DOMnode e, boolean
      &changed) {

long reftype = 0;     // type der assoc
Vector reftypes;      // types der assocrls

if (!(e.type == NULL || e.type == 0)) {
 reftype = get_topic (e.type, P.timestamp);
 if (reftype == NULL) {e.error_code = ERROR_TYPENOTFOUND;
      EXIT METHOD;}
}

for each e.child ec where ec.type == "assocrl" {
 long atype = get_topic (ec.type, P.timestamp);
 if (atype == NULL) {e.error_code = ERROR_TYPENOTFOUND;
      EXIT METHOD;}
 else reftypes.add(atype);
}
// die assoc kann in die Datenbank eingetragen werden...

count_c = new Iterator on reftypes;
long new_assoc = DB.new ID;
DB.insert assoc (new_assoc, e.linktype, reftype, e.id,
      P.parent_topicmap);

for each e.child ec {
 DB.insert assocrl (DB.new ID, new_assoc, ec.anchrole,
  count_c.nextElement(), ec.linktrav, ec.listtrav,
  ec.multmem, ec.emptyanc, ec.id);
 insert_locations (P, ec, new_assocrl, 1);
}

P.queue.remove(e);
changed = true;
}
```

Zunächst wird auch hier die Existenz der Typen von den `assoc`- und `assocrl`-Elementen überprüft. Erst danach werden eventuell die Assoziation samt ihrer Assoziationsrollen in der Datenbank eingefügt. Zudem wird die Methode `insert_locations()` aufgerufen, die alle Location Addresses innerhalb der Assozationsrollen einfügt und erst später genauer beschrieben wird.

9.3.11
Die Methode insert_facet()

```
void insert_facet (ParameterList &P, DOMnode e, boolean
&changed) {

long reftype = 0;      // type der facet
Vector reftypes;       // type der fvalues

if (!(e.type == NULL)) {
 reftype = get_topic (e.type, P.timestamp);
 if (reftype == NULL) {e.error_code = ERROR_TYPENOTFOUND;
EXIT METHOD;}
}
for each e.child ec where ec.type == "fvalue" {
 long atype = get_topic (ec.type, P.timestamp);
 if (atype == NULL) {e.error_code = ERROR_TYPENOTFOUND;
        EXIT METHOD;}
 else reftypes.add(atype);
}

// die facet kann in die Datenbank eingetragen werden...

count_c = new Iterator on reftypes;
long new_facet = DB.new ID;
DB.insert facet (new_facet, e.linktype, reftype, e.id,
 e.topicmap);
for each e.child ec {
 DB.insert fvalue (DB.new ID, new_facet, ec.facetval,
  count_c.nextElement(), ec.linktrav, ec.listtrav,
  ec.multmem, ec.emptyanc, ec.id);
 insert_locations (P, ec, new_fvalue, 1);
}
P.queue.remove(e);
changed = true;
}
```

Methode insert_facet()

Auch hier gilt Ähnliches wie bei den vorigen beiden Methoden, genauso wie beim Einlesen von Added Themes, das im nächsten Abschnitt behandelt wird.

9.3.12
Die Methode insert_addthms()

Methode insert_addthems()

```
void insert_addthems (ParameterList &P, DOMnode e, boolean
&changed) {

Vector refID_themes[];
Vector refID_tmdocs[];

// via addthems referenzierte topics überprüfen
for each theme in e.addthems t {
 long n = get_topic (t, P.timestamp);
 if (n != NULL) {e.error_code = ERROR_THEMENOTFOUND;
   EXIT METHOD;}
 else refID_themes.add(n);
}

// via tmdocs referenzierte topicmaps überprüfen
for each entity-name in e.tmdocs t {
long n = DB.lookup ID from entities whose name is t and
 which belong to the root topicmap;
if (n != NULL) {e.error_code = ERROR_TMDOCNOTFOUND;
  EXIT METHOD;}
else refID_tmdocs.add(n);
}
// cassigns werden auf jeden Fall eingetragen
long new_addthms = DB.new ID;
DB.insert addthms (new_addthms, e.topicmap, e.id);
for each refID_themes r
 DB.insert addthms_themes (new_addthms, r);
for each refID_tmdocs r
 DB.insert addthms_tmdocs (new_addthms, r);
for each cassign in e.cassign c
 DB.insert addthms_cassign (new_addthms, c);
P.queue.remove(e);
changed = true;
}
```

9.4
Die Location-Methoden

Die Methoden, die das Locationing betreffen, hängen direkt mit dem Einlesen von Topic Maps zusammen.

9.4.1
Die Methode insert_locations()

Bereits mehrmals wurde die Methode `insert_locations()` erwähnt, welche sich um das Einfügen der Location Addresses in die Datenbank kümmert. Dabei ist node ein Knoten, der entweder weitere Location Address-Knoten beinhaltet oder selbst Attribute (`href`) enthält, die solche Adressen darstellen. Der Parameter `ref_node` enthält die Datenbank-ID dazu. Die `sortnumber` legt eine Sortierreihenfolge für einzelne Locations einer Hierarchieebene fest.

```
void insert_locations (ParameterList P, DOMnode node, long
ref_node,int sortnumber) {

String tab = "";
long new_location;
int location_type = 0;
String locsrc;

switch node.type
  case "assocrl": tab = "assocrl_location";
  case "occurs":  tab = "occ_location";
  case "fvalue":  tab = "fvalue_location";

String refloc = (tab == "") ?
        Long.toString (ref_node) : "";
...
```

Methode insert_locations() (Beginn)

Die obigen Basisinitialisierungen weisen vor allem dem String `tab` den Namen jener Tabelle zu, in die der Zusammenhang zwischen Location und Occurrence, Fvalue oder Assoziationsrolle geschrieben wird. Sollte es sich allerdings um eine übergeordnete Location Address handeln, wird deren ID mit `ref_node` übergeben. Sodann wird geprüft, ob es sich um eine Location Address handelt, die in einem Attribut vorkommt:

```
...
if (node.xlink:href != NULL) {
 locsrc = node.xlink:href; location_type = 2;
}
else if (node.href != NULL) {
 locsrc = node.href; location_type = 3;
}
else if (getRightmostToken (node.HyNames) == "href") {
 locsrc = node.getLeftmostToken(node.HyNames);
 location_type = 4;
}
else if (node.loctype != NULL) {
 if (getRightmostToken(node.loctype) == "XPointer") {
  locsrc = getLeftmostToken(node.loctype);
  location_type = 5;
 }
}
...
```

Location Address innerhalb eines Attributs?

Dabei ist zu vermerken, dass die Funktionsweise der Methoden `getLeftmostToken()` oder `getRightmostToken()` bereits in der Einleitung dieses Abschnitts erwähnt wurde. Die Variable `locsrc` bekommt in jedem Fall den Ziel-URL der Location Address zugewiesen, eben den Location Source. Die von der TM-Engine unterstützten Location Types wurden bereits in Abschnitt 7.5.1 beschrieben.

Natürlich ist die einfache Angabe von `getLeftmostToken()` im Zusammenhang mit dem Attribut `HyNames` für Location Type 4 eine im Pseudocode vereinfachende Annahme, denn an sich liefert `HyNames` nicht nur ein Paar von Werten sondern eine Liste von Paaren, die erst durchsucht werden müsste. Ist die Location in einem eigenen Element spezifiziert, kommt folgender Zweig in Betracht:

Location Address in eigenem Element

```
...
else {
  int sn = 0;
  for each node.child nc {
    sn++;
    location_type = nc.type;
    if (nc.type in ("mixedloc", "nameloc", "bibloc"))
      locsrc = "";
    else if (nc.type in
        ("dataloc", "listloc", "dimspec", "treeloc"))
          locsrc = nc.locsrc;
    else if (nc.type == "nmlist") {
      // fuer jede ID der List...
      for each space-delimited string in nc.content s
        DB.insert location (DB.new ID, nc.locsrc, s, ref_node,
          sortnumber, location_type, nc.xmlID);
    }
    new_location = DB.new ID;
    DB.insert location (new_location, locsrc, node.content,
      refloc, sortnumber, location_type, node.xmlID);
    if (tab != "") DB.insert tab (ref_node, new_location);

    // bei dataloc, listloc, nameloc, mixedloc Rekursion

    if (location_type is_in (10, 11, 12, 15))
      insert_locations (P, nc, new_location, sn);

  }
}
...
```

Alle Kindknoten werden auf ihren Typ untersucht und je nach Typ wird weiter verfahren. Der Location Source ergibt sich entweder aus dem Attribut `locsrc` des Kindknotens oder bleibt leer. Beim Knotentyp `nmlist` wird dessen Content in die einzelnen IDs und URLs zerlegt, die darin enthalten sind. Jeder durch einfache Leerzeichen abgetrennte Teilstring ist dabei eine eigene Location Address. Danach wird die Location eingetragen, die m:n-Beziehungstabelle, die im String `tab` bezeichnet wird, mit der ID der Location und der ID ihres übergelagerten Elements befüllt. Schließlich wird bei einigen

Location Types die Methode rekursiv aufgerufen, da in diesen Fällen die Locations verschachtelt sein können.

Danach, außerhalb der oberen Verzweigung, können nur mehr zwei Fälle auftreten:

- Die Location war in einem Attribut beinhaltet und muss erst noch eingefügt werden
- Die Location war vom Typ 1, also eine Menge von IDs im Content der Occurrence, des Facet Values oder der Assozationsrolle.

Dies wird folgendermaßen behandelt:

```
// ein href-Attribute war vorhanden -> normale Location
// eintragen

if (location_type is between 2 and 9) {
 new_location = DB.new ID;
 DB.insert location (new_location, locsrc, node.href,
 refloc, sortnumber, location_type, node.xmlID);

// in assoc_location, occ_location oder fvalue_location
// die Referenzen eintragen

 if (tab != "") DB.insert tab (ref_node, new_location);
}

// keine href-Location und keine Child-Locations:
// es wird wohl eine Menge von content-IDs sein

if (location_type == 0) {
 location_type = "content-ids"
 for each space-delimited string in nc.content s {
  new_location = DB.new ID;
  DB.insert location (new_location, locsrc, node.content,
  ref_node, sortnumber, location_type, node.xmlID);
  if (tab != "") DB.insert tab (ref_node, new_location);
 }
}
}
```

Location eintragen

9.4.2
Die Methode get_LocationSource()

Diese Methode liefert aufgrund des `locsrc`-Strings einer Location einen XML-Knoten, der dem `locsrc` entspricht. Sie wird vor allem beim Update der Hilfstabelle `loctrans` benötigt und liefert einen XML-Knoten gemäß DOM, der dem Location Source entspricht und weiter bearbeitet werden kann.

Methode
get_LocationSource()

```
DOMnode get_LocationSource (String locsrc, long
root_topicmap) {

DOMnode retval = new DOMnode();

e = DB.lookup entities which name = locsrc and which are
in the root_topicmap;

// wenn locsrc leer, dann nimm root_node von diesem
// XMLDokument

if (locsrc == "") {    // die aktuelle TopicMap
 s = DB.lookup URL of topicmap, which is the root_topicmap
 return XMLParser.parse(s.URL).root();
}
else {
 if (e.count() > 0) { // ist locsrc ein entity?
  if (e is a TopicMap-Entity (e.NDATA reveals that))
   return XMLParser.parse(e.URL).root();
  else
   return NULL;         // irgendein URL, aus dem kein
                        // DOMnode gebildet werden kann
 }
 else   // oder ist es ein ID im aktuellen Dokument?
 {
  i = DB.lookup xmlID, type, topicmap from all XML-IDs in
  DB which appear in root_topicmap or sub-topicmaps of
  root_topicmap and which are same as locsrc;

  XMLDocument doc = new XMLDocument();
  if (i.count() > 0) {
   s = DB.lookup URL from root_topicmap;
   return XMLParser.parse(s.URL).getNodeByID(i.xmlID);
  } else {    // weder ID noch entity: ein URL -> Versuch,
              // zu parse
   return XMLParser.parse(locsrc).root();
       //NULL, wenn parsing fehlgeschlagen
  }
 }
}
}
```

Vorgehensweise

Zunächst wird überprüft, ob es sich bei dem Location Source um ein Entity handelt. Ist der Location Source allerdings leer, wird einfach die aktuelle Topic Map als Location Source gewählt, der URL aus der Datenbank geholt, sie wird geladen, geparst und ihr Wurzelknoten wird retourniert.

Ist der Location Source allerdings nicht leer, könnte es sich dabei um einen Verweis auf ein Entity handeln. Ist dem so, wird nachgeprüft, ob die Notation auf eine Topic Map hindeutet, wenn ja, wird der URL gelesen, die Topic Map geladen und geparst und der Wurzelknoten als Location Source retourniert. Wenn es kein Entity ist, kann es wohl nur mehr eine XML-ID sein. In diesem Fall werden alle XML-IDs in der Datenbank untersucht, die in der betreffenden Topic Map oder einer Sub-Topic Map enthalten sind. Wurde eine passende XML-ID gefunden, wird die zugehörige Topic Map geladen, geparst und der gewünschte XML-Knoten über die Methode `getNodeByID()` gefunden und retourniert. Handelt es sich weder um ein Entity noch um die ID eines Elements, so wird angenommen, dass der Location Source einen beliebigen URL beschreibt und versucht, die Ressource an diesem URL als Topic Map zu betrachten, zu laden und zu parsen. Gelingt dies, wird das Wurzeldokument retourniert, ansonsten NULL (in der Implementierung könnte das Zurückliefern einer Exception zur weiteren Behandlung sinnvoll sein).

9.4.3
Die Methode transpose_locations()

Der Vorgang des Parsens ist jedoch noch immer nicht beendet. Nachdem die beiden Methoden `build_queue()` und `parse_queue()` ausgeführt wurden, müssen noch `tranpose_location()` und `update_topic_assoc()` aufgerufen werden, um die Hilfstabellen `loctrans` und `topic_assoc` den bisher vorgenommenen Modifikationen an der Datenbank anzupassen – dies geschieht im Sinne der Datenkonsistenz. Die Methode benötigt dazu als Parameter lediglich die schon bekannte `ParameterList`.

Zu Beginn werden alle Locations des zuvor eingefügten Hyperdokuments (BOS) ausgewählt.

```
void transpose_locations (ParameterList P) {

// r.loctype bezieht sich auf den Ausgangspunkt der
// Location: (OCCRL, FVALUE, ASSOCRL)
// r.locationtype bezieht sich auf den Typ der Location
// selbst (z.B.: "treeloc")
// Die Tabelle LOCTRANS bildet eine Brücke für Locations zu
// direkt verbundenen IDs von topics, fvalues, assocrls,
// etc...

// alle locations aus den gerade prozessierten topicmaps

rs = DB.lookup all locations of P.root_map and its sub-
topicmaps;
...
```

Methode transpose_locations() (Beginn)

Danach wird der Typ jeder gefundenen Location überprüft und anhand dessen weiter verfahren.

Location kam in einem Attribut vor

```
...
for each rs r {
 switch r.locationtype
  case in (13, 1, 2, 3, 4, 5): {// nmlist

    i = DB.lookup all objects of P.root_map and sub-
    topicmaps with xml-ID matching r.content;

    if (i.count > 0)
      DB.insert loctrans (r.ID, i.xmlID, i.topicmap,
        i.ID, i.type, r.loctype);
  }
...
```

Für die `nmlist`-Locations und Locations vom Typ 1, also direkt im Content des übergeordneten Elements enthaltene Adressen, oder den Typen 2 bis 5, also solche, die eine XML-ID in einem Attribut (`href`) verwenden, werden zunächst die Objekte, auf die die jeweilige Location zeigt, gesucht. Für jedes gefundene Element, auf das die Location verweist, wird dann ein Eintrag in `loctrans` vorgenommen.

List Location Address

```
...
case 14: {              // dimlist (listloc)

// Parent Location Element (listloc) holen
r_h = DB.lookup all locations with ID matching
r.flocationID;

DOMnode d = get_LocationSource (r_h.locsrc, P.root_map);

if (d != NULL)
  for each getRange(r.content) R
    for each d.child dc in R {
      i = DB.lookup all objects of P.root_map and sub-
      topicmaps with xml-ID matching dc.xmlID;
      if (i.count() > 0)
        DB.insert loctrans (r.ID, i.xmlID, i.topicmap,
          i.ID, i.type, r.loctype);
    }
}
...
```

Für die `dimlist`-Elemente, die innerhalb von `listloc`-Elementen vorkommen und bereits in Abschnitt 5.4.3.3.5 erläutert wurden, ist es notwendig, zuallererst die Methode `get_LocationSource()` aufzurufen und ihr den gefundenen Location Source sowie die Wurzel-Topic Map zu übergeben. Wir erhalten dann, falls es den Location Source gibt, einen XML-Knoten, auf den wir die Methode `getRange()` anwenden, die den Content des Knotens übergeben bekommt. Sie liefert ein Array von Knotenlisten, die sich aufgrund des Contents des `dimlist`-Elements ergeben. Diese Array-Elemente werden in der ersten `for each`-Schleife abgearbeitet, in der zweiten wird jeweils eine Liste von Knoten traversiert. Die so gefundenen Knoten werden per XML-ID in den Knoten des eingefügten Hyperdokuments gesucht, `loctrans` wird bei Fündigkeit angepasst. Bleiben noch die `treeloc`-Elemente. Deren Verarbeitung sieht wie folgt aus:

```
...
  case 16: {            // treeloc
    DOMnode d = get_LocationSource (r.locsrc, P.root_map);
    if (d != NULL) {
      DOMnode dc = walk_tree (d, r.content);
      i = DB.lookup all objects of P.root_map and sub-
      topicmaps with xml-ID matching dc.xmlID;
      if (i.count > 0)
        DB.insert loctrans (r.ID, i.xmlID, i.topicmap,
        i.ID, i.type, r.loctype);
    }
  }
}
}
```

Tree Location Address

Wiederum wird der Location Source als XML-Knoten gesucht. Danach wird die Methode `walk_tree()` aufgerufen. Diese übernimmt das Traversieren des mit dem Location Source beginnenden Baumes entsprechend des Contents des `treeloc`-Elements, der in der Datenbank ja in der Location gespeichert ist. Es wird versucht, den so gefundenen Knoten auch in der Datenbank nachzuweisen, gelingt dies, wird in `loctrans` wieder die Brücke zwischen der bearbeiteten Location und dem gefundenen Knoten geschlagen.

9.4.4
Die Methode walk_tree()

Die Funktionsweise des `treeloc`-Elements ist in 5.4.3.3.6 beschrieben. Im `String s` steht der Inhalt des Elements, im DOM node `source` der Location Source.

```
DOMnode walk_tree (DOMnode source, String s) {
  DOMnode retval = new DOMnode();
  retval = source;

  for each space-delimited path-string p in s
    retval = retval.child[Integer.parseInt(p)];
  return retval;
}
```

Methode walk_tree()

9.4.5
Die Methode update_topic_assoc()

Methode update_topic_assoc()

```
void update_topic_assoc (ParameterList P) {
// finde alle Assoziationen der aktuellen Topic Map(s)
i = DB.lookup all assocs which are in the actual topicmap
(P.root_map) or sub-topicmaps;

for each i {
  l = DB.lookup all assocrls for i and their location-Ids
  (from assocrl_location);
  for each l {
    j = DB.hierachically lookup topics alongside the location
    path (from loctrans), starting with l;
    for each j
      DB.insert topic_assoc (j, i, l, l.anchrole,
        l.assocrl_type);
  }
}
}
```

Vorgehensweise

Diese Methode aktualisiert die Tabelle `topic_assoc`, deren Aufgabe bereits in Abschnitt 7.7 beschrieben wurde. Sie bildet quasi eine Brücke zwischen Topics und Assoziationen über deren Assoziatonsrollen und den damit verbundenen Location Addresses. Dazu werden zunächst alle Assoziationen des zuletzt eingefügten Hyperdokuments gesucht (`i`). Von diesen ausgehend werden die Assoziationsrollen und die Locations gesammelt (`l`). Dann werden diese Locations in der durch `transpose_locations()` vorhin schon aktualisierten Tabelle `loctrans` gesucht, und zwar jene, die auf Topics zeigen (`j`). Zusammen mit den restlichen Informationen (zugehörige Assoziation, Assoziationsrolle, usw.) werden diese schließlich in `topic_assoc` eingetragen.

9.5
Abhängigkeiten der Methoden beim Parsen

Die Abbildung 9.4 zeigt die Abhängigkeiten der zum Parsen einer Topic Map benötigten Methoden untereinander und stellt dar, welche Methoden durch andere Methoden aufgerufen werden.

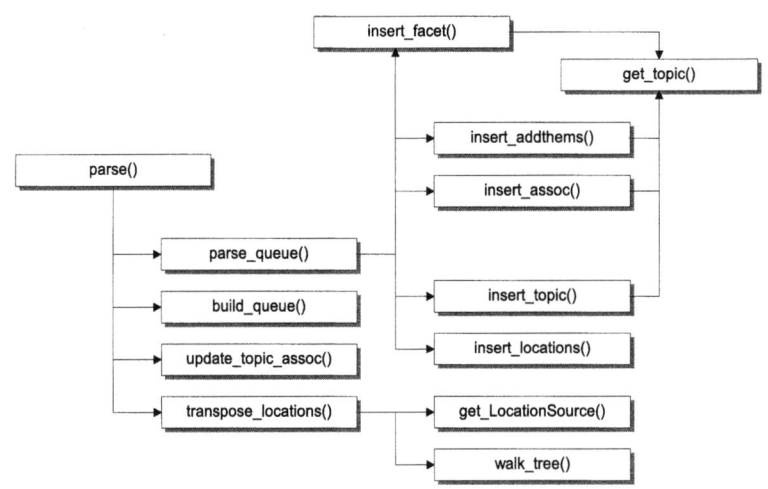

Abbildung 9.4
Abhängigkeiten der Methoden beim Parsen

9.6 Topic Maps-Abfrage

Im foglenden Teil werden die Methoden zur Realisierung der einfachen Abfragesprache, wie in Abschnitt 8 beschrieben, erklärt. Es handelt sich um eine Anzahl kleinerer Methoden. Deswegen ist es notwendig, den Graphen über die Abhängigkeiten der Methoden schon zu Beginn zu zeigen, damit die notwendige Übersichtlichkeit gegeben ist. Die Methoden werden vorläufig nur namentlich erwähnt, die genauere Erklärung folgt der Reihe nach.

Abbildung 9.5 zeigt den Graphen, in dem die elementaren Methoden aus Tabelle 9.9 allerdings aus Platzgründen fehlen. Der Einstiegspunkt in den Komplex ist dabei die Methode do_query(), die das Herzstück der Abfrage, die Methode evaluate() aufruft, sowie die Methode build_topic_characteristic_tree(), die im Anschluss die Ausgabe des charakterisierenden Baumes übernimmt.

Die Funktionsweise der Abfragesprache soll hier nicht noch einmal erklärt werden. Wir lassen im Wesentlichen bloß die Angabe von Namen von Topics und verschachtelte Klammerausdrücke zu, die jeweils den Extent einschränken. Das Wichtigste, was bei den Abfragealgorithmen also zu erledigen ist, sind zum einen das Auffinden aller Topics für den jeweils angegebenen Namen, das Bilden des Extents über Scopes und Types, das Prüfen der Existenz von Assoziationen zwischen Topics vor und innerhalb der Klammer und das Bilden einer logischen Schnittmenge von Extents.

Der Abhängigkeitsgraph für die Methoden zur Topic Maps-Abfrage

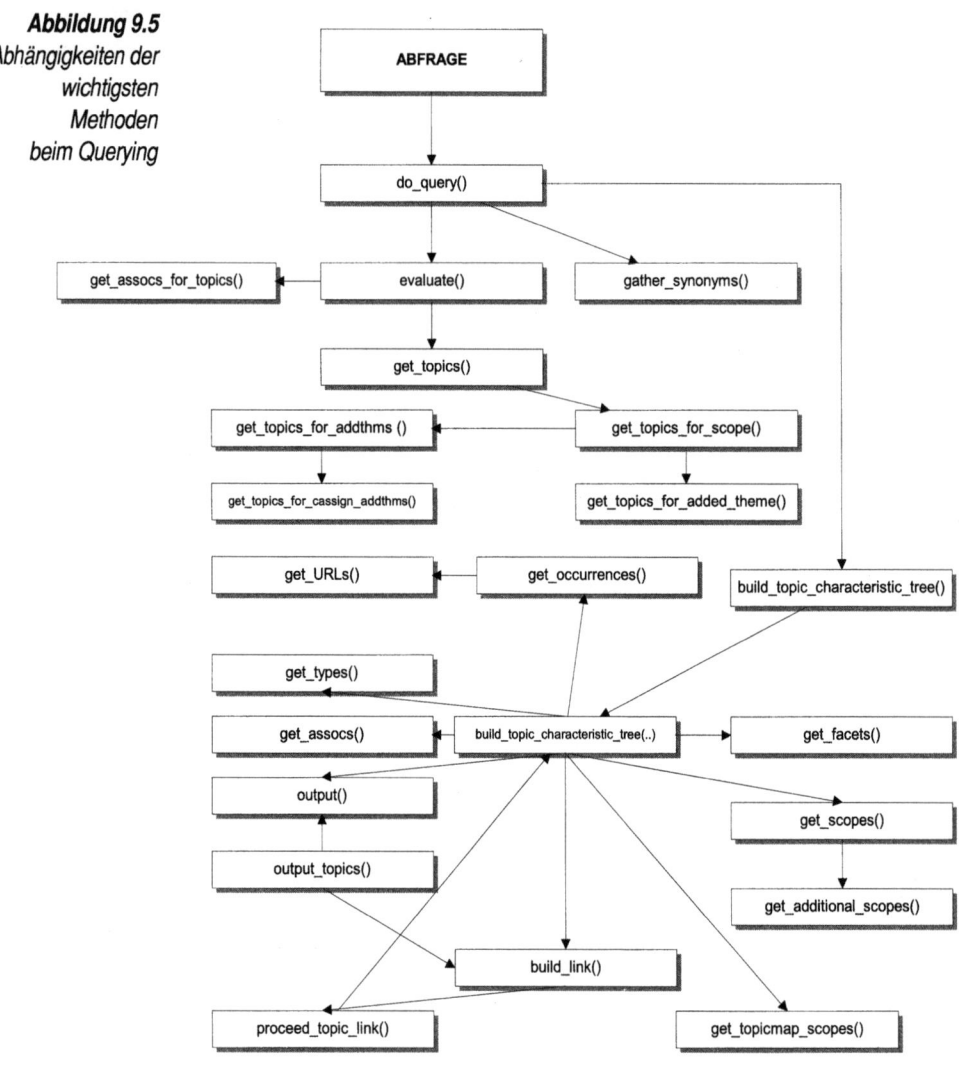

Abbildung 9.5
Abhängigkeiten der wichtigsten Methoden beim Querying

9.6.1
Die Klasse TopicSet

Bevor wir mit der ersten Methode der Topic Maps-Abfrage beginnen, seien erst einige Klassen zur Datenkapselung bei der Parameterübergabe zwischen den Methoden kurz beschrieben. Zunächst benötigen wir die Klasse TopicSet, die eigentlich nur eine Menge von Datenbank-IDs im Format long verwaltet. Die Klasse verfügt über folgende Eigenschaften:

Datentyp	Attribut	Beschreibung
long[]	Topic	Die gekapselten topics/Datenbank-Elemente
int	Count	Zähler (Anzahl der Topics im Array)

Tabelle 9.5 Attribute der Klasse TopicSet

Diese Klasse wird an sich zur Speicherung von Datenbank-IDs, nicht nur im Zusammenhang mit Topics, sondern auch mit Topic Maps, Assoziationen etc. verwendet. Folgende im weiteren nicht näher beschriebenen Methoden sollen zur Verfügung stehen, sie erklären sich beinahe von selbst.

```
void    add     (
                long[] l        eine Menge von long-Werten
                )
void    add     (
                TopicSet tf     ein anderes TopicSet-Objekt
                )
```

Minimalmenge an Methoden für TopicSet

Diese Methoden fügen jeweils eine Menge von Topics oder Datenbank-IDs in das Array der Klasse ein, einmal wird ein `long[]`-Array übergeben, einmal eine andere Instanz einer `TopicSet`-Klasse.

9.6.2
Die Klasse Facet

Diese Klasse wird vor allem von der Methode `get_facets()` verwendet, um alle Informationen zu Facets zu kapseln und als Rückgabewert zu liefern. Ihre vorläufigen, je nach Zweckmäßigkeit aber erweiterbaren Eigenschaften sind:

Datentyp	Attribut	Beschreibung
String	facet_ID	Die Datenbank-ID der Facet
String	XmlID	Die XML-ID der Facet
String	fvalue_ID	Die Datenbank-ID des Fvalue
String	Value	Der Wert des Fvalue (Facetval)
String	Linktype	Der linktype der Facet
String	Type	Der type der Facet

Tabelle 9.6 Attribute der Klasse Facet

9.6.3
Die Klasse Assoc

Diese Klasse wird vor allem von der Methode `get_assocs()` verwendet, um alle Informationen zu Assoziationen und Assoziationsrollen zu kapseln und als Rückgabewert zu liefern. Ihre Eigenschaften sind:

Tabelle 9.7 Attribute der Klasse Assoc

Datentyp	Attribut	Beschreibung
String	assoc_ID	Die Datenbank-ID der Assoziation.
String	XmlID	Die XML-ID der Assoziation.
String	assocrl_ID	Die Datenbank-ID der Assoziationsrolle.
String	assoc_linktype	Der linktype der Assoziation.
String	assoc_type	Der type der Assoziation.
String	assocrl_anchrole	Die anchrole der Assoziation.
String	assocrl_type	Der type der Assoziationsrolle.

9.6.4
Die Klasse Occurrence

Diese Klasse wird vor allem von der Methode `get_occurrences()` verwendet, um alle Informationen zu Occurrences zu kapseln und als Rückgabewert zu liefern. Ihre Eigenschaften sind:

Tabelle 9.8 Attribute der Klasse Occurrence

Datentyp	Attribut	Beschreibung
String	ID	Die Datenbank-ID der Occurrence.
String	occrl	Die occrl der Occurrence.
String	type	Der type der Occurrence.
Vector	URL_List	Die URL-Liste der Occurrence.
String	xmlID	Die XML-ID der Occurrence.

9.6.5
Elementare Methoden

Einige der Methoden sind in ihrer Funktionialität derart einfach, dass sie im Folgenden nur tabellarisch mit ihrer Bedeutung aufgelistet werden. Sie liefern in der Regel Informationen aus der Datenbank bzw. dem Repository und rufen keine weiteren in diesem Rahmen vorgestellten Methoden auf.

Tabelle 9.9 Einfache, elementare Methoden innerhalb des Pseudocodes

Methodensignatur	Funktionalität
`TopicSet get_topics_for_name (String pname, int search_quality)`	Liefert aus der Datenbank alle Topics, die einen Namen haben, der mit `pname` exakt oder teilweise (je nach `search_quality`) übereinstimmt.
`TopicSet get_topics_for_topicmap (long ptopicmap)`	Liefert alle Topics, die zur Topic Map `ptopicmap` gehören.
`TopicSet get_added_themes_for_topicmap (long ptopicmap)`	Liefert alle Topics, die der angegebenen Topic Map `ptopicmap` direkt über das `addthems`-Attribut als Theme zugeordnet sind.
`TopicSet get_topicmaps_for_added_theme (long added_theme)`	Diese Methode liefert alle Topic Maps, die das Theme `added_theme` über das `addthems`-Attribut zugeordnet haben.
`TopicSet get_topicmaps_upwards (long ptopicmap)`	Diese Methode liefert alle Topic Maps, die rekursiv nach oben gehend von der angegebenen Topic Map `ptopicmap` ausgehend gefunden werden können.
`TopicSet get_topicmaps_downwards (long ptopicmap)`	Diese Methode liefert alle Topic Maps, die rekursiv in die Tiefe gehend von der angegebenen Topic Map `ptopicmap` ausgehend gefunden werden können.
`TopicSet get_addthms_for_topic (long ptopic)`	Diese Methode liefert alle `addthms`-Einträge, die das angegebene Topic `ptopic` zuweisen.
`TopicSet get_topicmaps_for_addthms (long paddthms)`	Diese Methode liefert alle Topic Maps, denen das angegebene `addthms`-Element `paddthms` Themes über das `tmdocs`-Attribut zuordnet.
`TopicSet get_topics_by_addthms (long paddthms)`	Diese Methode liefert alle Topics, die das `addthms`-Element mit der Datenbank-ID `paddthms` zuweist.
`TopicSet get_topics_for_type (long ptopic)`	Diese Methode liefert alle Topics, die den angegebenen Type `ptopic` direkt zugewiesen haben.
`TopicSet get_associated_topics (long ptopic)`	Diese Methode findet für das Topic `ptopic` alle Topics, mit denen es über Assoziationen verbunden ist.
`long[] get_AND (long[] l1, long[] l2)`	Bildet die Schnittmenge zweier `long`-Arrays.
`TopicSet get_combination (TopicSet[] tf)`	Diese Methode liefert die Schnittmenge von beliebig vielen `TopicSets`.

	Methodensignatur	Funktionalität
Tabelle 9.9 (Fortsetzung)	`String build_filter (long[] l)`	Diese Methode bildet aus dem übergebenen numerischen ID-Feld (`long`-Array) einen Filterstring, der für Datenbank-Statements verwendet werden kann. z.B.: `l = [17, 129, 2055, 2102]` ergibt „`IN (17, 129, 2055, 2102)`"
	`String get_topic_name (long ptopic)`	Diese Methode liefert möglichst schnell einen passenden Namen für die Darstellung des Topics `ptopic`. Zuerst wird dabei der Display Name, dann der Base Name, dann der Sort Name und dann die XML-ID des Topics betrachtet. Gibt es z.B. mehrere Display Names, wird der erste genommen, ohne erst alle Namen mit den Scopes eines Abfragestrings zu vergleichen.
	`TopicSet get_topics_for_addthms_t opicmap (long ptopicmap)`	Diese Methode liefert alle Topics, die der Topic Map `ptopicmap` über addthms-Elemente (mittels `tmdocs`-Attribut) zugeordnet sind.
	`TopicSet get_synonyms (long ptopic)`	Diese Methode liefert alle Synonyme zum Topic `ptopic` und berücksichtigt dabei die Transitivität der Synonymität, muss also die entsprechende Datenbanktabelle hierarchisch abarbeiten.
	`void output_types (TopicSet t, int depth)`	Diese Methode gibt sämtliche übergebenen Typen aus, die Verschachtelungstiefe `depth` berücksichtigend..
	`void output_scopes (TopicSet t, int depth)`	Diese Methode gibt sämtliche übergebenen Scopes aus, die Verschachtelungstiefe `depth` berücksichtigend.

9.6.6
Die Methode do_query()

Angabe der Suchqualität – Namensübereinstimmung

Diese Methode ist der Einstiegspunkt für eine Abfrage. Ihr wird der String mit der Abfrageformulierung übergeben, sowie ein int-Wert, der die Suchqualität angibt. Die Suchqualität definiert, ob angegebene Namen in der Abfrage zu 100 Prozent mit denen des Repositories übereinstimmen müssen oder auch nur Bestandteile von Namen sein können. Man denke sich beispielsweise drei Topics mit den Namen `Wein`, `Rotwein` und `Schwein`. Gibt man bei der Suchqualität einen Wert größer 0 an, so reicht partielle Namensübereinstimmung. Die triviale Abfrage `Wein` liefert alle drei Topics, `Wein`, `Rotwein` und `Schwein`. Man erkennt schnell die Vor- und Nachteile. Einerseits bekommt man mit der knappen Abfrage `Wein` auch `Rotwein` zurück (und Assoziationen, Occurrences und damit Dokumente, die mit `Rotwein` zu tun haben), was hier sicher gewünscht ist, da man ja nach `Wein` gesucht hat und `Rotwein` eng damit verbunden ist, andererseits gesellt sich auch das `Schwein` munter in das Abfrageergebnis. Gibt man für die Suchqualität 0 an, müssen die Namen zeichenweise übereinstimmen. Die Abfrage `Wein` liefert *nur* das Topic `Wein`. Vorteil ist, dass das `Schwein` hier nicht miteinbezogen wird, Nachteil, dass auch der `Rotwein` nicht dabei ist. Das bedeutet, dass der Anwender aufgrund seiner Abfrage am besten selbst entscheidet, welche Genauigkeit er möchte – letztlich kann er ja beide Möglichkeiten ausprobieren und mit dem zufriedenstellenderen Ergebnis weiterarbeiten, soferne nicht ohnehin die Typisierung der Topics zur effektiven Filterung der Ergebnismenge reicht.

Die Methode ruft zunächst die rekursive Methode `evaluate()` auf, die die Hauptaufgabe bei der Abfrage erledigt und die der Abfrage entsprechenden Topics, also die Ergebnismenge, in Form von Datenbank-IDs liefert. Die Methode `do_query()` geht lediglich diese Menge durch und streicht dabei für jedes Topic all seine identischen Topics, also Synonyme, wie wir sie bezeichnet haben, aus der Ergebnismenge, sofern darin welche vorhanden sind. Es soll für jedes Topic nur ein charakteristischer Baum ausgegeben werden, in dem ohnehin die Eigenschaften aller synonymen bzw. identen Topics vereint werden.

Vorgehensweise

```
void do_query (String query, int search_quality) {

TopicSet t = evaluate (query, search_quality);
TopicSet syn;
int count = -1;

for each t.topic[] a_topic {
 count++;
 if (a_topic != 0) {
  // Synonyme zu aktuellem Topic suchen
  syn = gather_synonyms (t, count);

  build_topic_characteristic_tree (syn, TYPE_NONE, 0);
 }
}
}
```

Methode do_query()

Die Ausgabe des Baumes erledigt die Methode `build_topic_characteristic_tree()`.

9.6.7
Die Methode evaluate()

Die Methode do_query() gibt alle ihre erhaltenen Parameter an evaluate() weiter, zusätzlich benötigt diese Methode noch eine Angabe über die Rekursionstiefe.

Methode evaluate()

```
TopicSet evaluate (String query, int depth, int
search_quality) {

  TopicSet retval = new TopicSet();
  TopicSet tf[];
  TopicSet tf_help;

  int count = -1;
  long[] topic_list;

  String[] parts = split_bracketed (query);

  for each parts p {

    tf[count++] = new TopicSet ();

    String b = get_bracket_content (p);
    topic_list = get_topics_for_name (getLeftmostToken(p),
    search_quality);

    if (b != "") {
     tf_help = evaluate (b, depth + 1);
     tf[count].add (get_AND (topic_list, tf_help.topic));
     tf[count].add (get_assocs_for_topics (topic_list,
       tf_help.topic));
    } else
    for each topic_list[] tl_1 {
      // alle topics über Wege der scopes und types finden
      tf[count].add (get_topics (tl_1, 0));
      for each get_associated_topics (tl_1) as_t {
      // alle Topics über Wege assoziierter
      // Topics finden, plus Synonyme
      tf[count].add (as_t);
      tf[count].add (get_synonyms (as_t));
      }
    }
  }
  if (count < 0) return NULL;
  else if (count == 0) return tf[0];
  else return get_combination (tf);
}
```

Vorgehensweise

Es wird ein Array von TopicSet-Klassen angelegt. Der Abfragestring wird in seine Einzelteile zerlegt. Dies erledigt die Methode split_bracketed(). Diese Methode teilt einen String, indem sie Tokens mit zugehörigen Klammereinträgen als Einzelteil betrachtet.

Beispiel:
```
" x {y {z x aa} x {y n}} a d{c}"
```
ergibt 3 Teilstrings:
```
            x {y {z x aa} x {y n}}
            a
            d {c}
```

Beispiel für split_bracketed()

Zunächst wird geprüft, ob der Teilstring wieder eine Klammer beinhaltet und was in dieser steht. Darum kümmert sich die Methode `get_bracket_content()`.

Beispiel:
```
" x {y {z x aa} x {y n}}"
```
ergibt
```
y {z x aa} x {y n}
```

Beispiel für get_bracket_content()

Für jeden dieser Teilstrings wird nun die `for each`-Schleife einmal durchgelaufen und ein Platz im `TopicSet`-Array reserviert. Die Methode `get_topics_for_name()` liefert die Datenbank-IDs jener Topics, die einen Namen haben, der zu dem Token am linken Rand des aktuellen Teilstrings passt.

Danach wird überprüft, ob in den Klammern etwas gestanden ist. Wenn ja, wird für diesen Klammerausdruck wieder die Methode `evaluate()` rekursiv aufgerufen. Die Rekursionstiefe (`depth`) wird dabei um 1 erhöht. Sobald wieder in die aktuelle Rekursionsebene zurückgekehrt wurde, wird die aus der unteren Rekursionsebene erhaltene Ergebnismenge (`tf_help`) mit der Menge der für den Namen vor der Klammer gefundenen Topics geschnitten. Diese Schnittmenge wird dem `TopicSet`-Objekt dieser Schleifeniteration zugewiesen (`tf[count].add()`). Außerdem wird `tf[count]` noch das Ergebnis der Methode `get_assocs_for_topics()` hinzugefügt. Stand allerdings nichts in der Klammer oder wurde kein Klammerausdruck gefunden, werden alle Topics, die zu dem Namen des Teilstrings passen, dem `TopicSet`-Objekt der aktuellen Iteration zugewiesen. Schließlich werden diesem Objekt auch noch alle assoziierten Topics zugewiesen, was allerdings auch weggelassen werden könnte, da die Qualität der Abfrageergebnisse sich dadurch in einigen Fällen auch verschlechtern kann. Man könnte auch nur solche Assoziationen beachten, die von einem bestimmten Typ her abstammen, der semantisch mit den Aussagen „X ist vom Typ Y" oder „X gilt im Bereich Y" übereinstimmt.

Sind alle Schleifeniterationen beendet, liegt für jede Iteration eine Menge von Topics vor. Diese Mengen werden nun geschnitten und als Resultat zurückgegeben. Die Methode `evaluate()` wird übrigens nicht mehr vom RMI-Client, sondern vom DB-Server angeboten (siehe Klasse `TMDBServer` im UML-Diagramm, Abbildung

Positionierung der Methode

9.1). Alle weiteren Methoden, die direkt mit der Datenbank zu tun haben, werden ebenfalls vom DB-Server zur Verfügung gestellt.

9.6.8
Die Methode get_assocs_for_topics()

Hier sollen jene Topics aus l1 gefunden und zurückgeliefert werden, die eine Assoziation mit irgendeinem Topic aus l2 haben. Die Assoziation selbst wird nicht zurückgeliefert. Dies ist wichtig, um Abfragen wie `Eiffel{Paris}` verarbeiten zu können, wenn `Eiffel Paris` irgendwie zugeordnet ist, und Paris nicht Typ oder Theme des Scopes von `Eiffel` ist.

Methode get_assocs_for_topics()

```
TopicSet get_assocs_for_topics (long[] l1, long[] l2) {

TopicSet retval = new TopicSet ();
int count_1 = -1;

// gehe alle Elemente aus l1 durch
for each l1[] item_1 {

  int relevance = 0;
  long count_2 = -1;

  // gehe für das aktuelle Element aus l1 alle Elemente aus
  // l2 durch
  while ( (count_2 < l2.count()) && (relevance == 0) ) {
   count_2++;

  // suche gemeinsame Assoziationen der beiden aktuellen
  // Elemente l1 und l2 - wenn nur eine Assoziation passt,
  // ist das Element l1 relevant fuer die finale
  // Ergebnismenge

    relevance += DB.lookup number of associations between
      l2[count_2] and item_1;
  }

  if (relevance > 0) retval.add (item_1);
}
if (count_1 >= 0) return retval; else return NULL;
}
```

9.6.9
Die Methode get_topics()

Generierung des Extent

Diese Methode bildet den Extent zu einem angegebenen Topic, liefert also alle Topics des Extents. Die Eigenschaften des Extents wurden in Abschnitt 8.5 beschrieben. Im Großen und Ganzen wird die Hierarchie von Typen mit der Hierarchie von Scopes gekreuzt

und rekursiv durchgegangen. Wenn wir also mit dem Ausgangstopic
t beginnen, wird die Menge T von Topics gesucht, die t als Typ
haben, und die Menge S von Topics, die t als Scope-Thema aufweisen. Für jedes Topic in T und S wird dasselbe in rekursiver Weise
getan. Assoziationen werden im Extent vorläufig noch nicht eingebunden – es empfiehlt sich abzuwarten, bis es seitens des ISO/IEC
JTC1/SC34 entsprechende Empfehlungen gibt.

*Anmerkung: In XTM (siehe Kapitel 11) wird ein Assoziationstyp definiert, der semantisch der Aussage „X ist vom Typ Y" entspricht
und hier berücksichtigt werden könnte.*

Der Methode wird eigentlich nur das Topic (globale ID) übergeben,
für welches der Extent, gekapselt in einem `TopicSet`-Objekt, zurückgegeben werden soll. Das Flag `synflag` sorgt dafür, dass
Synonyme nur einmal betrachtet werden.

```
TopicSet get_topics (long topic, int synflag) {

TopicSet retval = new TopicSet();
TopicSet types = new TopicSet();
TopicSet themes = new TopicSet();

// !!! auch die Synonyme müssen noch betrachtet werden
if (synflag == 0) {
 TopicSet topics = get_synonyms (topic);
 for each topics.topic[] t
   retval.add(get_topics (t, 1));
}

types.add (get_topics_for_type (topic));
themes.add (get_topics_for_scope (topic));

retval.add(types);
retval.add(themes);

for each types.topic[] t
 retval.add (get_topics (t, 0));
for each themes.topic[] t
 retval.add (get_topics (t, 0));

return retval;
}
```

Methode get_topics()

Zunächst werden für das jeweilige Topic alle Synonyme gesucht
(`get_synonyms()`). Danach werden der zurückzuliefernden
Menge an Topics (`retval`) synonyme Topics zugefügt. Danach erfolgt die erste Rekursion für diese Synonyme. Die Topics werden
jenen Ergebnismengen hinzugefügt, welche von den Methoden
`get_topics_for_type()` und `get_topics_for_scope()`
geliefert werden. Schließlich folgt die Rekursion – einmal für alle

Vorgehensweise

gefundenen Topics, die das aktuelle als Typ haben, dann für alle, die es als Theme in ihrem Scope haben.

9.6.10
Die Methode get_topics_for_scope()

Diese Methode liefert alle Topics, die das angegebene Topic in ihrem Scope haben.

Methode get_topics_for_scope()

```
TopicSet get_topics_for_scope (long ptopic) {
TopicSet retval = new TopicSet();
// topics mit "normalen themes" aus Tabelle scope
retval.add (DB.lookup IDs of Topics which have the Topic
ptopic in their scope, directly via their scope-attribute);
// topics, die dieses theme über addthems zugewiesen haben
retval.add (get_topics_for_added_theme (DB, topic));
// topics, die dieses theme über addthms (tmdocs oder
// cassign) zugewiesen haben
retval.add (get_topics_for_addthms (DB, topic));
}
```

Vorgehensweise

Dazu ist es notwendig, nicht nur direkt über das `scope`-Attribut zugeordnete Themes zu betrachten, sondern auch die diversen Added-Themes-Mechanismen, die bei Topic Maps möglich sind. Deswegen werden die Methoden `get_topics_for_added_theme()` und `get_topics_for_addthms()` aufgerufen.

Anmerkung: ähnlich wie die Tabellen `loctrans` oder `topic_assoc` könnte es auch eine Hilfstabelle geben, die alle Scope-Themes zu Topics beinhaltet, damit diese Methoden nicht mehr notwendig wären und die Abfrage beschleunigt werden könnte. Dies wäre im Hinblick auf eine zweite Version der TM-Engine eine sinnvolle Erweiterungsmöglichkeit.

9.6.11
Die Methode get_topics_for_added_theme()

Methode get_topics_for_added_theme()

```
TopicSet get_topics_for_added_theme (long added_theme) {

TopicSet tms = new TopicSet();
TopicSet tmsd = new TopicSet();
TopicSet retval = new TopicSet();

// finde alle Topic Maps, in denen added_theme als Scope
// vokommt tms.add (get_topicmaps_for_added_theme
// (added_theme));
```

```
// finde alle Topic Maps in der Hierarchie hinunter
for each tms.topic[] t
 tmsd.add (get_topicmaps_downwards (t));

// alle Topics aus diesen Topic Maps zurückliefern
for each tmsd.topic[] t
 retval.add (get_topics_for_topicmap (t));

return retval;
}
```

Methode get_topics_ for_added_theme() (Fortsetzung)

Diese Methode liefert alle Topics, die das angegebene Added Theme mittels `addthems`-Attribut in einer zugehörigen `topicmap` (auch hierarchisch) zugeordnet haben. Die Kommentare der Methode erklären dabei die Vorgehensweise.

9.6.12
Die Methode get_topics_for_addthms()

Diese Methode liefert alle Topics, die das angegebene Theme über ein `addthms`-Element zu ihrem Scope zugewiesen bekommen haben.

```
TopicSet get_topics_for_addthms (long addthms_theme) {

TopicSet retval = new TopicSet ();
TopicSet tf;
TopicSet tfm;
TopicSet tfmtm

tf = get_addthms_for_topic (addthms_theme);
// für alle addthms, die dieses Theme zuweisen
for each tf.topic[] t {
 tfm = get_topicmaps_for_addthms (t);
 // für alle topicmaps, auf die verwiesen wird
 for each tfm.topic[] tfm_t {
  tfmtm = get_topicmaps_downwards (tfm_t);
  // für alle Topic Maps, die noch unter diesen Topic Maps
  // liegen (verschachtelt)
  for each tfmtm.topic[] tfmtm_t
   // nimm alle Topics von diesen Topic Maps in die Liste
   // auf. Sie alle haben das Theme addthms_theme.
   retval.add (get_topics_for_topicmap (tfmtm_t));
 }
 // untersuche die cassigns, füge sie in jedem Fall hinzu
 retval.add (get_topics_for_cassign_addthms (t));
}
return retval;
}
```

Methode get_topics_ for_addthms()

Zunächst liefert dabei die Methode `get_addthms_for_topic()` alle `addthms`-Elemente, die das Topic als Theme zuweisen. Zu jedem dieser Elemente werden die zugehörige Topic Map und die im

Vorgehensweise

BOS darunterliegenden Topic Maps gesucht. Von diesen Topic Maps kommt jedes beinhaltete Topic in die Ergebnismenge der Methode get_topics_for_addthms().

9.6.13
Die Methode get_topics_for_cassign_addthms()

Diese Methode liefert alle Topics, die über das cassign-Attribut des angegebenen addthms-Elements neue Themes zugewiesen bekommen.

Methode get_topics_for_cassign_addthms()

```
TopicSet get_topics_for_cassign_addthms (long paddthms) {
TopicSet retval = new TopicSet ();
xmlIDs = DB.lookup xmlIDs that are assigned via the
cassign-attribute of paddthms;

// suche topics, die von xmlID referenziert werden
for each xmlIDs x {
  retval.add (DB.lookup IDs of Topics with Xml-ID matching
  x);
  retval.add (DB.lookup IDs of Topics with Base Names, Sort
  Names or Display Names with an Xml-ID matching x);
}
return retval;
}
```

Dazu wird zunächst der Inhalt des cassign-Attributs des addthms-Elements in Form von XML-IDs herangezogen. Diese IDs werden dann in den Definitionen von Topics oder ihren Names gesucht.

9.6.14
Die Methode gather_synonyms()

Methode gather_synonyms()

```
TopicSet gather_synonyms (TopicSet &t, int count) {
TopicSet retval = new TopicSet ();
TopicSet l = get_synonyms (t.topic[count]);

for i: count+1 to t.count()
 if (t.topic[i] is_in l) {
  retval.add (t.topic[i]);
  t.topic[i] = 0;
 }
return retval;
}
```

Nachdem wir nun alle Methoden betrachtet haben, die von der Methode evaluate() aufgerufen werden, sei hier eine weitere Methode erwähnt, die direkt in der Methode do_query()

verwendet wird. Diese Methode liefert alle Synonyme für das Topic in der Menge t an der Stelle count und „löscht" die Synonyme in t durch Überschreiben mit dem Wert 0. Die Menge t wird wieder zurückgegeben (gekennzeichnet durch das & in der Signatur, das eine Referenz signalisiert). Der Pseudocodeoperator is_in dient zur Überprüfung, ob ein Element Teil einer Menge ist.

9.6.15
Die Methode build_topic_characteristic_tree()

Diese Methode wird ebenfalls in do_query() aufgerufen. Sie dient dazu, den Ergebnisbaum auf dem Bildschirm (innerhalb des Web-Browsers) auszugeben. Es soll hier zwar nicht auf optische Belange Rücksicht genommen, sehr wohl aber festgelegt werden, was die Inhalte dieses charakterisierenden Baumes sind. Es handelt sich übrigens wieder um eine rekursive Methode. Werden etwa Assoziationen oder Facets gefunden, wird für diese Konstrukte diese Methode erneut rekursiv aufgerufen. Die Methode ist zudem polymorph und hat zwei Signaturen. Eine davon ist für den ersten, initialisierenden Aufruf zu verwenden.

```
void    build_topic_characteristic_tree    (                              1. Signatur
        long    globalID      ID des Datenbankelements
        int     UPPER_TYPE    Typ des parent-nodes
                              im topic-tree
        int     depth         Rekursionstiefe
                                           )
```

Übergeben werden hier im Wesentlichen die ID des Topics, der Typ des übergelagerten Knotens und die aktuelle Rekursionstiefe.

```
void build_topic_characteristic_tree (long globalID, int
UPPER_TYPE, int depth) {
TopicSet t = new TopicSet ();
t.add (globalID);
build_topic_characteristic_tree (t, UPPER_TYPE, depth);
}
```

Methode build_topic_characteristic_tree() Variante 1

In dieser Version wird lediglich ein TopicSet-Objekt angelegt, welches das übergebene Topic beinhaltet, und dann die eigentliche Methode build_topic_characteristic_tree() mit diesem TopicSet-Objekt aufgerufen.

```
void    build_topic_characteristic_tree    (                              2. Signatur
        TopicSet syn          IDs des Datenbankelements und
                              seiner Synonyme
        int     UPPER_TYPE    Typ des parent-nodes
                              im topic-tree
        int     depth         Rekursionstiefe )
```

Die zweite Variante der Methode erledigt die eigentliche Arbeit, ihre Signatur unterscheidet sich tatsächlich nur von der ersten Variante insofern, als dass statt dem `long`-Wert für ein Topic ein `TopicSet`-Objekt übergeben wird. Da die Methode umfangreicher ist, soll sie wieder schrittweise betrachtet werden.

Methode build_topic_characteristic_tree() Variante 2 (Beginn)

```
void build_topic_characteristic_tree (TopicSet Syn, int
UPPER_TYPE, int depth) {

Occurrence[] O;
Facet[] F;
Assoc[] A;
TopicSet scope;

//welche Hierarchietype?

switch UPPER_TYPE
// oberste Stufe
case TYPE_NONE, TYPE_TOPIC: {
...
```

Zunächst wird also der übergebene Typ des Elternknoten überprüft. Falls es sich dabei um ein Topic (Konstante `TYPE_TOPIC`) oder irgendein anderes, nicht näher definiertes Konstrukt (Konstante `TYPE_NONE`) handelt, wird so vorgegangen, als ob es sich in jedem Fall um ein Topic handelt. Alle darstellenswerten Informationen zu Topics werden gesucht.

Informationen zu Topics

```
...
  String filter = build_filter (Syn.topic);

  // Topic-Basis-Daten (topic + synonyme):
  t = DB.lookup (" select * from topic where ID " + filter);
  for each t t_1 {
   output (t_1.xmlID, t_1.identity, t_1.linktype, depth);
   output_scopes (get_scopes (t_1.ID, "scope", "ftopicID"),
    depth);
   // Topicmap-Scopes
   output_scopes (get_topicmap_scopes (DB,
   t_1.ftopicmapID));
  }
  // Namen u. IDs der Topic-Types, link auf das Topic
  t = DB.lookup Topics, which are Types of the Topics in
  filter;
  for each t t_1 {
   output (t_1.xmlID, t_1.identity, t_1.linktype,
   get_topic_name (t_1.ID), depth);
   output (build_link (t_1.ID));
  }
  // TopNames
  t = DB.lookup IDs, xml-IDs from topname-Elements belonging
  to Topics in filter;
  for each t t_1 {
   output (t_1.xmlID, depth + 1);
```

```
  build_topic_characteristic_tree (t_1.ID, TYPE_TOPNAME,
    depth + 1);
 }
 // occurrences, assocs, facets für das topic u. seine
 // Synonyme
 for each Syn.topic t {
  O = get_occurrences (t);
  for each O[] o_1 {
   output (o_1.toString(), depth + 1);
   // impliziert hier: auch ein HTML-Link auf das
   // betreffende Dokument wird geschrieben
   build_topic_characteristic_tree (o_1.ID,
       TYPE_OCCURRENCE, depth + 1);
  }
  A = get_assocs (t);
  for each A[] a_1 {
   output (a_1.toString(), depth + 1);
   build_topic_characteristic_tree (a_1.ID, TYPE_ASSOC,
     depth + 1);
  }
  F = get_facets (t);
  for each F[] f_1 {
   output (f_1.toString(), depth + 1);
   build_topic_characteristic_tree (f_1.ID, TYPE_FACET,
     depth + 1);
  }
 }
}
...
```

Informationen zu Topics (Fortsetzung)

Zunächst wird ein String unter Verwendung der Methode `build_filter()` gebildet, der aus der angegebenen Menge von Topics ein Suchkriterium für die Datenbankabfrage darstellt. Dieser wird benutzt, um in der Folge alle Basisdaten zu Topics zu suchen, die der Tabelle `topic` entnommen werden. Dann werden für jedes Topic die Scopes sowie die Scopes der Topic Map des Topics ausgegeben (Methoden `get_scopes()` und `get_topicmap_scopes()`). Hernach werden die Typen des Topics und seiner Synonyme gesucht. Diese werden durch die Methode `build_link()` als Link ausgegeben, nach dessen Betätigung wiederum eine TM-Abfrage ausgelöst wird, welche genau zu dem betreffenden Topic die Methode `build_topic_characteristic_tree()` ausführt, den aktuellen charakteristischen Baum also zu Gunsten des neuen, durch Betätigung des Links ausgewählten Topics verlässt.

Vorgehensweise für Topics

Schließlich werden alle `topname`-Elemente des Topics und seiner Synonyme (in der Menge `Syn` zusammengefasst) sowie alle zugehörigen Assoziationen, Occurrences und Facets gesucht. Für jedes dieser Elemente werden seine unmittelbaren Eigenschaften dargestellt und `build_topic_characteristic_tree()` rekursiv aufgerufen, da es sich um Elemente handelt, die Sub-Elemente haben (`assocrl`, `fvalue`, etc.), die ebenfalls über relevante

Vorgehensweise für Namen

Eigenschaften verfügen. Der Wert des Parameters UPPER_TYPE hängt nun von dem entsprechenden Konstrukt ab (z.B. TYPE_FACET). Die Rekursionstiefe depth wird um 1 erhöht.

Topname-Eigenschaften

```
...
case TYPE_TOPNAME: {
 output_scopes (get_scopes(t_1.ID, "topname_scope",
 "ftopnameID"), depth + 1);
 t = DB.lookup IDs, names and xmlIDs from Base Names with
 their topname-Element matching globalID;
 for each t t_1 {
  output ("Basename:",t_1.name, t_1.xmlID, depth + 1);
  output_scopes (get_scopes (t_1.ID, "basename_scope",
  "fbasenameID"), depth + 2);
 }
 t = DB.lookup IDs, names and xmlIDs from Display Names
 with their topname-Element matching globalID;
 for each t t_1 {
  output ("Dispname:",t_1.name, t_1.xmlID, depth + 1);
  output_scopes (get_scopes (t_1.ID, "dispname_scope",
  "fdispnameID"), depth + 2);
 }
 t = DB.lookup IDs, names and xmlIDs from Sort Names with
 their topname-Element matching globalID;
 for each t t_1 {
  output ("Sortname:",t_1.name, t_1.xmlID, depth + 1);
  output_scopes (get_scopes (t_1.ID, "sortname_scope",
  "fsortnameID"), depth + 2);
 }
}
...
```

Handelt es sich beim aktuell betrachteten Element aber um ein topname-Element, werden für dieses alle Eigenschaften gesammelt, das sind in erster Linie die Base, Sort und Display Names sowie alle vorkommenden Scopes.

Informationen für Assoziationen

```
...
case TYPE_ASSOC: {
 long globalID = Syn.topic[0];
 // types für assoc
 output_types (get_types (globalID, "assoc", "ID"));
 // scopes für assoc
 output_scopes (get_scopes (globalID, "assoc_scope",
 "fassocID"), depth);
 // für alle assocrls der assoc einen Link auf das
 // zugehörige Topic legen
 i = DB.lookup Topics that take part in the association
 identified by globalID, using DB-table topic_assoc;
 for each i i_1 {
  output (i_1.anchrole, i_1.linktype,
  get_topic_name (i_1.type), depth + 1);
  output_types (get_types (i_1.assocrlID, "assocrl", "ID"),
  depth + 1);
```

```
  // facets für assocrls
  F = get_facets (i_1.fassocrlID);
  for each F[] f_1 {
   output (f_1.toString(), depth + 1);
   build_topic_characteristc_tree (f_1.ID, TYPE_FACET,
     depth + 1);
  }
 }
 // facets für assoc
 F = get_facets (i_1.fassocID);
 for each F[] f_1 {
  output (f_1.toString(), depth);
  build_topic_characteristc_tree (f_1.ID, TYPE_FACET,
    depth);
 }
}
...
```

Informationen für Assoziationen

Handelt es sich um eine Assoziation, werden zunächst alle zugeordneten Scope-Themes und Typen gesucht (`get_types()`, `get_scopes()`). Für jedes Topic, das in der Assoziation eine Assoziationsrolle spielt, wird durch Aufruf von `build_link()` ein Link konstruiert. Es werden alle Assoziationsrollen mitsamt ihrer Typen und Facetten gesucht. Schließlich werden noch die Facetten für die Assoziation herangezogen (`get_facets()`) und ausgegeben.

Vorgehensweise für Assoziationen

```
case TYPE_OCCURRENCE: {
 output_types (get_types (globalID, "occurrence", "ID"),
  depth);
 // facets für occurrences
 F = get_facets (globalID);
 for each F[] f_1 {
  output (f_1.toString(), depth);
  build_topic_characteristc_tree (f_1.ID, TYPE_FACET,
    depth + 1);
 }
}
```

Informationen für Occurrences

Geht es um eine Occurrence, wird ihr Typ gesucht und allfällige Facets, die ihr zugeordnet sind. Die Links wurden bereits in der übergeordneten Rekursionsebene gebildet.

```
case TYPE_FACET: {
 output_types (get_types (globalID, "facet", "ID"), depth);
 // facets für facets
 F = get_facets (globalID);
 for each F[] f_1 {
  output (f_1.toString(), depth);
  build_topic_characteristc_tree (f_1.ID, TYPE_FACET,
    depth + 1);
 }
}
```

Informationen für Facets

Bei einer Facet wird im Prinzip genauso vorgegangen. Bemerkenswert ist, dass es durchaus auch Facetten von Facetten geben kann.

9.6.16
Die Methode get_assocs()

Diese Methode liefert für ein Objekt mit der ID globalID alle zugehörigen Assoziationen, gekapselt in der Klasse Assoc, die bereits in Abschnitt 9.6.3 beschrieben wurde.

Methode get_assocs()

```
Assoc[] get_assocs (long globalID) {

Assoc[] a;
i = DB.lookup entries of loctrans with ID matching
globalID, and recursive sub-entries;
        // prior ID = location
for each entry i_1 in i
  if ((i_1.type == TYPE_LOCATION) &&
  (i_1.loctype == LOCTYPE_ASSOCRL))
    a.add (DB.lookup association- and assocrl-relevant
    data for the assoc and assocrls i_1 points to);

return a;
}
```

Dabei werden vorerst alle Einträge der Tabelle loctrans gesucht, die irgendwie (auch über mehrere Locations hinweg) mit der übergebenen, globalen ID zusammenhängen. Wenn es sich dabei um Assoziationsrollen handelt, werden die Eigenschaften dieser aus der Datenbank gelesen und zurückgeliefert.

9.6.17
Die Methode get_facets()

Methode get_facets()

```
Facet[] get_facets (long globalID) {
  Facet[] f;
  i = DB.lookup entries of loctrans with ID matching
  globalID, and recursive sub-entries;
          // prior ID = location
  for each entry i_1 in i
    if ((i_1.type == TYPE_LOCATION) &&
    (i_1.loctype == FVALUE))
      f.add (DB.lookup facet-relevant data for the facet i_1
      points to);

return f;
}
```

Analog zur vorigen Methode arbeitet get_facets(). Diese Methode bezieht sich jedoch auf Facetten und Facet Values statt auf Assoziationen und Assoziationsrollen. Sie liefert alle Facetten und Werte zu einem Objekt mit der angegebenen Datenbank-ID, egal von welchem Typ dieses Objekt ist (Topic, Assoziation, Facet,...).

9.6.18
Die Methode get_occurrences()

```
Occurrence[] get_occurrences (long globalID) {

Vector URLs, URL_List;
Occurrence[] occs;      // beinhaltet Occurrence-relevante
                        // Daten und die URLs,
                        // auf die die Occurrences zeigen

// suche alle Occurence-Locations zum
// Topic mit ID: globalID
o = DB.lookup all occurrences (and its locations) of topic
with ID matching globalID;

if (o.count() > 0) {
 for each occurrence/location-entry o_l in o {

  // gehe nun den Location-Path und suche alle Enden

  i = DB.lookup location_IDs recursively in entries of
  loctrans which IDs match o.location_ID and that don't
  point to further loctrans-entries (it means the leaves of
  location paths);

  // gab es überhaupt einen oder mehrere Pfade?
  // Wenn ja, Rekursion
  if (i.count() > 0)
   for each location_ID i_l in i {
    URLs = get_URLs (i_l.location_ID, "");
    URL_List += URLs;
   }
  occs.add (relevant data of o and URL_List);
 }
}
return occs;
}
```

Methode get_occurrences()

Diese Methode liefert für ein Objekt mit der ID `globalID` alle zugehörigen Occurrences. Zuerst werden alle Locations gesucht, auf die die Occurrence verweist. Jede dieser Locations bildet den Ausgangspunkt eines Locations Paths, der mitunter mehrere Enden hat und in der Tabelle `loctrans` über die dort vorhandene hierarchische Beziehung herauszufinden ist. Für all diese Enden werden nun die entsprechenden URLs aus der Datenbank gesucht (`get_URLs()`) und in einem Vektor mit Namen `URL_List` eingetragen, der in der Folge als Eigenschaft des entsprechenden Occurrence-Objektes auftritt. Resultat der Methode ist wieder ein Array solcher `Occurrence`-Objekte.

Vorgehensweise

9.6.19
Die Methode get_URLs()

Diese Methode liefert in einem Vektor rekursiv alle URLs der Blätter eines Location-Baumes (alle Location Paths, die von einer Location ausgehen), der mit der übergebenen Location beginnt. Also alle URLs, die zu einer Occurrence gehören, die auf die angegebene Location verweist.

Methode get_URLs()

```
Vector get_URLs (long plocation, Vector URLs) {

i = DB.lookup locations where flocationID matches
plocation, order by sortnumber;

if (i > 0)      // kein Blatt -> Locations rekursiv
// abarbeiten
  for each location i_l in i
    URLs = get_URLs (i_l.ID, URLs);
else            // ein Blatt -> in die Liste geben
  URLs.add (
    DB.lookup locsrc of location matching plocation);

return URLs;
}
```

9.6.20
Die Methode get_scopes()

Diese Methode liefert sämtliche Scope-Themes zu einem Datenbankelement. Zusätzlich zur ID müssen auch hier der Tabellenname, in dem der Scope zu dieser Art von Element eingetragen wird, sowie der Name des Fremdschlüssels auf die übergebene ID in dieser Tabelle angegeben werden. Dabei werden alle direkt zugeordneten Themes über ein Select-Statement geholt, alle weiteren über die Methode get_additional_scopes().

Beispiel:
```
get_scopes (DB, t_l.ID, "scope", "ftopicID")
```

für die Scope-Themes von Topics.

Methode get_scopes()

```
TopicSet get_scopes (long globalID, String table, String
fkey) {

TopicSet retval = new TopicSet ();
retval.add ( DB.lookup ("     select scope
                              from " + table + "
                              where " + fkey + " = " +
                              Long.toString (globalID)));
retval.add (get_additional_scopes (globalID, table));
return retval;
}
```

9.6.21
Die Methode get_additional_scopes()

Diese Methode liefert Themes, die dem übergebenen Datenbankelement über ein `addthms.cassign`-Attribut zugewiesen sind.

```
TopicSet get_additional_scopes (long globalID, String
table) {

String ref_table;
TopicSet t;

TopicSet a = new TopicSet ();
TopicSet retval = new TopicSet ();

if (table == "scope") ref_table = "topic";
else {
        String[] s = split (table, "_");
        ref_table = s[0];
}
...
```

Methode get_additional_ scopes() (Beginn)

Bis hierher wird nicht mehr gemacht, als aus dem übergebenen String für die Tabelle, in der sich die Scope-Beziehung finden lässt (entweder `scope`, `basename_scope`, `topname_scope`, `sortname_scope`, `dispname_scope` oder `assoc_scope`), jene Tabelle aufzufinden, die das Objekt enthält, dessen Scope beschrieben wird (Topic, Base Name, Top Name, etc.). Der Name dieser Tabelle steht in `ref_table`.

```
...
// suche xmlID des Objekts globalID
gxmlID = DB.lookup XML-ID of object with ID matching
globalID in DB-table ref_table;

// finde die TopicMap zum Objekt globalID
if (ref_table IN ("basename", "dispname", "sortname"))
  topicmap = DB.lookup ID of Topic Map in DB-table
  ref_table, when globalID means a Name;

else if (ref_table == "topname")
  topicmap = DB.lookup ID of Topic Map in DB-table
  ref_table, when globalID means a topname-Element;

else
  topicmap = DB.lookup ID of Topic Map in DB-table topic,
  when globalID means a Topic;
...
```

Suche XML-ID des Objekts und die zugehörige Topic Map

Dann wird die jeweilige XML-ID des Objekts herangezogen, sowie jene Topic Map, in der sich das Objekt befindet.

addthms-Elemente behandeln

```
...
// finde die addthms-IDs und topicmaps, die auf die bereits
// festgestellte xmlID des Objekts globalID verweisen

i = DB.lookup IDs of addthms-Elements (and enclosing Topic
Maps) pointing to gxmlID;

// überprüfe, ob die topicmaps zu den jeweiligen addthms-
// Statements auch der gefundenen topicmap der globalID
// entsprechen
// wenn ja, sammle die addthms-IDs
for each i_1 in i {
 t = get_topicmaps_upwards (i_1.ftopicmapID);
 if (topicmap in t.topic[]) a.add (i_1.ID);
}

// suche zu allen gefundenen addthms-IDs die zugewiesenen
// themes
for each a.topic[] a_t
 retval.add (get_topics_by_addthms (a_t));

return retval;
}
```

Die relevanten `addthms`-Elemente werden in a vermerkt und schließlich werden alle Topics zurückgegeben, die von diesen `addthms`-Elementen zugewiesen werden.

9.6.22
Die Methode get_topicmap_scopes()

Vorgehensweise

Diese Methode liefert sämtliche Scope-Themes zu einer Topic Map. Dazu wird die Menge aller im BOS darüberliegenden Topic Maps gesucht und mit der übergebenen Topic Map vereint. Diese Menge an Topic Maps wird abgearbeitet und pro Topic Map werden die beiden Methoden `get_topics_for_addthms_topicmap()` und `get_added_themes_for_topicmap()` aufgerufen und die entsprechenden zurückgegebenen Topics als Themes der Ergebnismenge der Methode `get_topicmap_scopes()` hinzugefügt.

Methode get_topicmap_scopes()

```
TopicSet get_topicmap_scopes (long topicmap) {
 TopicSet retval = new TopicSet ();
 TopicSet topicmaps = get_topicmaps_upwards (topicmap);
 for each topicmaps.topic[] t {
  retval.add (get_topics_for_addthms_topicmap (t));
  retval.add (get_added_themes_for_topicmap (t));
 }
 return retval;}
```

9.6.23
Die Methode output_topics()

Diese Methode gibt ein Topic aus (mit Namen und Link).

```
void output_topics (TopicSet t, int depth) {
 for each t.topic[] tt {
  output (get_topic_name (DB, tt), depth);
  build_link (tt);
 }
}
```

Methode output_topics()

9.6.24
Die Methode build_link()

Diese Methode liefert einen String, der einen HTML-Link auf das angegebene Topic enthält. Die genaue Umsetzung dessen soll im Pseudocode noch keine Rolle spielen. Hier wird mit dem JavaScript-Event ONCLICK eine Möglichkeit skizziert, den Link zu verwalten. Wird er aktiviert, wird die Methode `proceed_topic_link()` aufgerufen, mit der jeweiligen Datenbank-ID des betreffenden Topics. Der Aufruf dieser Methode könnte auch, wenn es sich um ein Servlet handelte, als HTTP-POST-Message beim Servlet ankommen, zusammen mit einem Parameter, der besagt, dass die Methode `proceed_topic_link()` am Server aufgerufen werden soll. Im Pseudocode interessieren uns solche technischen Details noch nicht. Es soll jedoch angedeutet werden, dass die Methode `build_topic_characteristic_tree()` auch für das korrekte Einfügen solcher Links in seiner HTML-Ausgabe verantwortlich ist.

Links zu Topics einfügen

```
String build_link (long topic) {
 return " some HTML-Code.... ONCLICK = proceed_topic_link
(" + Long.toString (topic) + ") ";
}
```

Methode build_link()

9.6.25
Die Methode proceed_topic_link()

Dies ist nun jene Methode, die bewirkt, dass ein charakterisierender Baum eines Topics (und seiner Synonyme) ausgegeben wird – nach Aktivierung eines Links.

Methode proceed_topic_link()

```
void proceed_topic_link (long topic) {
  long[] l = get_synonyms (topic);
  TopicSet t = new TopicSet ();
  t.add (l);
  build_topic_characteristic_tree (t, TYPE_NONE, 0);
}
```

9.6.26
Die Methode get_types()

Diese Methode liefert sämtliche Types zu einem Datenbank-Element, für welches nicht nur seine ID, sondern auch seine Tabelle und sein Primärschlüssel angegeben werden.

Beispiel:
```
get_types (globalID, "assoc", "ID")
```

Die Methode sieht so aus:

Methode get_types()

```
TopicSet get_types (long globalID, String table, String key) {

  return (TopicSet) DB.lookup ("     select type
                         from " + table + "
                         where " + key + " = " +
                         Long.toString (globalID) );
}
```

9.7
Zusammenfassung

Mit dem vorliegenden Pseudocode ist die Grundlage für die Implementierung des Prototypen der TM-Engine gegeben. Diese Implementierung kann in weiterer Folge wiederum dazu herangezogen werden, eben diesen Pseudocode im Hinblick auf etwaige Schwachstellen nachträglich zu verbessern und den jeweiligen Gegebenheiten anzupassen. Nachfolgend seien einige nun naheliegende Aktivitäten genannt.

Implementierung
- Die Implementierung eines Prototyps, nach Möglichkeit unter verschiedenen Gesichtspunkten – etwa unter Berücksichtigung alternativer Systemarchitekturen.

Testreihen
- Die Erstellung eines umfangreichen Hyperdokuments, das sämtliche Eventualitäten und potentielle Schwierigkeiten in Bezug auf das Einlesen von Topic Maps und die darauf bezogene Abfrage von Informationen abbildet. Denkbar wäre auch die Krea-

tion einer umfangreichen Test-Reihe, die nicht nur für das Testen der hier besprochenen TM-Engine, sondern auch zum Vergleich verschiedener Produkte herangezogen werden könnte. Eine Test-Suite könnte verschiedene kritische Aspekte von Topic Maps abdecken, etwa weitreichende Scopes von Topics, viele Topics mit gleichen Namen, das Problem identer Topics oder Performance-Probleme beim Einlesen, viel mehr noch aber bei Abfragen.

- Ausführliches Testen der TM-Engine im Hinblick auf alle im vorigen Punkt erwähnten Kriterien.
- Verbesserung des Pseudocodes, Reengineering.

Macht man aus diesem Vorhaben ein kommerzielles Projekt, wird der Entwicklungsprozess mit Sicherheit wesentlich komplexer und strukturierter, von vielen Zyklen und Schleifen geprägt. Ein weiterer Ausblick entzieht sich aber dem Fokus dieses Buches. Was nun noch folgt, sind ein Kapitel, in dem der Topic Maps-Standard und auch die hier vorgestellten Konzepte kritisch hinterfragt werden, sowie ein Überblick über den relativ neuen XTM-Standard.

10 Kritik und Erweiterungsmöglichkeiten

In diesem Kapitel wird das bislang Vorgestellte noch einmal kritisch hinterfragt. Die Kritik soll die Diskussion über Topic Maps und den hier eingeleiteten Prototyp stimulieren und in Folge vielleicht zu Erweiterungsvorschlägen führen. Dieser Abschnitt teilt sich in eine Kritik an dem vorgestellten Prototyp unserer TM-Engine sowie in eine allgemeine Sektion über Topic Maps.

Viele der erwähnten Punkte sind bereits einmal im Laufe der Kapitel aufgetaucht und werden an dieser Stelle mitunter nicht mehr detailliert geschildert. Man könnte sich das Folgende eher als unterstützenden Notizblock für die Entwicklung der nächsten Version einer TM-Engine oder sogar des Topic Maps-Standards vorstellen. Die Reihenfolge der angeführten Kritik- und Erweiterungspunkte hat ansonsten keine besondere Bedeutung.

10.1 Kritik und Erweiterungsvorschläge an der TM-Engine

Wir beginnen mit der Selbstkritik. Die meisten der Punkte wurden schon erwähnt, sie sollen hier noch einmal zusammengefasst werden.

10.1.1 Die Systemarchitetktur

Die Systemarchitektur, die für die TM-Engine vorgeschlagen wurde, ist eine minimale (siehe Abbildung 6.4). Sie verfügt zwar über vier Schichten, die Datenbank, den DB-Server und RMI-Server, das oder die Servlets sowie den Client im Web-Browser, kann aber durchaus erweitert werden. Vor allem, wenn man wirklich vor hat, dieses Projekt in praktischer Hinsicht zu bereichern, mit kundenorientiertem Web-Service, ausfallsicherer und performanter Datenbank und stark verteilter Struktur. Datenbankreplikation, Sicherheitsaspekte, Benutzer-Management, Server-Ausfallssicherheit, Verschlüsselung und komponentenbasierte Entwicklung sind unmittelbar relevante Themen. Der charakterisierende Topic-Baum zur Darstellung eines Abfrageergebnisses könnte durch eine universelle, austauschbare Komponente ersetzt werden, um verschiedene Darstellungsarten in der selben TM-Engine verwenden zu können und dem Benutzer mehrere Sichten auf das Wissen im Repository zu bieten. Die Kommunikation der Komponenten könnte im Rahmen von CORBA plattform- und sprachunabhängig geschehen.

10.1.2
Topic Request Broker

Verteilte Kommunikation über Request Broker Architekturen

Mit dem Wachstum dieses Projekts kann für die Systemarchitektur davon ausgegangen werden, dass es weltweit nicht nur ein Repository, die Replikationen dessen jetzt nicht mitgerechnet, geben wird. Das Ziel könnte heißen, irgendwann die gesamte Welt in Form von Topic Maps zu modellieren, dann ist für die Informationsgewinnung daraus der maximale Nutzen erreicht. Geht man davon aus, dass „wenige" Datenbanken existieren, etwa in geografischer Hinsicht oder auf Themengebiete bezogen, so könnten diese untereinander kommunizieren. Sogenannte Topic Request Broker könnten, ähnlich wie Object Request Broker in CORBA, diese Verständigung übernehmen. Der Vorteil bei dieser Technologie wäre, dass es von CORBA her schon ein enormes Erfahrungspotential gibt, was die Umsetzung solch einer Kommunikation mit all ihren Risiken betrifft. Dynamisches Aufrufen von Objekten oder verschiedene Formen von Caching seien hier erwähnt.

Semantische Trennung von Repositories

Es könnte beispielsweise eine Datenbankstruktur ähnlich der Kortizes im menschlichen Hirn angedacht werden (Sprachzentrum, motorisches Zentrum, visuelles Zentrum, usw.) – eine Datenbank beinhaltet Topic Maps, die geografische Topics beinhalten, eine Datenbank solche Topics, die auf historische Daten zurückgreifen, etc. Zwischen diesen Datenbanken existiert eine dichte Verflechtung. Ein andere, orthogonale Möglichkeit wäre die sprachliche Trennung auf Regionen bezogen – jedes Land könnte den grundlegenden Sprachschatz als Topic Map-Struktur definieren. Würde dann eine Abfrage gestartet werden, die etwa alle deutschen Komponisten des 18. Jahrhunderts suchen würde, käme zunächst eine Anfrage an den Topic Request Broker, um in der deutschen Datenbank „Komponist" und „Jahrhundert" zu finden. Damit würde man die entsprechenden englischen Begriffe („artist", „century") finden und könnte damit in einer universalen, historischen Topic Maps – Datenbank die tatsächliche Ergebnismenge erfragen. An diesem simplen Beispiel wird klar, dass bei solch einem Unterfangen die Organisation des globalen Wissens das Ziel sein sollte. In den Abschnitten 10.2.1 und 10.2.12 wird das Problem der Sprache weiter behandelt.

10.1.3
Darstellung

Die in unserem Beispiel gewählte Darstellungsvariante, eine Liste von sogenannten charakterisierenden Bäumen der ausschließlich aus Topics bestehenden Ergebnismenge, ist rein willkürlich. Gegenstand der weiteren Forschung wird sein, die optimale aus einer Reihe von Darstellungsvarianten zu wählen (vgl. [LeG00]), etwa mit den Ergebnissen einer Feldstudie an einer Reihe ausgewählter Testpersonen. In welchem Metagraphen wir uns mit unseren Abfragen an Topic Maps bewegen, wurde bereits gezeigt. Die Darstellung der Gesamtmenge an Wissen aus einer Topic Map in Form einer „Karte" scheint praktikabler als eine Baumdarstellung. Es könnte beispielsweise zusätzlich zu der bestehenden strukturierten Listensicht eine die Navigation unterstützende Sicht kommen, die weniger Text, aber umso mehr Beziehungen und einen größeren Ausschnitt des Graphen, in dem wir uns bewegen, beinhaltet. Hyperbolische Bäume etwa können unter Verzicht auf allzu viele erklärende Zeichenketten bis zu zehn Mal so viele Knoten darstellen wie gewöhnliche Bäume im nicht gekrümmten Raum (vgl. [Lam96]) – bei gleicher Bildschirmauflösung.

Karten oder hyperbolische Bäume

Natürlich ist auch der Inhalt des charakterisierenden Baumes, falls dieser verwendet wird, zu hinterfragen oder anzupassen oder mit diversen Darstellungsfiltern in gewissem Sinne zu verbessern. Zusätzlich wären auch andere Grafiken, die das Repository erklären würden, nützlich, etwa ein Graph, der Abhängigkeiten von Topic Maps untereinander anzeigt, um festzustellen, wo in welcher Form sich Hyperdokumente befinden und welche Dokumente ausgecheckt oder eingecheckt werden können.

Zusätzliche Sichten

10.1.4
Die Abfragesprache

Im Rahmen der TM-Engine wollten wir uns auf keinen Fall nur auf SQL oder OQL beschränken. Dem Benutzer ist es kaum zuzumuten, diese Sprachen erst erlernen zu müssen, um das Wissen in Topic Maps nutzen zu können. Die Abfragesprache beruht auf der Annahme, dass die Ergebnismenge immer aus Topics besteht, nicht etwa aus Assoziationen oder bestimmten Occurrences. Die Abfragesprache abstrahiert also von den Details in Topic Maps und auch von OQL oder SQL und versucht, Antworten auf die häufigsten Fragearten der Benutzer geben zu können. Mit Sicherheit sind aber OQL und SQL wesentlich mächtigere Sprachen, allerdings operieren sie in unserem Fall auf dem Metamodell der Topic Maps, während unsere Abfragesprache das Metamodell transparent umsetzt und der Benutzer sich nicht mehr mit Unterschieden von `linktype`-Attributen oder Generic Identifiers beschäftigen muss. Wir haben zwei Ebenen unserer Abfragesprache vorgestellt, eine einfache auf Suchmaschinenebene, die auch im Pseudocode ihre Spuren hinterlassen hat, und eine komplexere Variante, die nur theoretisch besprochen wurde. Diese theoretische Variante muss insofern kritisiert werden, als dass sie ebenfalls erst erlernt werden muss und sie noch keine Aliases wie in SQL oder OQL anbietet, die die Verarbeitung und Gliederung in Teilabfragen unterstützen.

10.1.5
Caching

Bei einem größeren, verteilten System von einem oder mehreren Repositories ist in jedem Fall ein Caching in der Nähe des Client notwendig, wenn dieser sich dazu bereit erklärt. Ein Cache für Abfragen an Topic Maps könnte zum Beispiel Scope-bezogen sein. Das heißt, er beinhaltet alle schon bearbeiteten Topics, die zu einem bestimmten Scope gehören (etwa Dichter des 19. Jahrhunderts). Es ist anzunehmen, dass der Benutzer nicht nur eine Abfrage zu einem bestimmten Thema macht – er sucht zumeist länger in einem bestimmten Themengebiet, formuliert für dieses sicher häufig mehr als eine Abfrage. Es wäre auch denkbar, gesamte Extents von bereits verwendeten Abfragen zu cachen. Jemand, der den Architekten `Eiffel {Paris}` im Scope `Paris` sucht, könnte noch weitere Dinge suchen, die mit `Paris` zu tun haben oder in dessen Scope vorkommen. Etwa einen Pariser Stadtplan oder demographische Daten oder Bauwerke anderer Künstler in Paris.

10.1.6
Datenbankschema

Notwendigkeit von Hilfstabellen

Wir haben mit den Tabellen `loctrans` und `topic_assoc` für eine beabsichtigte Mehrfachhaltung von Daten gesorgt. Mit dem Hinweis auf strikte Zusammenführung jedes Updates einer Location oder einer Assoziation mit dem implizierten Update einer dieser Tabellen unter dem Dach einer gemeinsamen Transaktion (was im Pseudocode noch nicht veranschaulicht wurde) können zumindest die Problematik der Datenungleichheit umschifft und gleichzeitig der Nutzen aus der kompakteren Darstellung gezogen werden, Abfrageergebnisse können voraussichtlich schneller als ohne diese Hilfstabellen zurückgeliefert werden. Ein wichtiger Punkt ist nun, auch für die Scopes von Topics, Assoziationen und Namen eine solche Hilfstabelle zu erstellen, die ebenfalls automatisch gewartet wird und mit einem einzigen Statement wirklich den gesamten Scope eines Elements liefert – derzeit sind dazu noch einige zum Teil rekursive Methoden notwendig, wie im Pseudocode ersichtlich ist. Das Datenbankschema wurde ansonsten im gleichnamigen Kapitel schon ausführlich diskutiert, es wurde erwähnt, dass alternative Modelle genauso denkbar sind.

10.1.7
HyTime

HyTime wird nicht vollständig unterstützt. Es fehlen einige Location Addressing-Mechanismen, `bosspec`-Elemente sowie das `inbos`-Attribut des `topicmap`-Elements. Für weitere Versionen der TM-Engine sind auch diese Themen zu behandeln, wobei das `inbos`-Attribut vielleicht gänzlich weggelassen werden kann. Bereits in Abschnitt 5.3.5 wurde beschrieben, wie problematisch die Bildung des BOS und die Festlegung von Werten für das `boslevel`-Attribut eigentlich ist, wenn man an die Wiederverwendung von einzelnen Topic Maps auch in anderen Hyperdokumenten denkt. Benutzt ein Autor die Topic Map eines anderen Autors, legt selbst `boslevel`-Werte oder einen `maxbos`-Wert fest und bindet es nicht als `subhub`-Dokument ein, kann es zu unerwünschten Effekten beim BOS kommen, einzelne Topic Maps können herausfallen, die eigentlich benötigt werden würden. Bindet man jede Topic Map, die nicht aus eigener Feder stammt, sicherheitshalber als Subhub ein, um auch kein benötigtes Topic Map-Dokument durch ungünstige `boslevel`-Werte zu verlieren, läuft man Gefahr, wieder die Kontrolle über den jeweiligen Teil des BOS zu verlieren. Ebenfalls (noch) nicht unterstützt werden Location Ladders (siehe Abschnitt 5.4.4).

Ob HyTime überhaupt unterstützt werden soll, ist und bleibt eine Grundsatzfrage. XLink wird im Zuge der Popularität von XML an Bedeutung gewinnen, während HyTime mitunter als zu umfangreich oder komplex erscheint.

HyTime weiterhin unterstützen?

10.1.8
XLink/XPointer

Vor allem XPointer wird von dieser Version der TM-Engine nur rudimentär unterstützt.

10.1.9
Topic Maps

Mehrfachnennungen im identity-Attribut

Es ist in der TM-Engine bislang auch der Topic Maps-Standard noch nicht perfekt eingebettet. Das `identity`-Attribut beispielsweise kann vorübergehend nur auf eine ID eines anderen, identischen Topics verweisen, laut Standard sollte es aber möglich sein, eine Liste von Topic-IDs anzugeben. Es sollte aber keine unlösbare Aufgabe sein, dies zu korrigieren.

Facetten für Namen

Facetten für Namen sind laut Standard implizit möglich. Zwar wird auf diese Möglichkeit nicht hingewiesen, sie wird aber auch nicht untersagt, Facetten können allen Elementen mit einer XML-ID zugewiesen werden, aber dies wird seitens TM-Engine noch nicht umgesetzt - es sollte aber kein unüberwindbares Problem darstellen.

10.1.10
Enabling Architectures

Diese werden noch nicht wirklich umgesetzt. Die Umsetzung ist allerdings ein Muss für die nächste Version der TM-Engine, schließlich kann man davon ausgehen, dass eine Assoziation nicht immer durch ein `assoc`-Element repräsentiert werden wird, sondern durch ein benutzerdefiniertes, etwa `<myAssoc>`, das erst durch das `TopicMap`-Attribut als `assoc`-Element klassifiziert wird. Solch ein Konstrukt muss nicht nur richtig erkannt werden, es muss auch reproduzierbar sein, das Datenbankschema und der Pseudocode müssen dafür noch erweitert werden.

10.1.11
Repository

Aktualisierung von Topic Maps

Die Vorstellung, ein Repository mit vielen Topic Maps-Hyperdokumenten zu haben, auf dem einzig und allein Abfragen ausgeführt werden, ist im Sinne einer Suchmaschine zuträglich. Es kann allerdings nicht immer auf jede Änderung eines Dokuments automatisch reagiert werden. Jeder Autor muss seine Topic Map schon direkt an das Repository übermitteln, denn es ist unmöglich, alle Topic Maps auf der ganzen Welt ständig auf Änderungen zu überprüfen.

10.2
Kritik und Erweiterungsvorschläge zum ISO-Standard 13250: Topic Maps

Wenn man den ISO-Standard durcharbeitet und auch die einführende Literatur und Publikationen zu diesem Thema betrachtet, fallen einem vor allem die Einfachheit und Verständlichkeit der zugrundeliegenden Konzepte auf. Topic Maps sind im Nu kreiert und alles scheint einfach und bequem zu funktionieren. Noch dazu legt sich der Standard nicht allzu oft auf definierte Grenzen fest und versucht, nach Möglichkeit Allgemeinheit und Offenheit zu bieten. Genau darin liegt aber auch gleichzeitig der Schwachpunkt: viele Konzepte sind nicht ausreichend definiert oder lassen Fragen und Lücken offen. Im Folgenden werden einige dieser Punkte behandelt sowie Erweiterungsmöglichkeiten besprochen.

10.2.1
Die Sprache und die Organisation von Topic Map Templates

Es wurde bereits mehrfach angedeutet: Sprachen stellen einen zentralen Problemschwerpunkt bei der Formulierung von Topic Maps dar. Vor allem, wenn man alle Sprachen als gleichwertig betrachtet. Wenn Deutsch ein Topic ist und Holzwurm im Scope Deutsch hat – was hat Deutsch selbst in seinem Scope, oder der Base Name von Deutsch? Es wäre naheliegend, dass er sich selbst im Scope hätte, doch dies muss aus logischen Gründen ausgeschlossen werden. Das Wort „Deutsch" ist aber Deutsch, denn der Holzwurm könnte auch German in seinem Scope haben. Und Topics, die Sprachen beschreiben, müssen eigentlich in Scopes vorkommen, denn es ist anzunehmen, dass es Topics geben wird, die in der selben Topic Map mehrere Namen haben. Deutsch könnte die Namen „Deutsch", „German" und „Saksa" (finnisch) haben. Natürlich müsste man sie durch ihre Scopes trennen. Hat dann der Name „Saksa" das Topic Kieli (zu Deutsch: „Finnisch") in seinem Scope oder das Topic Finnisch?

Man sieht also, dass sich hier recht schnell Konfusion einstellen kann. Abhilfe schafft hier eine übergeordnete Sprache – eine, in der jeder Autor einer Topic Map die grundsätzlichen Definitionen vornimmt, also Topics, Occurrences, Assoziationen und Facetten festlegt. Englisch könnte hier als globale Sprache anerkannt werden. In solch einer Basis-Topic Map wären also alle Topics in Englisch ver-

Übergeordnete Sprache

fasst, und es würde weitere Topic Maps geben, die einfach nur Topic-Sammlungen, oder auch Wörterbücher, wären und über ein gemeinsames `identity`-Attribut ihre Namenseigenschaften den Eigenschaften des englischen Ausgangstopics zuweisen. Noch besser wäre allerdings, in der Basis-Topic Map lediglich einen sprachunabhängigen Base Name zu vergeben (ein Base Name muss ja mindestens vorhanden sein), der vielleicht identisch ist mit dem Wert des `identity`-Attributs. Für jede natürliche Sprache könnte es dann eine eigene Topic Map (oder eine Sammlung von Topic Maps) geben, die den jeweiligen ursprünglichen Topics in der Basis-Topic Map die Namen in der jeweiligen Sprache zuordnet. Schematisch kann das wie in Abbildung 10.1 aussehen:

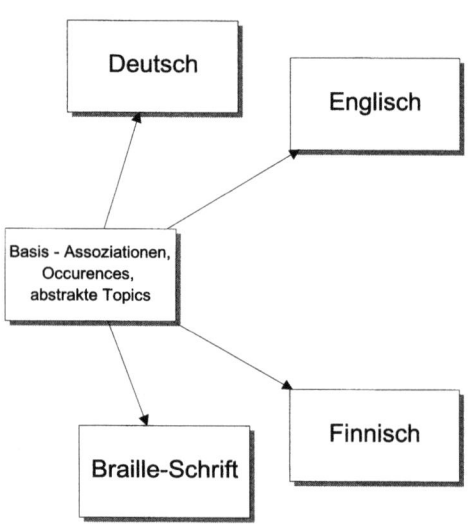

Abbildung 10.1
Beispiel sprachlicher Organisation von Topic Map Templates

Dieses Konzept könnte weiter ausgebaut werden, schließlich sind Display Names beispielsweise nicht notationsgebunden, das heißt, es muss sich nicht um Text handeln, es kann sich auch um Grafik handeln (Symbole beispielsweise, wie bei der Blindenschrift). Das Basisdokument wird dabei vermutlich aus vielen Dokumenten bestehen, die nichts anderes als Strukturen abbilden. Um zu unserem Beispiel zurückzukommen: der `Holzwurm` hat im Basisdokument irgendeinen Namen, etwa XY102, `Deutsch` hat dort ebenfalls einen Namen, sagen wir XY557. Diesen Topics wird in jeder sprachenbezogenen Topic Map in der jeweiligen Sprache ein Name zugeordnet. In der Topic Map „Deutsch" bekommt XY102 den Namen „Holzwurm" (über ein Topic wie etwa XY992, das identisch mit XY102 ist), XY557 „Deutsch". In der Topic Map „Finnisch" bekommt XY557 den Namen „Saksa". Im Repository sind alle Topics, die sich auf ein entsprechendes Topic im Basis-Dokument beziehen, identisch mit diesem und miteinander, aber mit unterschiedlichen Namen in unterschiedlichen Scopes.

10.2.2
Identität eines Topics

Wir leiten an dieser Stelle zu einem anderen Thema über, dem Identitätsproblem. Im ISO-Standard werden dafür Public Subject Descriptors zu Rate gezogen – eindeutige Bezeichner für ein Topic. Bei lebenden Menschen könnte dies eine Kombination von standardisiertem Ländercode und Sozialversicherungsnummer (nur mit Abstrichen umsetzbar) sein, bei Büchern etwa die ISBN-Nummer.

Der große Nutzen, den man aus der Zusammenführung von unabhängigen Topic Map-Hyperdokumenten in ein Repository hat, ist die Erkennung von identischen Topics und die dadurch erfolgende Unifikation dieser Topics und ihrer Eigenschaften und die Generierung von „neuem" Wissen. Jeder der Topic Map-Autoren lernt so von anderen Autoren.

„Lernen" durch Unifikation identischer Topics

Das bedeutet aber auch, dass die Public Subject Descriptors zum einen umfassend definiert sein müssen, zum anderen müssen diese Definitionen vollständig, eindeutig und jedermann leicht zugänglich sein. Was einfach klingt, kann ein geradezu monumentales Unterfangen sein. Am ehesten wäre noch denkbar, dass zumindest Wörterbuch-Verlage entsprechende Topic Map-Templates erstellten, um zumindest über „gewöhnlichen" Sprachschatz verfügen zu können. In diesem Zusammenhang wären auch Templates denkbar, die Grundwissen und Zusammenhänge herstellen, etwa Assoziationen der Art „Stadt ist Ort" oder „ein Jahr hat zwölf Monate".

Verfügbarkeit von Public Subject Descriptors

Ein anderer Ansatz im ISO-Standard ist, die Identität zweier Topics auch bei Übereinstimmung all ihrer Namenscharakteristika als gleich anzusehen. Hier entsteht allerdings ein Widerspruch: wenn Topic A und Topic B den gleichen Subject Descriptor D haben, aber unterschiedliche Namenseigenschaften, dann ist der Fall einleuchtend: beide werden ein Topic, die Namenscharakteristika vereinen sich. Was aber, wenn die Namenscharakteristika von Topic A und Topic B exakt übereinstimmen (was wohl ohnehin eher die Ausnahme als die Regel sein wird), aber die Deskriptoren ungleich sind? Und zwar nicht undefiniert, sondern ungleich. Es wäre ein Widerspruch, dann trotzdem die beiden Topics als identisch anzuerkennen. Das Konzept gleicher Namenscharakteristika ist offenbar eingeführt worden, weil man ohnehin damit gerechnet hat, dass Public Subject

Identität durch Namenscharakteristik

Descriptors, wenn überhaupt, dann stark begrenzt zur Verfügung stehen würden. Aber auch die Wahrscheinlichkeit, dass gerade die Menge aller Namen von Topic A gleich der Menge an Namen von Topic B ist, scheint eher gering – unser vorhin vorgestelltes Konzept mit der Basis-Topic Map und den sprachbezogenen Topic Maps würde damit nicht funktionieren, dort ist man vom `identity`-Attribut abhängig. Wann wären Topic A und Topic B identisch – wenn Topic A die Namen N1 im Scope S1 und N2 im Scope S2 hätte und Topic B N1(S1), N2(S2) und N3(S3), also exakt dieselben Namen, nur einen mehr? Im Standard wird darauf hingewiesen, dass die Namen identisch sein müssen – von der Anzahl wird nichts erwähnt. Es scheint allerdings sinnvoll, dass sie auch dann identisch sein müssten, wenn die Namenscharakteristik eines Topics A eine unechte Teilmenge der Namenscharakteristik eines Topics B ist.

Beide Methoden der Identitätsfindung klingen in der Theorie ansprechend, sind aber in Bezug auf ihre praktische Anwendbarkeit zu hinterfragen. Andererseits ist es auch schwierig, sinnvolle Alternativen zu finden. Der optimale Ausgangszustand wäre wohl eine über Internet erreichbare Sammlung von Public Subject Descriptors, die nach Möglichkeit „die Welt" abbilden.

Man denke übrigens, wenn man die Wichtigkeit dieses Punktes unterstreichen will, nicht nur an die Tatsache, dass Topics bei nicht ausreichendem Vorhandensein von Public Subject Descriptors nicht nur nicht zusammengeführt werden können, sondern dass sich auch, semantisch gesehen, eine Redundanz dadurch herausbildet, mit allen Gefahren, die Redundanzen mit sich bringen (Doppelarbeit, Falschinformation usw.).

Gefahren der Public Subject Descriptors

Eine weitere Gefahr birgt die Tatsache, dass der Inhalt des `identity`-Attributs entweder über referenzierte Topics, sonst aber als String verglichen wird – für die verschiedensten Teile der Welt, die mit Topic Maps modelliert werden, wird es verschiedene, kategorisierte Public Subject Descriptors geben – für Bücher ISBN-Nummern, für Länder Ländercodes, für Städte eine Kombination aus Ländercode und Postleitzahl, für Menschen, Speisen, Pflanzen, Tiere etc. wird man sich auch etwas einfallen lassen müssen (bei Tieren und Pflanzen wäre die lateinische Bezeichnung denkbar). Vorteilhaft wäre dabei dann sicher, für den Inhalt des `identity`-Attributs auch eine Notation angeben zu können, denn wer garantiert, dass es in allen verschiedenen Kategorien von Public Subject Descriptors nicht welche gibt, die die gleiche Zeichenkette aufweisen?

10.2.3
Einzahl / Mehrzahl

Eine weitere Thematik ist jene des Singulars und Plurals von Topics und Namen. Es muss für den Benutzer einer Topic Maps-Applikation egal sein, ob er Holzwurm oder Holzwürmer sucht. Dieselben Topics sollten zurückgeliefert werden. Wie aber realisiert man dies in der Topic Map? Eine Möglichkeit wäre, für beide Fälle einen eigenen Namen zu verwenden, etwa einmal mit dem Scope Einzahl, einmal mit dem Scope Mehrzahl. In anderen Fällen könnte dies wiederum störend sein – eine Suche nach der Reblaus etwa könnte dann dasselbe bringen wie eine Suche nach Rebläuse. Ist man auf der Suche nach Schädlingsbekämpfungsmitteln gegen Rebläuse, wird man mit dem alten Wiener Heurigenlied „Die Reblaus", in Einzahlform, wenig anfangen können. Kann es überhaupt eine Mehrzahl eines bestimmten Gegenstandes geben wie eines bestimmten Liedes, oder etwa eines Bauwerks – die Eiffeltürme? Wenn man es auf Souvenir-Skulpturen bezieht ja, aber die gibt es auch nicht für jedes Bauwerk.

Es ist überdies mühselig, zu jedem Topic in jeder Sprache eine Einzahl und eine Mehrzahl anzugeben, vermutlich aber der einzig gangbare Weg (Einzahl und Mehrzahl als getrennte Namen mit unterschiedlichem Scope). Aber für Einzahl und Mehrzahl getrennte Topics zu schaffen, die nicht identisch sind, bedeutet, dass man viele der Assoziationen doppelt anlegen und warten muss.

10.2.4
Assoziationen im Extent

Wir haben bereits im Abschnitt 8.4 dieses Problem erörtert. Für Assoziationen, denen eine Relation des Typs „X ist von der Art Y" zugrunde liegt, muss es möglich sein, sie in den Extent eines Topics einbinden zu können – man kann dies über ein zusätzliches binäres Attribut der Assoziation, nennen wir es inextent, bewerkstelligen. Die TM-Engine weiß dann, dass für ein Topic X, das in seinem Extent das Topic Y hat, das wiederum an einer Assoziation A teilnimmt, auch alle anderen Topics von A in den Extent von X eingebunden werden. Wir haben in Abschnitt 8.5 gesehen, dass es manchmal wünschenswert sein kann, Assoziationen in den Extent einzubinden, und manchmal nicht. Sogar bei Scopes ist das so.

10.2.5
Details des Standards

Verschiedene Methoden mit gleicher Bedeutung

Die Allgemeinheit des Standards kann Applikationsentwicklern Schwierigkeiten bereiten. Einige Dinge sind auf verschiedene Weisen bewerkstelligbar. Etwa die Festlegung des Typs einer Assoziation: er kann theoretisch über das type-Attribut zugewiesen werden, über ein an der Assoziation teilnehmendes Topic, das die Assoziationsrolle „Type" hat oder über eine Occurrence des Topics, das den Typ der Assoziation bestimmt, die einfach auf die Assoziation zeigt und die Occurrence Role „Type" hat. Dies ist nur ein Beispiel. Ein weiteres wären Assoziationen, die etwa das gleiche tun, wie es sonst das type oder scope-Attribut tun würden. Die Topic Map-Autoren werden verschiedene Wege gehen, die Applikationen müssen alle Wege kennen und bei Abfragen der Anwender auch gehen, das heißt also, diese mehrfachen Möglichkeiten kosten in vielen Fällen Rechenzeit. Hier sollte man unbedingt eine Verbesserung in Form einer Einschränkung mit in den Standard übernehmen. Gäbe es nur *eine* Möglichkeit, einem Topic einen Typ zuzuweisen, sagen wir über das type-Attribut, dann muss man nicht mehr Assoziationen vom Typ „Type-Zuweisung" mit in den Extent aufnehmen bzw. erspart sich die Frage, ob man das tun soll.

Eine Facette mit mehreren Facet Values für das selbe Element

Ein weiteres Manko, das allerdings nicht durch den ISO-Standard, sondern durch XML begründet ist, ist die Tatsache, dass einem Topic dieselbe Facette mit zwei verschiedenen Facet Values zugewiesen werden kann. Die Applikation muss sich also darum kümmern, diese Art von Fehler zu erkennen. Dies muss dann beim Einlesen der Topic Map passieren. Die TM-Engine muss die Tabelle loctrans durcharbeiten und solche Fälle suchen.

Komplexe Adressierung

Ein weiterer Kritikpunkt sind die Lokalisierungsmechanismen, die man von HyTime übernommen hat. Hier gibt es unzählige Möglichkeiten, Ressourcen in sehr flexibler Weise zu referenzieren. Verwendet man etwa eine treeloc-Location Address, um ein Topic einer Assoziation zuzuteilen, und fügt dann in dem Teilbaum, in dem das referenzierte Topic vorkommt, noch irgendein anderes Element ein, stimmt die Adresse nicht mehr und zeigt mitunter auf irgendein Topic Map-fremdes Element.

Topic Maps in Topic Maps

Der ISO-Standard geht leider nicht auf die Frage ein, ob Topic Maps innerhalb von Topic Maps verschachtelt werden können, also ein topicmap-Element in einem anderen topicmap-Element vorkommen kann. Von der Syntax her ist dies ja möglich, wie dieser Auszug aus der Topic Maps-DTD zeigt:

```
<!entity %
    TMCFC          -- Topic map context-free content --
    "topic|assoc|facet|bosspec|addthms|TMBrid"
>
<!element
    TMBrid         -- Topic map bridge element --
    - O
    ANY
>

<!element
    topicmap       -- Topic map document element --
                   -- Clause: 5.1 --
    - O
    (%TMCFC;)*
>
```

Auszug aus der Topic Maps-DTD (vgl. [ISO 13250], Annex A)

Innerhalb einer Topic Map können also über das `TMBrid`-Element alle (`ANY`) Arten von Elementen vorkommen – also auch `topicmap`-Elemente. Die TM-Engine macht sich dies zunutze, denn es stellt für den Autor einen klaren Vorteil dar: er kann bequem einer Menge von Topics und Assoziationen innerhalb eines umhüllenden `topicmap`-Elements einen bestimmten Scope zuordnen. Soll eine Hälfte der Topics einer Topic Map z.B. den Scope (A, B) haben, die andere Hälfte (A, C), so erstellt man ein `topicmap`-Element mit dem Scope (A), in dem sich zwei weitere `topicmap`-Elemente mit den Scopes (B) bzw. (C) befinden und die die Topics dann beinhalten.

Scope-Definition besser verteilbar

10.2.6
Relationen

Eine Erweiterungsmöglichkeit für den ISO-Standard wären Relationen. Bisher kann man Assoziationen definieren, nicht aber, welches relationale Prinzip ihnen zugrunde liegt. Die Algebra lehrt uns die wichtigsten Eigenschaften von Relationen. In diesem Zusammenhang sei auf [Hla79] verwiesen. Wir wollen das wichtigste herausgreifen:

Eine (zweistellige) Relation R auf einer Menge M ist eine Teilmenge der Menge M × M aller geordneten Paare von Elementen aus M, also

$$R \subseteq \{(x,y) | x, y \in M\}$$

Statt $(x, y) \in R$ schreibt man xRy. Folgende Eigenschaften können für Relationen gelten:

Tabelle 10.1
Eigenschaften von Relationen (vgl. [Rat99a])

Eigenschaft	Definition
reflexiv	$\forall x \in M : xRx$
symmetrisch	$\forall x,y \in M : xRy \Rightarrow yRx$
transitiv	$\forall x,y,z \in M : xRy \wedge yRz \Rightarrow xRz$
anti-reflexiv	$\forall x \in M : \neg\, (xRx)$
anti-symmetrisch	$\forall x,y \in M, x \neq y : xRy \Rightarrow \neg\, (yRx)$

Die Eigenschaften sollten aufgrund ihrer Definition selbsterklärend sein. Eine typische Relation, die sich daraus ergibt, ist etwa die Äquivalenzrelation, die reflexiv, symmetrisch und transitiv ist. Eine Halbordnungsrelation ist reflexiv, anti-symmetrisch und transitiv. In einer Vollordnungsrelation kann jedes Element mit jedem verglichen werden. Eine strikte Vollordnung herrscht vor, wenn die Vollordnung statt reflexiv anti-reflexiv ist.

Anwendungsmöglichkeit

Diese Relationstypen lassen sich auf zahlreiche praktische Beispiele anwenden, etwa die Relation „Ort A ist_in Ort B", sie ist anti-reflexiv, anti-symmetrisch und transitiv. Wären solche Informationen zu einer Assoziation bei Topic Maps bekannt, könnte die TM-Engine Wissen automatisch herleiten. Wenn die Assoziation „ist_in" als transitiv bezeichnet wird und Paris in Frankreich liegt und Frankreich in Europa, weiß die TM-Engine, dass Paris in Europa liegt, dies muss nicht erst mit einer eigenen Assoziation definiert werden. Es wäre also sinnvoll, Assoziationen in Topic Maps entsprechend der Eigenschaften der zugrundliegenden Relationen qualifizieren zu können. Eine Assoziation könnte dazu beispielsweise die drei Attribute reflexive, transitive und symmetrical aufweisen, die dann entsprechend (true/false) gesetzt werden könnten.

Templates für Relationentypen

Eine weitere Verbesserung könnte darin bestehen, die Basistypen von Assoziationen entsprechend zu qualifizieren und als Template anzubieten. Zur Frage, welche Basistypen es gibt, finden sich in der Literatur unterschiedliche Ansichten. [Wins87] erwähnt dazu folgende Arten der Ganzes-Teil-Beziehung:

Tabelle 10.2
Ganzes-Teil Beziehungen (vgl. [Wins87] [Rat99a])

Assoziationstyp	Beispiel
Komponente	X ist Komponente von Y (Bein/Mensch).
Element einer Sammlung	X ist Element der Sammlung Y.
Teilvolumen	X ist ein Teilvolumen von Y (Scheibe Brot/ Laib Brot).
Material/Objekt	X ist materieller Bestandteil von Y (Mehl/ Teig).

Assoziationstyp	Beispiel	
Teilaktivität	X ist eine Teilaktivität des Vorgangs Y.	**Tabelle 10.2** *(Fortsetzung)*
Geografische Subsumierung	X liegt in Region Y (Wien/Österreich).	
Prozessphase	X ist Phase des Prozess Y.	

Andere Assoziationsarten, die zum Teil in [Rat99] erwähnt werden, sind:

Assoziationstyp	Beschreibung	
Synonymität	X ist synonym zu Y, X ist identisch mit Y.	**Tabelle 10.3** *Andere Assoziationsarten (vgl. [Rat99a])*
Ähnlichkeit	X ähnelt Y (dies ist allerdings eine sehr vage Definition).	
Ordnung	X ist kleiner als Y, X ist größer als Y, X ist älter als Y.	
Typ	X ist vom Typ Y.	
Schaffung	X hat Y geschaffen (gekocht, gezeichnet, geboren, komponiert, gebaut,...).	
Werkzeug	X ist Werkzeug von Y (Gitarre wird von Gitarrist gespielt).	
Strikte Implikation	X impliziert Y (Schnarchen impliziert Schlafen).	

Die Menge relevanter Assoziationstypen ist anwendungsspezifisch und lässt sich nicht allgemein abgrenzen. Für die Domäne „Fertigung" wären wohl Templates wie „Material/Objekt" oder „Teilaktivität" von hoher Bedeutung, während Templates wie „Geografische Subsumierung" vermutlich weniger häufig zum Einsatz kämen. Tabelle 10.4 zeigt einige weitere mögliche Basisassoziationstypen.

Assoziationstyp	Beschreibung	
Reihenfolge	X ist Nachfolger von Y in Reihenfolge Z (Autobus A hält zuerst bei Station S_1, dann bei S_2).	**Tabelle 10.4** *Weitere mögliche Assoziations-templates*
Eigentum	X ist Eigentümer von Y (Haus gehört Hausbesitzer).	
Opposition	X wirkt Y entgegen bzw. X steht zu Y in Opposition (Partei/Partei, Medikament/Krankheit, Kontrahent/Kontrahent).	
Konsumation	X konsumiert Y (Pflanzenfresser ernähren sich von Pflanzen).	
Eingrenzung	X wird von $Y_1,...,Y_n$ eingegrenzt (Land liegt zwischen n anderen Ländern, Kunstepoche liegt zwischen zwei anderen Kunstepochen).	

	Assoziationstyp	Beschreibung
Tabelle 10.4 (Fortsetzung)	Eigenschaft	X hat Eigenschaft Y (Fähigkeiten, Skills)
	Historie	X hat Aktivität Y gesetzt (zum Zeitpunkt Z, am Ort O).
	Kenntnis	X kennt Y.

Für die binären Assoziationstypen lassen sich die Grundeigenschaften bestimmen. Man könnte sich etwa folgendes Element mit den zusätzlichen Attributen für die Relationsbeschreibung vorstellen:

Beispiel für die Umsetzung von Relationsattributen

```
<!ELEMENT is_in (assocrl)+>
<!ATTLIST is_in
     HyTime NAME #FIXED varlink,
     id ID #IMPLIED,
     scope CDATA #IMPLIED,
     linktype NAME #IMPLIED,
     type CDATA #IMPLIED,
     TopicMap #FIXED assoc,
     reflexive #FIXED anti-reflexive,
     symmetrical #FIXED anti-symmetrical,
     transitive #FIXED transitive
>
```

Es ist genauso zu verwenden wie `assoc`, nur weiß die Applikation, dass es sich um eine transitive, anti-reflexive und anti-symmetrische Relation handelt, für den Autor wieder ist der Name `is_in` sprechender als `assoc`, er kann sich darauf verlassen, dass es sich um eine geografische Subsumierung handelt, etwa „ein Ort A ist in Ort B".

10.2.7
Inferenz

Inferenz im Rahmen eines Regelwerks

Eine schöne Eigenschaft wäre weiterführend ein Inferenzmechanismus. Hier nähern wir uns Expertensystemen. Gemeint ist ein System, das aus einer bestehenden Assoziation A und einer weiteren Assoziation B durch eine Regel R eine Assoziation C generiert oder ableitet.

Beispiel

Wenn es beispielsweise eine Assoziation „Herr Meier arbeitet bei Fa. Müller GmbH" und eine Assoziation „Fa. Müller GmbH hat ihren Sitz in Deutschland" gibt, kann man daraus schließen, dass Herr Meier in Deutschland arbeitet. Eine passende Regel könnte lauten „A arbeitet bei B" ∧ „B hat ihren Sitz in C" → „A arbeitet in C".

Eine Möglichkeit zur Ableitung von neuem Wissen aus bestehenden Fakten und Regeln nennt man *Inferenz*. Um auf inferenziertes

Wissen möglichst schnell zugreifen zu können, muss die Möglichkeit zur Inferenz wohl schon beim Einlesen der Topic Map erkannt werden.

Eine weitere Art der Inferenz könnte das Zusammenführen von Topics unterstützen, wenn Public Subject Descriptor oder gleiche Namenscharakteristik nicht vorhanden sind. Man könnte die Anzahl der gleichartigen Assoziationen (gleicher Assoziationstyp oder Assoziationstypen im gleichen Scope eines Topics) vergleichen und den Topics so einen Ähnlichkeitsgrad auf einer kontinuierlichen Skala zuordnen. Dazu müsste allerdings ein entsprechendes Regelwerk aufgestellt werden.

Ähnlichkeitsgrade von Topics

Ein einfaches Beispiel macht deutlich, worum es hier geht: wie lernt ein Kleinkind, was der Unterschied zwischen einem Tisch und einem Fisch ist? Abgesehen davon, dass es sich die Namen in seiner Muttersprache merkt sowie die unterschiedlichen Formen (allerdings hat nicht jedes „Topic" einen eindeutigen Namen im uneingeschränkten Gültigkeitsbereich oder eine Form oder Gestalt (siehe: das deutsche Wort „Fall" – dazu gehören mehrere Topics)), bildet es vor allem im Rahmen der Sammlung seiner Erfahrungen Assoziationen mit diesen Gegenständen. „Fisch kann man essen", „Tisch kann man nicht essen", „an dem Tisch kann man sitzen", „am Tisch kann man schreiben", „am Tisch kann etwas liegen", „am Fisch kann man nicht schreiben" usw. Das Kind wird Tisch und Fisch recht bald unterscheiden können, da die gebildeten Assoziationen in ihrer Art sehr oft unterschiedlich sein werden. Anders sieht die Sache bei „Tisch" und „Schreibtisch" aus. Hier treffen sich viele Assoziationen, wie „am Tisch kann etwas liegen", „am Schreibtisch kann etwas liegen", „am Tisch kann man schreiben", „am Schreibtisch kann man schreiben" usw. Nur wenige Assoziationen sind unterschiedlich, beispielsweise „am Schreibtisch macht man Hausaufgaben und Arbeit, am Tisch macht man nicht unbedingt Hausaufgaben und Arbeit".

Beispiel

Genauso bei „Fisch" und „Ente": „Fisch kann man essen", „Ente kann man essen", „Fisch ist ein Tier", „Ente ist ein Tier", „Fisch legt Eier", „Ente legt Eier" sprechen für eine Ähnlichkeit, „Fisch lebt im Wasser", „Ente lebt am Land und im Wasser", „Fisch atmet durch Kiemen", „Ente atmet durch Lunge" sprechen für eine Unterscheidung. Das Kind erkennt Ähnlichkeiten, vergleicht und ordnet die Begriffe in seinem Wissensnetz, seinem Gehirn, an. Ebenso könnte man sich eine Topic Map denken, in der die Topics „Bachforelle" und „Flussforelle" vorkommen, ohne dass sie einem Typ zugeordnet wären oder ein `identity`-Attribut haben. Über eine Menge gleichartiger Assoziationen könnte, bei einem stark ausgebildeten

Assoziationsnetz, eine hohe Ähnlichkeitsrate für diese beiden Topics aufgestellt werden. „Forelle" und „Trout" (englisch) könnten sogar die gleichen Typen von Assoziationen aufweisen – dann könnte man die Topics automatisch zusammenführen. Wie bereits erwähnt, ist es dazu jedoch notwendig, für jedes Topic eine ausreichende Anzahl an beschreibenden Assoziationen bereitzustellen. Das muss aber nicht ein einzelner Topic Map-Autor erledigen, verschiedenste Topic Maps können über die bekannten Identitätserkennungsmechanismen Wissen zusammenführen, das dann in einem fortgeschrittenen Stadium durch Ähnlichkeiten in den Assoziationen Wissen automatisch ableitet.

10.2.8
Konsistenz

Constraints (semantische Einschränkungen)

Der ISO-Standard stellt keine oder nur unzureichende Möglichkeiten zur Konsistenzprüfung zur Verfügung. Dadurch ist jedoch die Qualität des Wissens, das in den Topic Maps steckt, gefährdet. Eine Lösung dafür wären sogenannte *Constraints (semantische Einschränkungen)*, wie sie vor allem in [Rat99a] oder [Rat99b] angedacht werden. Für eine Assoziation gäbe es dann gewisse Regeln, etwa:

Assoziationstyp:	ist_in
Gültige Assoziationsrollentypen:	1 Container, 1 Mitglied
Gültige Topic Type Kombinationen:	Stadt – Gemeinde; Stadt – Land; Stadt - Kontinent Gemeinde – Land; Gemeinde – Kontinent; Land – Kontinent

Die Topic Type Kombinationen wiederum könnten wahlweise den gesamten Extent oder gar keinen Extent umfassen. Eine Assoziation „liegt in der Nähe von" könnte etwa eine einzige Regel: „Ort – Ort" haben, die bedeutet, dass man Stadt und Kontinent genauso einbeziehen kann wie umgekehrt Land und Gemeinde – sofern sie die gleiche Assoziationsrolle haben.

Auch die Anzahl der verschiedenen innerhalb einer Assoziation vorkommenden Rollentypen und Topic Types sollte beschränkbar sein.

Constraints für Occurrences

Auch Occurrences sind ein Ansatzpunkt für Constraints. Ein Topic eines bestimmten Typs könnte etwa nur bestimmte Occurrence Role Types beinhalten:

Topic Type:	Person
Gültige Occurrence Role Types:	Biographie, Steckbrief, Porträt
Gültige Notationen für Biographie, Steckbrief:	XML, RTF
Gültige Notationen für Porträt:	JPEG, GIF, TIFF, WMF

Man könnte weiters festlegen, welche Themes zusammen in einem Scope harmonieren und welche überhaupt nicht miteinander in einem Scope vorkommen dürfen, oder welche Topics welche Arten von Facetten bekommen dürfen und welche nicht. Namen und Facettenwerte könnten mit regulären Ausdrücken überprüft und so an eine bestimmte Syntax gebunden werden.

Constraints für Scopes und Namen

10.2.9
Automatische Generierung von Topic Maps

Bis jetzt gingen wir immer davon aus, dass sämtliche Topic Maps, mit denen es unser Repository zu tun bekommt, von Autoren neu geschrieben wurden. Will man aber für den Benutzer möglichst schnell eine umfangreiche Menge an Wissen zur Abfrage zur Verfügung stellen, so spielt der Faktor Zeit eine nicht unbedeutende Rolle. Um die Einführung und Akzeptanz von Topic Maps zu beschleunigen und unnötige Arbeit zu vermeiden, ist es sinnvoll, sich mit dem Thema der automatischen Generierung von Topic Maps aus bestehenden Ressourcen zu befassen.

Es gilt, aus natürlichsprachlicher Beschreibung zunächst eine Menge von Topics herauszufiltern, die in dem jeweiligen Dokument oder der jeweiligen Ressource vorkommen. Welche Topics sind dabei relevant? Die, die am häufigsten vorkommen vielleicht. Hier sind wir aber wieder bei dem größten Schwachpunkt gängiger Suchmaschinen und Suchroutinen, von dem wir uns mit Topic Maps wegbewegen wollten – wir suchen wieder rein textuell und nicht semantisch. Wenn wir also das Ergebnis rein textueller Suche als Ausgangsbasis für eine semantisch strukturierte Datenbank verwenden, wird das Ergebnis unzureichend sein. Wir würden gleichsam versuchen, aus einem zweidimensionalen Objekt ein dreidimensionales zu machen, wüssten aber nicht, wie sich die dritte Dimension herausbilden könnte.

Vollautomatische Generierung?

Ideen für die Gewinnung von Topic Maps aus gut strukturierten Informationsbeständen

Vollautomatische Generierung von Topic Maps ist wohl als Illusion einzustufen – ohne zumindest teilweise Benutzerinteraktion zuzulassen, wird man aus bestehenden Dokumenten kein strukturiertes Wissen herausheben können, solange dieses nicht in irgendeinem anderen semantisch strukturierten Format vorliegt. Bei RDF-Dokumenten hätte man hier vielleicht weniger Schwierigkeiten, auch aus relationalen Datenbanken könnten Topic Maps extrahiert werden. Mit Hilfe von XSLT könnten Regelfiles erstellt werden, die Eingabedaten in einem bekannten XML-Format in Topic Maps umwandeln. Link-Datenbanken oder Repositories von Betreibern traditioneller Suchmaschinen können ebenfalls helfen, eine fundierte Basis für ein globales Topic Maps-Repository zu schaffen, zumindest, was die Topics und Occurrences betrifft. Die Assoziationen der gefundenen Topics aus Dokumenten herauszubekommen, dürfte schwieriger sein. Immerhin bedarf es dazu einer Erkennung der natürlichen Sprache und einer Zusammenführung von Konstrukten oder Worten des Dokuments zu bereits existierenden Topics aus dem Repository. Hier würden wohl Thesauri zum Einsatz kommen, vor allem, wenn man daran denkt, dass Wörter in fließendem Text in verschiedenen Konjugationen oder Deklinationen vorkommen können.

Trotzdem scheint dieses Vorhaben bedenklich, denn wie wahrscheinlich ist es, dass das automatisch gewonnene Wissen zu 100 Prozent perfekt ist? Mitunter behandelt ein Dokument ein Topic, das selbst darin gar nicht wörtlich erwähnt wird.

Interaktion und nachträgliche Bearbeitung durch den Benutzer scheint unumgänglich

Man könnte sich aber zumindest eine Erleichterung bei der Extraktion von Wissen aus bestehenden Dokumenten vorstellen. Der Benutzer könnte das automatisch gefundene Wissen (Topics, Occurrences, usw.) in einer ansprechenden grafischen Oberfläche präsentiert bekommen, das er dann beliebig erweitern, ergänzen und manipulieren kann.

XML-Dokumente (oder auch SGML-Dokumente) bieten, wie bereits erwähnt, einen noch besseren Ausgangspunkt: hier wäre etwa die Erstellung eines Regel-Files mit Hilfe von XSLT denkbar, das angelehnt an die DTD des Dokuments auf bestimmte Elementtypen und Tags auf eine entsprechende Art und Weise reagiert. Hyperlinks könnten regelbasiert in Occurrences oder Assoziationen umgewandelt werden. Bestimmte Elementtypen würden Topics beschreiben, ihr Inhalt oder ein bestimmter Ausschnitt des Inhalts (der mit regulären Ausdrücken bestimmt werden könnte) den oder die Namen des Topics. XML könnte also auch an dieser Stelle eine entscheidende Rolle spielen: ein Großteil gängiger Software, egal aus welcher Sparte, unterstützt dieses Format und bietet somit eine strukturierte Sicht auf Information. Information, die in Form von Topic Maps noch besser strukturiert und noch flexibler eingesetzt werden kann.

10.2.10
Mögliche weitere Vorgehensweise

Es bleibt die Frage offen, wie nun weiter vorzugehen ist, um die Entwicklung einer TM-Engine in zielführende Bahnen zu lenken. Vorgehensmodelle aus dem Software-Engineering wie das Spiralmodell oder erweiterte Wasserfallmodelle sollten hier für die Planung hilfreich sein (siehe [Boe86], [Som94]). Doch es geht nicht nur um die TM-Engine oder einzelne ihrer Komponenten (RMI-Server, Servlets, etc.). Auch ein Autorensystem für Topic Maps muss geschaffen oder adaptiert werden, es sollte mit dem Repository kommunizieren können und ein komfortables Warten und Editieren von Topic Maps ermöglichen, genauso aber auch Methoden zum Versions- und Änderungsmanagement in Bezug auf Topic Maps anbieten. Da das Wissen innerhalb von Unternehmen verstreut und nicht einer einzelnen Person allgegenwärtig ist, ist auch Kooperatives Arbeiten ein Thema, das ein Autorensystem abdecken sollte. Nicht zuletzt geht es aber auch um eine Menge von Darstellungsvarianten, die gefunden und aus der die beste oder die besten ausgewählt werden sollten, auch im Hinblick auf die Anwendungsfreundlichkeit.

Autorensystem, kooperatives Arbeiten

Auch das Testen sollte strukturiert werden. Gerade bei Topic Maps, wenn wir an eine Abfragesprache wie die im Rahmen dieser Arbeit vorgestellte denken, gibt es zahlreiche Spezialfälle und Eventualitäten, die alle durch entsprechende Test-Topic Maps abgedeckt werden müssen. Zusätzlich spielt die Performance bei einem umfangreichen System mit einer großen Anzahl von Clients eine entsprechende Rolle. Strukturierte Mengen von Test-Topic Maps sollten entworfen werden, wobei deren Entwurfsprozess ähnlich aufwendig wie ein Entwicklungsprozess sein kann.

Umfangreiches Testen

Ein weiteres Arbeitsgebiet, das sich aus dem bisher Begonnenen ergibt, ist die automatische oder zumindest halbautomatische Generierung von Topic Maps, um den Autoren gleich ein entsprechend umfangreiches Repertoire an Basis-Topics zur Verfügung zu stellen, die weiter referenziert werden können und die in Assoziationen eine Rolle spielen können.

Halbautomatische Generierung von Topic Maps

10.2.11
Teilprozesse

Abbildung 10.2 stellt einen schematischen Entwicklungsprozess dar, der von einer ersten Prototyp-Implementierung der TM-Engine ausgeht. Es ist kein linearer Entwicklungsprozess, die Abläufe sind teilweise voneinander getrennt und parallel, werden aber immer wieder zusammengeführt. Die vorhin besprochenen Entwicklungs-Komplexe wie Autorensystem, Test-Suite oder Darstellungsvarianten finden darin Ausdruck.

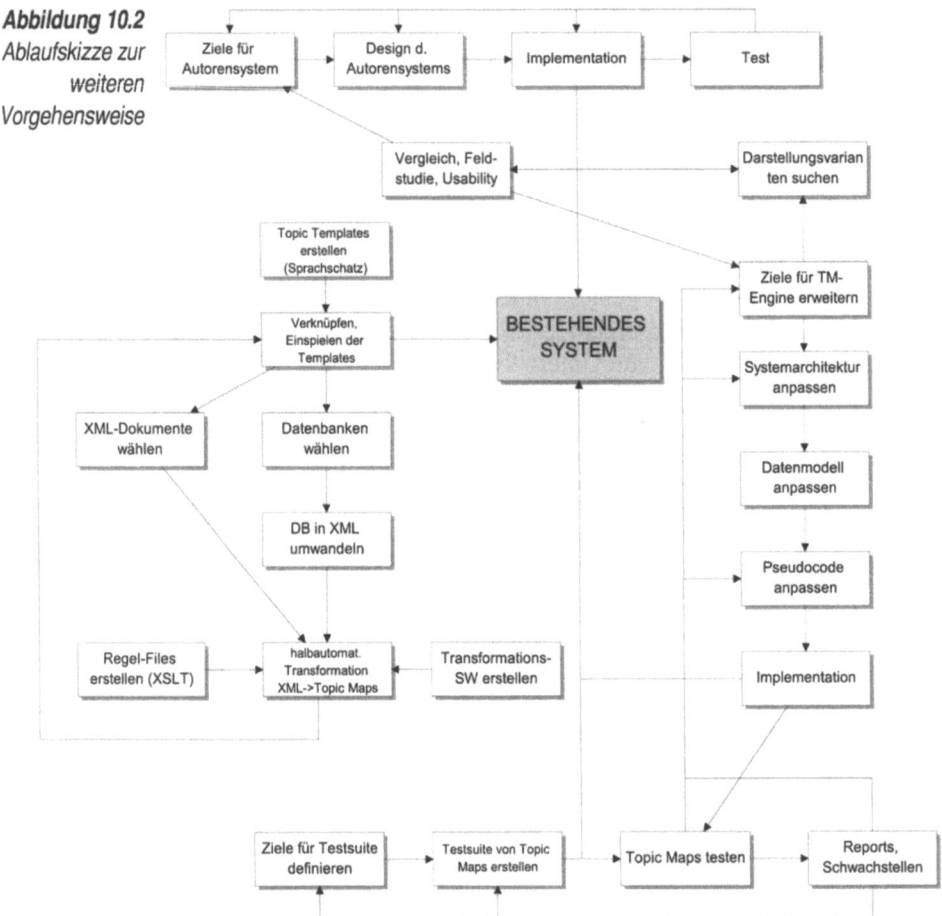

Abbildung 10.2
Ablaufskizze zur weiteren Vorgehensweise

Autorensystem   Zunächst lässt sich im oberen Bereich der Grafik ein einfacher Prozess zur Erstellung eines Autorensystems erkennen. Er reicht von der Zieldefinition über das Design und die Implementation bis zum Test. Die Testergebnisse wiederum geben Anlass, wieder zu vorigen Schritten zurückzukehren, eventuell sogar bis zur Zieldefinition. Auf das Testen wird per se nicht näher eingegangen, auch der Testprozess spaltet sich in einige Teile auf (Definition von Testläufen, Iterationen, Stress Tests, vgl. [Som94]). Die Implementierung ist in ihrer jeweils aktuellen Version Bestandteil des Gesamtsystems (hier im Rechteck „Bestehendes System" dargestellt).

Parallel dazu werden weitere Ziele zur Verbesserung der TM-Engine definiert. Diese führen unter anderem dazu, sich mit neuen Darstellungsvarianten für Topic Maps, Teilausschnitte von Topic Maps oder Abfrageergebnisse zu befassen. Man vergleicht und implementiert interessante Varianten und testet ihre Tauglichkeit im Hinblick auf die optische Erscheinung, Anwendungsfreundlichkeit und Übersichtlichkeit am besten im Rahmen einer durchgeplanten Studie an mehreren Testpersonen. Die Ergebnisse solcher Studien fließen wieder in die Zieldefinitionen für die TM-Engine und das Autorensystem ein. Aufgrund der erneuerten Ziele für die TM-Engine ändert sich die Systemarchitektur und auch das Datenbankschema. Nach der Implementation, die wieder in das Gesamtsystem einfließt, gilt es, diese zu testen, typischerweise mit der zuvor erstellten Testmenge an Topic Maps.

Visualisierung und Testmengen

Für diese „Test-Suite" empfiehlt sich wieder eine traditionelle Methodik mit Zieldefinition, Design, Erstellung und Test. Schwachstellen, die die Testergebnisse offenbaren, fließen dabei sowohl in die erneute Änderung der Test-Suite als auch in die Anpassung der TM-Engine ein.

10.2.12
Basis-Topics

Schlussendlich geht es noch um die halbautomatische Generierung von Topic Maps, die als Basis-Templates für sämtliche weiteren Topic Maps dienen könnten. Hier ist also direkt die Problematik angesprochen, aus natürlichsprachlicher Information semantische Strukturen herauszufiltern, die sich im Wesentlichen als Graph von Topics und Assoziationen darstellen lassen.

Ein wesentlicher Punkt bei Basis-Topics ist die Sprache. Ganz allgemein gewählte Begriffe wie „Organisation", „Arbeitsplatz", „Tisch", „Flugzeug", „Autor", „Temperatur" oder „Birne" sind keine Eigennamen von Personen oder Werken und werden in vielen Arten von Dokumenten verwendet. Umso wünschenswerter ist es, dass nicht jeder Topic Map-Autor solche allgemeinen Begriffe wieder neu definiert und womöglich ein `identity`-Attribut definiert, das von anderen Topics, die zwar dasselbe Subjekt meinen, aber ein anderes `identity`-Attribut aufweisen, abweicht.

Wir versuchen, das Problem auf eine recht intuitive Weise zu lösen: wir denken uns alle Sprachen als reine Darstellungsvarianten für Topics, als Sammlung von Namen. Das Topic selbst ist in sei-

Universalsprache

nem Wesen nicht in einer bestimmten Sprache definiert, also muss ein global eindeutiges identity-Attribut gefunden werden. Wir denken uns eine abstrakte „Übersprache", die alle möglichen Wörter ohne Buchstaben, sondern nur semantisch definiert. Sie sei UNIV benannt. Im identity-Attribut eines jeden Topics, das wir in unseren Basis-Templates haben wollen, tragen wir „UNIV" gefolgt von einer eindeutigen ID ein, beispielsweise „UNIV031768" – es bezeichnet vielleicht die Farbe „schwarz" in jeder Sprache. Dann wählen wir eine Sprache, die weltweit verbreitet ist, am besten Englisch. Wir tragen alle englischen Wörter der Reihe nach ein, beginnen einfach mit „UNIV000001" und erhöhen den Zähler für jedes Wort. Dann nehmen wir ein Wörterbuch „Englisch – Deutsch" und suchen für jedes deutsche Wort das passende Englische. Für „schwarz" finden wir „black" und fügen dem Topic mit Identität „UNIV031768" einfach noch den Namen „schwarz" im Scope „Deutsch" zu. Das Wort „Deutsch" muss demnach das erste sein, das als deutsches Topic definiert wird – es wird dem Topic „German" zugeordnet. Deutsche Wörter, die im Englischen nicht gefunden werden, werden neu angelegt. „Schmalzbrot" könnte „UNIV 177686" bekommen. Somit ist UNIV also die Vereinigungsmenge aller Topics der Welt, die in allen Sprachen der Welt bekannt und im Sprachschatz enthalten sind.

Der Algorithmus zur Bildung von UNIV sei noch einmal skizziert:

Variante eines Algorithmus zur Bildung einer Universalsprache

1. Englisch-Wörterbuch heranziehen
2. Setze globale ID = 0
3. lege Topic mit Identität = „UNIV000001" an, Name ist „Englisch"
4. Für jedes Wort
   4.1. erhöhe globale ID um 1
   4.2. lege Topic an mit Identität = „UNIV"+globale ID
   4.3. füge Topic Namen zu (englisches Wort) – Scope = „Englisch"
5. Für jede weitere Sprache
   5.1. Wörterbuch „Englisch – {Sprache}" heranziehen
   5.2. erhöhe globale ID um 1
   5.3. lege Topic mit Identität = „UNIV"+globale ID an, Name ist „{Sprache}"
   5.4. Für jedes Wort im Englischen

5.4.1 füge dem Topic mit Identität des englischen Worts den oder die Namen aus {Sprache} zu, mit dem Scope {Sprache}
5.5. Wörterbuch „{Sprache}" heranziehen
5.6. Für jedes Wort, das noch nicht einem bestehenden Topic als Name dient
    5.6.1. erhöhe globale ID um 1
    5.6.2. lege Topic an mit Identität = „UNIV"+ globale ID
    5.6.3. füge Topic Namen zu (Wort aus {Sprache})
         – Scope = „{Sprache}"

Variante eines Algorithmus zur Bildung einer Universalsprache (Fortsetzung)

Sicher ist diese Methodik erweiterungswürdig und auch nicht unproblematisch. Während der Algorithmus wohl einfach zu implementieren ist, dürfte es nicht ganz so einfach sein, alle benötigten Wörterbücher in entsprechender, auslesbarer und elektronischer Form vorzufinden.

Abstrahierend von all diesen Ideen muss natürlich noch festgehalten werden, dass jede Änderung des ISO-Standards selbst oder jede proprietär umgesetzte Erweiterung des Standards den größten Einfluss auf all die in Abbildung 10.2 dargestellten Teilprozesse hätte.

11 XTM (XML Topic Maps)

Im Dezember 2000 veröffentlichte die TopicMaps.Org Authoring Group, eine von den Autoren des ISO-Standards 13250, M. Biezunski und S. R. Newcomb, angeführte, unabhängige Autorengruppe, die XML Topic Maps (XTM) Spezifikation in der Version 1.0.

Diese Spezifikation ist nicht nur, wie ihr Name bereits andeutet, eine Portierung des letztendlich auf HyTime und SGML beruhenden ISO-Standards nach XML, sondern beinhaltet auch einige Erweiterungen des ISO-Standards. Die XTM-Spezifikation bezieht sich nun eindeutig auf XML und dessen Referenzierungsmechanismen XLink und XPointer. HyTime und SGML werden nicht mehr herangezogen. Zudem werden in XTM einige im Vergleich zum ISO-Standard neue Eigenschaften eingeführt, darunter einige, die quasi Antworten auf die durch den ISO-Standard selbst noch aufgeworfenen Fragen repräsentieren. Beide Standards, ISO 13250 und XTM, sind nichts desto trotz unabhängig voneinander einsetzbar und implementierbar und weisen in einigen Aspekten eine unterschiedliche Betrachtungsweise des Themas Topic Maps auf.

Ausrichtung von XTM

Obwohl sich die Autorengruppe TopicMaps.Org als Ziel gesetzt hat, die Kompatibilität zu ISO 13250 zu wahren, wurden beinahe sämtliche Element- und Attributnamen geändert, ebenso wie die Dokumentstruktur des Basiskonstrukts *Topic Map*. Im Folgenden werden die Unterschiede zwischen XTM und ISO 13250 herausgearbeitet, danach wird mit *XTMP*, dem *XML Topic Maps Processing Model*, eine mit XTM eng zusammenhängende Spezifikation der *TopicMaps.Org Authoring Group* beschrieben. XTMP legt die Eigenschaften jenes Graphen fest, in dem das Wissen aus Topic Map Instanzen während der Verarbeitung abgebildet werden soll. Wir werden sehen, dass sich die Metastruktur dieses Graphen erheblich von der des ISO-Standards unterscheidet.

XTMP als Verarbeitungsmodell

11.1
Neuerungen bei XTM

Wir wollen in diesem Abschnitt XTM nicht in derselben Detailstufe wie den Topic Maps-Standard vorstellen, sondern im Wesentlichen auf die Unterschiede der beiden Spezifikationen eingehen.

Keine Umbenennung von Elementnamen

Die XTM-Autorengruppe veröffentlicht auf TopicMaps.Org die der Version XTM 1.0 entsprechende XML-DTD für XTM, die als externe Dokumenttyp-Definition in die zu erstellende Topic Map eingebunden wird. XTM bietet keine Möglichkeit mehr, Elementnamen für Topic Maps-Konstrukte umzubenennen. Beispielsweise muss jedes Topic durch ein `topic`-Element dargestellt werden, nicht hingegen durch ein anderes Element, das dem Sinn nach einem Topic entspricht.

Keine Bounded Object Sets

Jedes Topic Map-File (.xtm-File) ist ein XML-File, das genau eine Topic Map beinhaltet, die durch das `topicMap`-Element repräsentiert wird. Dieses ist zugleich das Wurzelelement der XML-Dokumentinstanz. Durch den Wegfall von HyTime werden auch Bounded Object Sets nicht mehr unterstützt, überdies fallen alle aus HyTime stammenden Elementattribute von Topic Maps-Elementen weg. Dem `topicMap`-Element wurde überdies das `addthems`-Attribut gestrichen, statt ihm gibt es nur mehr einen einheitlichen Weg, einer Topic Map Themes zu ihrem Scope zuzuweisen, nämlich über das `mergeMap`-Element (siehe Abschnitt 11.1.5).

Im Folgenden sollen die wichtigsten Aspekte der XTM-DTD, die in Abschnitt 11.2 zu finden ist, beschrieben und kommentiert werden.

11.1.1
Das topicMap-Element

Keine Facets

Das `topicMap`-Element kann nun Elemente der Typen `topic`, `association` oder `mergeMap` enthalten. Facets sind als XML-Konstrukt ersatzlos gestrichen worden. Eigenschafts-Wert Paare können Topics nur mehr über Umwege zugeordnet werden. Des weiteren ist es nicht mehr möglich, kontextfreie Inhalte innerhalb eines `topicmap`-Elements zu platzieren.

Das `topicMap`-Element selbst verweist über zwei konstante Attribute auf den XTM-Default Namespace und den XLink Namespace, sowie optional auf den Basis-URI der Topic Map.

11.1.2
Referenzmechanismen

Bevor wir Topics und Assoziationen betrachten, müssen die in XTM neuen Referenzmechanismen näher erläutert werden. Bisher wurden andere Topics oder Web-Ressourcen einfach über ein textuelles Attribut (etwa `type` beim Element `topic`) referenziert. Nun wird in XTM zur Identitätsfindung der einzelnen Topics oder der Subjekte, die sie beschreiben, das Konzept der Subject Indicators eingeführt.

Subject Indicators

Als *Subject Indicator* wird in XTM allgemein etwas definiert, das die Identität eines Subjekts eindeutig beschreibt bzw. eine *Subject Identity*, die Identität eines Subjekts, anzeigt. Dies kann durch die drei in XTM existierenden Referenzmechanismen geschehen, die da wären:

- Das `topicRef`-Element
- Das `subjectIndicatorRef`-Element
- Und das `resourceRef`-Element

Die Referenzmechanismen

Diese Referenzmechanismen werden an verschiedenen Stellen bzw. in verschiedenen Elementen in XTM benötigt.

Dazu folgt ein kleines Beispiel, das dem Beispiel in Abschnitt 11.4 entnommen ist. Es zeigt das Topic `t-Maronenroehrling`, das Instanz des Topics `t-Pilz` ist. Diese Beziehung wird über ein `topicRef`-Element hergestellt:

XTM-Beispiel `<topicRef>`

```
<topic id="t-Maronenroehrling">
  <instanceOf>
   <topicRef xlink:href="#t-Pilz"/>
  </instanceOf>
  ...
```

11.1.2.1
Das topicRef-Element

Dieses Element verweist über ein aus XLink stammendes `href`-Attribut auf ein Topic, das nicht notwendigerweise in derselben Topic Map oder im selben XML-Dokument wie der Ausgangspunkt liegen muss. Dieser Link entspricht einem einfachen Link in XLink, der aber in jedem Fall auf ein `topic`-Element zeigen muss.

Zeiger auf Topics

11.1.2.2
Das subjectIndicatorRef-Element

Ressourcen als Beschreibungen von Subjekten

Dieses Element verfügt über genau dieselben Attribute wie das zuvor besprochene `topicRef`-Element. Es dient lediglich dazu anzuzeigen, dass nicht ein Topic referenziert wird, sondern allgemein eine Ressource (diese Bezeichnung wird im Folgenden statt Web-Ressource verwendet), die ein bestimmtes Subjekt eindeutig beschreibt. Man sagt, sie bietet einen *Subject Identity Point*. Das Konzept des *Subject Identity Points* wird vor allem in XTMP verwendet, als Punkt im Wissensraum der betrachteten Topic Maps, an dem verschiedene Topics miteinander verschmelzen. Die angesprochene Ressource kann, muss aber nicht, die Identität des Subjekts, für die sie steht, näher beschreiben. Man könnte etwa auf ein Dokument zeigen, das zwar eine Biographie Beethovens ist, aber auch für das Subjekt „Beethoven" steht. Dies bedeutet, dass bestehende Ressourcen die Rolle eines Topics annehmen können und somit kein eigenes `<topic>`-Element benötigen, um als Topic in einer Topic Map auftreten zu können.

11.1.2.3
Das resourceRef-Element

Zeiger auf Ressourcen

Dieses Element verfügt wiederum über dieselben Attribute wie das `topicRef`-Element, allerdings wird es nur dann verwendet, wenn der Hyperlink des `href`-Attributs auf eine Ressource zeigt, der nicht der Rang eines Subject Indicators zukommt (hier liegt der Unterschied zum `subjectIndicatorRef`-Element). Eine derartige Ressource könnte beispielsweise im Rahmen einer Occurrence auftreten.

11.1.3
Das topic-Element

Nach wie vor beschreibt dieses Element ein Topic mitsamt seiner Identität, seinen Typen, seinen Base Names und Occurrences. Allerdings verfügt es, bis auf das `id`-Attribut, über kein weiteres Attribut, die betreffenden Konstrukte werden allesamt durch die folgenden Sub-Elemente realisiert.

11.1.3.1
Das instanceOf-Element

Ersatz des type-Attributs

Zunächst bezeichnet eine Serie von `instanceOf`-Elementen, statt des `type`-Attributs aus ISO 13250, jene Topics, die den Typ des zu beschreibenden Topics charakterisieren. Dazu werden die in XTM gemeinhin gebräuchlichen Elemente `topicRef` oder `subject IndicatorRef` verwendet, je nachdem, ob direkt ein Topic die Rolle eines Typs des aktuellen Topics einnimmt oder eine Ressource, die somit ein Subject Indicator ist.

Das `instanceOf`-Element wird in XTM ebenfalls mehrfach verwendet, nicht nur als Kindelement des `topic`-Elements, sondern auch der Elemente `occurrence`, `association` und `member`.

An dieser Stelle sei erneut das Beispiel des Maronenröhrlings erwähnt, in dem die Verwendung des `instanceOf`-Elements gezeigt wird:

XTM-Beispiel
<instanceOf>

```
<topic id="t-Maronenroehrling">
 <instanceOf>
  <topicRef xlink:href="#t-Pilz"/>
   </instanceOf>
  ...
```

11.1.3.2
Das subjectIdentity-Element

Dieses Element spezifiziert das Subjekt der Realwelt, das ein Topic repräsentiert. Dazu kann es ein untergeordnetes `resourceRef`-Element verwenden, falls es sich um ein adressierbares Subjekt (*Addressable Subject*) handelt. Dies kann eine Ressource sein, die als sie selbst ein Subjekt darstellt und deswegen im XTMP-Standard auch als *Subject Constituting Resource* bezeichnet wird – ein Dokument mit dem Titel „Top Ten der Woche in Österreich", eine Auflistung der wöchentlich zehn beliebtesten Lieder in Österreich, könnte etwa als Subjekt für sich selbst stehen und im Internet adressierbar sein. Das `resourceRef`-Element ist optional und kann maximal einmal in einem `subjectIdentity`-Element verwendet werden.

resourceRef-Element

Anstatt dessen (oder zusätzlich) können auch das `topicRef`- oder das `subjectIndicatorRef`-Element beliebig oft verwendet werden, nämlich dann, wenn es sich um nicht adressierbare Subjekte (*Non-addressable Subjects*) handelt. Im Unterschied zu ISO 13250, wo überhaupt nur ein nicht näher spezifizierter Public Subject Descriptor die Identität und das Subjekt eines Topics beschreibt, können hier gleich mehrere Topics oder Ressourcen diesem Zweck dienen.

topicRef-Element oder subjectIndicator Ref-Element

Weiters fällt auf, dass einem Topic nicht mehr direkt ein Scope zugewiesen werden kann. Scopes sind in XTM nur mehr für Namen oder auf Ebene ganzer Topic Maps zu vergeben, wodurch eine für ISO 13250 entworfene Abfragesprache sich durch eine ebensolche für XTM wohl unterscheiden muss.

Kein direkter Scope

XTM-Beispiel
<subjectIdentity>

Im nachfolgenden Beispiel wird die Identität des Topics `t-Pilz` über einen Verweis auf ein Topic innerhalb des `subjectIdentity`-Elements festgelegt.

```
<topic id="t-Pilz">
  <subjectIdentity>
    <topicRef xlink:href=
"http://www.myfictivedomainname.mydom/psis/bio#pilz"/>
  </subjectIdentity>
```

11.1.3.3
Topic Names

baseName-
Elemente

Die Namen von Topics werden durch beliebig viele `baseName`-Elemente dargestellt. Ein solches Element enthält:

- ein den Scope des Namens definierendes, optionales `scope`-Element
- ein `baseNameString`-Element, dessen Inhalt der Name ist
- beliebig viele, optionale `variant`-Elemente.

11.1.3.3.1
Das scope-Element

Vorkommen
und Zweck

Dieses Element kommt, abgesehen vom `baseName`-Element, auch noch im `occurrence`- und im `association`-Element direkt untergeordnet vor. Es verweist über die drei Referenzmechanismen auf ein oder mehrere Subjekte – repräsentiert durch ein Topic, eine Ressource, die wie ein Topic fungieren kann, oder eine Ressource, die ein Topic beschreibt.

Scopes aus
ISO 13250 nach
XTM überführen

Was in ISO 13250 durch ein `scope`-Attribut im jeweiligen Element ausgedrückt wird, das eine Liste von Topic-Ids beinhaltet, wird in XTM durch das `scope`-Element bewerkstelligt. Es wäre semantisch korrekt, beim Umwandeln eines ISO 13250-Dokuments in ein XTM-Dokument genau jene Themes, die im `scope`-Attribut des `topic`-Elements in ISO 13250 enthalten sind, jeweils in jedem `scope`-Element jedes `baseName`-Elements des stellvertretenden Topics in XTM miteinzubeziehen. Innerhalb des `scope`-Elements in XTM müssten diese Themes über einen der Referenzmechanismen (siehe Abschnitt 11.1.2) eingebunden werden.

XTM-Beispiel
<baseName>
und <scope>

Das nachfolgende Beispiel zeigt, wie dem Topic `t-Maronenroehrling` der Base Name „Maronenroehrling" im Scope der Englischen Sprache (gekennzeichnet durch das öffentliche Topic, das im `topicRef`-Element referenziert wird) zugewiesen wird:

```xml
<topic id="t-Maronenroehrling">
  ...
  <baseName>
    <scope>
      <topicRef xlink:href=
"http://www.topicmaps.org/xtm/language.xtm#en"/>
    </scope>
    <baseNameString>Maronenroehrling</baseNameString>
  ...
```

11.1.3.3.2
Das variant-Element

Dieses Element taucht direkt unterhalb des `baseName`-Elements optional und möglicherweise mehrfach auf. Jedes dieser Elemente kapselt dabei eine andere Darstellungsvariante desselben Namens, abhängig vom Kontext, in dem Topic Maps verarbeitet werden. Die aus ISO 13250 bekannten Sort Names und Display Names werden in XTM etwa als solche Varianten dargestellt. Auch andere Darstellungsarten sind denkbar, etwa grafische oder akustische Wiedergabe – man denke hier nur an die naheliegende Sprachausgabe. Das Format des Namens ist dabei nicht notationsgebunden und hängt vom Kontext ab, der von der entsprechenden Topic Maps-Applikation richtig erkannt werden sollte.

Namensvarianten

Das `variant`-Element enthält zunächst ein `parameters`-Element, dessen Angabe verpflichtend ist. Dieses beinhaltet wiederum mehrere, aber mindestens ein `topicRef`- oder `subjectIndicatorRef`-Element. Damit wird entweder auf ein Topic oder auf eine Ressource gezeigt, die den Kontext der Namensvariante bezeichnet.

Kontextverweise

Des weiteren ist dem `variant`-Element das `variantName`-Element untergeordnet, ebenfalls in potentiell mehrfacher Ausführung. Jedes `variantName`-Element beschreibt eine andere Namensvariante im selben, durch das `parameters`-Element bezeichneten Kontext. Die Namensvariante wird innerhalb des `variantName`-Elements verpflichtend entweder durch ein `resourceRef`-Element oder durch ein `resourceData`-Element beschrieben. Während das `resourceRef`-Element, wie wir bereits wissen, auf eine Ressource zeigt, die die Namensvariante darstellt, bindet das `resourceData`-Element diese direkt über ihren Inhalt ein.

Namensbezeichnung

Das besondere am `variant`-Element ist aber, dass es weitere `variant`-Elemente beinhalten kann. Ein untergeordnetes `variant`-Element beschreibt Namensvarianten für die Variante des übergeordneten Elements. Eine Variante eines Namens könnte beispielsweise im Kontext „JPG-Grafik" zutreffen. Diese Variante könnte mehrere Subvarianten haben, eine im Kontext „800x600-JPG-Gra-

Varianten und Subvarianten

fik", eine in „1024x768-JPG-Grafik" und eine in „1280x1024-JPG-Grafik". Diese wiederum könnten Varianten für verschiedene Farbtiefen haben.

Vergleich mit ISO 13250

Das `baseName`-Element in XTM entspricht in etwa dem `topname`-Element aus ISO 13250, doch ist es um einiges komplexer. Die rekursive Verschachtelung fehlt in ISO 13250, und der Variantenkontext ist dort noch auf die Typen Sortierung und Anzeige (Sort Names und Display Names) beschränkt. Der Referenzmechanismus des `parameters`-Elements erlaubt es nun einem Applikationshersteller, seinen eigenen Kontext zu veröffentlichen. Möglicherweise ist diese Eigenschaft auch im Zusammenhang mit der Darstellung eines Namens in verschiedenen Kodierungen interessant.

XTM-Beispiel <variant>

Nachfolgendes Beispiel zeigt, wie einem Base Name des Topics t-Maronenroehrling eine Namensvariante, nämlich „Maronenrohrling", als Sort Name (über das öffentliche Topic `psi-sort` im `topicRef`-Element) zugewiesen wird:

```
<topic id="t-Maronenroehrling">
...
 <baseName>
 ...
  <variant>
    <parameters>
       <topicRef xlink:href=
"http://www.topicmaps.org/xtm/1.0/xtml.xtm#psi-sort"/>
    </parameters>
    <variantName>
       <resourceData>Maronenrohrling</resourceData>
    </variantName>
   </variant>
   ...
```

11.1.3.4
Das occurrence-Element

An den Occurrences wurde in XTM nicht viel geändert, sieht man einmal davon ab, dass das `occurrence`-Element wiederum bis auf ein `id`-Attribut keine weiteren Attribute besitzt, die aus ISO 13250 bekannten Attribute `scope` und `type` durch entsprechende Elemente ersetzt und das `occrl`-Attribut gestrichen wurden.

Typ der Occurrence

Das `occurrence`-Element beinhaltet nun ein optionales `instanceOf`-Element, das bereits im Zusammenhang mit dem `topic`-Element beschrieben wurde. Es bestimmt den Typ der Occurrence und entspricht somit dem `type`-Attribut aus ISO 13250, bis auf die Tatsache, dass `instanceOf` nicht nur auf ein Topic, sondern auch auf eine Ressource verweisen kann, die das Subjekt des Typs der Occurrence beschreibt.

Weiters verfügt das `occurrence`-Element über ein `scope`- und über ein `baseName`-Element. Letzteres ist neu in XTM und bietet für die Occurrence einen Namen oder eine grafische Darstellung, je nach Kontext. Schließlich beinhaltet die Occurrence auch noch ein `resourceRef`-Element oder, anstatt dessen, ein `resourceData`-Element. Diese Elemente verweisen auf die Ressource, in der das Topic, das die Occurrence enthält, vorkommt.

baseName-Element für Occurrences

Die Occurrence Role wurde also in XTM entfernt und durch einen Base Name ersetzt, der flexibler als das entsprechende `occrl`-Attribut ist. Widersprüchlich erscheint folgende Bemerkung in der XTM-Spezifikation: wenn ein Topic mittels eines `topicRef`-Elements in einer seiner Occurrences auf ein anderes Topic verweist, sollen beide mitsamt ihrer Eigenschaften verschmolzen werden. Laut der beigefügten XML-DTD für XTM kann eine Occurrence nur die Elemente `resourceRef` und `resourceData` verwenden, nicht aber `topicRef` (vgl. [XTM01]).

Nachfolgendes Beispiel zeigt, wie für das Topic `t-Maronenroehrling` eine Occurrence in einem Rezept für Pilzsuppe festgelegt wird. Die Occurence hat dabei den Base Name „Kochrezept":

XTM-Beispiel `<occurrence>`

```
<topic id="t-Maronenroehrling">
 ...
 <occurrence>
   <baseName>
    <baseNameString>Kochrezept</baseNameString>
   </baseName>
   <resourceRef xlink:href=
"http://www.myfictivedomainname.mydom/rezepte/pilzsuppe.html"/>
 </occurrence>
 ...
```

11.1.4
Das association-Element

Das `assoc`-Element aus ISO 13250 wurde in XTM in `association`-Element umgetauft, es verfügt nur mehr über das obligatorische `id`-Attribut, die restlichen Eigenschaften werden über untergeordnete Elemente realisiert. Davon sind das `instanceOf`-Element und das `scope`-Element zu erwähnen, die optional und maximal einmal vorkommen dürfen. Das erstgenannte Element legt den Typ der Assoziation fest, das zweitgenannte den Scope, beide Elemente wurden bereits vorgestellt. Neu ist hier das dem `association`-Element untergeordnete `member`-Element, das die Teilnehmer an der betreffenden Assoziation bestimmt und somit dem `assocrl`-Element aus ISO 13250 entspricht.

11.1.4.1
Das member-Element

roleSpec-Elemente

Dieses Element verweist nun auf mehrere Teilnehmer einer Assoziation, die in dieser dieselbe Rolle bekleiden. Diese Assoziationsrolle wird in dem (dem member-Element untergeordneten) roleSpec-Element beschrieben. Das roleSpec-Element beinhaltet selbst entweder ein topicRef- oder ein subjectIndicatorRef-Element, was bedeutet, dass ein Topic oder eine subjektbeschreibende Ressource referenziert wird, die den Assoziationsrollentyp des Assoziationsteilnehmers bezeichnet.

Vergleich mit ISO 13250

Diese Referenz entspricht in ISO 13250 dem type-Attribut des assocrl-Elements. Das anchrole-Attribut, das zusätzlich einen Namen für die Assoziationsrolle beisteuerte, wurde in XTM nun ersatzlos gestrichen. Dies erscheint sinnvoll, da somit unmittelbar mögliche Redundanzen eliminiert wurden.

XTM-Beispiel <association>

Das folgende Beispiel zeigt die Erzeugung einer Assoziation, welche durch das Topic verwechselbar_mit typisiert wird. An dieser Assoziaton nehmen die Topics t-Maronenroehrling und t-Ziegenlippe, jeweils mit der Rolle t-Pilz, teil:

```
<association>
  <instanceOf>
    <topicRef xlink:href=
"http://www.myfictivedomainname.mydom/psis/bio#verwechselbar_mit"/>
  </instanceOf>
  <member>
   <roleSpec>
    <topicRef xlink:href="#t-Pilz"/>
   </roleSpec>
   <topicRef xlink:href="#t-Maronenroehrling"/>
   <topicRef xlink:href="#t-Ziegenlippe"/>
  </member>
</association>
```

11.1.5
Das mergeMap-Element

Topic Maps verschmelzen

Aus dem bisher von ISO 13250 bekannten addthms-Element wurde in XTM das mergeMap-Element. Dabei geht es darum, ein durch ein href-Attribut verlinktes Topic Map-Dokument mit jener Topic Map, in der sich das mergeMap-Element befindet, zu verschmelzen. Es handelt sich um einen einfachen Link aus XLink. Dieser referenzierten Topic Map können nun mittels mergeMap-Element untergeordneten Elementen der Typen topicRef, resourceRef oder subjectIndicatorRef Themes zu ihrem Scope hinzugefügt werden, ähnlich, wie dies in ISO 13250 über das Attribut addthems des addthms-Elements möglich ist.

Das nachstehende Beispiel zeigt, wie die Topic Map, in der das mergeMap-Element vorkommt, mit jener Topic Map, die dieses Element referenziert, verschmolzen wird, wobei zu den Scopes der Elemente der referenzierten Topic Map das Topic t-Pilz hinzugefügt wird:

XTM-Beispiel
<mergeMap>

```
<mergeMap xlink:href=
"http://www.myfictivedomainname.mydom/tms/tm_herrenpilz.xml
">
  <topicRef xlink:href="#t-Pilz"/>
</mergeMap>
```

11.2 XTM-DTD

Es folgt nun die Zusammenfassung der in XTM neuen Gegebenheiten in Form der XTM-DTD, die der Spezifikation in der Version 1.0 beiliegt (vgl. [XTM01]).

XTM-DTD
(vgl. [XTM01])

```
<!--
.................................................
............ -->
<!-- XML Topic Map DTD
................................................. -->
<!-- file: xtm1.dtd
-->
<!-- XML Topic Map (XTM) DTD, Version 1.0

This is XTM, an XML interchange syntax for ISO 13250 Topic
Maps.

XML Topic Map (XTM)
        Copyright 2000 TopicMaps.Org, All Rights Reserved.

Permission to use, copy, modify and distribute the XTM DTD
and its accompanying materials for any purpose and without
fee is hereby granted in perpetuity, provided that the
above copyright notice and this paragraph appear in all
copies. The copyright holders make no representation about
the suitability of the DTD for any purpose. It is provided
"as is" without expressed or implied warranty.

Authors:   Members of the XTM Authoring Group
Editors:   Murray Altheim     <altheim@eng.sun.com>
           Michel Biezunski   <mb@infoloom.com>
           Sam Hunting        <shunting@ecomxml.com>
           Steven R. Newcomb  <srn@coolheads.com>
Status:    Release
Version:   v1.0
```

XTM-DTD (Fortsetzung)

```
Revision:    $Id: xtm1.dtd,v 1.15 2000/12/04 23:30:39
altheim Exp $
PublicId:    "-//TopicMaps.Org//DTD XML Topic Map (XTM)
1.0//EN"
Revisions: (none)
-->
<!-- Use this URI to identify the default XTM namespace:

        "http://www.topicMaps.org/xtm/1.0/"

     Used to identify the XLink namespace:

        "http://www.w3.org/1999/xlink"
-->

<!-- topicMap: Topic Map document element
....................... -->

<!ELEMENT topicMap
    ( topic | association | mergeMap )*
>
<!ATTLIST topicMap
    id              ID          #IMPLIED
    xmlns           CDATA       #FIXED 'http://www.topicmaps.org/xtm/1.0/'
    xmlns:xlink     CDATA       #FIXED 'http://www.w3.org/1999/xlink'
    xml:base        CDATA       #IMPLIED
>

<!-- topic: Topic element
................................. -->

<!ELEMENT topic
    ( instanceOf*, subjectIdentity?, ( baseName | occurrence )* )
>
<!ATTLIST topic
    id              ID          #REQUIRED
>

<!-- instanceOf: Points To a Topic Representing a Class
.......... -->

<!ELEMENT instanceOf  ( topicRef | subjectIndicatorRef ) >
<!ATTLIST instanceOf
    id              ID          #IMPLIED
>

<!-- subjectIdentity: Subject Represented by Topic
.............. -->

<!ELEMENT subjectIdentity
    ( resourceRef?, ( topicRef | subjectIndicatorRef )* )
>
<!ATTLIST subjectIdentity
    id              ID          #IMPLIED
>
```

```
<!-- topicRef: Reference to a Topic Element
    ................. -->

<!ELEMENT topicRef    EMPTY >
<!ATTLIST topicRef
   id              ID         #IMPLIED
   xlink:type      NMTOKEN    #FIXED 'simple'
   xlink:href      CDATA      #REQUIRED
>

<!-- subjectIndicatorRef: Reference to a Subject Indicator
    ....... -->

<!ELEMENT subjectIndicatorRef    EMPTY >
<!ATTLIST subjectIndicatorRef
   id              ID         #IMPLIED
   xlink:type      NMTOKEN    #FIXED 'simple'
   xlink:href      CDATA      #REQUIRED
>

<!-- baseName: Topic or Occurrence Base Name
    ................... -->

<!ELEMENT baseName   ( scope?, baseNameString, variant* ) >
<!ATTLIST baseName
   id              ID         #IMPLIED
>

<!-- baseNameString: Base Name String Container
    ................ -->

<!ELEMENT baseNameString    ( #PCDATA ) >
<!ATTLIST baseNameString
   id              ID         #IMPLIED
>

<!-- variant: Alternate Forms of Base Name
    .................. -->

<!ELEMENT variant    ( parameters, variantName, variant* ) >
<!ATTLIST variant
   id              ID         #IMPLIED
>

<!-- variantName: Container for Variant Name
    ................. -->

<!ELEMENT variantName    ( resourceRef | resourceData ) >
<!ATTLIST variantName
   id              ID         #IMPLIED
>

<!-- parameters: Processing Context for Variant
    ............... -->

<!ELEMENT parameters    ( topicRef | subjectIndicatorRef )+ >
<!ATTLIST parameters
   id              ID         #IMPLIED
>
```

**XTM-DTD
(Fortsetzung)**

```
<!-- occurrence: Resources Regarded as an Occurrence
............ -->

<!ELEMENT occurrence
    ( instanceOf?, scope?, baseName?, ( resourceRef |
resourceData ) )
>
<!ATTLIST occurrence
    id              ID        #IMPLIED
>

<!-- resourceRef: Reference to a Resource
....................... -->

<!ELEMENT resourceRef   EMPTY >
<!ATTLIST resourceRef
    id              ID        #IMPLIED
    xlink:type      NMTOKEN   #FIXED 'simple'
    xlink:href      CDATA     #REQUIRED
>

<!-- resourceData: Container for Resource String
................. -->

<!ELEMENT resourceData  ( #PCDATA ) >
<!ATTLIST resourceData
    id              ID        #REQUIRED
>

<!-- association: Topic Association
........................... -->

<!ELEMENT association
    ( instanceOf?, scope?, member+ )
>
<!ATTLIST association
    id              ID        #REQUIRED
>

<!-- member: Member in Topic Association
....................... -->

<!ELEMENT member
    ( roleSpec?, ( topicRef | resourceRef |
subjectIndicatorRef )+ )
>
<!ATTLIST member
    id              ID        #IMPLIED
>

<!-- roleSpec: Points to a Topic Serving as an Association
Role .. -->

<!ELEMENT roleSpec  ( topicRef | subjectIndicatorRef ) >
<!ATTLIST roleSpec
    id              ID        #IMPLIED
>
```

```
<!-- scope: Reference to Topics That Comprise the Scope
    ..........  -->

<!ELEMENT scope  ( topicRef  |  resourceRef |
subjectIndicatorRef )+ >
<!ATTLIST scope
   id                 ID           #IMPLIED
>

<!-- mergeMap: Merge With External Topic Map
    ....................  -->

<!ELEMENT mergeMap  ( topicRef  |  resourceRef |
subjectIndicatorRef )* >
<!ATTLIST mergeMap
   id                 ID           #IMPLIED
   xlink:type         NMTOKEN      #FIXED 'simple'
   xlink:href         CDATA        #REQUIRED
>

<!-- end of XML Topic Map (XTM) 1.0 DTD -->
```

XTM-DTD (Fortsetzung)

11.3 Published Subject Indicators

Eine bisher noch nicht erwähnte Neuerung stellen die Published Subject Indicators dar. Ein *Published Subject Indicator (PSI)* ist ein Topic oder eine subjektbeschreibende Ressource, die persistent im Internet veröffentlicht ist und auf die über einen der Referenzmechanismen aus XTM zugegriffen werden kann. Häufig haben PSIs generischen Charakter und werden zur Typisierung eigener Topics herangezogen. Dies ist also ein Ansatz zur Realisierung von sogenannten Topic Templates oder Basistopics. Sammlungen von PSIs können auch als Topic Map Templates verstanden werden.

Für XTM 1.0 wurden bereits einige Topic-Sammlungen veröffentlicht, vor allem für Länder sowie Sprachen. Nicht zuletzt findet sich auf TopicMaps.Org aber die „Psi1" titulierte Basissammlung von Topics, die jede XTM-konforme und vor allem jede XTMP-konforme Applikation erkennen und entsprechend darauf reagieren muss. Diese PSIs erweitern das Metamodell von Topic Maps um bestimmte, häufig vorhandene Modellkonstrukte. Im Folgenden sollen die wichtigsten dieser PSIs aus „Psi1" kurz angeführt werden. Die Datei findet man unter „http://www.topicmaps.org/xtm/1.0/psi1.xtm" vor (abgerufen am 30. 3. 2001). Wollen wir beispielsweise das Topic `sort` referenzieren, müssen wir ein `topicRef`-Element auf „http://www.topicmaps.org/xtm/1.0/psi1.xtm#sort" zeigen lassen. Die nachfolgende Tabelle enthält nur die Namen der Topics, nicht den vollen URI.

Basis-Templates

Tabelle 11.1 Einige der Published Subject Indicators

PSI	Bedeutung
sort	Wird im `parameters`-Element einer Namensvariante verwendet, um die Namensvariante als Sort Name auszuzeichnen.
display	Wird im `parameters`-Element einer Namensvariante verwendet, um die Namensvariante als Display Name auszuzeichnen.
association-template	Ist die Überklasse sämtlicher *Association Templates* (Schablonen für Assoziationen). Stellt ein Topic X ein Association Template dar, so verweist sein `instanceOf`-Element auf dieses Topic (diesen PSI). Das Subtopic X beschreibt dann ein Association Template. Die XML-ID eines Association Templates beginnt meistens mit „at".
at-class-instance	Ein Association Template, das ein Klasse-Instanz Beziehung bestimmt. Ist eine Assoziation Instanz dieses PSIs, so bestimmt sie eine Klasse-Instanz Beziehung zwischen jenen Topics, die an ihr mit der entsprechenden Rolle teilnehmen. Dieser PSI ist selbst Instanz des `association-template` PSIs.
role-class	Nimmt ein Topic an einer Klasse-Instanz Beziehung teil und soll es die Rolle der Klasse übernehmen, so muss es die Rolle `role-class` spielen, das `roleSpec`-Element verweist auf diesen PSI.
role-instance	Wie `role-class`, nur die Instanz-Rolle eines Topics betreffend.
at-superclass-subclass	Wie `at-class-instance`, nur bedeutet dieses Association Template eine Superklasse-Subklasse Beziehung.
role-superclass	Nimmt ein Topic an einer Superklasse-Subklasse Beziehung teil und soll es die Rolle der Superklasse übernehmen, so muss es die Rolle `role-superclass` spielen, das `roleSpec`-Element verweist auf diesen PSI.
role-subclass	Wie `role-superclass`, nur die Subklassenrolle eines Topics betreffend.
at-topic-basename	Wiederum ein Association Template, das eine Beziehung zwischen einem Topic und einem Base Name herstellt. In einem `topicMap`-Element soll dieser Beziehungstyp nicht explizit vorkommen, sondern nur in der gewohnten Form, als `baseName`-Element innerhalb eines `topic`-Elements. Er ist für die Verarbeitung von Topic Maps im Sinne des XTMP-Modells vonnöten. Die entsprechenden PSIs `role-topic` und `role-basename` erklären sich von selbst und werden an dieser Stelle nicht explizit angeführt.

PSI	Bedeutung
`at-topic-occurrence`	Ein Association Template, das die Beziehung zwischen einem Topic und einer Occurrence dieses Topics herstellt und wiederum hauptsächlich für das XTMP-Modell vonnöten ist. Eine Occurrence wird dort also als Assoziation behandelt. Die PSIs `role-topic` und `role-occurrence` sind selbsterklärend.
`at-basename-variantname`	Das Association Template zur Herstellung einer Assoziation zwischen einem Base Name und einer Namensvariante im XTMP-Modell.
`at-template-role-rpc`	Dieses Association Template stellt einen Mechanismus für die Realisierung von semantischen Einschränkungen (Constraints) in XTM bzw. XTMP. Dabei wird für ein bestimmtes Association Template festgelegt, dass eine bestimmte Rolle in der Assoziation, die das Template beschreibt, vorkommen muss und welchen weiteren Einschränkungen diese Rolle innerhalb der Assoziation unterliegt. RPC steht hier für *Role Player Constraints*.
`role-template`	Jenes Association Template, das in einer `at-template-role-rpc`-Assoziation vorkommt und für welches dort Constraints definiert werden.
`role-role`	Jene Rolle, die im durch `role-template` definierten Association Template in der Assoziation vorkommen muss.
`role-rpc`	Dieser PSI definiert die semantischen Einschränkungen, denen Topics mit der Rolle `role-role` in dem durch `at-template-role-rpc` definierten Beziehungstyp unterliegen. In welcher Form diese Einschränkungen zu erfolgen haben, wird nicht näher spezifiziert.
`subjectIndicatorResource`	Eine Occurrence, die auf eine Subject Indicator Resource, also eine Ressource, die entweder ein Topic ist oder ein Subjekt eindeutig beschreibt, zeigt, muss in ihrem Scope diesen PSI referenzieren.
`subjectConstitutingResource`	Eine Occurrence, die auf eine Subject Constituting Resource, also eine Ressource, die für sich selbst ein Subjekt darstellt, zeigt, muss in ihrem Scope diesen PSI referenzieren.

Tabelle 11.1 (Fortsetzung)

11.4 Beispiel

Bevor wir näher auf das XTMP-Modell eingehen, wollen wir anhand eines kurzen Beispiels vor Augen führen, wie ein und dieselbe Topic Map im ISO 13250 und im XTMP-Format aussehen können. Zunächst sei die Variante nach ISO 13250 dargestellt.

Beispiel Topic Map in ISO 13250

```xml
<!-- ISO 13250 Topic Map -->
<!-- XML-Deklarationen ausgelassen
...
<!ENTITY TM_zum_Thema_Herrenpilz PUBLIC
"http://www.myfictivedomainname.mydom/tms/tm_herrenpilz.xml
" NDATA TOPICMAP>
...
-->

<topicmap>
 <topic  id="t-Biologie">
  <topname>
   <basename>Biologie</basename>
  </topname>
 </topic>
 <topic  id="t-Wissenschaft">
  <topname>
   <basename>Wissenschaft</basename>
  </topname>
 </topic>
 <topic id="t-Pilz"
identi-
ty="http://www.myfictivedomainname.mydom/psis/bio#pilz"
scope="t-Biologie">
  <topname>
   <basename>Pilz</basename>
  </topname>
 </topic>
 <topic id="t-Maronenroehrling"
  identity="Maronenroehrling"
  types="t-Pilz">
  <topname>
   <basename>Maronenroehrling</basename>
   <basename scope="t-Wissenschaft">Xerocomus
       badius</basename>
   <dispname>Maronenroehrling</dispname>
   <sortname scope="t-Englisch">Maronenrohrling</sortname>
  </topname>
  <occurs occrl="Kochrezept">
http://www.myfictivedomainname.mydom/rezepte/pilzsuppe.html
  </occurs>
 </topic>
 <topic  id="t-Ziegenlippe">
  <topname>
   <basename>Ziegenlippe</basename>
  </topname>
 </topic>
 <assoc
ty-
pe="http://www.myfictivedomainname.mydom/psis/bio#verwechse
lbar_mit">
  <assocrl type="t-Pilz">t-Maronenroehrling</assocrl>
  <assocrl type="t-Pilz">t-Ziegenlippe</assocrl>
 </assoc>
 <addthms addthems="t-Pilz"
  tmdocs="TM_zum_Thema_Herrenpilz"
  cassign="t-Ziegenlippe"/>
</topicmap>
```

Es folgt die XTM-Variante des Beispiels:

dasselbe Beispiel in XTM 1.0

```xml
<!-- XTM Topic Map -->
<!-- XML-Deklarationen ausgelassen
...
 -->

<topicMap xmlns:xlink="http://www.w3.org/XML/XLink/0.9">
 <topic id="t-Biologie">
  <baseName>
   <baseNameString>Biologie</baseNameString></baseName>
 </topic>
 <topic id="t-Wissenschaft">
  <baseName>
   <baseNameString>Wissenschaft</baseNameString></baseName>
 </topic>
 <topic id="t-Pilz">
  <subjectIdentity>
   <topicRef xlink:href=
"http://www.myfictivedomainname.mydom/psis/bio#pilz"/>
  </subjectIdentity>
  <baseName>
   <scope><topicRef xlink:href="#t-Biologie"/></scope>
   <baseNameString>Pilz</baseNameString>
  </baseName>
 </topic>
 <topic id="t-Maronenroehrling">
  <instanceOf>
   <topicRef xlink:href="#t-Pilz"/>
  </instanceOf>
  <baseName>
   <baseNameString>Maronenroehrling</baseNameString>
   <variant>
    <parameters>
        <topicRef xlink:href=
"http://www.topicmaps.org/xtm/1.0/xtml.xtm#psi-display"/>
    </parameters>
    <variantName>
        <resourceData>Maronenroehrling</resourceData>
    </variantName>
   </variant>
  </baseName>
  <baseName>
   <scope>
    <topicRef xlink:href=
"http://www.topicmaps.org/xtm/language.xtm#en"/>
   </scope>
   <baseNameString>Maronenroehrling</baseNameString>
   <variant>
    <parameters>
        <topicRef xlink:href=
"http://www.topicmaps.org/xtm/1.0/xtml.xtm#psi-sort"/>
    </parameters>
    <variantName>
        <resourceData>Maronenrohrling</resourceData>
    </variantName>
   </variant>
  </baseName>
```

dasselbe Beispiel in XTM 1.0 (Fortsetzung)

```
    <baseName>
     <scope>
        <topicRef xlink:href="#t-Wissenschaft"/>
     </scope>
     <baseNameString>Xerocomus badius</baseNameString>
    </baseName>
    <occurrence>
     <baseName>
      <baseNameString>Kochrezept</baseNameString>
     </baseName>
     <resourceRef xlink:href=
"http://www.myfictivedomainname.mydom/rezepte/pilzsuppe.htm
l"/>
    </occurrence>
   </topic>
   <topic id="t-Ziegenlippe">
    <baseName>
     <scope>
      <topicRef xlink:href="#t-Pilz"/>
     </scope>
     <baseNameString>Ziegenlippe</baseNameString>
    </baseName>
   </topic>
   <association>
    <instanceOf>
     <topicRef xlink:href=
"http://www.myfictivedomainname.mydom/psis/bio#verwechselba
r_mit"/>
    </instanceOf>
    <member>
     <roleSpec>
      <topicRef xlink:href="#t-Pilz"/>
     </roleSpec>
     <topicRef xlink:href="#t-Maronenroehrling"/>
     <topicRef xlink:href="#t-Ziegenlippe"/>
    </member>
   </association>
   <mergeMap xlink:href=
"http://www.myfictivedomainname.mydom/tms/tm_herrenpilz.xml
">
    <topicRef xlink:href="#t-Pilz"/>
   </mergeMap>
  </topicMap>
```

Vergleich der Formate

Dieses Beispiel zeigt uns eine kleine Topic Map, die zunächst in ISO 13250 verfasst und dann ins XTM-Format portiert wurde. Die Unterschiede der beiden Formate fallen hier deutlich auf. Zum einen ist das `identity`-Attribut eines Topics in XTM durch das `subjectIdentity`-Element klarer spezifiziert. Während bei ISO 13250 Public Subject Descriptors in Form von beliebigen Zeichenketten angegeben werden können, können in XTM nur Subjekte als Identität dienen, die sich in einem Topic einer internen oder externen Ressource oder einer externen Ressource selbst manifestieren. Gibt es keine Ressource im Web, die den Subject Identity Point bietet, ist die Identität des Topics durch es selbst definiert, es gibt dann kein subjectIdentity-Element. Im obigen Beispiel etwa zeigt das identity-Attribut des Topics t-Pilz auf eine real existierende Ressource und kann in XTM in einem passenden subjectIdentity- bzw. topicRef-Element ebenfalls auf diese Ressource, das öffentliche Topic Pilz, zeigen, während das identity-Attribut des Maronenröhrlings einfach irgendeine Bezeichnung beinhaltet, die so in XTM nicht mehr dargestellt werden kann, da es keine referenzierbare Ressource ist – diese Information fällt in XTM daher weg.

Der Display Name und der Sort Name des Topics t-Maronenroehrling werden in XTM durch Referenzierung der entsprechenden Published Subject Indicators als solche gekennzeichnet, in ISO 13250 werden die modellinternen Elemente dispname und sortname verwendet. Was diesen Aspekt betrifft, ist die Transformation zwischen XTM und ISO 13250 trivial. Allerdings ist es schwieriger, was andere Published Subject Indicators betrifft, die in XTM ebenfalls den Kontext eines Base Names beschreiben können (vgl. das Beispiel „JPEG-Grafik"). Hier müsste man bei einer Konvertierung von XTM nach ISO 13250 den Inhalt des parameters-Element dem Scope des Base Names in ISO 13250 hinzufügen, was nicht abwegig erscheint, da der Kontext eines Base Names und sein Gültigkeitsbereich im Grunde dasselbe meinen. Auffällig ist, dass in ISO 13250 einem Sort Name ein eigener Scope zugewiesen werden kann, was in XTM nicht mehr möglich ist (vgl. den Sort Name „Maronenrohrling" im Scope t-Englisch). Hier muss daher ein expliziter Base Name herhalten (da Namensvarianten in XTM keinen eigenen Scope haben können), dem dieser Scope nun zugeteilt werden kann. Dabei ist der Name im Element baseNameString praktisch irrelevant, da es nur um den Sort Name geht. Somit benötigt dieser neue, explizite Base Name auch noch eine Namensvariante, deren parameters-Element auf den Published Subject Indicator für einen Sort Name zeigt.

Das Topic t-Pilz referenziert als Typ im XTM-Beispiel einen Published Subject Indicator für Pilz. Man könnte dessen URI im ISO 13250-Beispiel direkt in das types-Attribut des topic-Elements packen, auch wenn dort ursprünglich nur IDs von Topics als Referenzmechanismus vorgesehen waren. Das occrl-Attribut der Occurrence im ISO 13250-Beispiel (Verweis auf ein Rezept für Pilzsuppe) wird in XTM als Base Name dargestellt, was dem Sinn nach äquivalent ist.

Die Syntax der Assoziation hat sich in XTM zwar geändert, inhaltlich ist alles beim Alten geblieben, sieht man vom ersatzlos gestrichenen anchrole-Attribut des assocrl-Elements ab, das al-

Assoziationen

lerdings sowieso eine Möglichkeit für Redundanzen in ISO 13250 darstellt, weil es ja das `type`-Attribut auch noch gibt.

Added Themes   Anders sieht es bei den Elementen `addthms` bzw. `mergeMap` aus. Während mit `addthms` in ISO 13250 einzelnen Elementen der Topic Map oder über externe XML-Entities referenzierten Topic Maps neue Themes zu deren Scopes zugewiesen werden können, wird mit `mergeMap` direkt (und nicht über Entities) die zweite Topic Map eingebunden. Nur dieser können Themes zu ihrem Scope hinzugefügt werden, keinem darunterliegenden Element mehr. Wenn, wie im Beispiel, dem Topic `t-Ziegenlippe` das Theme `t-Pilz` zu seinem Scope hinzugefügt werden soll, was in XTM sowieso nicht mehr Topic-bezogen, sondern nur mehr namensbezogen möglich ist, so muss jedem Base Name von `t-Ziegenlippe` der Scope `t-Pilz` direkt zugeordnet werden. Schließlich sollte auch noch erwähnt werden, dass in ISO 13250 allen Elementen einer Topic Map direkt über das `addthems`-Attribut des `topicmap`-Elements ein Scope zugewiesen werden kann. Das lässt sich in XTM nur mehr über ein `mergeMap`-Element realisieren, das auf die Topic Map selbst, in der es vorkommt, zeigt und ihr den Scope zuteilt, also die Topic Map mit sich selbst verschmelzen lässt.

Facets   Eine wichtige Tatsache, die durch obiges Beispiel nicht gezeigt wird, ist das Fehlen von Facets in XTM. Man müsste Facetten also auf irgendeine Art und Weise in Assoziationen von einem gewissen Assoziationstyp (Association Template) umwandeln. Dieses Template könnte jeweils ein Topic oder eine Assoziation mit einem anderen Topic, das die Rolle des Attributs spielt, und einem Literalstring, der den Wert der Eigenschaft angibt, verbinden. Praktikabler wäre es aber, diese Informationen direkt durch ein dem Konstrukt Facet entsprechendes XTM-Element zu formalisieren, welches dann bei einer XTMP-Umwandlung wiederum in eine Assoziation transformiert werden könnte.

Zusammenfassung des Vergleichs   Wir erkennen anhand dieses kleinen Beispiels also zusammenfassend, dass eine Konvertierung von ISO 13250 nach XTM und umgekehrt möglich ist, es an einigen Stellen aber zu Schwierigkeiten kommen kann. Verzichtet man in der Modellierung nach ISO 13250 auf `anchrole`-Attribute bei Assoziationsrollen und auf Scope-Zuweisungen direkt beim Topic oder bei Sort Names bzw. Display Names, aber auch auf Facets, wird es keine Probleme geben – doch selbst wenn nicht, lässt sich ISO 13250 nach XTM und umgekehrt übertragen. Auf der Website von TopicMaps.Org findet sich eine Seite, in der laufend neue XSLT-Stylesheets zur Konvertierung von XML-Dokumenten zwischen verschiedenen DTDs, die ISO 13250 oder XTM (zumindest in Form einer dialektischen Abwandlung) entsprechen, veröffentlicht werden. *XSLT* (steht für *XSL-Transfor-*

mations) ist eine im November 2000 veröffentlichte Spezifikation des W3C, die eine Markup-Sprache darstellt, welche beschreibt, wie ein XML-Dokument über Stylesheet-Technologie in ein anderes XML-Dokument, ein HTML-Dokument oder ein PDF-Dokument von einem XSLT-fähigen Prozessor bzw. Parser umgewandelt werden soll (vgl. [Cla99], [Kay00]).

11.5
XTMP

Die XTM-Spezifikation wird von dem *XTMP-Modell* (*XTM Processing Model*) begleitet, welches die durch XTM festgelegte Information einer Topic Map in eine Graphendarstellung transportiert. Die Notwendigkeit dazu lässt sich aus der Grundstruktur eines XTM- oder ISO 13250-Dokuments ableiten. Ein XML-Dokument kann in Form eines Baumes veranschaulicht werden. Mit Hilfe der Inhalte dieses Baums will man eine Topic Map beschreiben, die allerdings im allgemeinen keinem Baum, sondern einem allgemeineren Graphentyp entspricht. XTMP beschreibt nun den Topic Maps-Metagraphen laut TopicMaps.Org, auch andere Varianten wären denkbar (wir haben selbst eine Metastruktur, die stark an ISO 13250 angelehnt ist, in Abschnitt 8.3 präsentiert). XTMP ist im Prinzip sprachenunabhängig, kann also sowohl in XTM, als auch in ISO 13250 oder irgendeinem anderen Format dargestellt werden. Ein Hauptanliegen dieses Modells ist die Elimination der in XTM immer noch auftretenden Redundanzen – eine Klasse-Instanz Beziehung zwischen zwei Topics X und Y kann beispielsweise auf zwei Arten dargestellt werden: über das `instanceOf`-Element von X, das auf Y zeigt, oder über eine Assoziation A, die Instanz des Published Subject Indicators für Klasse-Instanz Beziehungen ist und die X und Y als entsprechende Teilhaber der Assoziation einbindet, hergestellt werden.

Neuer Metagraph für Topic Maps

Außerdem soll das Zusammenführen mehrerer Topic Maps vereinheitlicht und vereinfacht werden. Das XTMP-Modell kann für die Verarbeitung einer Topic Map, sprich, das Einlesen und Umwandeln in eine archivierbare Datenstruktur (zum Beispiel ein relationales Schema), aber auch für Abfragen an das durch die Topic Map repräsentierte Wissen dienen. Zu diesem Zweck reduziert man die vorhandene Topic Maps-Struktur auf drei Knoten, von denen verschiedene Kantentypen wegführen können, die im Folgenden kurz vorgestellt werden:

11.5.1
t-Knoten

Subjekte als t-Knoten

Ein *t-Knoten* wird für ein Topic, einen Literalstring wie den Base Name oder ein dem Topic ähnliches Konstrukt, etwa eine Subject Constituting Resource, erzeugt. Jeder t-Knoten repräsentiert genau ein Subjekt. Werden beim Verschmelzen zweier Topic Maps zwei Topics erkannt, die dasselbe Subjekt bezeichnen, dann entsteht daraus ein t-Knoten mit der Vereinigungsmenge der Eigenschaften der beiden Topics. Die in Tabelle 11.2 angeführten Kantentypen können von diesem Knoten wegführen.

Tabelle 11.2 Kanten an t-Knoten

Kantentyp	Bedeutung
association member	Verbindet t-Knoten oder a-Knoten (Assoziationsknoten), die die Rolle der Assoziationsteilhabers einnehmen, mit einem a-Knoten der Assoziation, zu der die Teilhaber gehören. Die Kantenbeschriftung entspricht der Assoziationsrolle des Teilhabers.
scope participant	Nimmt ein t-Knoten an einem Scope teil, verbindet ihn dieser Kantentyp mit dem entsprechenden s-Knoten des Scopes.
association template	Ist ein t-Knoten der Typ bzw. die Schablone einer Assoziation, werden dieser und der betreffende a-Knoten der Assoziation mittels einer Kante dieses Typs verbunden.

11.5.2
a-Knoten

Assoziationen als a-Knoten

Ein a-Knoten wird für eine Assoziation gebildet. Dies kann jedoch nicht nur eine durch das `association`-Element definierte Assoziation sein, auch implizite Assoziationen wie Topic-Occurrence oder BaseName-VariantName gehören dazu. Bei einer Topic-Occurrence Assoziation etwa hätte ein t-Knoten die Rolle des Topics, ein anderer die Rolle der Occurrence. Handelt es sich des weiteren um die Realisierung des `subjectIdentity`-Elements mit einer Subject Constituting Resource, so wird dem aus Topic-Occurrence resultierenden a-Knoten ein Scope (s-Knoten) mit einer scope participant-Kante zum t-Knoten des Published Subject Indicators `subjectConstitutingResource` beigefügt. Tabelle 11.3 zeigt die Kantentypen, mit denen a-Knoten verknüpft sind.

Kantentyp	Bedeutung	
association template	siehe t-Knoten	*Tabelle 11.3*
association scope	Verfügt eine Assoziation über einen Scope, wird der entsprechende a-Knoten über diesen Kantentyp mit dem s-Knoten verbunden. Laut Spezifikation können dies mehrere s-Knoten sein, die mit demselben a-Knoten verbunden werden, mindestens jedoch einer.	*Kanten an a-Knoten*
scope participant	Nimmt ein a-Knoten an einem Scope teil, verbindet ihn dieser Kantentyp mit dem entsprechenden s-Knoten des Scopes.	
association member	siehe t-Knoten	

11.5.3
s-Knoten

Ein s-Knoten wird dazu verwendet, den Scope eines a-Knotens darzustellen. t-Knoten verfügen nicht über Scopes, da Topics in XTM keine Scopes aufweisen und Base Names durch eine Assoziation vom Typ des Published Subject Indicators `TopicBasename` vertreten werden. Eine solche Assoziation verbindet einen t-Knoten mit der Rolle des Topics und einen t-Knoten mit der Rolle des Base Names. Letztgenannter t-Knoten hat als Subject Constituting Resource den eigentlichen Base Name, den Inhalt des `baseName String`-Elements. XTMP legt keine verpflichtende Weise fest, wie die Subject Constituting Resources den t-Knoten hinterlegt werden können, es muss nur eine Möglichkeit geben, innerhalb des Graphen von einem t-Knoten zu seiner Subject Constituting Resource zu gelangen. Vermutlich sollte der Literalstring (im Falle des Base Names) oder der URI der Ressource einfach direkt dem t-Knoten hinterlegt werden. Folgende Kantentypen führen von s-Knoten weg:

Scopes als s-Knoten

Kantentyp	Bedeutung	
association scope	siehe a-Knoten	*Tabelle 11.4*
scope participant	siehe t-Knoten	*Kanten an s-Knoten*

Abbildung 11.1 stellt das XTMP-Modell noch einmal schematisch dar, wobei auch die Rolle der Published Subject Indicators nicht außer Acht gelassen wird, da diese als öffentliche t-Knoten eine wichtige Rolle im Topic Maps-Metagraphen spielen. Des weiteren wird verdeutlicht, dass ein t-Knoten eine Subject Constituting Resource (der Base Name wäre so ein Fall) oder mehrere nicht adressierbare

Subjekte, die durch beschreibende Ressourcen oder Topics dargestellt werden, repräsentiert. Ein wichtiger, konzeptueller Aspekt ist ebenfalls ersichtlich: ein a-Knoten ist ein Subtyp eines t-Knotens, also ein erweiterter t-Knoten. Allerdings kann nicht überall, wo ein t-Knoten vorkommt, stattdessen ein a-Knoten verwendet werden – dies bedeutet eine Vererbungsvariante ohne Inklusionspolymorphie.

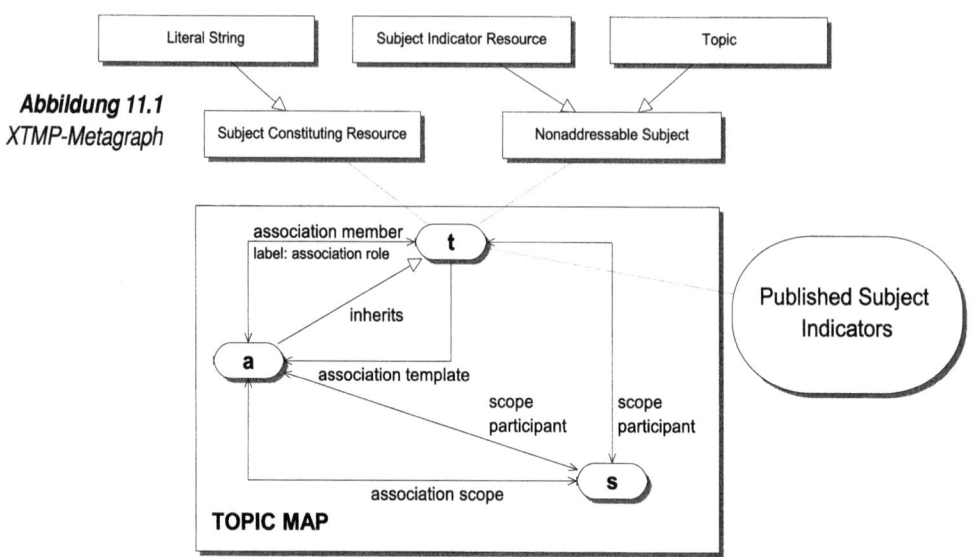

Abbildung 11.1
XTMP-Metagraph

Im XTMP-Modell gibt es für jedes Subjekt genau einen t-Knoten, es gibt keine zwei s-Knoten, die genau die gleichen t-Knoten als Scope Participants aufweisen – diese würden zu einem verschmolzen werden.

11.5.4
Zusammenführung von Topic Maps in XTMP (Merging)

Regeln für das Zusammenführen von t-Knoten

Auch das Zusammenführen mehrerer Topic Maps und das Verschmelzen von Topics mit hinreichend gleichen Eigenschaften zu einem einzigen wird in XTMP neu definiert. Zwei t-Knoten müssen verschmolzen werden, wenn:

- die zugehörigen Subject Constituting Resources, falls vorhanden, identisch sind, egal, wie die Ressourcen adressiert werden.
- die zugehörigen Subject Indicator Resources, falls vorhanden, das gleiche Subjekt bezeichnen, wobei hier explizit darauf hin-

gewiesen wird, dass ein String-Vergleich der beiden Ressourcen keine Aussage über die Äquivalenz der Subjekte zulässt – ein und dieselbe Katalognummer kann in verschiedenen Warenkatalogen vorkommen, umgekehrt können voneinander verschiedene Ressourcen dasselbe Subjekt meinen. Offenbar kann nur durch Benutzerinteraktion festlegt werden, ob jeweils das gleiche Subjekt bezeichnet wird. In diese Kategorie fallen übrigens auch zwei Topics X und Y, wobei X als Subject Identity das Topic Y referenziert.

- sie beide denselben Base Name im selben Scope haben. Variantennamen zählen hierbei nicht.

Die letzte Aussage bedeutet, dass etwa folgende beiden Topics (bzw. ihre zugrundeliegenden t-Knoten) verschmolzen werden:

Vor der Verschmelzung			Nach der Verschmelzung		
Topic	Base Name	In Scope	Topic	Base Name	In Scope
T1	X	S	T1	X	S
T1	Y	T	T1	Y	T
T2	X	S	T1	Z	T
T2	Z	T			

Tabelle 11.5
Beispiel für die Verschmelzung von Topics

Hier haben die Topics T1 und T2 exakt denselben Namen X im Scope S, weswegen sie zusammengeführt werden. Die anderen Namen Y und Z spielen dabei keine Rolle, sie werden beide Namen des resultierenden Topics T1. Allerdings gibt die Spezifikation keine eindeutige Antwort auf die Frage, was passieren würde, wenn wir folgender Situation gegenüberstehen:

Vor der Verschmelzung			Nach der Verschmelzung		
Topic	Base Name	In Scope	Topic	Base Name	In Scope
T1	X	S			
T2	X			???	
T3	X	S, T			
T3	Y	V			

Tabelle 11.6
Weiteres Beispiel

Hier hat Topic T2 den Namen X im Unconstrained Scope (siehe Abschnitt 4.4.1), also im uneingeschränkten Gültigkeitsbereich. Dieser müsste auch den durch S begrenzten Bereich einschließen, weshalb T1 und T2 eigentlich auch zusammengeführt werden könnten. Für T1 und T3 gilt Ähnliches, auch hier ist zu sehen, dass, wenn X in S

Verschmelzen oder nicht verschmelzen?

gilt, X auch in S, T, der Schnittmenge von S und T, gilt. Ob dies aber für ein Zusammenführen der Topics reicht, wird in der XTMP-Spezifikation nicht erläutert. T3 hat bewusst in S, T den Namen X, und nicht in S, was durchaus bedeuten kann, dass der Name Y im Scope V auch nur für T3 gelten soll und eben ein anderes Subjekt beschreibt, als es Topic T1 durch den Namen X im Scope S tut. Beide Varianten (verschmelzen oder nicht verschmelzen) könnten unter gewissen Umständen sinnvoll sein.

Zusammenführung von s-Knoten und a-Knoten

Schließlich soll angemerkt sein, dass sowohl s-Knoten als auch a-Knoten zusammengeführt werden können, wenn sie identisch sind. Das ist bei s-Knoten der Fall, wenn ihre Scope Participants identisch sind, und bei a-Knoten, wenn dieselben Teilnehmer mit denselben Rollen am selben Assoziationstyp teilnehmen, auch, wenn die a-Knoten verschiedene Scopes haben.

Vergleich der Verschmelzungsregeln von XTM und ISO 13250

Im Vergleich zu ISO 13250 lassen sich auch hier Unterschiede aufdecken, die darauf zurückzuführen sind, dass die Subject Identity Points anders behandelt werden – in ISO 13250 existiert eben nur der Public Subject Descriptor, ein String, der bei zwei Topics eben gleich sein muss oder eine Topic-Referenz des zweiten Topics im ersten aufweisen muss, damit die beiden Topics zu einem verschmolzen werden. In XTM wird zwischen verschiedenen Arten von Ressourcen unterschieden, bei Subject Constituting Resources, die selbst als Subjekt dienen, reicht die Gleichheit (Stringvergleich), bei Subject Indicator Resources (Topics und beschreibende Ressourcen) reicht sie nicht. Während alternativ bei ISO 13250 alle Namenseigenschaften zweier Topics gleich sein müssen, um das Verschmelzen zuzulassen, reicht bei XTM die Gleichheit eines Namens im selben Scope.

Auch hier stellt sich wiederum die bereits behandelte, grundsätzliche Frage: was passiert, wenn zwei Topics T1 und T2 laut `subjectIdentity`-Element zwei völlig verschiedene Subjekte beschreiben, aber den gleichen Namen im selben Scope haben? Für einen konkreten, stark eingrenzenden Scope (wie etwa `Geriatrische_Pflegeanstalten`) lässt sich ein praktisches Beispiel für diesen Fall kaum finden, doch wenn der Scope nicht stark eingrenzend ist (wie etwa `Deutsch`) oder wenn es sich gar um den unbeschränkten Gültigkeitsbereich (den Unconstrained Scope) handelt, können die beiden Topics durchaus denselben Namen haben, aber ein unterschiedliches Subjekt bezeichnen. Man denke nur an die verschiedenen Bedeutungen des Wortes (Namens) `Fall` im Scope `Deutsch` – oder sogar im Unconstrained Scope, wo auch noch die englischen Bedeutungen von `Fall` hinzukommen. Beim Umgang mit Scopes ist also Vorsicht geboten, wenn Topics automatisch zusammengeführt werden sollen. Je begrenzter der Scope eines

Namens ist (je mehr Themes er aufweist), desto genauer wird das Topic spezifiziert, doch desto geringer ist auch die Wahrscheinlichkeit, dass es mit einem anderen Topic zusammengeführt wird, vor allem dann, wenn der Scope mit Themes regelrecht überladen wird.

In [XTMP01] finden sich genaue Regeln, wie man bei der Umwandlung eines nach XTM gestalteten XML-Dokuments in einen XTMP-Graphen vorzugehen hat, bzw. aus welchen XTM-Elementen welche XTMP-Knoten werden. Welchen Einfluss hat nun XTMP auf die Archivierung von Topic Maps und die Bildung eines Repositories, wie in Kapitel 6 vorgeschlagen?

Überlegungen für die Datenhaltung

Wird eine XTM-Topic Map nach XTMP zur weiteren Bearbeitung, etwa durch eine Abfragesprache, transportiert, wird man um eine mehrfache Speicherung der Daten – in welcher Form auch immer - nicht herumkommen, wobei abschwächend anzumerken ist, dass das XTMP-Modell für eine Editierung durch einen Topic Map-Autor zu kompliziert und unüberschaubar ist. Trotzdem wäre es im Sinne der Antwortzeiten nicht zu empfehlen, bei jeder Anfrage an ein Topic Map-Repository das gesamte XTMP-Modell neu im Speicher zu konstruieren. Stattdessen könnte ein ereignisgesteuerter Abgleich der Daten in der Datenbank, einmal in XTM-Struktur, einmal in XTMP-Struktur, in Verbindung mit Caching-Mechanismen sinnvoll sein.

Soll XTMP schon in der Datenbank abgebildet werden?

11.6
Fazit

Mit dem zum ISO-Standard alternativen XTM hat man HyTime konsequent entfernt und durch XLink und XPath ersetzt. Darüber hinaus wurde das XML-Format vereinheitlicht, aus vielen Attributen wurden Elemente. Topics können selbst keinen Scope mehr haben, nur ihre Namen. Namensvarianten können diese Namen in verschiedenen Darstellungs- oder Verarbeitungskontexten repräsentieren, diese gehen weit über die in ISO 13250 eingeführten Konzepte der Sort Names und Display Names hinaus. Die Möglichkeiten der eindeutigen Identifizierung eines Subjekts durch ein Topic oder eine Ressource werden detaillierter und restriktiver als in ISO 13250 spezifiziert, was die Zusammenführung von Topics erleichtern soll. Die Published Subject Indicators stellen durch TopicMaps.Org veröffentlichte Topics dar, die als Templates dienen und im Sinne der globalen Vereinheitlichung und Zusammenführung von Topic Maps, durch die sich ja der Mehrwert der Wissensstrukturierung durch Topic Maps überhaupt ergibt, von allen Autoren verwendet werden sollen. XTMP stellt das durch XTM formalisierte Wissen als Graph dar, anhand dessen die Verarbeitung und Abfrage von Topic Maps stattzufinden hat.

Die Grundkonzepte sind im Wesentlichen gleich geblieben, wenn man auch gesondert erwähnen muss, dass es die in ISO 13250 vorhandenen Facets in XTM nicht mehr gibt, auch nicht über den Umweg eines speziellen Published Subject Indicators. Facets oder die durch sie dargestellten Eigenschafts-Wert Paare erhöhen die Aussagekraft und den Informationsgehalt von Topic Maps allerdings beträchtlich, weshalb man in XTM dieses Fehlen vorläufig durch entsprechende Assoziationen eines Association Templates ersetzen muss.

Da die wechselseitige Konvertierung zwischen den beiden Formaten XTM und ISO 13250 durch XSLT-Scripts schon jetzt betrieben wird, sollte es keine Schwierigkeit bedeuten, sich für eines der Formate zu entscheiden. In der Praxis werden diese Formate mitunter auch nur als Basisformate Verwendung finden, die um proprietäre Konstrukte und Mechanismen erweitert werden werden. Wer eine Applikation für den XTM-Standard entwirft, wird die Vorteile der Einfachheit und Aktualität von XML und XLink nutzen können, wer sich für ISO 13250 entscheidet, dem wird die Mächtigkeit von HyTime und SGML – oder aber auch XML - zur Verfügung stehen. Einen Konvertierungsfilter für das jeweils andere Format anzubieten, sollte ein beherrschbares Problem sein.

Topics für Sprachen und Basis-Topics jeglicher Art, wie in Abschnitt 10.2.12 erwähnt, könnten nun von Drittanbietern als Published Subject Indicators veröffentlicht werden. Für eine mögliche Abfragesprache bleibt aber auch in XTM die Frage offen, wie der Extent eines Topics gebildet werden kann, bzw. ob Scopes darin miteinbezogen werden sollen, oder nicht (siehe Abschnitt 8.5).

Zusammenfassung

Die vorliegende Arbeit versucht, das Thema Topic Maps von verschiedenen Seiten zu betrachten. Zum einen werden die grundlegenden Konzepte des ISO-Standards 13250 vorgestellt sowie seine Syntax im Detail erläutert. Die Grundlagen von XML und HyTime bilden dafür das Fundament. Nach der Darstellung verschiedener Anwendungsgebiete der Topic Maps bilden eine kritische Würdigung und ein Vergleich mit XTM den Abschluss. Darüber hinaus wird ein System zur Speicherung von und Abfrage gegen Topic Maps spezifiziert, die sogenannte TM-Engine. Der entsprechende Pseudocode beschreibt, wie diese TM-Engine Topic Maps in einem relationalen Repository sammelt, speichert und zusammenführt sowie Abfragen auf dieses Wissen zulässt.

Mit den vorliegenden Unterlagen ist es nun möglich, mit der Entwicklung eines Prototyps für die TM-Engine zu beginnen. Der Pseudocode mag zwar durchaus noch Spielraum für Verbesserungen bieten, bildet jedoch einen Leitfaden für die Implementierung. Auch die Abfragesprache bedarf weiterer Ergänzungen. Auf die Wichtigkeit der weiteren Vorgehensweise inklusive der Entwicklung eines Autorensystems und von umfangreichen Testdaten wird hingewiesen, eine grundsätzliche Prozessstruktur wird dafür vorgestellt.

Abschließend sei nochmals auf die Bedeutung einer semantischen Beschreibung von Webinhalten hingewiesen: alltägliche menschliche Grundbedürfnisse werden durch das Internet befriedigt. Durch die Einfachheit und Unbeschränktheit der Publikation bemerken wir aber jetzt schon einen „Informationskollaps". In gewisser Weise ist das Internet das größte Lexikon, das die Menschheit je geschaffen hat, und doch finden wir uns darin nicht mehr zurecht. Der Index fehlt oder ist nur rudimentär vorhanden. Gängige Suchmaschinen suchen nach Textinhalten und können Information nicht semantisch trennen. Damit sind Abfragemöglichkeiten naturgemäß eingeschränkt. Zwar gibt es Linksammlungen, intelligente Agenten und Algorithmen, die Web-Sites anhand ihrer Assoziationen zu anderen Sites semantisch gruppieren können, doch Topic Maps stoßen eine neue Tür auf: sie verleihen Hyperlinks eine Semantik und bauen über diese Links ein Wissensnetz auf. Topic Maps existieren unabhängig von den Web-Ressourcen, auf die sie verweisen. Wir haben gesehen, dass man mit Topic Maps semantisch getrennte Informationen schon mit recht einfachen Abfragemethoden erwirken kann (man erinnere sich an die Abfrage `Paris{Ort}`). Doch nicht nur für den globalen Einsatz, auch für die unternehmensweite Nutzung von Dokumenten im Intranet bieten Topic Maps eine völlig neue Zugriffsform.

Sobald die Generierung von Topic Maps halbautomatisch oder automatisch erfolgen kann, ist es möglich, alles im Internet publizierte Wissen zu erfassen und in ein weit verteiltes, globales Repository aufzunehmen. Wenn die Abfragesprache zudem erweitert und der menschlichen Sprache angepasst wird, sodass es möglich ist, Abfragen in ganzen Fragesätzen zu formulieren, dann wäre es nicht verwunderlich, wenn wir schon bald eine entsprechende Frage in ein Mikrofon sprechen und die gesuchten Dokumente geliefert oder das gewünschte Wissen erzählt bekommen würden. Die Grundlagen existieren, eine Menge praktischer Arbeit liegt vor uns. Solange diese Arbeiten nicht zum Abschluss gebracht sind, wird Bach allerdings nach wie vor Komponist und Gewässer sein.

Glossar

a-Knoten
> Ein a-Knoten repräsentiert in →*XTMP* eine Assoziation. Ein a-Knoten ist eine Spezialisierung eines →*t-Knotens*.

Added Theme
> Ein in →*Topic Maps* extern über das addthms-Element einem Element einer Topic Map zugewiesenes →*Theme*, das den Gültigkeitsbereich des betreffenden Elements erweitert bzw. näher beschreibt.

Addressable Subject
> Ein Addressable Subject bezeichnet eine Ressource, die für sich selbst ein Subjekt darstellt und in →*XTM* nicht durch ein Topic repräsentiert werden muss.

Aggregation Link
> Siehe →*Aggregationslink*

Aggregationslink (agglink)
> Eine Art von →*Hyperlink* in →*HyTime*. Es gibt genau zwei →*Anker*, einer stellt das Aggregat dar, der andere die Menge der Mitglieder. Somit können Gruppierungen und Hierarchien bewerkstelligt werden.

Anker (Anchor)
> Einer (von mehreren) Zielpunkten eines →*Hyperlinks*. Ein Anker kann ein oder mehrere →*Ressourcen* bezeichnen.

Applet
> Ein Java-Programm, das lokal am Client in den Adressraum des Browsers geladen wird und dort gesichert läuft, zumeist im sogenannten →*Sandbox-Modell*, um nicht unerlaubterweise auf Client-Ressourcen zuzugreifen.

Arc
In →*XLink* eine Verbindung von mehreren →*Ressourcen*, die zumindest auch die Richtung der →*Traversierung* festlegt.

Architectural Forms
SGML-Konstrukte wie Element- oder Attributdeklarationen, die im einzelnen keine selbständige →*DTD* sind, die aber in Kombination eine →*Meta-DTD* ergeben.

Association
In →*Topic Maps* ein Mechanismus, →*Topics* miteinander in Beziehung zu setzen. Es muss mindestens ein Topic eingebunden werden. Technisch gesehen handelt es sich dabei um einen →*HyTime-Varlink*.

Association Role
Ein Teilnehmer an einer →*Association* in →*Topic Maps* bekleidet dort eine bestimmte Rolle, die Association Role.

Association Role Type
Der Typ einer →*Association Role* in →*Topic Maps*. Ist selbst ein →*Topic*.

Association Template
In →*XTM* eine Schablone für eine Assoziation. Ein Topic, das den →*Published Subject Indicator* „association-template" als Typ hat, ist ein Association Template.

Association Type
Der Typ einer →*Association*; ist selbst ein →*Topic*.

Assoziationsrolle
Siehe →*Association Role*.

Base Name
Der „eigentliche" Name eines Topics. Ein →*Topic* muss mindestens einen Base Name haben.

Bibliographic Location Address
In →*HyTime* eine Methode, Objekte über eine abstrakte, nicht Computer-bezogene Adresse zu lokalisieren.

Binäres Entity
Ein nicht geparstes, das heißt, syntaktisch nicht analysiertes →*Entity*, das von einem XML-Dokument eingebunden wird und ein „binäres" Datenformat hat, etwa ein Grafik- oder Audiodateiformat.

BNF (Backus-Naur-Form)
Darstellungsformalismus für kontextfreie Grammatiken.

Bounded Object Set
Eine Menge von Dokumenten oder strukturierten Datenelementen, die der verarbeitenden Applikation bekannt sind.

Bridging Elements
Elemente, die einem bestimmten Kontext nicht angehören, aber nichtsdestoweniger an bestimmten Stellen in einem HyTime-Dokument trotzdem vorkommen dürfen.

CDATA-Abschnitte
Textabschnitte in →*XML*, die nicht auf →*Markup* oder →*Entities* geprüft werden.

Check In / Check Out
Mechanismen, um Dokumente oder strukturierte Datenelemente aus Repositories, die von mehreren Benutzern geteilt werden, aus- und wieder einzugliedern. Dient zur Vermeidung von Konflikten im Mehrbenutzerbetrieb.

Commit-Statement
Bestätigt eine Datenbanktransaktion und erklärt alle Änderungen dieser →*Transaktion* für gültig.

Constraint
Im allgemeinen eine semantische Einschränkung bezüglich des Inhalts oder der Modifikation des Inhalts. Bei Datenbanken gehören etwa referentielle Integrität dazu, bei →*Topic Maps* werden Constraints im Rahmen von Konsistenzprüfung angedacht. →*Assoziationen* könnten in diesem Fall nicht jede Art von →*Topic* beinhalten, sondern nur solche, die aufgrund des Assoziationstyps zulässig sind.

Content (allgemein)
Ganz allgemein der semantische Inhalt eines Dokuments oder einer →*Ressource*.

Content (im Kontext von SGML/XML-Elementen)
Der Inhalt eines SGML- oder XML-Elements, das heißt weitere Elemente und/oder Zeichenfolgen. Also alles, was sich zwischen →*Start*- und →*Ende-Tag* eines →*Elements* befindet, ist sein Content oder Inhalt.

Contextual Link (clink)
Siehe →*Kontextlink*.

CORBA (Common Object Request Broker Architecture)
Ein Standard der Object Management Group (OMG), aktuell in der Version 3.0, der die persistente Speicherung und Distribution von verteilten Objekten sowie die Kommunikation zwischen solchen Objekten behandelt. Sprach-, Plattform- und Protokollunabhängigkeit zeichnen ihn aus.

CSS (Cascading Style Sheets)
W3C-Standard zur Formatierung der Darstellung von Markup-Dokumenten, insbesondere HTML-Dokumenten.

DFS (Depth First Search)
Eine Suchstrategie in Graphenstrukturen, die in ihrer Traversierungssequenz Nachfolgeknoten vor Geschwisterknoten aufsucht.

Display Name
Die Symbolfolge, die dargestellt wird, wenn der Name eines →*Topics* ausgegeben werden soll. Ein Topic kann mehrere Display Names mit verschiedenen →*Scopes* haben. Hat ein Topic keinen Display Name, wird der →*Base Name* stattdessen verwendet.

Dokumenttyp-Definition (DTD)
Regelwerk für den Aufbau von Dokumenten, die zu einer →*Markup-Sprache* gehören, die wiederum eine Anwendung von SGML oder XML ist.

Dokumenttypdeklaration
Am Beginn eines XML-Dokuments stehende Zuweisung des Dokumenttyps zu einer Dokumentinstanz.

Dokumentinstanz
Das eigentliche XML-Dokument mit seinen Elementen, Attributen und Entities, dem der →*Prolog* vorangeht.

DOM (Document Object Model)
API zur hierarchischen Verarbeitung eines XML-Dokuments bzw. zur objektorientierten Sicht auf dieses.

DSSSL (Document Style Semantics and Specification Language)
An Lisp angelehnte Sprache zur Definition von Struktur- und Formatvorgaben für SGML-Dokumente.

DTD (Document Type Definition)
Siehe →*Dokumenttyp-Definition*.

EDI (Electronic Data Interchange)
Umfangreicher, globaler Standard zum Datenaustausch zwischen verschiedensten Instanzen (Servern, Programmen, Unternehmen, Behörden etc.). Die EDIFACT-Gruppe, die die Weiterentwicklung des Standards vornimmt und koordiniert, untersteht den Vereinten Nationen.

Eigenschaftsbaum
Der Eigenschaftsbaum eines →*Topics* repräsentiert alle seine Eigenschaften, Typen, →*Scopes*, Teilnahme an →*Assoziationen*, →*Assoziationsrollen*, →*Facetten* usw. Das Ergebnis einer Abfrage an →*Topic Maps* ist eine Liste von Topics, also eine Liste von Eigenschaftsbäumen.

Einfacher Link
Siehe →*Simple Link*.

Enabling Architecture
Siehe →*Enabling Document Architecture*.

Enabling Document Architecture
Eine Dokumentarchitektur, die aus den Architectural Form Definition Requirements des →*HyTime*-Standard (vgl. [ISO10744] Annex A.3) hervorgeht. Formell gesehen eine →*Meta-DTD*. Ermöglicht die Herleitung neuer Elementtypen durch die Vererbung der Charakteristika übergeordneter Elementtypen.

End-Ressource
Innerhalb eines →*Arc-Elements* von →*XLink* eine →*Ressource*, die das Ziel einer →*Traversierung* ist.

Ende-Tag
Ein →*Tag*, das das Ende eines Elements kennzeichnet, z. B. `</element.name>`

Entity
Physischer Bestandteil eines XML-Dokuments.

Entity-Relationship Diagramm
Stellt das Modell einer Datenbank dar: ihre Entitäten, deren Attribute und Beziehungen zu anderen Entitäten.

Entity-Tree Discovery Process
Der Vorgang, alle Dokumente eines Entity- bzw. Dokumentbaums in →*SGML* oder →*XML* rekursiv durchzugehen und anhand der BOS-Attribute das →*Bounded Object Set* für ein →*HyTime*-Hyperdokument zu bilden.

ER-Diagramm
Siehe →*Entity-Relationship Diagramm*

Erweiterter Link
Siehe →*Extended Link*.

Erweiterter Zeiger
In →*XPointer* ein Zeiger auf einen XML-Dokumentteil.

Extended Link
Erweiterter Link in →*XLink*. Er umfasst die volle Funktionalität von XLink, also beliebig viele Knoten, Link-Rollen oder auch Multidirektionalität.

Extent
In der Regel der Vererbungsbaum zu einem bestimmten Objekt, also alle seine Kindknoten und Kindeskinder. Im Abfragesprachenkontext bei →*Topic Maps* wird dieser Begriff etwas erweitert gesehen. Der Extent umfasst alle von einem →*Topic* als Instanzen abgeleitete Topics, aber auch Topics, die das Ausgangstopic in ihrem Scope haben. Daraus bildet sich rekursiv ein Baum, der alle Topics beinhaltet, die irgendwie über Scope- oder Type-Beziehungen (oder beides) mit dem Ausgangstopic in Verbindung stehen.

Externes Entity
→*Entity*, auf das in einem XML-Dokument verwiesen wird und das sich in einer separaten Datei befindet.

Facet
Mechanismus bei Topic Maps, um beliebigen Elementen (→*Topics*, aber auch →*Associations* oder anderen →*Facets*) Eigenschafts-Wert Paare zuzuordnen.

Facet Value
Ein Element in →*Topic Maps*, das im Rahmen eines `<facet>`-Elements einem beliebigen anderen Element einen Wert zuordnet.

Facet Type
Der Typ einer →*Facet*; ist selbst wieder ein →*Topic*.

Facette
Siehe →*Facet*.

FCS Location Address (Finite Coordinate Space Location Address)
In →*HyTime* eine Methode, Objekte über ihre Position in einem Koordinatenraum zu lokalisieren.

Fetch-And-Replace
Verhalten von traditionellen HTML-Hyperlinks. Beim Aktivieren (durch Mausklick) eines Links wird eine neue Web-Ressource geladen, die die alte, die gerade im Browser angezeigt wird, ersetzt.

Fvalue
Siehe →*Facet Value*.

Generic Identifier
Der Name eines Elements.

Grove (Graph Represntation Of property ValuEs)
Das Konzept der Groves ist in etwa mit dem →*Document Object Model (DOM)* zu vergleichen. Ein Grove ist eine strukturierte, semantische Sicht auf geparste SGML-Information. Es ist im Prinzip ein Baum mit Knoten, die Elemente repräsentieren und denen Eigenschafts-Wert Paare zugeordnet werden können.

Grove Plan
Eine Spezifikation, welche Module, Klassen und Eigenschaften in einen →*Grove* eingebunden werden sollen, und welche weggelassen werden sollen. Grove Pläne werden dazu verwendet, um Groves zu konstruieren oder um verschiedene Sichten auf bestehende Groves zu bieten.

Gültigkeit eines XML-Dokuments
Man spricht von einem gültigen XML-Dokument, wenn es in Syntax und auch Semantik den Vorgaben seiner eingebundenen →*DTDs* entspricht. Ein gültiges Dokument ist immer auch wohlgeformt.

Homonym
Zwei Subjekte werden als homonym bezeichnet, wenn ihr Name gleich ist, sie aber eine unterschiedliche Bedeutung haben.

HTML (Hypertext Markup Language)
Im WWW noch immer die Standard-Darstellungsform von →*Hypertext* bzw. →*Hyperdokumenten*.

HTTP (Hypertext Transfer Protocol)
HTTP ist das Standard-Protokoll, um Web-Inhalte im →*HTML*-Format zu versenden.

Hub Document
Einstiegsdokument in ein →*Bounded Object Set*.

HyLink
Die allgemeinste Art von →*Hyperlink* in →*HyTime*. Die Anker sind nicht vom Ort des Links abhängig.

Hyperdokument
Zwei oder mehrere Dokumente, die miteinander in Form eines gerichteten Graphen verbunden sind. Eines der Dokumente ist dabei das ausgezeichnete Wurzeldokument, oder auch →*Hub Document*.

Hyperlink
Eine Informationsstruktur, die eine Beziehung zwischen zwei oder mehr Objekten repräsentiert.

Hyperlink Anchor Location Address
In →*HyTime* eine Methode, die Anker von Links aufgrund ihrer Ankerrolle zu adressieren.

Hyperlink Location Address
In →*HyTime* eine Methode, Objekte nach ihrem Link Type zu adressieren (in der Regel Link-Elemente).

Hypermedia
Die Integration von Grafik, Sound, Video, Text oder Sprachausgabe in beliebiger Kombination in ein assoziatives System der Informationsspeicherung und -gewinnung.

HyTime (Hypermedia /Time-based Structuring Language)
Eine standardisierte Strukturierungssprache, um →*Hypermedia* darzustellen, für den Zweck von Hypertext Linking, zeitlicher und räumlicher Koordinierung und Synchronisation von Ressourcen. (vgl. [ISO 10744], clause 3.18)

Identity-Attribut
Das Identity-Attribut eines Topics referenziert einen →*Public Subject Descriptor*.

Independent Link (ilink)
Siehe →*Unabhängiger Link*.

Inline-Link
Ein →*Hyperlink*, bei dem ein →*Content* des Links selbst als verlinkte →*Ressource* dient.

Inhaltsmodell
In der →*DTD* eine Beschreibung dessen, was innerhalb von →*Dokumentinstanzen* eines bestimmten Elementtyps vorkommen könnte.

Integrated Open Hypermedia (IOH)
Umfasst Hyperlink-Mechanismen, bei denen Autoren →*Ressourcen* mit beliebigen anderen Ressourcen verbinden (linken) können.

Internes Entity
Interne Entities erhalten ihre Werte durch ihre Deklaration. Sie verweisen nicht auf ein separates Speicherobjekt.

JDBC
Oft als „Java Database Connectivity" übersetzt. Generell ein Java-API, um auf Datenbanken jeder Art zugreifen zu können. Dabei Fokus auf Wiederverwendbarkeit und Herstellerunabhängigkeit im Hinblick auf Datenbanken und zugrundeliegende Protokolle.

JDBC-ODBC-Brücke
Ein Mechanismus, der es erlaubt, in Java auf →*ODBC-Treiber* mittels der →*JDBC-Methoden* zuzugreifen.

Katalogdatei
Dem SGML-Standard entstammendes Konstrukt, dass öffentliche Bezeichner auflöst und ihnen →*DTD*-Dateien zuordnet (siehe →*SGML Open Catalog*).

Kontextfreie Grammatik
Beschreibt die Syntax einer Sprache.

Kontextknoten
Ausgangspunkt eines Adressierungspfades in →*XPath*.

Kontextlink
Eine Art von →*Hyperlink* in →*HyTime*. Vergleichbar mit den Links in →*HTML*. Es gibt genau zwei Anker, einer ist das Link-Element selbst, der andere Ziel der daraufffolgenden →*Traversierung*.

Leerelement
> Ein Element in →*SGML* oder →*XML*, das keinen Inhalt (weder Text noch Unterelemente) besitzt.

Link Type
> Die semantische Bedeutung eines →*Hyperlinks*, in →*HyTime* repräsentiert durch seinen →*Generic Identifier* oder ein eigenes Attribut.

List Location Address
> In →*HyTime* eine Methode, Objekte über ihre Position in einer Liste von Objekten zu lokalisieren.

Location
> Siehe →*Location Address*.

Location Address
> In →*HyTime* ganz allgemein eine Adresse eines lokalisierten Objektes.

Location Ladder
> Eine Kette von →*Location Addressing* Elementen, in der ein Element jeweils eine Sprosse der entstehenden Leiter darstellt und über sein `locsrc`-Attribut das darüberliegende Element referenziert. Das oberste Element muss ein Dokument oder Dokumententity sein, alle darunterliegenden Location Addressing Elemente spezifizieren vom darüberliegenden Element eine Teilmenge. Dies solange, bis jener →*Location Source* des untersten Elements definiert ist, aus dem der →*Location Path*, der von diesem untersten Element ausgeht, schließlich die gewünschten Elemente, die adressiert werden sollen, auswählt (siehe Abbildung 5.6).

Location Path
> Eine Kette von Location Addressing Elementen, bei der das erste das zweite adressiert, das zweite das dritte usw. Das letzte Element ist nicht vom Typ einer →*Location Address* (siehe Abbildung 5.6).

Location Source
> Der Ursprung einer →*Location Address* in →*HyTime*. Dieser Ursprung bildet einen (Teil-)baum des Elementbaumes eines Dokuments, auf welchem die Location Address operiert, das heißt, jene Elemente, aus denen sie auswählen kann.

Locator
> In →*XLink* ein Element, das eine →*Ressource* adressiert bzw. lokalisiert.

Logische Struktur
Die Deklarationen, Elemente, Attribute, →*Processing Instructions*, →*Zeichenverweise* etc., aus denen sich ein XML-Dokument zusammensetzt. Sie werden alle durch explizites →*Markup* gekennzeichnet.

Markup
Ein Element einer →*Markup-Sprache*, das Zeichenfolgen, die es selbst umhüllt oder in einer anderen Weise begrenzend definiert, näher beschreibt, zumeist semantisch oder auf formatiert darstellende Weise.

Markup-Sprache
Eine Familie von Sprachen, die Markups verwenden. Dazu gehören unter anderem →*XML*, →*SGML*, →*HTML*, XHTML.

Meta-DTD
Eine Menge von sogenannte →*Architectural Forms*, die in →*SGML* dazu dienen, durch Kombination, Eingrenzung, Erweiterung und Ableitung verschiedene mögliche →*DTDs* zu definieren.

Methodensignatur
Die Signatur einer Methode bezeichnet ihren Namen und ihre Parameter. Für jeden Parameter wird dabei der Name, die Richtung (in, out, in/out) und der Typ definiert.

Mixed Location Address
Eine →*Location Address* in →*HyTime*, die mehrere andere Location Addresses beinhaltet und zu einer einzigen vereint.

Name Token
Ein Namenstoken in →*XML*, das den Namenskonventionen in XML entsprechen muss, ansonsten aber beliebige Zeichen enthalten kann.

Name-space Location Adress
In →*HyTime* eine Methode, Objekte über Namen und →*Namensräume* zu lokalisieren.

Namensraum
Ein Bereich in XML, innerhalb dessen alle Elemente und Attribute eindeutig sind. Diese können durch einen lokal eindeutigen, dem Namensraum zugeordneten Präfix identifiziert werden.

Non-addressable Subject
Ein Subjekt, das nicht adressierbar ist und in →*XTM* durch ein Topic oder eine beschreibende →*Ressource* dargestellt wird.

Notation
Das Format eines externen →*Entity*, zum Beispiel JPEG-Bilder, MPEG-Videos, MP3-Audiodateien.

Occurrence
Vorkommen eines →*Topics* in einem externen, also nicht selbst in der →*Topic Map* vorhandenen Dokument. Der Verweis erfolgt technisch gesehen mit einem Link, entweder in →*HyTime* oder →*XLink/XPointer*.

Occurrence Role
Die semantische Bedeutung (Rolle) einer durch eine →*Occurrence* referenzierten →*Web-Ressource* in →*Topic Maps*, dargestellt als Zeichenkette.

Occurrence Role Type
Die semantische Bedeutung (Rolle) einer durch eine →*Occurrence* referenzierten →*Web-Ressource* in →*Topic Maps*, dargestellt in Form eines →*Topics*.

ODBC
Abkürzung für „Open Database Connectivity", einen Microsoft-Standard, der zur universalen, herstellerunabhängigen Kommunikation mit Datenbanken dienen soll.

Öffentlicher Bezeichner
Ein Bezeichner für eine (in der Regel durch ISO-9070 standardisierte) öffentlich zugängliche →*DTD*.

OQL (Object-oriented Query Language)
Ähnlich →*SQL*, standardisierte Abfragesprache für objektorientierte Datenbanken.

Out-of-line-Link
Ein →*Hyperlink*, innerhalb dessen kein →*Content* existiert, welcher selbst als verlinkte →*Ressource* dient.

Parameter-Entities
Sind →*Entities*, die nur in →*DTDs* vorkommen können. Sie repräsentieren in der Regel Abkürzungen für Deklarationsteile in DTDs.

Path Location Address
In →*HyTime* eine Methode, um Objekte über eine Tabelle von Pfaden von einer Wurzel bis zu den Blättern eines Baumes von Objekten zu lokalisieren.

Physische Struktur
Die Anordnung physischer Speichereinheiten (→*Entities*), in denen ein XML-Dokument abgelegt ist.

Processing Instruction (Verarbeitungsanweisung in XML)
Ein XML-Element, das nicht zur Datenbeschreibung dient, sondern den Parser einer Applikation anweist, eine bestimmte Aktion zu veranlassen.

Prolog
Der einleitende Teil eines XML-Dokuments, der der →*Dokumentinstanz*, das heißt dem eigentlichen Dokument, vorausgeht und die interne →*DTD* sowie die XML-Deklaration enthält.

Property Location Address
In HyTime eine Methode, Elemente über ihre Eigenschaften in einem Grove zu lokalisieren.

Property Sets
Eigenschaften und zugehörige Werte für Knoten in →*Groves*.

Public Subject
Eine Sache oder Gegebenheit, nicht notwendigerweise in einer Sprache beschrieben.

Public Subject Descriptor
Beschreibt ein →*Public Subject* und wird in einem →*Topic* mittels des →*Identity-Attributs* festgelegt. Verfügen zwei Topics über exakt denselben Public Subject Descriptor, werden sie zusammengeführt, ihre →*Topic Characteristics* werden vereint.

Published Subject Indicator
Ein →*Topic* oder eine subjektbeschreibende →*Ressource*, permanent über Internet verfügbar und als Template in eigenen →*Topic Maps* verwendbar. PSIs kommen typischerweise in →*Topic Map Templates* vor. Seit XTM 1.0 definiert.

Query Location Address
In →*HyTime* eine Methode, Objekte über eine Abfrage gegen ihre Eigenschaften zu lokalisieren.

RDBMS
Relationale Datenbankmanagement Systeme.

RDF
Siehe →*Resource Description Framework*

RDF-Schema
Eine Schemasprache, um semantische Einschränkungen (Constraints) und andere Eigenschaften von Klassen innerhalb des RDF-Datenmodells festzulegen. Ebenfalls ein W3C-Standard.

Reflexivität
Eine Relation R über M ist reflexiv, wenn gilt: $\forall x \in M: xRx$.

Relative Location Address
In →*HyTime* eine Methode, Objekte über ihr genealogisches Verhältnis zu anderen Objekten innerhalb eines Baumes von Objekten zu lokalisieren.

Remote Object
Ein Objekt in einer verteilten Applikationsumgebung, das nicht auf dem lokalen Host liegt, sondern auf einem anderen, entfernten (remote) Host.

Remote Procedure Call
Aufruf einer Procedure auf einem Server. Für den Client ist dieser Aufruf transparent, er ruft die Methode so auf, als ob sie lokal bei ihm liegen würde. RPC gewährleistet die zugrundliegende Client-Server Kommunikation und die Parameterübergabe.

Replikation
Die geplante, regelbasierte Mehrfachhaltung an verschiedenen Orten und regelmäßige Zusammenführung von großen Datenmengen.

Repository
Zentrales „Lager" von (versionierten) Daten oder Dokumenten, auf das alle Benutzer eines Systems zugreifen. In der Regel wird das Repository durch eine Datenbank realisiert.

Resource Description Framework (RDF)
Standard des W3C zur Beschreibung und Klassifikation von Web-Ressourcen.

Ressource
Eine adressierbare Informationseinheit, im Kontext von →*HTML*, →*SGML* und →*XML* handelt es sich um eine Informationseinheit im WWW, die gegebenenfalls auch dynamisch erzeugt werden können (Files, Bilder, wohldefinierte Abfrageergebnisse, etc.).

RMI (Remote Method Invocation)
Mechanismus in Java, der →*Remote Procedure Calls* umsetzt.

RMI-Registry
Registrierungsservice im Kontext von RMI, das ein Objekt anderen, entfernten Objekten zum Methodenaufruf zur Verfügung stellt. Es speichert zu jedem Objekt einen Namen und eine Speicherreferenz.

Role Player Constraint
In →*XTM* eine semantische Einschränkung einer Rolle innerhalb eines →*Association Templates*.

s-Knoten
Ein s-Knoten repräsentiert in →*XTMP* den →*Scope* einer Assoziation (eines →*a-Knotens*).

Sandbox-Modell
Ein Sicherheitskonzept in Java, das den Zugriff auf Client-Ressourcen durch →*Applets* regelt.

SAX (Simple API for XML)
API zur ereignisorientierten Verarbeitung von XML-Dokumenten.

Scope
Bei →*Topic Maps* der Gültigkeitsbereich eines →*Topics*, eines →*Topic Names* oder einer →*Association*. Semantische Einschränkung in Topic Maps. Kann mehrere →*Themes* umfassen.

SDQL (Standard Document Query Language)
Im →*DSSSL-Standard* definierte Abfragesprache für Dokumente.

Servlet
Serverseitiges Java-Programm, das auf bestimmte Client-Anfragen über →*HTTP* nach bestimmten Methoden reagiert und dynamisch →*HTML*-Code erzeugen kann.

SGML (Standard Generalized Markup Language)
Quasi der Vorläufer aller aktuellen →*Markup-Sprachen*. Wurde 1986 standardisiert (ISO-8879).

SGML Open Catalog (SOC)
Mechanismus zur Auflösung von →*öffentlichen Bezeichnern*.

Signatur

Siehe →*Methodensignatur*.

Simple Link

Einfacher Link in →*XLink*. Er ähnelt in seiner Charakteristik den →*Hyperlinks* in HTML. Er verbindet zwei →*Ressourcen* unidirektional miteinander, die Rolle des Links bei der Benutzer-Interaktion entspricht dem →*fetch-and-replace*.

Sort Name

Der Name eines →*Topics*, nach dem es sortiert wird. Ein Topic kann mehrere Sort Names mit verschiedenen →*Scopes* haben. Hat ein Topic keinen Sort Name, wird der →*Base Name* stattdessen verwendet.

Span Location Address

Eine →*Location Address* in →*HyTime*, die eine Sequenz von Objekten auswählt. Es kommen dabei nur Objekte vor, deren Kindobjekte ausnahmslos auch in dieser Sequenz enthalten sind und die selbst nicht Kindobjekt eines in der Sequenz enthaltenen Objekts sind.

SQL

Standard-Abfragesprache für relationale Datenbanksysteme.

Start-Ressource

Innerhalb eines →*Arc-Elements* in →*XLink* eine →*Ressource*, von der aus eine →*Traversierung* initialisiert wird.

Start-Tag

Ein →*Tag*, das den Beginn eines Elements kennzeichnet, z. B. <element.name>. Es kann des weiteren Attributzuweisungen enthalten.

Subject Constituting Resource

In →*XTMP* und →*XTM* eine →*Ressource*, die für sich selbst als Subjekt steht.

Subject Identity

Die Subject Identity bestimmt die Identität eines Subjekts eindeutig und kann somit Subjekte unterscheiden.

Subject Identity Point

Das Konzept des Subject Identity Points wird vor allem in →*XTMP* verwendet, als Punkt im Raum der betrachteten →*Topic Maps*, an dem verschiedene →*Topics* miteinander verschmelzen, falls die Identitäten ihrer Subjekte eindeutig übereinstimmen.

Subject Indicator

Als Subject Indicator wird in →*XTM* allgemein etwas definiert, das die Identität eines Subjekts eindeutig beschreibt beziehungsweise auf die →*Subject Identity*, die Identität eines Subjekts, verweist.

Subject Indicator Resource

In →*XTMP* und →*XTM* eine Ressource, die als →*Subject Indicator* fungiert.

Symmetrie

Eine Relation R über M ist symmetrisch, wenn gilt: $\forall\ x, y \in M$: $xRy \rightarrow yRx$

Systembezeichner

Ein →*URI (Universe Resource Identifier)*, der eine →*DTD* im Rahmen eine →*Dokumenttypdeklaration* lokalisiert. Ihm geht das Schlüsselwort SYSTEM voraus.

t-Knoten

Ein t-Knoten repräsentiert in *XTMP* ein Subjekt. Dies kann durch ein *Topic* oder ein ähnliches Konstrukt wie eine *Subject Constituting Resource* erfolgen.

Tag

Von < und > umhülltes Markup-Symbol.

Theme

Bestandteil eines →*Scopes*, ist selbst wieder ein →*Topic*.

Thesaurus

Eine Menge von untereinander in Beziehung gesetzten Termini. Diese Beziehungen können verschiedene semantische Bedeutungen haben, etwa „verwendet für..", „bezieht sich auf.." oder „genauere Beschreibung für.." usw.

TM-Engine

Dies ist der Name des Applikationsprototyps, der im Rahmen dieser Arbeit vorgestellt wird.

Topic

Kleinste, abstrakte Einheit von →*Topic Maps*.

Topic Characteristics

Die Charakteristik eines →*Topics*. Dazu gehören seine →*Topic Names*, seine →*Occurrences* und seine Rollen in diversen →*Assoziationen*.

Topic Link

Eigentlich ein →*Topic*. Diese alternative Bezeichnung kommt daher, dass →*Topic Maps* auf →*HyTime* beruhen und das `<topic>`-Element des Topic Maps-Standards technisch betrachtet ein HyTime-Varlink ist und daher dessen Eigenschaften aufweist.

Topic Map

Eine Ansammlung von Topic Maps-Konstrukten, dargestellt durch →*SGML* oder →*XML*.

Topic Map Template

Eine →*Topic Map*, die in eine andere Topic Map eingebunden wird und deren →*Topics* dort zumeist als Typen für Topics verwendet werden.

Topic Maps

Standardisierte (ISO 13250) Anwendung von →*HyTime*, zur semantischen Verknüpfung von →*Hyperdokumenten*.

Topic Name

Ein →*Topic* umfasst eine Menge von Namen, möglicherweise mit verschiedenen →*Scopes*. Dies können →*Sort Names*, →*Display Names* oder →*Base Names* sein. Ein Base Name ist pro Topic verpflichtend.

Topic Occurrence

Siehe →Occurrence.

Topic Type

Der Typ, den ein →*Topic* hat. Er ist selbst wieder ein Topic. Ein Topic kann mehrere Typen haben.

TopicMaps Authoring Group

Eine von den Entwicklern des ISO-Standards 13250 geleitete, unabhängige Autorengruppe, welche die Weiterentwicklung des Topic Maps-Standards (zur Zeit in Form von XTM und XTMP) und damit zusammenhängender Themen forciert.

Transaktion
Gekapselte Serie von Operationen in einer Datenbank, die zur Gänze oder (nach Rücksetzung) ohne nachhaltige Auswirkung in der Datenbank ausgeführt wird.

Transitivität
Eine Relation R über einer Menge M ist transitiv, wenn gilt: $\forall$x, y, z $\in$ M: xRy, yRz $\rightarrow$ xRz. In Worten: wenn eine Relation der Art R von Entität X zu Entität Y existiert und eine Relation der Art R von Entität Y zu Entität Z, dann folgt daraus, dass X zu Z in Relation R steht.

Transklusion
Transklusion steht für Transversale Inklusion und bedeutet, dass einem →*Hypertext-Link* zunächst von seiner Quelle zu seinem Ziel gefolgt wird und dieses Ziel an die Stelle des Verweises kopiert wird, als wäre es physisch dort eingefügt worden.

Traversierung
Die Bewegung von einer →*Start-Ressource*, welche die Traversierung initialisiert, zu einer →*End-Ressource*. Wie, wo und wann diese End-Ressource dargestellt wird, hängt von den Attributen des →*Arc-Elements* ab, das die Traversierung festlegt (→*XLink*). In →*HyTime* gibt es ein sehr umfangreiches Regelwerk für die Traversierung zwischen →*Ankern* eines →*Hyperlinks*.

Tree Location Address
In →*HyTime* eine Methode, Objekte über ihre Position innerhalb eines Objektbaumes zu lokalisieren.

UML (Unified Modeling Language)
Ein Standard zur objektorientierten Darstellung von IT-Systemen von der Konzeption bis zur Entwicklung. Graphisch orientiert, in erster Linie aus den Vorgängern OOSE und OMT hervorgegangen.

Unabhängiger Link
Eine Art von →*Hyperlink* in →*HyTime*. Seine Anker werden über Attribute referenziert.

Unbeschränkter Gültigkeitsbereich
Siehe →*Unconstrained Scope*.

Unconstrained Scope
Der unbeschränkte Gültigkeitsbereich: etwas, das ihm zugeordnet ist, gilt in jedem Fall.

Unicode
Eine standardisierte Menge von Zeichen und Symbolen, die Schriftzeichen unterschiedlichster Herkunft (arabische, chinesische, japanische ...) enthält.

URI (Universal Resource Identifier)
Grundlegende Form der Adresse einer →*Web-Ressource*. URLs (Universal Resource Locator) sind abgewandelte URIs.

Usability
Benutzerfreundlichkeit im Hinblick auf die Bedienbarkeit einer Applikation.

Use-Case-Diagramm
Ein UML-Diagramm, das Benutzer und Anwendungsfälle eines Systems veranschaulicht, sie in Beziehung setzt und fallweise gruppiert.

Variabler Link (varlink)
Eine Art von →*Hyperlink* in →*HyTime*. Die →*Anker* werden durch `anchspec`-Elemente innerhalb des Variablen Link definiert.

Varlink
Siehe →*Variabler Link*.

W3C (WWW-Consortium)
Vereinigung namhafter Unternehmen und Wissenschaftler zur Entwicklung und Standardisierung neuer Technologien, die das World Wide Web betreffen.

Wohlgeformtheit eines XML-Dokuments
Man spricht von einem wohlgeformten XML-Dokument, wenn es den grundlegenden syntaktischen Strukturen, die im XML-Standard spezifiziert werden, entspricht. Ein wohlgeformtes Dokument ist nicht notwendigerweise gültig.

XLink
W3C-Standard für →*Hyperlinks* in →*XML*.

XML (Extensible Markup Language)
Auf →*SGML* beruhende →*Markup-Sprache*, die vom →*W3C-Konsortium* standardisiert wurde.

XML-Schema
Ein vom →*W3C* definierter Standard, der es ermöglicht, XML-Dokumente über die Möglichkeiten einer DTD hinaus zu charakterisieren und ihren Aufbau festzulegen. Dazu bietet der Standard eine beträchtliche Anzahl vordefinierter Datentypen, die Möglichkeit, Schlüsselattribute und Fremdschlüssel zu definieren sowie komplexe, benutzerdefinierte Datentypen zu verwenden.

XPath (XML Path Language)
Basis von →*Xpointer* und →*XSLT*, erlaubt es, Teile eines Dokuments zu adressieren.

XPointer
W3C-Standard für die Adressierung von Elementen oder Abschnitten von Dokumentressourcen.

XSL (Extensible Stylesheet Language)
Microsofts Standard zur Formatierung von XML-Dokumenten.

XSLT (XSL Transformations)
Eine im November 2000 vom →*W3C* herausgegebene Empfehlung, die eine →*Markup-Sprache* darstellt. Diese beschreibt, wie ein XML-Dokument in ein anderes XML-Dokument, ein HTML-Dokument oder ein PDF-Dokument umgewandelt werden soll.

XTM (XML Topic Maps)
Eine von der TopicMaps.Org definierte Spezifikation, die die Portierung des ISO-Standards 13250 nach XML/XLink/XPointer, aber auch eine Modifikation und Erweiterung des ISO-Standards bedeutet.

XTMP (XML Topic Maps Processing)
Eine von der TopicMaps.Org definierte Spezifikation, die die Verarbeitung des durch Topic Maps dargestellten Wissens festlegt.

Zeichenverweis
In →*XML* ein Verweis auf ein →*Entity*, dessen Wert eine Zeichenfolge ist.

Literatur

[Ahm00] Kal Ahmed. Topic Maps for repositories. Proceedings XML Europe 2000, GCA, Paris, 2000. http://www.gca.org/papers/xmleurope2000/papers/s29-04.html, abgerufen am 19. 6. 2001.

[Aho86] Alfred V. Aho, Ravi Sethi, Jeffrey D. Ullman. Compilers Principles, Techniques and Tools. Addison Wesley, 1986.

[Bai00] Colin Baird. Topic Map Cartography – a discussion of Topic Map authoring. Proceedings XML Europe 2000, GCA, Paris, 2000.

[Beh99] Henning Behme. Kunst der Stunde – Wozu die Extensible Markup Language gut ist. iX 2/1999, Seite 36, Verlag Heinz Heise, Hannover, 1999.

[Ber96] Peter Bergström, Hasse Haitto, et al. Quick Guide To HyTime Basics. Swedish SGML Users Group/HyTime Working Group, 1996. http://info.admin.kth.se/SGML/Anvandarforening/Arbetsgrupper/HyTime/Reports/tr1v1.html , abgerufen am 5. 4. 2000.

[Bie01] Michel Biezunski, Steven R. Newcomb. XML Topic Maps: Finding Aids for the Web. IEEE Multimedia Web Engineering Part2 April – June 2001, Seiten 104-108.

[Bir84] A.D. Birrell, B.J. Nelson. Implementing remote procedure calls. ACM Trans. Computer Systems, vol. 2, Seiten 39 – 59, 1984.

[Bir01] Paul V. Biron, Ashok Malhotra. XML Schema Part 2: Datatypes. Recommendation. Cambridge, Paris, Tokyo: W3C, 2001. http://www.w3.org/TR/xmlschema-2/, abgerufen am 29. 6. 2001.

[Boe86] B. Boehm. A SpiralModel of Software Development and Enhancement. ACM SIGSOFT Software Engineering Notes, 11(4), Seiten 14–24, 1986.

[Bor00] Günter Born. XML Kompendium. Verlag Markt & Technik, München 2000.

[Box00] Don Box et al. Simple Object Access Protocol (SOAP) 1.1 W3C Note 08 May 2000. Cambridge, Paris, Tokyo: W3C, 2000. http://www.w3.org/TR/2000/NOTE-SOAP-20000508, abgerufen am 7. 4. 2000.

[Bra00] Extensible Markup Language (XML) 1.0 (Second Edition), W3C Recommendation. Cambridge, Paris, Tokyo: W3C, 2000. http://www.w3.org/TR/2000/REC-xml-20001006, abgerufen am 25. 10. 2000.

[Bri99] Dan Brickley, R.V. Guha. Resource Description Framework (RDF) Schema Specification. Cambridge, Paris, Tokyo: W3C, 1999. http://www.w3.org/TR/PR-rdf-schema, abgerufen am 7. 4. 2000

[Cat94] R.G.G. Cattell et al. The Object Database Standard ODMG – 93. Morgan Kauffmann Publishers, San Mateo, USA, 1994.

[Cha01] Don Chamberlin et al. XQuery 1.0 : An XML Query Language, Working Draft. Cambridge, Paris, Tokyo: W3C, 2001. http://www.w3.org/TR/xquery/ abgerufen am 16. 8. 2001.

[Cho56] Noah Chomsky. Three models for the description of language. IRE Trans. On Information Theory IT-2:3, Seiten 113–124, 1956.

[Cla97] James Clark. Comparison of SGML and XML. Cambridge, Paris, Tokyo: W3C, 1997. http://www.w3.org/TR/NOTE-sgml-xml-971215, abgerufen am 10. 2. 2000.

[Cla99] James Clark. XSL Transformations (XSLT) Version 1.0. Cambridge, Paris, Tokyo: W3C, 1999. http://www.w3.org/TR/xslt, abgerufen am 19. 3. 2001.

[ClD99] James Clark, Steve De Rose. XML Path Language (XPath) Version 1.0. Cambridge, Paris, Tokyo: W3C, 1999. http://www.w3.org/TR/xpath, abgerufen am 19. 3. 2001.

[Cou94] George Coulouris, Jean Dollimore, Tim Kindberg. Distributed System: Concepts and Design, 2nd edition. Addison-Wesley, London, 1994.

[Cow01] Danny Coward. Java Servlet Specification 2.3, Sun Microsystems. http://jcp.org/aboutJava/communityprocess/first/jsr053/index.html, abgerufen am 19. 6. 2001.

[Dec96] Lois Decambre et al. Structured Maps: Modeling Explicit Semantics over a Universe of Information. Oregon Graduate Institute, USA, 1996.

[Dec99] Stefan Decker, Sergey Melnik et al. The Semantic Web: The Roles of XML and RDF. IEEE Internet Computing, Seiten 63–73, 2000.

[DeG98] Arthur de Groot. HyTime I, Linking Mechanisms. 1998. http://hagen.let.rug.nl/hypertext/hytime1.html, abgerufen am 2. 2. 2000.

[DeR00] Steve DeRose, Eve Maler, David Orchard, Ben Trafford. XML Linking Language (Xlink) Proposed Recommendation. Cambridge, Paris, Tokyo: W3C, 2000. http://www.w3.org/TR/2000/PR-xlink-20001220, abgerufen am 11. 3. 2001.

[DeR01] Steve De Rose, Eve Maler, Ron Daniel Jr. XML Pointer Language (XPointer) Version 1.0. Cambridge, Paris, Tokyo: W3C, 2001. http://www.w3.org/TR/2001/WD-xptr-20010108/, abgerufen am 19. 3. 2001.

[Gol99] Charles F. Goldfarb, Paul Prescod. XML Handbuch. Prentice Hall, München, 1999.

[Gro00] Geir Ove Gronmo. Creating semantically valid topic maps. Proceedings XML Europe 2000, GCA, Paris, 2000. http://www.gca.org/papers/xmleurope2000/papers/s29-02.html, abgerufen am 19. 6. 2001.

[Ham97] Graham Hamilton, Rick Cattell, Maydene Fisher. JDBC Database Access with Java. Addison Wesley, Massachusettes, USA, 1997.

[Ham98] Graham Hamilton, Rick Cattell. JDBC: A Java SQL API, Version 1.2. Sun Microsystems, http://java.sun.com/j2se/1.3/docs/guide/jdbc/spec/jdbc-spec.frame.html, abgerufen am 19. 6. 2001.

[Hen97] Petter Henriksen. Kunnskapsforlagets publishing system – PUS: Specification of requirements. KF, Oslo 1997.

[Heu97] Andreas Heuer and Gunther Saake. Datenbanken. *Konzepte und Sprachen*. Addison-Wesley, 1997.

[Hla79] Edmund Hlawka, Christa Binder, Peter Schmitt. Grundbegriffe der Mathematik. Prugg Verlag, Wien, 1979.

[How85] D.R. Howe. Data Analysis for Data Base Design. Edward Arnold, London, 1985.

[ISO639] ISO 639. Code for the Representation of Names of Languages. International Organization for Standardization, Genf, Schweiz, 1988.

[ISO8859] ISO 8859. Information processing – 8-bit single-byte coded graphics character sets. International Organization for Standardization, Genf, Schweiz, 1987.

[ISO8879] Charles Goldfarb et al. ISO 8879. Text and Office Systems – Standard Generalized Markup Language (SGML). International Organization for Standardization, Genf, Schweiz, 1986.

[ISO9070Reg] Graphics Communications Association (GCA). ISO/IEC 9070 – Registration Process for Public Text Owner Identifiers. http://www.gca.org/whats_sgml/whats_sgml_regist_process.htm, abgerufen am 28. 6. 2001.

[ISO10179] ISO/IEC 10179. Information Technology – Processing Languages – Document Style Semantics and Specification Language (DSSSL). International Organization for Standardization, Genf, Schweiz, 1996. ftp://ftp.ornl.gov/pub/sgml/WG8/DSSSL/, abgerufen am 28. 6. 2001.

[ISO10646] ISO/IEC 10646. Universal Multiple-Octet Coded Character Set. International Organization for Standardization, Genf, Schweiz,1999.

[ISO10744] ISO/IEC 10744 Information technology – Hypermedia/Time-based Structuring Language (HyTime). International Organization for Standardization, Genf, Schweiz, 1997.

[ISO13250] ISO/IEC 13250, Information technology – SGML Applications – Topic Maps. International Organization for Standardization, Genf, Schweiz, 1999.

[Jaw99] Jamie Jaworski. Java 2 Platform Unleashed. SAMS Verlag, USA, 1999.

[Jel99] Rick Jelliffe. Extended Linking comes to the WWW: Xlinks. Academia Sinica Computing Centre, 1999. http://www.ascc.net/xml/en/utf-8/xll.html, abgerufen am 2. 2. 2000.

[Kay00] Michael Kay. XSLT Programmer's Reference. Wrox Press, Birmingham, 2000.

[Kem97] Alfons Kemper, André Eickler. Datenbanksysteme, 2. Auflage. Oldenbourg Verlag, München, 1997.

[Kim97a] W. Eliot Kimber. An Approach to Literate Programming With SGML Architectures. Isogen, 1997. http://www.isogen.com/papers/litprogarch.html, abgerufen am 21. 9. 2000.

[Kim97b] W. Eliot Kimber. Managing SGML Architectures and Object Models with Groves. Isogen, 1997. http://www.isogen.com/papers/grovemng.html, abgerufen am 21. 9. 2000.

[Ksi98] Rafal Ksiezyk. Plato, SGML and Revolution. Proceedings SGML/XML Europe 98, GCA, Alexandria, 1998.

[Ksi99] Rafal Ksiezyk. Trying not to get lost with a Topic Map. Proceedings XML Europe '99, GCA, Alexandria, 1999.

[Ksi00] Rafal Ksiezyk. Answer is just a question [of matching Topic Maps]. Proceedings XML Europe 2000, GCA, Paris, 2000. http://www.gca.org/papers/xmleurope2000/papers/s22-03.html, abgerufen am 19. 6. 2001.

[Lam96] John Lamping, Ramana Rao. Visualizing Large Trees Using the Hyperbolic Browser. Proceedings CHI 96 Electronics, Palo Alto Research Center, USA, 1996.

[Las99] Ora Lassila, Ralph R. Swick. Resource Description Framework (RDF) Model and Syntax Specification. Cambridge, Paris, Tokyo: W3C, 1999. http://www.w3.org/TR/REC-rdf-syntax, abgerufen am 2. 2. 2000.

[LeG00] Benedicte Le Grand. Information management – Topic Maps visualization. Proceedings XML Europe 2000, GCA, Paris, 2000. http://www.gca.org/papers/xmleurope2000/papers/s29-03.html, abgerufen am 19. 6. 2001.

[LeH00] Arnaud Le Hors et al. Document Object Model (DOM) Level 2 Core Specification. Cambridge, Paris, Tokyo: W3C, 2000. http://www.w3.org/TR/2000/REC-DOM-Level-2-Core-20001113/, abgerufen am 20. 2. 2001.

[LeH01] Arnaud Le Hors et al. Document Object Model (DOM) Level 3 Core Specification. Cambridge, Paris, Tokyo: W3C, 2001. http://www.w3.org/TR/2001/WD-DOM-Level-3-Core-20010605/, abgerufen am 7. 6. 2001.

[Mac99] Ingo Macherius, Peter Frankhauser, Gerald Huck. Zwischenhändler; Verknüpfungen von Webdaten mit XML. iX4/1999, Seite 90, Verlag Heinz Heise, Hannover, 1999.

[Meg98] David Megginson. Structuring XML Documents. Upper Saddle River, Prentice Hall, NJ, 1998.

[Meg01] Davig Megginson. SAX: The Simple API for XML 2.0. http://www.megginson.com/SAX/, abgerufen am 16. 8. 2001.

[Min99] Stefan Mintert. Serving XML. iX 10/99, Seiten 177-181. Verlag Heinz Heise, Hannover, 1999.

[Moo00] Graham Moore. Topic Map Technology – The State of the Art. Proceedings XML Europe 2000, GCA, Paris, 2000.

[Müc97] Thomas A. Mück, Martin L. Polaschek. Index Data Structures in Object-oriented Databases. Kluwer Academic Publishers, Boston, USA, 1997.

[Müc01] Thomas A. Mück, Richard Widhalm. Schlagwort – Topic Maps. Wirtschaftsinformatik, Heft 3, Juni 2001, Seiten 297 – 300, Verlag Vieweg, Wiesbaden, 2001.

[Nor00] Simon North, Paul Hermans. XML in 21 Tagen. Verlag Markt & Technik, München 2000.

[Oak01] Scott Oaks. Java Security, 2nd Edition. O'Reilly & Associates, 2001.

[Ora99] L.Leverenz et al. Oracle 8i Concepts, Release 8.1.5. Oracle Corporation, 1999.

[Orf97] Robert Orfali et al. Instant CORBA. John Wiley & Sons, 1997.

[Pep99] Steve Pepper. Euler, Topic Maps and Revolution. Proceedings XML Europe '99, GCA, Alexandira, 1999.

[Pep00] Steve Pepper. Navigating haystacks and discovering needles. Sperberg-McQueen, C.M.; Usdin, B.T. (eds): Markup Languages, Vol 1 No 4, MIT Press, Cambridge (MA), 1999.

[Pow07] Shelley Powers, Corey Klaasmeyer et al. Dynamic Web Publishing, SAMS Verlag, München, 1997.

[Pre99] Paul Prescod; Addressing the Enterprise: Why the Web needs Groves. Isogen, 1999. http://www.prescod.net/groves/shorttut/, abgerufen am 2. 2. 2000.

[Rag99] David Raggett et al. HTML 4.01 Specification. Cambridge, Paris, Tokyo: W3C, 2000. http://www.w3.org/TR/html4/, abgerufen am 1. 2. 2000.

[Rat99a] Hans Holger Rath, Steve Pepper. Topic Maps: Introduction and Allegro. Proceedings Markup Technologies 99, GCA, Alexandria, VA, 1999.

[Rat99b] Hans Holger Rath. Technical Issues on Topic Maps. Proceedings MetaStructures 99, GCA, Alexandria, VA, 1999.

[Rat99c] Hans Holger Rath. Mozart oder Kugel - Mit Topic Maps intelligente Informationsnetze aufbauen. iX 12/99, Seiten 149-155, Verlag Heinz Heise, Hannover, 1999.

[Rat00] Hans-Holger Rath, Steve Pepper. Topic Maps at work. in Goldfarb, Prescod et al.: XML Handbook, 2nd edition, Prentice Hall, 2000.

[RMI99] Java Remote Method Invocation API. Sun Microsystems, 1999. http://java.sun.com/j2se/1.3/docs/guide/rmi/spec/rmiTOC.html, aufgerufen am 19. 6. 2001.

[Rom99] Ed Roman. Mastering Enterprise Java Beans. John Wiley & Sons, 1999.

[Sar01] P. G. Sarang et al. Professional EJB. Wrox Press, 2001.

[Sig00] Alexander Sigel. Towards knowledge organization with Topic Maps. Proceedings XML Europe 2000, GCA, Paris, 2000. http://www.gca.org/papers/xmleurope2000/papers/s22-02.html, abgerufen am 19. 6. 2001.

[Som95] Ian Sommerville. Software Engineering, 5th edition. Prentice Hall, 1995.

[Spe99] C. M. Sperberg-McQueen, Lou Burnard. Guidelines for Electronic Text Encoding and Interchange. TEI P3 Text Encoding Initiative, Chicago, 1999. http://www.tei-c.org/Guidelines2/index.html, abgerufen am 28. 6. 2001.

[Sta00] Michael Stal. Entfernte Methodenaufrufe a la XML. iX 5/00, Seiten 118–121, Verlag Heinz Heise, Hannover, 2000.

[Sun00] Sun Microsystems. Java 2 SDK for Solaris Developer's Guide. Sun Microsystems, Palo Alto, USA, 2000.

[Tho01] Henry S. Thompson, David Beech, Murray Maloney, Noah Mendelson. XML Schema Part 1: Structres. Recommendation. Cambridge, Paris, Tokyo: W3C, 2001. http://www.w3.org/TR/xmlschema-1/, abgerufen am 29. 6. 2001.

[Ull97] Jeffrey D. Ullman, Jennifer Widom. A First Cours in Database Systems. Prentice Hall, 1997.

[Uni00] The Unicode Consortium. The Unicode Standard, Version 3.0. Reading, MA, Addison-Wesley Developers Press, 2000.

[Wil00] Erik Wilde. Links: Hypermedia für XML im Entstehen. iX 6/00, Seiten 161–162, Verlag Heinz Heise, Hannover, 2000.

[Wins87] M.E. Winston, R. Chaffin, D. Hermann. A taxonomy of part-whole relations, Cognitive Science 11, Seiten 417–444, Elsevier, Amsterdam, 1987.

[WML01] WAP Forum. Wireless Markup Language, Version 2.0, Proposed Version 26-062001. Wireless Application Protocol Forum, Ltd., 2001. http://www1.wapforum.org/tech/documents/WAP-238-WML-20010626-p.pdf, abgerufen am 16. 8. 2001.

[Xer81] Xerox Corporation. Courier: the remote procedure call protocol. Xerox Systems Integration Standards, Stamford CT: Xerox Corporation, 1981.

[XTM01] Steve Pepper, Graham Moore et al. XML Topic Maps (XTM) 1.0. Topic Maps Authoring Group, 2001. http://www.topicmaps.org/xtm/1.0/xtm1-20010302-2.html, abgerufen am 19. 6. 2001.

[XTMP01] Michel Biezunsik, Steven R. Newcomb. XML Topic Maps (XTM) Processing Model 1.0. Topic Maps Authoring Group, 2000. http://www.topicmaps.org/xtm/1.0/xtmp1.html, abgerufen am 19. 6. 2001.

Index

A

a-Knoten 392–393, 396
Abfrage, universell 181
Abfragesprache 180, 251–282
   ^-Operator 271
   @-Operator 271
   []-Operator 271
Abhängigkeitsgraph 315, 316
Achse 65
Achsenmarkierungen 153
Actuate-Attribut 60
Added Theme 107, 228, 326
Addressable Subject 373
addthms-Element 107, 114, 238, 258, 338, 379
   addthems-Attribut 107
   cassign-Attribut 107
   tmdocs-Attribut 107
Administrator 186
agglink-Element 167
Aggregationslink 167
Ähnlichkeitsgrad 359
anchloc-Element 162
anchspec-Element 108, 167
   anchrole-Attribut 167
   multmem-Attribut 167
Anker 141, 165
ANY 34, 355
Applet 189
Äquivalenzrelation 356
Arc-Element 58
Architectural Forms 89, 123
Architectural Forms Definition Requirements 91
Architectural Support Declaration 91
assoc-Element (ISO) 103
   linktype-Attribut 103
   scope-Attribut 103
   type-Attribut 103
association-Element (XTM) 370, 377
Association
   Siehe →*Assoziation*
Association Role
   siehe →*Assoziationsrolle*
Association Type
   Siehe →*Assoziationstyp*
assocrl-Element 104–106, 377
   anchrole-Attribut 105
   type-Attribut 105
Assoziation 11, 103, 224, 240, 259, 270–279, 304, 333, 353
Assoziationsarten 357
Assoziationsrolle 11, 13, 104–106, 225, 241, 259, 333
Assoziationstyp 11, 103
ATTLIST 37
Attribut 25, 37
Attributdeklaration 37–41, 52
   #FIXED 40
   #IMPLIED 40
   #REQUIRED 40
   Vorgabewerte 40
Attributtypen 37–41
Aufzählungsattribute 39–40
Autopoiese 173
Autorensystem 363

B

Backus-Naur-Form 252, 267, 279
Base Name 8, 98, 223, 236
baseName-Element (XTM) 374
Basisdokument 350, 365
Benutzt-Beziehung 193
Berglund, Anders 22
Berners-Lee, Tim 22
Bibliographic Location Address 144
bibloc-Element 226
Bioinformatic Sequence Markup Language 70
BNF
    Siehe →*Backus-Naur-Form*
BOS
    Siehe →*Bounded Object Set*
boslevel-Counter 294–297
bosspec-Element 130, 133, 183, 234
Bounded Object Set 16, 127–141, 170, 183, 219, 229, 287, 370
    Application BOS 128
    BOS Pfade 134
    Effektives BOS 128
    Entity-Tree Discovery Process 128–129
    Exceptions 133
    HyTime BOS 127
    Verarbeitungsalgorithmus 128–129
Bridging Element 93
BSML
    Siehe →Bioinformatic Sequence Markup Language

C

Caching 176, 346
Cascading Stylesheets 22
CDATA-Abschnitt 27–28, 64
CERN European Nuclear Research Facility 22
CGI
    Siehe →*Common Gateway Interface*

Charakterisierender Baum
    Siehe →*Eigenschaftsbaum*
CHECK-Constraint 71
Check in / Check out – Mechanismen 176, 179
Chomsky, Noah 252
Client/Server-Umgebung 199
clink-Element 166
Common Gateway Interface 194
Common Object Request Broker Architecture 188, 344
Connection Pooling 290
Constraints 360
Content 56, 57, 64, 117, 167, 312
Content Object 17
Content-Tree 147
CORBA
    Siehe →*Common Object Request Broker Architecture*
CSS
    Siehe →Cascading Stylesheets

D

Data Location Address 161
dataloc-Element 161, 226
    filter-Attribut 161
Datenbankparadigma 217, 248
    objektorientiert 180, 217, 248
    relational 180, 217, 248
Datenbank-Constraints 71
Datenintegrität 71
Datenkonsistenz 71
Depth First Search 297
DFS
    Siehe →*Depth First Search*
Dimensionsangaben 153
dimspec-Element 153–155, 157, 159, 226
Dispatcher 188
Display Name 8, 98, 223, 237
DOCTYPE-Anweisung 32
Document Object Model 33, 69, 145, 189, 207–215, 287–288
    Klassendiagramm 209
Dokumentbaum 63, 114
Dokumentinstanz 29, 32

Dokumenttyp-Definition 24, 29, 34, 41–45, 48, 176
    Eigentümer 43
    Externe Untermenge 32
    Interne Untermenge 32
Dokumenttypdeklaration 31
DOM
    Siehe →*Document Object Model*
DTD
    Siehe →*Dokumenttyp-Definition*
Dynamic Invocation Interface 202

E

EBML 42
Eigenschaftsbaum
    Siehe →*Topic Map Characteristic Tree*
Einfacher Link 56
Element 24, 34–36
Elementdeklaration 34–36, 98
    |-Operator 35
    +-Operator 35
    ?-Operator 35
    *-Operator 35
    Mehrdeutigkeiten 35–36, 46–47
EMPTY 34
Enabling Architecture 89, 348
Enabling Technology 123
End-Ressource 58
Ende-Tag 24
Enterprise Java Beans 191
Entity 48–54, 229, 233
    Externes 49, 52, 299
    Internes 49, 50
    Binäres Entity 50–52
    Geparstes Entity 49
    Nicht geparstes Entity 49
    Zeichen-Entity 49
    Parameter-Entity 49, 52
Entity-Auflösung 53
Entity-Deklaration 52, 229
Entity-Name 26
Entity-Tree 129, 132
Entity-Typen 49, 54

Entity-Verweis 53, 137
ER-Modellierung 217
Error-Handling 285
Erweiterter Zeiger
    Siehe →*erweiterter Link*
Erweiterter Link 56–59
Exception-Handling 285
Exrefs-Attribut 136
Extended Link
    Siehe →*erweiterter Link*
Extensible Markup Language 21–72
    Codierung 30
    Dokumentaufbau 29–33
    encoding-Attribut 30
    Geschichte 21–22
    Kommentar 28
    Namen 26–27
    Namensräume 48
    Normalisierungsprozess 40
    XML-Deklaration 30–31, 48
Extent 255, 262, 265–270, 274, 353, 360
Externe Entities 49, 52

F

Facet
    Siehe →*Facette*
facet-Element 108
    linktype-Attribut 109
    type-Attribut 109
Facet Value
    Siehe →*Facettenwert*
Facette 14, 108–109, 225, 243, 260, 333
Facettenwert 110, 243, 261, 333
    facetval-Attribut 110
    type-Attribut 110
FCS Location Address 144
Fetch-and-parse 187
Fetch-and-replace 55
for each-Schleife 299
Fremdschlüssel 230
From-Attribut 58
fvalue-Element 110–111

G

Ganzes-Teil-Relation 12, 223, 356–357
GCA
  Siehe → *Graphics Communication Association*
Generic Identifier 103, 123, 148, 162, 227, 346
GET-Befehl 188, 195
Goldfarb, Charles 21
Graphics Communication Association 43
grep 208
Grove 126, 145
Grove Plan 126
Gültigkeit 45–46, 221

H

Halbordnungsrelation 356
Höhlengleichnis 16
Homonym 13
href-Attribut 58, 226, 371
HTML
  Siehe →*Hypertext Markup Language*
http-Protokoll
  Siehe →*Hypertext Transfer Protocol*
Hub Document 16, 127, 295
HyBrid-Element 97
HyDoc-Element 93, 117, 134
  maxbos-Attribut 130
  boslevel-Attribut 130
hylink-Element 166
  anchrole-Attribut 166
Hyperbolischer Baum 345
Hyperdokument 127, 311
Hyperlink 55, 142, 162, 166
Hyperlink (hylink) 166
Hyperlink Anchor Location Address 162
Hyperlink Location Address 162
Hypertext Markup Language 22, 56
Hypertext Transfer Protocol 188, 204
Hypermedia/Time-based Structuring Language 123–171, 347
  Adressierung 124
  Base Module 125
  Event Projection 126
  Hyperlinks Module 126
  Linking 124
  Location Addressing 141–163
  Location Address Module 125
  Rendition Module 126
  Scheduling 124
  Scheduling Module 126
  Validierung 124
  Wiederverwendbarkeit 124
HyTime
  Siehe Hypermedia/Time-based Structuring Language
HyTime-Attribut 97
HyTime-Dokument 93

I

ID 38
ID, globale 230, 334
Identitätsprinzip 219–221, 351
Identity-Attribut 10, 92, 95, 178, 185, 222, 304, 348, 352
IDREF, IDREFS 38
ilink-Element 169
  anchrole-Attribut 169
  linkends-Attribut 169
Implied Location Source 146
Impsrc-Attribut 146
Independent Link
  Siehe →*unabhängiger Link*
Inferenz 358–360
Inhaltsmodell, gemischt 45
Inline-Link 57
instanceOf-Element 372–373
Integrität, referentiell 292
Intelligente Suchmaschine 173
International Standards Organization 5, 43
ISO
  Siehe →*International Standards Organization*
ISO 8859/1-Zeichencode 29
ISO 9070 43

ISO 10646-Zeichencode 29
ISO 10744-HyTime
  Siehe →*HyTime*
ISO 13250-Topic Maps
  Siehe →*Topic Maps*

J

Java 188, 284
JavaScript 189, 339
JDBC 188, 202–207
JDBC-ODBC-Bridge
  Siehe →*JDBC-ODBC-Brücke*
JDBC-ODBC-Brücke 188, 204
JDBC-Net pure Java Driver 204–205
Joins 270
JTC1/SC34 89

K

Katalogdatei 44
Klassen
  Assoc 318, 334
  DatabaseConnection 284
  Document 211–213
  DocumentBuilder 215
  DocumentBuilderFactory 215
  DOMnode 288–289
  DOMnode_queue 289
  DriverManager 206
  Facet 317
  GenericServlet 194, 195
  HttpServlet 194, 195
  Naming 200
  Node 210–211
  NodeList 211
  Occurrence 318
  ParameterList 287, 291
  RemoteException 201
  ResultSet 206
  ResultSetMetaData 206
  RMISecurityManager 200
  Serializable 193, 202
  ServletRequest 195, 196
  ServletResponse 197
  TMDocument 290
  TMDBServer 192
  TopicSet 316–317, 323
  UniCastRemoteObject 193
  XMLDocument 291
Klasse-Instanz Beziehung 7, 12, 96, 103, 222
Klassendiagramm 192, 286
Knotentest 65
Konsistenz 360–361
Kontextknoten 64
Kontextlink 166
Koordinatenraum 125
Kunnskapsforlaget 17

L

Leer-Element-Tag 25
Link
  Siehe →*Hyperlink*
Linklisten 56
linkloc-Element 162
linktrav-Attribut 165
linktype-Attribut 92, 346
List Location Address 143, 153–155
listloc-Element 153, 226
listtrav-Attribut 165
Location
  Siehe →*Location Address*
Location Address 141–163, 225, 240, 306–314, 335
Location Ladder 162, 225, 248
Location Path 148, 162, 225, 245, 335, 336
Location Source 146, 225, 309–311
Locator-Element 58
Locsrc-Attribut 146
loctrans 244–245, 309, 354
Lokalisierungselemente 113
Lost Update 249

M

Markup 23–26
Markup-Sprachen 24
Marshalling 188
MathML 70
Maximum Bounded Object Set Level 130

member-Element 378–379
mergeMap-Element 370, 378
Merging von Topic Maps 10, 394
Meta-DTD 89, 113, 123
Methoden
 build_filter() 320
 build_link() 339
 build_queue() 293–300
 build_topic_characteristic_tree() 329–333
 do_query() 320–321, 329
 evaluate() 322–324
 fetchandparseDocument() 284
 gather_synonyms() 328–329
 get_added_themes_for_topicmap() 319
 get_additional_scopes() 337–338
 get_addthms_for_topic() 319
 get_AND() 319
 get_assocs() 318, 334
 get_assocs_for_topics() 324
 get_associated_topics() 319
 get_bracket_content() 323
 get_combination() 319
 get_facets() 317, 334
 get_LocationSource() 309–311, 312
 get_occurrences() 318, 335
 get_scopes() 331, 336
 get_synonyms() 320
 get_topic() 293, 303
 get_topic_name() 336
 get_topicmap_scopes() 331, 338
 get_topicmaps_downwards() 319
 get_topicmaps_for_added_theme() 319
 get_topicmaps_for_addthms() 319
 get_topicmaps_upwards() 319
 get_topics() 324–326
 get_topics_by_addthms() 319
 get_topics_for_addthms_topicmap() 320
 get_topics_for_added_theme() 326–327
 get_topics_for_addthms() 327–328
 get_topics_for_cassign_addthms() 328
 get_topics_for_name() 319, 323
 get_topics_for_scope() 326
 get_topics_for_topicmap() 319
 get_topics_for_type() 319
 get_types() 340
 get_URLs() 336
 getLeftmostToken() 285
 getNodeByID() 311
 getRange() 312
 getRightmostToken() 285
 insert_addthms() 306
 insert_assoc() 304–305
 insert_facet() 305
 insert_locations() 306–309
 insert_topic() 301–304
 is_in() 329
 output() 285
 output_scopes() 320
 output_topics() 339
 output_types() 320
 parse() 290–292
 parse_queue() 300–301
 proceed_topic_link() 339–340
 split_bracketed() 322
 transpose_locations() 290, 311–313
 update_topic_assoc() 290, 314
 walk_tree() 313
Methodenabhängigkeiten 314–316
Methodenaufruf, entfernter Siehe →Remote Procedure Call
Methodensignatur 197
Mixed Location Address 149
mixedloc-Element 149, 225
Multiple Location Address 144

N

Name List Element 150
Name-space Location Address 142, 149
Name-Token-String 39

nameloc-Element 150, 226
Namenscharakteristik 351
Namenstoken 27
Native-API partly Java Driver 204
Native-protocol pure Java Driver 205
Navigation 186
nmlist-Element 150, 226
    nametype-Attribut 150
nmquery-Element 150
nmsploc-Element 149
NMTOKEN
    Siehe →*Namenstoken*
Non-addressable Subject 373
Notation 39, 50–51, 91, 229
Notations-Attribute 131–133
    boslevel-Attribut 131
    bosprrty-Attribut 132
    inbos-Attribut 132, 183
    subhub-Attribut 132
Notationsdeklaration 51

O

Object Request Broker 344
Objekt, entferntes
    Siehe →*Remote Object*
Objektpfad 181, 248, 262
Occurrence 9–10, 100–102, 224, 242, 258, 335
Occurrence Role 9–10, 100, 242
Occurrence Role Type 9, 242
occurs-Element (ISO) 100–102
    occrl-Attribut 100, 377
    scope-Attribut 100
    type-Attribut 100
occurrence-Element (XTM) 376–377
ODBC
    Siehe →*Open Database Connectivity*
Öffentlicher Bezeichner 43–45, 55
Öffentlicher Deskriptor
    Siehe →*Öffentlicher Bezeichner*
OMG
    Siehe →*Object Management Group*

Open Database Connectivity 188, 203
OQL 181, 248, 262
Ordering-Attribut 147
OSI-Schichten-Modell 199
Out-of-line-Link 56

P

parameters-Element 375
Path Location Address 143, 157–159
pathloc-Element 157–159
#PCDATA 36
PDF 71
Phantom Read 249
PI
    Siehe →*Processing Instruction*
Plato 16
Plattformunabhängigkeit 183, 191
Polnische Gesellschaft der Verleger 16
POST-Befehl 188, 195, 339
PostScript 71
Prädikat 65
Primärschlüssel 230
Processing Instruction
    Siehe →*Verarbeitungsanweisung*
Projektion 273–279
Prolog 29
Property Location Address 143, 149
Property Set 126, 145
proploc-Element 149
Proxy Object 199
Public Subject Descriptor 10–11, 95, 351
Published Subject Indicator 383–385

Q

Query Location Address 144, 161
queryloc-Element 161
Queue, rekursionsübergreifend 289, 292

R

RDF
   Siehe →*Resource Description Framework*
Reference Location Address 148
Referenzmechanismen (XTM) 371
referatt-Attribut 146
refrange-Attribut 148
reftype-Attribut 148
Relation 355–358
   anti-reflexiv 356
   anti-symmetrisch 356
   reflexiv 356
   symmetrisch 356
   transitiv 356
Relative Location Address 144, 159–161
relloc-Element 159–161
   relation-Attribut 159
Remote Method Invocation 188, 197–202
Remote Object 197
Remote Procedure Call 188, 193, 197
Replikation 176, 344
Repository 178, 348
Resource Description Framework 18–20
   Eigenschaft 19
   RDF-Schema 19
   Ressource 19
   Statement 19
Resource-Element (XLink) 58
resourceData-Element (XTM) 377
resourceRef-Element (XTM) 371, 372, 377
Rich Text Format 23
RMI
   Siehe →*Remote Method Invocation*
RMI-Client 189, 290
RMI-Reference Layer 199
RMI-Registry 198
RMI-Schichtenmodell 199
role-Attribut 58

roleSpec-Element 378
RTF
   Siehe →Rich Text Format

S

s-Knoten 393, 396
Sandbox-Modell 189
SAX
   Siehe →*Simple API for XML*
Schritt 65, 163
Scope 13–14, 93, 114–116, 223, 235, 248, 258, 338, 373
scope-Element (XTM) 374
SDQL
   Siehe →*Standard Document Query Language*
Selektion 271–273
Sequence 291
Sequenzdiagramm 190
Servlet 188, 194–197, 339
set-Attribut 146
SGML
   Siehe →*Standardized Generalized Markup Language*
SGML Open Catalog 44
Show-Attribut 60
Simple API for XML 208, 213
Simple Link
   Siehe →*einfacher Link*
Simple Object Access Protocol 71
Skeleton Procedure 188, 199
SOAP
   Siehe →*Simple Object Access Protocol*
SOC
   Siehe →*SGML Open Catalog*
Sort Name 9, 98, 223, 237
Span Location Address 147
Spanloc-Attribut 148
SQL 180
Standalone-Attribut 31
Standalone-Dokument 42
Standard Document Query Language 162
Standardized Generalized Markup Language 22, 72, 123
Start-Tag 24

Start-Ressource 58
String-Attribute 37
Stub-Procedure 188, 199
Sub-Topic Maps 119
Subject Constituting Resource 373, 394
Subject Identity 371
Subject Indicator 371
Subject Indicator Resource 394
subjectIdentity-Element 373–374
subjectIndicatorRef-Element 371, 372
Subprotokoll 206
Subhub Document 129, 137, 295
Subnode-Tree 147
Suchqualität 320
Synonymität 222, 235, 321, 331
Systemarchitektur 188, 343–344
Systembezeichner 43, 51
Systemfunktionalität 183–187

T

t-Knoten 392, 394
Tag 24
TCP/IP-Protocol Stack 199
TEI
  Siehe Text Encoding Initiative
Test-Suite 365
Text Encoding Initiative 54
Theme 13, 107
Thesaurus 16
Thread-Programmierung 189
title-Attribut 58
TM-Engine 177, 182, 183–187, 225, 304, 340
TM-Parser 287–306
TMCFC
  Siehe →*Topic Map Context Free Content*
TMX
  Siehe →*Translation Memory Exchange*
to-Attribut 58
Token-Attribute 38–39
Topic 6–8, 95–97, 234, 258–260
Topic Characteristics
  Siehe Topic Charakteristik

Topic Charakteristik 8
topic-Element (ISO) 95–97
  id-Attribut 95
  identity-Attribut 95
  linktype-Attribut 96
  scope-Attribut 96
  types-Attribut 96
topic-Element (XTM) 370, 372–377
Topic Map 93, 232
Topic Map Characteristic Tree 184, 281–282, 321, 329, 344
Topic Map Context Free Content 74, 93, 118
Topic Map Template 15, 349
Topic Maps 5, 15, 89–121, 173
  Automatische Generierung 361–362
  Entwicklungsprozess 174
  Abfrage 251–282, 315–340
  Administration 176
  Analyse 174
  Anlage 175
  Design 175
  Metastruktur 257–262
  Publikation 176
  Speicherung 176
  Verwendung 177
Topic Maps-Applikation 112, 176
TopicMaps.Org Authoring Group 369
Topic Names 8–9, 374–375
Topic Occurrence
  Siehe →*Occurrence*
Topic Request Broker 344
topic_assoc 244–245
topicmap-Element (ISO) 93, 118, 133, 300
  addthems-Attribut 93
  boslevel-Attribut 93
  grovplan-Attribut 93
  maxbos-Attribut 93
topicMap-Element (XTM) 370
topicRef-Element 371
topname-Element 98, 236
  scope-Attribut 98
topname-Element 376
Transaktionsverwaltung 249

Transformation von XML-Dokumenten 362
Transitivität 277, 356
Transklusion
   Siehe →*Transversale Inklusion*
Translation Memory Exchange 70
Transversale Inklusion 47
Traversierung 58, 165, 186
Tree Location Address 143, 156–157
treeloc-Element 156–157, 226

U

UML
   Siehe →*Unified Modelling Language*
Unabhängiger Link 169
Unbeschränkter Gültigkeitsbereich 99, 395
UNC-Filename 43
Unconstrained Scope
   Siehe →*unbeschränkter Gültigkeitsbereich*
Unicode 29
Unified Modelling Language 192
UNIV 366
Universal Resource Identifier 43, 63,
Universal Resource Locator 43, 63, 179, 200, 335
URI
   Siehe →*Universal Resource Identifier*
URL
   Siehe →*Universal Resource Locator*
Use-Case-Diagramm 185

V

Validieren (von XML-Dokumenten) 46
Variabler Link 95, 97, 167–169, 248
variant-Element 375

Varlink
   Siehe →*variabler Link*
varlink-Element 167–169
Vektor 289, 336
Verarbeitungsanweisung 31
Verhaltensattribute 60
Visual XML 70
Vollordnungsrelation 356
   strikte 356
VXML
   Siehe →Visual XML

W

WAP
   Siehe →*Wireless Access Protocoll*
Web-Ressource 141, 185
Wireless Access Protocol 71
Wireless Markup Language 70
WML
   Siehe →*Wireless Markup Language*
Wohlgeformtheit 41, 45, 221
World Wide Web 22
World Wide Web-Consortium 63
Wurzelelement 26, 42
W3C
   Siehe →*World Wide Web-Consortium*
WWW
   Siehe →World Wide Web

X

XLink 55–63
XML
   Siehe →*Extensible Markup Language*
XML-ID 221, 229, 232–245, 337
XML-Schema 71
XML Topic Maps 369–398
XML Topic Maps Processing Model 369, 391–397
XPath 63–69
   Abgekürzte Syntax 68
   id()-Funktion 68

last()-Funktion 68
name()-Funktion 68
position()-Funktion 68
substring()-Funktion 68
XPointer 63, 69–70
XQuery 64
XSLT
Siehe →*XSL Transformations*
XSL Transformations 64, 362, 390

XTM
Siehe →*XML Topic Maps*
XTM-DTD 379–383
XTMP
Siehe →*XML Topic Maps Processing Model*

Z

Zeichenverweis 29, 54
Zeitstempel 29

Druck und Verarbeitung:
Mercedes-Druck GmbH, Berlin

MIX
Papier aus verantwortungsvollen Quellen
Paper from responsible sources
FSC® C105338

If you have any concerns about our products,
you can contact us on
ProductSafety@springernature.com

In case Publisher is established outside the EU,
the EU authorized representative is:
**Springer Nature Customer Service Center GmbH
Europaplatz 3, 69115 Heidelberg, Germany**

Printed by Libri Plureos GmbH
in Hamburg, Germany